독학사 1단계 합격을 결정하는
필수 암기 키워드

경영학개론

01 | 경영학의 기본적 문제

(1) 경영
생활에 있어서 필요로 하고 욕구를 채워줄 수 있는 재화 및 서비스를 만들어 공급하는 활동 22

(2) 학문의 일반적인 성격 23
① 모든 학문은 연구대상을 지님
② 학문은 과학적인 방법에 의해 진행되어야 함
③ 학문은 연구의 대상이 되는 주제 및 현상 등에 일정한 규칙성 또는 패턴이 존재한다는 것을 전제로 함

(3) 수익성 증대방안
① 매출액을 증대시켜야 함
② 매출액에서 차지하는 이익의 비율이 높아져야 함
③ 매출수량이 일정하다고 가정했을 시에 매출단위당 가격을 극대화함
④ 지출되는 비용을 최소화함

(4) 버나드가 주장한 기업조직의 존속여건
공통목표, 공헌의욕, 의사소통

02 | 경영학의 발전과정

(1) 테일러의 과학적 관리론
시간 및 동작연구, 차별성과급제, 종업원 선발 및 교육, 직능식 제도와 직장 제도 23 25

(2) 테일러와 포드 시스템의 비교

테일러(F. W. Taylor) 25	포드(H. Ford)
• 과업관리 (시간과 동작연구를 통한) • 차별성과급제 도입: 객관적인 과학적 방법을 사용한 임금률 • 표류관리를 대체하는 과학적 관리 방법을 도입, 표준화를 의미 • 작업의 과학화와 개별생산 관리 • 인간노동의 기계화 시대	• 동시관리: 작업조직의 철저한 합리화에 의하여 작업의 동시적 진행을 기계적으로 실현하고 관리를 자동적으로 전개 • 컨베이어 시스템, 대량생산 • 공장 전체로 확대 • 인간에게 기계의 보조역할 요구

(3) 포드의 3S 24 25
① 부품의 표준화(Standardization)
② 제품의 단순화(Simplification)
③ 작업의 전문화(Specialization)
→ 표준화 전략 23

(4) 페이욜의 관리 5요소
계획, 조직, 명령, 조정, 통제 22

(5) 페이욜이 말하는 6가지 경영의 기능
기술적 활동, 재무적 활동, 상업적 활동, 회계적 활동, 보전적 활동, 관리적 활동

(6) 막스 베버의 관료제 특성
① 안정적이면서 명확한 권한 계층
② 태도 및 대인관계의 비개인성
③ 과업전문화에 기반한 체계적인 노동의 분화
④ 규제 및 표준화된 운용절차의 일관된 시스템
⑤ 관리 스태프진은 생산수단의 소유자가 아님
⑥ 문서로 된 규칙, 의사결정, 광범위한 파일
⑦ 기술적인 능력에 의한 승진을 기반으로 평생의 경력 관리

(7) 메이요의 인간관계론
① 민주적 리더십을 강조

14 | 경영정보

(1) 자료
어떠한 현상이 일어난 사건·사실 등을 있는 그대로 기록한 것

(2) 정보 24
개인 또는 조직이 효과적인 의사결정을 하는 데 있어 의미가 있으면서 유용한 형태로 처리된 자료들

(3) 정보의 특징 25
정확성, 완전성, 경제성, 적시성, 신뢰성, 관련성, 단순성, 입증 가능성, 통합성, 적절성, 누적가치성, 매체의존성, 결과지향성, 형태성

(4) 시스템 구성요소
입력(Input), 처리(Process), 출력(Output)

(5) 거래처리 시스템
기업조직에서 일상적이면서 반복적으로 수행되는 거래를 쉽게 기록·처리하는 정보 시스템으로서, 기업 활동의 가장 기본적인 역할을 지원하는 시스템

(6) 의사결정지원 시스템
반구조적 또는 비구조적 의사결정을 지원하기 위해 의사결정자가 데이터와 모델을 활용할 수 있게 해 주는 대화식 시스템

(7) 사무자동화 시스템
기업조직 내 일상의 업무소통 및 정보처리 업무 등을 지원하는 시스템을 의미

(8) 최고경영자 정보시스템
조직의 최고 경영층에게 주요 성공요인과 관련된 내·외부 정보를 손쉽게 접할 수 있도록 해 주는 컴퓨터 기반의 시스템

(9) 입력장치 종류
마우스(Mouse), 키보드(Keyboard), 스캐너(Scanner), 터치스크린(Touch Screen), 라이트 펜(Light Pen) 등

(10) 출력장치 종류
모니터(Monitor), 스피커(Speaker), 프린터(Printer) 등

(11) 시스템 개발 단계
정보요구 사항의 결정 → 선택안의 평가 → 설계 → 구현

15 | 회계학

(1) 재무회계 및 관리회계 비교 23

구분	재무회계 24	관리회계
의의	외부보고 목적, 기업의 재무상태 및 경영성과 현금흐름에 대한 정보 제공	내부보고 목적 및 경영 의사결정을 위한 정보 제공
목적	정보이용자의 경제적 의사결정에 유용한 정보 제공(투자 및 신용결정)	경영자의 의사결정에 적합한 정보 제공 (경영계획 및 통제)
보고대상	불특정다수인 외부 이해 관계자	경영자 외의 내부 이해 관계자
정보성격	과거에 대한 정보가 많음	미래에 대한 예측정보가 많음
보고양식	재무제표	일정양식 없음
법적규제	일반적으로 인정된 회계 원칙(GAAP, 기업회계 기준, 외부감사 등)	없음

(2) 회계의 구성 가정
계속기업의 가정, 경제실체의 가정, 화폐적 측정 가정, 기간성 가정

(3) 재무제표의 질적 특성 24
신뢰성, 중요성, 목적 적합성, 이해 가능성, 비교 가능성

(4) 자산
기업조직이 소유하고 있는 자신의 경제활동에 대해 유용한 경제적인 자원 및 미래 경제적인 효익 혹은 용역잠재력 21

(5) 부채
기업조직이 타인에게 현금의 지급 또는 각종 재화 및 서비스의 지급을 제공해야 하는 의무 21

(6) 자본
기업조직의 자산 중 소유주의 몫인 금액 21

(7) 회계순환과정
회계상 거래 → 분개 → 전기 → 시산표 → 결산조정분개와 전기 → 재무제표의 작성

(4) 마케팅 믹스 전략의 수립
기업조직이 표적시장에서 자사의 마케팅 목표를 이루기 위해 기업이 통제 가능한 요소인 제품, 가격, 유통, 판매촉진을 효율적으로 구사해서 혼합하는 것 21 24

(5) 시장세분화
전체시장을 비슷한 기호와 특성을 가진 세부시장으로 나눠, 차별화된 마케팅 프로그램을 설정하는 것 21 22 23

(6) 시장세분화의 요건

구분	개념
측정 가능성	마케터는 각 세분시장에 속하는 구성원을 확인하고, 세분화 근거에 따라 그 규모나 구매력 등의 크기를 측정할 수 있어야 함
유지 가능성	각 세분시장은 별도의 마케팅 노력을 할애받을 만큼 규모가 크고 수익성이 높아야 함
접근 가능성	마케터는 각 세분시장에게 기업이 별도의 상이한 마케팅 노력을 효과적으로 집중시킬 수 있어야 함
실행 가능성	마케터는 각 세분시장에 적합한 마케팅 믹스를 실제로 개발할 수 있는 능력과 자원을 가지고 있어야 함
내부적 동질성과 외부적 이질성	특정한 마케팅 믹스에 대한 반응이나 세분화 근거에 있어서 같은 세분시장의 구성원은 동질성을 보여야 하고, 다른 세분시장의 구성원과는 이질성을 보여야 함

(7) 목표시장 선정전략

구분	특징
무차별적 마케팅 전략	• 개념: 하나의 제품을 제공하는 전략 • 장점: 규모의 경제 • 단점: 모든 계층의 소비자들을 만족시킬 수 없으므로 경쟁사가 쉽게 틈새시장을 찾아 시장에 진입
차별적 마케팅 전략	• 개념: 전체시장을 세분하여 상이한 욕구에 부응할 수 있는 마케팅 믹스를 개발·적용하는 전략 • 장점: 전체시장의 매출은 증가 • 단점: 각 세분시장의 차별화된 제품과 광고 판촉을 제공하기 위해 비용도 늘어남 • 특징: 자원이 풍부한 대기업이 사용
집중적 마케팅 전략	• 개념: 특정 세분시장을 목표시장으로 삼아 집중 공략하는 전략 • 장점: 생산·판매 및 촉진활동을 전문화함으로써 비용 절감 • 단점: 세분시장의 규모가 축소되거나 경쟁사가 해당 시장에 뛰어들 경우 위험이 큼 • 특징: 자원이 한정된 중소기업이 사용

(8) 제품차원의 구성
① **핵심제품**: 소비자가 상품을 소비함으로써 얻을 수 있는 핵심적인 효용을 의미
② **유형제품(실제제품)**: 눈으로 보고, 손으로도 만져볼 수 있도록 구체적으로 드러난 물리적인 속성차원의 상품
③ **확장제품**: 유형제품의 효용가치를 증가시키는 부가서비스 차원의 상품을 의미. 즉 유형제품에 부가로 제공되는 서비스, 혜택을 포함한 개념

(9) 신제품 개발 과정
아이디어 창출 → 아이디어 선별(평가) → 제품개념 개발 및 테스트 → 마케팅 전략 개발 → 사업성 분석 → 제품개발 → 시험 마케팅 → 상업화

13 | 재무관리

(1) 재무관리의 기능
자본조달결정기능, 투자결정기능, 배당결정기능, 유동성관리기능, 재무분석 및 계획기능 22 25

(2) 사채
발행기관이 계약에 의해 일정한 이자를 지급하면서 만기 시 원금을 상환하기로 한 일종의 증서로, 회사가 대중으로부터 큰 규모의 자금을 오랜 기간 동안 집단적으로 조달하기 위해 발행하는 것

(3) 현금흐름 추정 시 고려사항 24 25
① 인플레이션을 반영시켜야 함
② 증분현금흐름을 반영시켜야 함
③ 세금효과를 고려해야 하며, 그중에서도 감가상각 등의 비현금 지출비용 등에 각별히 유의해야 함
④ 매몰원가, 기회비용 등에 대한 명확한 조정을 필요로 함

(4) 포트폴리오
투자자가 투자한 자산의 집합

(5) 콜 옵션(Call Option)
특정 증권 또는 상품 등을 살 수 있는 권리

(6) 풋 옵션(Put Option)
특정 증권 또는 상품 등을 팔 수 있는 권리

② 비공식 조직을 강조
③ 기업조직은 경제적·기술적·사회적 시스템
④ 근로자 만족의 증가가 성과로 연결된다고 파악
⑤ 인간의 사회적·심리적 조건 등을 중요시
⑥ 의사소통의 경로개발이 중요시되며, 참여가 제시

(8) 뢰슬리스버거가 구분한 3가지 측면의 인간행동
논리적 행동, 비논리적 행동, 비합리적 행동

(9) 버나드가 주장한 조직존속의 3요소
공통목적, 공헌의욕, 의사소통

03 | 경영환경

(1) 일반환경
경제적 환경, 정치적 환경, 사회문화적 환경, 자원 환경, 기술적 환경 21 22

(2) 국제기업환경의 영역
① **정치적 환경**: 정치적 이념, 정치적 안정성, 경제에 대한 정부의 규제, 국제관계
② **법률적 환경**: 국제분규의 관할권, 국제상사분규의 중재, 갖추어야 할 법률지식
③ **(사회)문화적 환경**: 언어, 물질문명, 교육, 종교, 미적 감각

04 | 기업형태 및 기업집중

(1) 기업의 결합
① **기업제휴**: 어느 특정한 경영활동의 내용에 관한 계약이나 협정을 맺고 협력관계를 형성하는 결합형태로, 노동조합 또는 사업자단체, 사업제휴, 카르텔(Kartell) 등이 있음
② **기업 집단화**: 자본적·인적·기술적으로 밀접한 관계를 가진 통일적 집단을 형성한 것으로, 트러스트(Trust), 콘체른(Konzern), 콤비나트(Kombinat) 등이 있음 23
③ **기업합병**: 법률적으로 독립적인 복수기업이 법률적으로 단일조직이 되는 결합형태로, 흡수합병과 신설합병이 있음
④ **기업의 계열화**: 기술혁명이나 판매경쟁의 격화에 대응하기 위해 대기업이 기술과 판매 등에서 중소기업의 육성·강화를 꾀하면서 이를 하청화하는 형태
⑤ **기업계열화의 형태**: 수직적 계열화, 수평적 계열화, 분기적 계열화, 수렴적 계열화, 사행적 계열화

(2) 기업결합의 유형 23
① **카르텔(Kartell)**: 가맹기업 간 협정, 카르텔 협정 등에 의해 성립 24
② **신디케이트(Syndicate)**: 동일한 시장 내 여러 기업이 출자해서 공동판매회사를 설립, 이를 일원적으로 판매하는 조직
③ **트러스트(Trust)**: 카르텔보다 강한 기업집중의 형태로, 이는 시장독점을 위해 각 기업체가 개개의 독립성을 상실하고 합동하는 것
④ **콤비나트(Kombinat)**: 일정 수의 유사한 규모의 기업들이 원재료 및 신기술의 활용을 목적으로 사실상의 제휴를 하기 위해 근접한 지역에서 대등한 관계로 결성하는 수평적인 기업결합형태
⑤ **컨글로머릿(Conglomerate)**: 생산공정 또는 판매과정 등의 분야에서 상호 간 관련이 없는 다양한 이종기업을 합병 및 매수해서 하나의 거대한 기업체를 형성하는 기업결합형태
⑥ **콘체른(Concern)**: 법률적으로 독립성을 유지하면서 경제적으로는 불대등한 관계의 서로 관련된 복수 기업들의 기업결합형태

(3) 기업의 국제화 단계
상품의 수출입 단계 → 자본의 수출입 단계 → 기술정보의 수출입 단계 → 인적자원의 교환 단계 → 현지 사업 단계 → 현지 진출 단계

(4) 다국적 기업의 문제점
① 산업정책의 효과 감소
② 세계적인 독과점체제의 파급
③ 투자국 국내고용의 감퇴에 대한 영향
④ 연구개발 및 기술독점 등의 독점에 의한 수입국 기술진보의 저해
⑤ 각국의 세제차이를 활용한 과세의 회피
⑥ 국제투자를 위한 수입국과 투자국과의 마찰문제

05 | 기업윤리와 사회적 책임

(1) 미국에서의 거대기업에 대한 사회적 비판의 내용
① 거대기업이 막강한 경제력 및 정치력을 행사
② 거대기업은 자기 보존적이고 무책임한 권력엘리트에 의해 지배
③ 거대기업은 근로자 및 소비자를 착취하고 인간성을 박탈
④ 거대기업은 환경 및 생활의 질을 파괴

(2) 개인 및 조직을 위한 윤리원칙(블랜차드와 필)
자긍심(Pride), 목적(Purpose), 일관성(Persistence), 인내(Patience), 전망(Perspective)

(3) 사회적 책임의 긍정론과 부정론
① 긍정론: 과업환경주체(이해관계자 집단)의 요청을 받아들여 이에 대응해야 함 [25]
② 부정론: 기업의 그 본래의 사회적 기능에 한정시켜 그 이상은 정부에 맡겨야 됨

06 | 경영목표와 의사결정

(1) 경영목표
기업이 그 경영활동(생산과 판매 활동)을 통하여 실현하고자 하는 상태

(2) 경영목표 형성의 3가지 차원
경영목표의 내용, 경영목표의 범위, 경영목표의 실현기간

(3) 의사결정의 주요 요소
① 의사 담당자: 개인, 집단, 조직 또는 사회
② 환경: 확실성, 위험, 불확실성 상황으로 구분
③ 대상: 결정사항으로서 생산, 마케팅, 재무 등

(4) 사이먼의 의사결정과정
① 정보활동: 결정을 필요로 하는 갖가지 조건에 관련된 환경의 탐색
② 설계활동: 가능한 대체적인 활동방안의 개발 분석
③ 선택활동: 특정 대체안의 선정 및 복수 대체안의 평가
④ 검토활동: 과거의 선택에 대한 평가

(5) 정형적 의사결정 및 비정형적 의사결정 [23]

구분	정형적 의사결정	비정형적 의사결정
문제의 성격	보편적·일상적인 상황	비일상적·특수적 상황
문제해결 방안의 구체화 방식	문제해결안이 조직의 정책 또는 절차 등에 의해 미리 상세하게 명시됨	해결안은 문제가 정의된 다음에 창의적으로 결정
의사결정의 계층	주로 하위층	주로 고위층
의사결정의 수준	업무적·관리적 의사결정	전략적 의사결정
적용조직의 형태	시장 및 기술이 안정되고, 일상적이며 구조화된 문제해결이 많은 조직	구조화가 되어 있지 않으며, 결정사항이 비일상적이면서 복잡한 조직

전통적 기법	업무절차, 관습 등	직관, 판단, 경험, 법칙, 창조성 등
현대적 기법	EDPS, OR 등	휴리스틱 기법

(6) 앤소프(H. I. Ansoff)의 의사결정 모형
전략적 의사결정, 관리적 의사결정, 업무적 의사결정 [23]

07 | 경영관리론

(1) 독일 경영학과 미국 경영학의 비교 [24] [25]
① 독일 경영학(경영경제학): 상업학으로부터 시작해서 이론적인 측면이 강한 학문
② 미국 경영학(경영관리학): 실제 경영에서 나타나는 문제의 해결에 관심을 지니고 시작한, 실천적 측면이 강한 학문

(2) 경영계획
경영자가 수행하는 최초의 경영관리 과정이면서 더불어 경영관리의 최종적 과정인 경영통제의 전제조건이 됨

(3) 경영계획의 원칙
합목적성의 원칙, 계획우선의 원칙, 보편성의 원칙, 효율성의 원칙

(4) 계획의 단계 [25]
문제의 인식 → 목표의 설정 → 계획의 전제 수립 → 대안의 모색 및 검토 → 대안의 평가 → 대안의 선택 → 파생계획의 수립 → 예산에 의한 계획의 수량화

(5) 경영통제 과정
표준의 설정 → 실제성과의 측정 → 편차의 수정

08 | 전략수립과 전략실행

(1) 경영전략
변화하는 기업환경하에서 기업조직의 존속 및 성장을 도모하기 위해, 환경의 변화에 대한 기업조직의 활동을 전체적·계획적으로 적응해 나가는 전략

(2) 앤소프 전략의 구성요소
제품·시장분야, 성장벡터, 경쟁상의 이점, 시너지효과

(9) 직무평가의 방법 24

비교기준 \ 비교대상	직무전반	구체적 직무요소
직무 대 직무	서열법 (Ranking Method)	요소비교법 (Factor Comparison Method)
직무 대 기준	분류법 (Job Classification Method)	점수법 (Point Method)

(10) 배치의 원칙
실력주의, 적재적소주의, 균형주의, 인재육성주의

(11) 임금관리의 3요소

임금관리 3요소	핵심 사항	분류 (고려 대상)
임금수준	적정성	생계비 수준, 사회적 임금수준, 동종 업계 임금수준 감안
임금체계	공정성	연공급, 직능급, 성과급, 직무급
임금형태	합리성	시간급제, 일급제, 월급제, 연봉제

(12) 노사관계관리의 기본목표 24
노사 간 질서 확립, 올바른 이념의 정립, 노사관계의 안정

(13) 노사관계의 발전과정
전제적 노사관계 → 온정적 노사관계 → 근대적 노사관계 → 민주적 노사관계

(14) 노동조합의 조직형태
직업별 노동조합, 일반 노동조합, 산업별 노동조합, 기업별 노동조합

(15) 단체교섭방식
기업별 교섭, 집단교섭, 통일교섭, 대각선 교섭, 공동교섭

(16) 쟁의행위의 유형
① 노동자 측면의 쟁의행위: 파업, 태업 · 사보타지, 생산관리, 준법투쟁, 불매운동, 피켓팅
② 사용자 측면의 쟁의행위: 직장폐쇄

11 | 생산관리

(1) 연속생산 시스템
중단 없이 지속적으로 가동 생산되는 방식

(2) 반복생산 시스템
일정 크기의 로트를 설정해서 작업 실행 및 작업 중단을 반복하는 생산 방식

(3) 단속생산 시스템
주문된 제품의 수량 및 납기 등에 맞추어 생산하는 방식

(4) JIT(Just In Time) 시스템
필요한 시기에 필요한 양만큼의 단위를 생산해 내는 것

(5) 델파이법 23
가능성 있는 미래기술개발 방향과 시기 등에 대한 정보를 취득하기 위한 방식

(6) 시계열 분석
제품 및 제품계열에 대한 수년간의 자료 등을 수집하기 용이하며, 변화하는 경향이 비교적 분명하고 안정적일 경우에 활용되는 통계적인 예측 방법

(7) 재고의사결정에 연관되는 비용 요소
재고유지비, 발주비, 품절비, 구매비

12 | 마케팅

(1) 마케팅
개인 및 조직의 목표를 만족시키는 교환을 실현시키기 위하여 재화 · 서비스 및 아이디어의 개념구성 및 개발, 가격설정, 촉진 및 유통을 계획 · 실시 · 통제하는 과정

(2) 마케팅의 기본 요소
필요, 욕구, 제품, 교환, 시장

(3) 마케팅 개념의 발전 단계

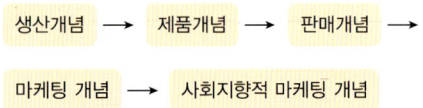

(3) 호퍼와 센델의 전략 개념 구성요소
영역, 자원전개, 경쟁우위성, 시너지

(4) 스타이너의 전략계획의 특징
① 전략계획은 과정임
② 전략계획은 하나의 철학임
③ 전략계획은 의사결정의 미래성을 다룸
④ 총괄적인 전사적 계획은 계획의 구조로 정의되기도 함

(5) 전략개발의 방법
갭 분석, ETOP 분석, WOTS-UP 분석, 이슈 분석

(6) 버파(Buffa)가 제시한 제조전략의 6가지 기초
① 생산 시스템의 포지셔닝
② 능력·입지 결정
③ 작업력과 작업설계
④ 공급자의 수직적 계열화
⑤ 제품과 공정기술
⑥ 오퍼레이션 결정의 전략적 보완

(7) 다각화 전략 22 25
① 개념: 제품의 생산지향적 전략에서 시장지향적 전략으로 이어지는 과정에서 필연적으로 출현된 제품 전략
② 종류: 수직적 다각화, 수평적 다각화, 집중적 다각화, 복합적 다각화
③ 앤소프(H. I. Ansoff)의 성장벡터: 기업들이 지속적으로 성장하기 위해 제품과 시장에 대해 어떤 전략을 선택할 것인지 의사결정하기 위한 도구로, 시장 침투, 제품 개발, 시장 개발, 다각화까지 네 가지 성장전략 유형이 있음

(8) 경쟁전략의 형태 24
① 코스트 리더십 전략: 비용 면에서 최우위를 가진다는 기본 목표에 따라 일련의 직능별 전략에 의해 산업계에서 코스트 리더십을 취하고자 하는 전략
② 차별화 전략: 자사제품이나 서비스를 차별화해서 산업계에서 무엇인가 특이한 것을 창조하고자 하는 전략
③ 집중화 전략: 특정 구매자 집단 또는 특정 제품종류 및 지역 시장에 맞추어 기업의 자원을 집중시키는 전략

(9) 마이클 포터의 5대 경쟁요소
신규진입자의 위협, 대체품의 위협, 공급자의 교섭력, 구매자의 교섭력, 기존 기업조직들과의 경쟁관계 22

(10) BCG 매트릭스(성장-점유 매트릭스) 22 25
세로축을 시장성장률로 두고, 가로축을 상대적 시장점유율로 두어 2×2 매트릭스를 형성

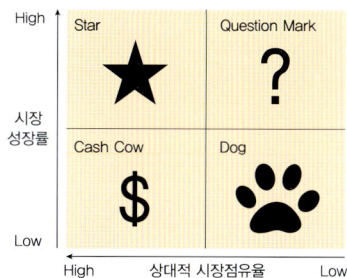

① 별(Star) 사업부: 시장성장률도 높고 상대적 시장점유율도 높은 경우에 해당하는 사업으로, 제품수명주기상에서 성장기에 속함
② 현금젖소(Cash Cow) 사업부: 시장성장률은 낮지만 높은 상대적 시장점유율을 유지하고 있는 경우에 해당하는 사업으로, 제품수명주기상에서 성숙기에 속함
③ 물음표(Question Mark) 사업부: 시장성장률은 높으나 상대적 시장점유율이 낮은 경우에 해당하는 사업으로, 제품수명주기상에서 도입기에 속함
④ 개(Dog) 사업부: 시장성장률도 낮고 시장점유율도 낮은 경우에 해당하는 사업으로, 제품수명주기상에서 쇠퇴기에 속함

09 | 조직구조와 조직문화

(1) 로빈스의 조직구조의 구성요소 24
① 복잡성: 수직 및 수평적 분화 중심
② 공식화: 업무 및 절차 등의 표준화 중심
③ 집권화: 의사결정권한의 체계 중심

(2) 비공식조직의 특징
① 비공식조직의 구성원은 감정적 관계 및 개인적 접촉임
② 비공식조직의 구성원은 집단접촉의 과정에서 저마다 나름대로의 역할을 담당
③ 비공식적인 가치관, 규범, 기대 및 목표를 가지고 있으며, 조직의 목표달성에 큰 영향을 미침

(3) 베버의 관료제의 특징
① 계층적인 권한체계
② 문서에 의한 직무집행 및 기록
③ 명확하게 규정된 권한 및 책임의 범위
④ 직무활동을 수행하기 위한 전문적인 훈련
⑤ 규정에 의한 담당자의 역할이 결정되는 지속적인 조직체

(4) 관료제의 역기능
① 단위들 사이의 커뮤니케이션을 저해
② 규정에 얽매여 목표 및 수단의 전도현상이 발생
③ 계층구조가 하향식이기 때문에 개인의 창의성과 참여가 봉쇄
④ 수평적 커뮤니케이션을 공식적으로 인정하지 않기 때문에 공식적 계층을 따르다 보면 시간과 에너지가 낭비
⑤ 전문화된 단위 사이의 갈등을 유발해서 전체목표 달성을 저해

(5) 민츠버그의 경영조직의 분류
단순구조, 기계적 관료제, 전문적 관료제, 사업부제, 애드호크라시 22

(6) 라인조직 23
① **단일 라인조직**: 한 사람의 의사 및 명령이 하부에 직선적으로 전달되는 조직형태
② **복수 라인조직**: 명령권자 및 수령라인이 복수인 조직형태
③ **라인-스태프 조직**: 복수 라인조직의 결함을 보완, 단일 라인조직의 장점을 살릴 수 있는 혼합형 조직형태

(7) 조직문화 25
한 조직의 구성원들이 공유하는 신념, 가치관, 이념, 관습, 지식 및 기술을 총칭한 것

(8) 조직문화의 중요성
① 조직문화는 기업의 전략수행에 영향을 미침
② 기업조직의 합병, 매수 및 다각화에 있어서 조직문화가 중요한 영향을 미침
③ 신기술을 도입하거나 통합하는 경우에 영향을 미침
④ 조직 내의 집단 간 갈등에 영향을 미침
⑤ 효과적인 화합 및 의사소통에 영향을 미침
⑥ 조직 구성원을 사회화하는 데 영향을 미침
⑦ 조직의 생산성에 영향을 미침

(9) 숄츠가 말하는 조직문화 차원
① **환경적 차원에 따른 조직문화(제1유형)**: 강인하고 억센 문화, 열심히 일하고 잘 노는 문화, 회사의 운명을 거는 문화, 과정을 중시하는 문화
② **내부적 차원에 따른 조직문화(제2유형)**: 생산적 문화, 관료적 문화, 전문적 문화
③ **진화적 차원에 따른 조직문화(제3유형)**: 안정적 문화, 반응적 문화, 예측적 문화, 탐험적 문화, 창조적 문화
④ 제1유형의 경우는 기계적 관료조직, 제2유형의 경우는 전문적 관료조직, 제3유형의 경우는 애드호크라시와 창업기업이 적합한 형태

10 | 인사관리와 노사관계관리

(1) 인사관리
기업조직에 필요한 인력을 획득하여 이를 조달·유지·개발하며, 유입된 인력을 효율적으로 관리·활용하는 체제 23

(2) 근로생활의 질(QWL)
산업화에 따른 종업원들 작업의 전문화 및 단순화에서 나타나는 단조로움, 소외감, 인간성 상실 등에 대한 반응 또는 빠르게 변화하는 경영환경에서의 새로운 기술의 발달로 인한 업무환경의 불건전성 등의 문제에 대한 반응으로서 나타난 개념

(3) 인사관리의 내부환경
노동력 구성비의 변화, 조직규모의 확대, 가치관의 변화

(4) 인사관리의 외부환경
경제여건의 변화, 정부개입의 증대, 정보기술의 발전, 노동조합의 발전

(5) 직무분석
조직이 요구하는 일의 내용들을 정리·분석하는 과정 21

(6) 직무분석의 방법
관찰법, 면접법, 설문지법, 중요사건법, 워크샘플링법

(7) 직무기술서 21 25
수행되어야 할 과업에 초점을 두며, 직무분석의 결과를 토대로 직무수행과 관련된 과업과 직무행동을 일정한 양식에 기술한 문서를 의미

(8) 직무명세서 25
인적요건에 초점을 두며, 직무분석의 결과를 토대로 직무수행에 필요로 하는 작업자들의 적성이나 기능 또는 지식·능력 등을 일정한 양식에 기록한 문서를 의미

2026 시대에듀 독학사 1단계 교양과정

— 학위 취득을 위한 가장 **빠른** 선택! —

왜? 독학사인가?

| 고등학교 졸업 이상이면 **누구나** 도전 가능 | × | 4년제 대학과 비교 시 **효율적** 시간&비용 | × | 1년 만에 **빠른** 학점 취득 | × | 60점 이상이면 합격하는 **높은** 합격률 |

회원가입 이벤트!

시대에듀 독학사 회원가입 수험생을 위한 **3대 특전** 이벤트!

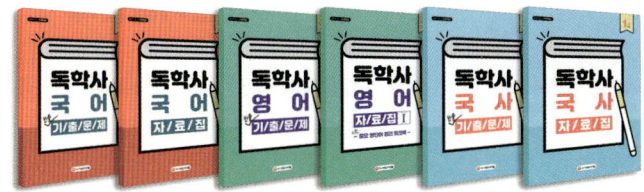

독학사 1단계
국어 / 영어 / 국사

기출문제 & 핵심자료집 & 온라인 모의고사 제공!

※ 경로: www.sdedu.co.kr → 독학사 → 학습자료실 → 강의자료실

※일부 PDF 자료는 수강회원에게만 제공될 수 있습니다.

무료특강 이벤트!

시대에듀 내 독학사 페이지 접속 시 **116강**의 무료특강 제공!

| 1단계 키워드 특강 **총 18강** | 1단계 기출문제 특강 **총 48강** | + | 경영 2단계 키워드 특강 **총 15강** | 경영 2단계 기출문제 특강 **총 10강** | + | 심리 2단계 키워드 특강 **총 13강** | 심리 2단계 기출문제 특강 **총 12강** |

※ 경로: www.sdedu.co.kr → 독학사 → 학습자료실 → 무료특강

※무료제공 강좌는 변동될 수 있습니다.

시대에듀 홈페이지 **www.sdedu.co.kr** 상담문의 **1600-3600** 평일 9~18시 / 토요일·공휴일 휴무

시대에듀

끝까지 책임진다! 시대에듀!

QR코드를 통해 도서 출간 이후 발견된 오류나 개정법령, 변경된 시험 정보, 최신기출문제, 도서 업데이트 자료 등이 있는지 확인해 보세요!
시대에듀 합격 스마트 앱을 통해서도 알려 드리고 있으니 구글 플레이나 앱 스토어에서 다운받아 사용하세요.
또한, 파본 도서인 경우에는 구입하신 곳에서 교환해 드립니다.

편집진행 천다솜 · 김다련 | 표지디자인 박종우 | 본문디자인 차성미 · 이다희

이 책의 구성과 특징 STRUCTURES

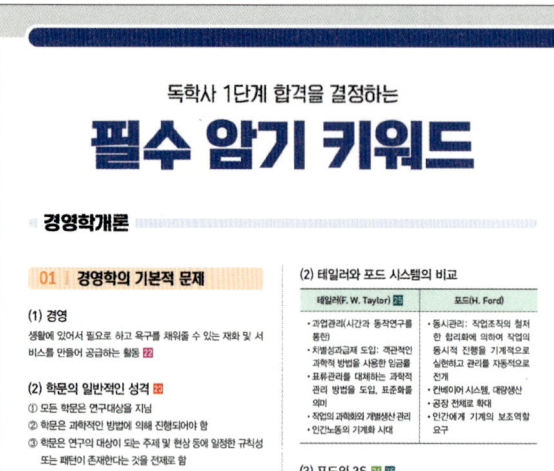

01 필수 암기 키워드

핵심이론 중 반드시 알아야 할 중요 내용을 요약한 '필수 암기 키워드'로 개념을 정리해 보세요.

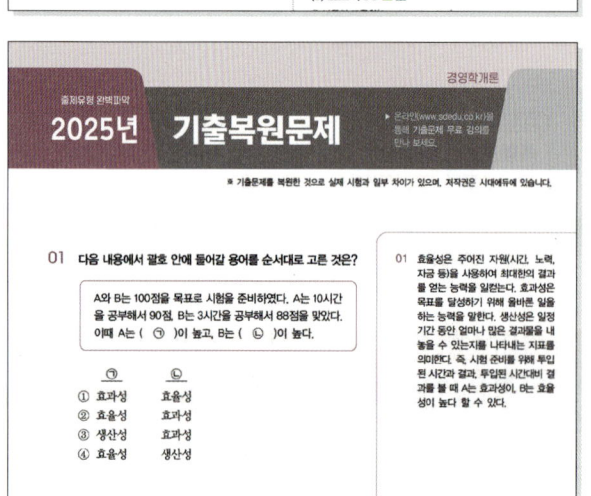

02 최신기출문제

'2025~2023년 기출복원문제'를 풀어 보며 출제 경향을 파악해 보세요.

03 핵심이론

시행처의 평가영역을 반영하여 꼼꼼하게 정리된 '핵심이론'을 학습하며 기초를 탄탄하게 쌓아 보세요.

합격의 공식 Formula of pass | 시대에듀 www.sdedu.co.kr

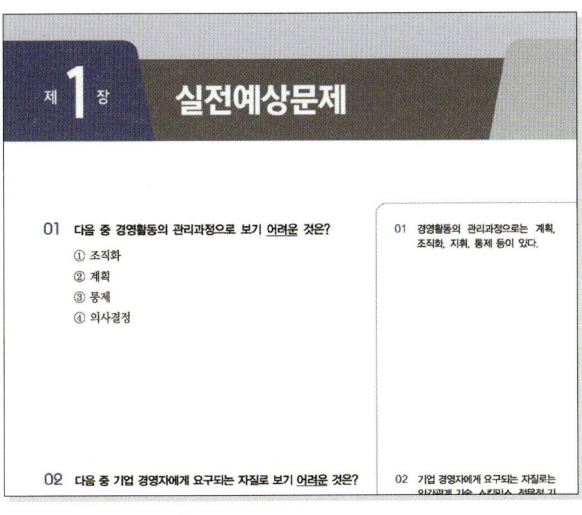

04 실전예상문제

'핵심이론'에서 공부한 내용을 바탕으로 '실전예상문제'를 풀어 보며 문제를 해결하는 능력을 길러 보세요.

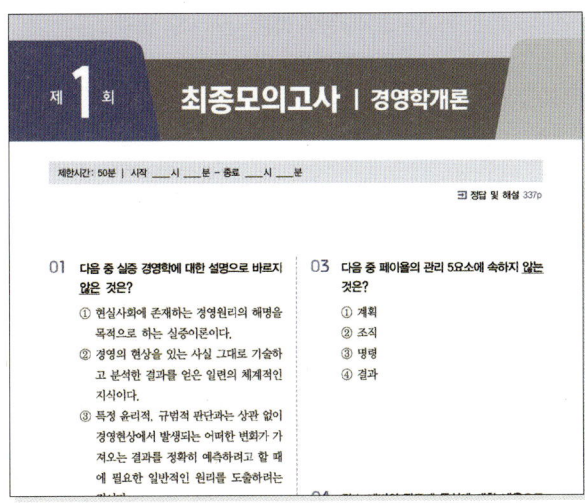

05 최종모의고사

'최종모의고사'를 실제 시험처럼 풀어 보며 실력을 점검해 보세요.

+ P / L / U / S +

1단계 시험을 핵심자료로 보강하자!

국어 / 영어 / 국사 <핵심자료집 PDF> 제공

1단계 시험을 준비하는 수험생을 위해 교양과정 필수 과목인 국어 / 영어 / 국사 핵심자료집을 PDF로 제공하고 있어요. 국어는 고전문학·현대문학, 영어는 중요 영단어·숙어·동의어, 국사는 표·사료로 정리했어요.

※ 경로 : www.sdedu.co.kr ➡ 독학사 ➡ 학습자료실 ➡ 강의자료실

독학학위제 소개 INFORMATION

독학학위제란?
「독학에 의한 학위취득에 관한 법률」에 의거하여 국가에서 시행하는 시험에 합격한 사람에게 학사 학위를 수여하는 제도

과정별 응시자격

4개의 과정(교양, 전공기초, 전공심화, 학위취득 종합시험)을 모두 거쳐 합격하면 학사 학위 취득 가능

단계	과정	응시자격	과정(과목) 시험 면제 요건
1	교양	고등학교 졸업 이상 학력 소지자	• 대학(교)에서 각 학년 수료 및 일정 학점 취득 • 학점은행제 일정 학점 인정 • 국가기술자격법에 따른 자격 취득 • 교육부령에 따른 각종 시험 합격 • 면제지정기관 이수 등
2	전공기초		
3	전공심화		
4	학위취득	• 1~3단계 합격 및 면제 • 대학에서 동일 전공으로 3년 이상 수료 (3년제의 경우 졸업) 또는 105학점 이상 취득 • 학점은행제 동일 전공 105학점 이상 인정 (전공 28학점 포함) • 외국에서 15년 이상의 학교교육과정 수료	없음(반드시 응시)

※ 시험 일정 : 1단계-2월 중 / 2단계-5월 중 / 3단계-8월 중 / 4단계-10월 중
※ 접수 방법 : 온라인으로만 가능
※ 자세한 일정 및 제출 서류 등은 독학학위제 홈페이지(bdes.nile.or.kr) 참조

합격 기준

❶ 1~3단계 : 각 과목을 100점 만점으로 하여 전(全) 과목 60점 이상 득점(합격 여부만 결정)
▶ 1단계 : 5과목 합격
▶ 2~3단계 : 6과목 합격

❷ 4단계 : 총점 합격제 또는 과목별 합격제 선택

구분	합격 기준	유의사항
총점 합격제	• 총점(600점)의 60% 이상 득점(360점) • 과목 낙제 없음	• 6과목 모두 신규 응시 • 기존 합격 과목 불인정
과목별 합격제	• 각 과목 100점 만점으로 하여 전 과목 (교양 2, 전공 4) 60점 이상 득점	• 기존 합격 과목 재응시 불가 • 1과목이라도 60점 미만 득점하면 불합격

합격의 공식 Formula of pass | 시대에듀 www.sdedu.co.kr

🔸 문항 수 및 배점

❶ 1~2단계 : 일반 과목과 예외 과목 구분 없이 객관식으로 40문항 출제(40문항×2.5점 = 100점)

❷ 3~4단계
- ▶ 일반 과목[총 28문항(100점)] : 객관식(24문항×2.5점 = 60점) + 주관식(4문항×10점 = 40점)
- ▶ 예외 과목[총 20문항(100점)] : 객관식(15문항×4점 = 60점) + 주관식(5문항×8점 = 40점)
- ※ 시험 범위 : 독학학위제 홈페이지(bdes.nile.or.kr) ➡ 학습정보 ➡ 과목별 평가영역에서 확인

🔸 독학학위제 전공 분야 (11개 전공)

- ※ 간호학 : 4단계만 개설
- ※ 유아교육학 : 3, 4단계만 개설
- ※ 정보통신학 : 4단계만 2026년까지 응시 가능하며 이후 전공 폐지
- ※ 시대에듀는 현재 6개 전공(국어국문학, 영어영문학, 심리학, 경영학, 컴퓨터공학, 간호학) 개설 완료

🔸 1단계 시험 과목 및 시간표

교시	시간	시험 과목명
1교시(필수)	09:00~10:40(100분)	국어, 국사
2교시(필수)	11:10~12:00(50분)	외국어 : 영어, 독일어, 프랑스어, 중국어, 일본어 중 택 1과목
중식 12:00~12:50(50분)		
3교시	13:10~14:50(100분)	현대사회와 윤리, 문학개론, 철학의 이해, 문화사, 한문, 법학개론, 경제학개론, 경영학개론, 사회학개론, 심리학개론, 교육학개론, 자연과학의 이해, 일반수학, 기초통계학, 컴퓨터의 이해 중 택 2과목

- ※ 시험 일정 및 세부사항은 반드시 독학학위제 홈페이지(bdes.nile.or.kr)를 통해 확인
- ※ 시대에듀에서 개설된 과목은 빨간색으로 표시

2025년 기출 경향 분석 ANALYSIS

총평

2025년 시험의 전반적인 난이도는 작년 대비 평이한 수준이었으나, 출제 영역에서 변화가 두드러졌습니다. 작년에는 기업의 사회적 책임 및 ESG 경영, 코로나 19라는 특수성으로 인해 조직관리, 인사관리와 노사관계관리 영역의 출제가 많았던 반면, 올해는 위축된 경영환경과 기업 회계 이슈로 인해 전략수립과 전략실행 및 회계학 영역에서 다수 출제되었습니다. 경영학개론은 기업을 탐색하는 기초 학문이자, 경영환경의 주요 이슈를 인지하고 이에 대한 학문적 이해 수준을 평가하는 과목입니다. 따라서 수험생은 경영학의 이해와 함께 최신 경영환경 동향을 충분히 파악해야 효율적으로 시험을 대비할 수 있을 것입니다.

학습 방법

경영학개론은 기업이 경영환경에서 지속 가능한 경쟁 우위를 창출하는 방법을 다루는 과목입니다. 따라서 경영학개론이 의미하는 바가 무엇인지를 정확히 이해하고 학습하는 것이 중요합니다. 기업의 존재 이유, 구성과 행동, 그리고 이로 파생되는 결과들을 출제 영역별로 충분히 이해하고 암기해야 합니다. 이러한 학습 전략은 경영학개론 학습의 기초 체력이 되어, 경영 트렌드 변화로 인한 출제 영역 및 난이도 변화 등의 변수에도 충분히 합격으로 나아갈 수 있는 역량이 될 것입니다. 결론적으로, 경영학개론의 개념과 목표에 대해 충분히 이해하고, 급변하는 경영환경에 대한 적응성을 키울 때 좋은 결과를 얻을 수 있을 것입니다.

출제 영역 분석

출제 영역	문항 수		
	2023년	2024년	2025년
경영학의 기본적 문제	3	2	3
경영학의 발전과정	3	2	4
경영환경	1	2	1
기업형태 및 기업집중	3	4	2
기업윤리와 사회적 책임	1	1	3
경영목표와 의사결정	5	1	1
경영관리론	1	2	2
전략수립과 전략실행	3	3	5
조직구조와 조직문화	3	2	1
인사관리와 노사관계관리	2	7	2
생산관리	2	4	2
마케팅	5	4	4
재무관리	2	4	2
경영정보	3	1	3
회계학	3	1	5
합계	40	40	40

합격수기 COMMENT

ma*****
★★★★★

시대에듀의 문을 두드리시는 많은 학습자분들처럼, 저 또한 직장생활과 육아를 병행하며 공부에 대한 열정을 놓지 않았습니다. 학력에 대한 미련이 있었기에 독학사에 자연스레 관심이 생겼고, 시대에듀 교재로 공부를 해서 합격했습니다. 처음 독학학위제 공식 홈페이지에서 평가영역을 봤을 때, 많은 범위들을 보고 막막했습니다. 하지만 시대에듀의 교재는 이를 일목요연하게 정리해주어 방대한 학습량을 쪼개어 이해할 수 있도록 도와주는 길잡이 역할을 해주었습니다. 또한 예상문제 수록으로 회독이 지루하지 않게 도와주었습니다.

ar*****
★★★★★

시대에듀 덕분에 많은 불안감을 뒤로하고 시험에 합격할 수 있었습니다. 제가 시대에듀를 선택한 이유는 무엇보다 교재의 내용이 매우 훌륭했기 때문입니다. 중요한 개념은 보기 좋게 표시되어 있었고, 예상문제도 질적 · 양적으로 모두 만족스러웠습니다. 시험이 얼마 남지 않은 기간에는 최종모의고사로 마무리 정리할 수 있어서 큰 도움이 되었습니다. 저는 사실 공부란 책 한 권으로 혼자 열심히 이뤄내는 과정이라고 생각했습니다. 하지만 시대에듀를 통해 양질의 책과 강의로 공부하는 것이 효율적이고 중요하다는 것을 깨달았습니다.

ss*****
★★★★★

시대에듀 독학사 패키지를 통해 10개월 만에 학위를 취득한 직장인입니다. 직장생활을 하면서 전문성을 키우고 싶었으나, 정규 대학은 시간도 금액도 부담이 되었습니다. 그러던 중 독학사 제도를 알게 되었고, 시대에듀의 효율적인 온라인 강의에 매력을 느껴 선택하게 되었습니다. 2~3단계를 학습할 때는 배운 내용을 실제 일상과 업무에 적용하며 이해도를 높이려 노력했고, 마지막 학위취득 과정인 4단계에서는 모의고사 등 문제풀이를 통해 학습한 내용을 총정리하였습니다.
일과 학업을 병행하는 과정이 쉽지는 않았습니다. 하지만 목표를 상기하며 꾸준히 노력한 덕에 합격할 수 있었습니다. 이 과정에서 시대에듀가 큰 도움이 되었습니다!

wl*****
★★★★★

타 업체 도서로 먼저 공부하다가 시대에듀 도서를 봤는데, 이론이 체계적으로 한눈에 들어오게 구성되어 있고, 중요 표시도 잘 되어 있어서 좋았습니다. 풍부하게 수록된 단원별 문제를 통해 충분한 연습이 가능했고, 해설이 바로 옆에 있어서 공부 시간도 크게 줄일 수 있어 공부하기 딱 좋은 책이었습니다. 강의도 같이 들었는데, 이전에 들었던 업체보다 훨씬 상세하고 쉽게 설명해주셔서 돈이 아깝지 않을 정도로 큰 도움이 되었습니다.
직장생활과 병행하며 공부하는 게 정말 쉽지 않았지만, 자기계발을 위한 시험으로는 독학사만한 게 없다고 생각합니다. 처음부터 시대에듀로 했더라면 더 좋았을 것 같아요.

목차 CONTENTS

PART 1 필수 암기 키워드

PART 2 최신기출문제

2025년 기출복원문제	3
2024년 기출복원문제	19
2023년 기출복원문제	34

PART 3 핵심이론 & 실전예상문제

제1장 경영학의 기본적 문제
제1절 경영학의 개념과 의의	3
제2절 경영학의 연구 대상과 지도원리	7
제3절 경영학의 학문적 특성과 연구 방법	9
실전예상문제	15

제2장 경영학의 발전과정
제1절 우리나라의 경영학	23
제2절 미국의 경영학사	24
제3절 독일의 경영학사	33
실전예상문제	38

제3장 경영환경
제1절 이론적 관점	47
제2절 경영환경의 유형	48
제3절 국제경영환경	51
실전예상문제	53

제4장 기업형태 및 기업집중
제1절 경영제도의 역사적 발전과정	63
제2절 경영제도의 삼층 구조적 접근	65
제3절 경영제도의 유형	65
제4절 기업의 결합	71
제5절 기업의 국제화	73
실전예상문제	76

제5장 기업윤리와 사회적 책임
제1절 기업윤리	87
제2절 기업의 사회적 책임	88
실전예상문제	91

제6장 경영목표와 의사결정
제1절 경영목표	97
제2절 의사결정	101
실전예상문제	104

제7장 경영관리론
제1절 경영관리론의 학문적 의의	111
제2절 경영관리론의 본질과 내용	113
제3절 경영계획과 경영통제	115
실전예상문제	121

제8장 전략수립과 전략실행
제1절 경영전략과 전략개발	129
제2절 전략경영	139
실전예상문제	142

제9장 조직구조와 조직문화
제1절 조직구조   149
제2절 조직문화   156
실전예상문제   163

제10장 인사관리와 노사관계관리
제1절 인사관리   171
제2절 노사관계관리   179
실전예상문제   188

제11장 생산관리
제1절 생산관리의 개념   197
제2절 생산 시스템   198
제3절 제조전략   201
제4절 생산계획·운영 및 통제   203
실전예상문제   214

제12장 마케팅
제1절 마케팅의 본질   223
제2절 마케팅 관리체계   226
제3절 마케팅 환경(상황분석)   229
제4절 목표시장 선정   232
제5절 제품관리   239
제6절 가격관리   245
제7절 유통관리   249
제8절 마케팅 커뮤니케이션(촉진) 관리   252
제9절 전략의 실행 및 통제   257
실전예상문제   258

제13장 재무관리
제1절 재무관리의 기능과 목표   271
제2절 자금의 조달   273
제3절 자본구조와 배당정책   275
제4절 투자안 평가   277
제5절 포트폴리오 이론 및 재무관리의 특수 문제들   278
제6절 재무분석   279
실전예상문제   281

제14장 경영정보
제1절 경영정보 시스템의 일반 개념   289
제2절 경영정보 시스템의 기본 형태   293
제3절 컴퓨터와 컴퓨터 시스템   294
제4절 시스템 개발 과정   297
제5절 정보 시스템의 활용   298
실전예상문제   301

제15장 회계학
제1절 회계정보의 기초 개념   309
제2절 계정과목   311
제3절 수익 및 비용   313
제4절 회계순환과정   313
실전예상문제   315

PART 4 최종모의고사
최종모의고사 제1회   323
최종모의고사 제2회   330
최종모의고사 제1회 정답 및 해설   337
최종모의고사 제2회 정답 및 해설   341

기록의 힘

나만의 학습 플래너

D -

공부 시작일(YEAR/MONTH/DAY)　　　/　　　/
2026 독학학위제 시험 일정　　　/　　　/

WEEK 1	WEEK 2	WEEK 3
WEEK 4	WEEK 5	WEEK 6
WEEK 7	WEEK 8	< MEMO >

학습 진행률 확인

	20%	40%	60%	80%	100%

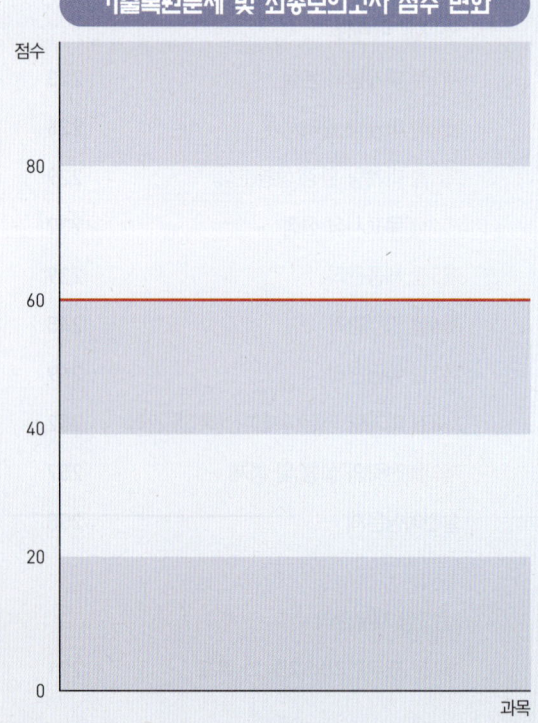

기출복원문제 및 최종모의고사 점수 변화

기록의 힘

나만의 키워드 정리

과목

키워드	설명	비고

※ 공부하면서 어려웠거나 헷갈렸던 개념, 중요한 개념 등을 한 번 더 정리해 보세요!

기록의 힘

나만의 키워드 정리

과목

키워드	설명	비고

※ 공부하면서 어려웠거나 헷갈렸던 개념, 중요한 개념 등을 한 번 더 정리해 보세요!

경영학개론

최신기출문제

- **2025년** 기출복원문제
- **2024년** 기출복원문제
- **2023년** 기출복원문제

출/제/유/형/완/벽/파/악/

훌륭한 가정만한 학교가 없고, 덕이 있는 부모만한 스승은 없다.
― 마하트마 간디 ―

보다 깊이 있는 학습을 원하는 수험생들을 위한
시대에듀의 동영상 강의가 준비되어 있습니다.
www.sdedu.co.kr → 회원가입(로그인) → 강의 살펴보기

경영학개론

2025년 기출복원문제

출제유형 완벽파악

▶ 온라인(www.sdedu.co.kr)을 통해 기출문제 무료 강의를 만나 보세요.

※ 기출문제를 복원한 것으로 실제 시험과 일부 차이가 있으며, 저작권은 시대에듀에 있습니다.

01 다음 내용에서 괄호 안에 들어갈 용어를 순서대로 고른 것은?

> A와 B는 100점을 목표로 시험을 준비하였다. A는 10시간을 공부해서 90점, B는 3시간을 공부해서 88점을 맞았다. 이때 A는 (㉠)이 높고, B는 (㉡)이 높다.

	㉠	㉡
①	효과성	효율성
②	효율성	효과성
③	생산성	효과성
④	효율성	생산성

01 효율성은 주어진 자원(시간, 노력, 자금 등)을 사용하여 최대한의 결과를 얻는 능력을 일컫는다. 효과성은 목표를 달성하기 위해 올바른 일을 하는 능력을 말한다. 생산성은 일정 기간 동안 얼마나 많은 결과물을 내놓을 수 있는지를 나타내는 지표를 의미한다. 즉, 시험 준비를 위해 투입된 시간과 결과, 투입된 시간대비 결과를 볼 때 A는 효과성이, B는 효율성이 높다 할 수 있다.

02 다음 중 뢰슬리스버거에 대한 설명으로 옳지 않은 것은?

① 조직행동 분야의 개척과 확대에 기여했다.
② 인간관계론 확립에 핵심적인 역할을 했다.
③ 개인은 단순한 기계 부속품이라 주장했다.
④ 사회적 요인과 인간관계가 노동 생산성에 큰 영향을 미친다고 증명했다.

02 뢰슬리스버거는 교수로 재직하며 조직행동 분야를 개척하고 인간관계론 확립에 핵심적인 역할을 했다. 또한 그는 개인은 단순한 기계의 부품이 아니라, 사회적 존재라는 시각 전환을 불러일으켰다.

정답 01 ① 02 ③

03 현대 경영학은 학문적 이론과 실천적 특성의 배타적 관계가 아닌 상호보완적인 관계를 강조한다.
① 경영학은 이론과학(논리와 이론)과 실천과학(결과와 현상)의 조화를 다룬다.
② 경영학은 서구 열강의 회계학, 상업학 등의 인접 학문에 그 근간을 지닌다.
③ 경영이론의 성장과 발전에는 경제학, 사회학, 심리학, 통계학 등의 이론과 조사방법, 접근방법 등이 기여했다.

03 학문적 성격의 경영학에 대한 설명으로 옳지 않은 것은?
① 논리와 이론, 그리고 결과와 현상을 중시하는 학문이다.
② 1800년대의 독일, 프랑스, 영국의 '회계학', '상업학' 등의 인접 학문이 기초가 되었다.
③ 경영학 이론의 발전에는 경제학, 사회학, 심리학, 통계학 등의 접근이 큰 기여를 했다.
④ 현대 경영학은 이론과 실제 현상의 배타적 관계라 주장한다.

04 테일러는 과학적 관리의 아버지로 불리며, 노사갈등 해결을 위한 조건과 원칙, 그리고 차별적 성과급 제도 등을 제시하였다. 반면, 테일러의 과학적 관리론은 조직 속의 인간을 생산의 수단, 즉 기계적 존재로만 인식하여 인간관계에 심각한 문제를 야기했다는 비판을 받기도 한다. 따라서 인간관계를 원활하게 유지시킨다는 설명은 적절하지 않다.

04 테일러의 과학적 관리론에 대한 설명으로 옳지 않은 것은?
① 해당 관점은 조직 속 인간을 기계로 인식하지만, 인간관계를 원활하게 유지시킨다.
② 테일러는 과학적 관리의 아버지로 불린다.
③ 노사 간 갈등 해결을 위해 과업관리를 제시하였다.
④ 차별적 성과급제도의 도입을 주장하였다.

05 페이욜은 관리자의 역할과 기능을 체계적으로 제시하고 관리원칙을 확립했는데, 그의 14가지 관리일반원칙 중 '명령일원화의 원칙'은 존재하나, '명령이원화의 원칙'은 존재하지 않는다.

[페이욜의 관리일반원칙 14가지]
권한과 책임의 원칙, 규율의 원칙, 분업의 원칙, 지휘통일의 원칙, 명령일원화의 원칙, 공익우선의 원칙, 집권화의 원칙, 보상의 원칙, 계층연쇄의 원칙, 질서의 원칙, 공정성의 원칙, 고용안정의 원칙, 주도력의 원칙, 단합의 원칙

05 페이욜이 제시한 14가지의 관리일반원칙에 해당하지 않는 것은?
① 규율의 원칙
② 분업의 원칙
③ 보상의 원칙
④ 명령이원화의 원칙

정답 03 ④ 04 ① 05 ④

06 허즈버그의 2요인 이론 중 위생요인에 해당하지 않는 것은?
① 승진
② 직업의 안정성
③ 임금
④ 회사 정책

06 위생요인은 임직원이 직무를 수행하는 상황 또는 환경, 그리고 임직원들 간의 관계에 대한 요인을 말하는데, 직무 불만족을 초래하는 요인과 관련 있다. 회사 정책과 행정, 감독, 임금, 대인관계, 작업조건 등이 이에 해당한다. 반면, 승진은 대표적인 동기요인에 속한다.

07 다음 내용에서 괄호 안에 들어갈 말을 순서대로 옳게 고른 것은?

> 기업이 경영활동을 수행하기 위해 필요한 자금을 외부로부터 조달하는 방법에는 크게 (㉠)조달 방식과 (㉡)조달 방식이 있다. (㉠)조달 방식은 기업이 금융기관을 거치지 않고 자본시장에서 직접 자금을 모집하는 방식으로, 주식 발행이나 회사채 발행 등이 이에 해당한다. 반면, (㉡)조달 방식은 은행 등 금융중개기관을 통해 자금을 빌리는 방식으로, 은행 대출이나 단기차입금 등이 이에 포함된다.

	㉠	㉡
①	간접	직접
②	외부	내부
③	직접	간접
④	장기	단기

07 해당 문제는 기업이 경영활동을 수행할 때 필요한 자금을 조달하는 방식에 대한 내용을 담고 있다. 자금 조달 방식에는 크게 직접조달과 간접조달 방식이 있다. 직접조달 방식은 주식, 회사채 등 자본시장을 통한 조달방식을 말하고, 간접조달 방식은 은행, 금융기관을 통한 대출이나 차입을 의미한다.

정답 06 ① 07 ③

08 다음에서 설명하는 기업조직의 형태는?

> 기능별 부서와 프로젝트팀이 동시에 존재하며, 두 명 이상의 상사에게 동시에 보고하는 형태로 운영된다. 그리하여, 동일 종업원이 개별 부서와 프로젝트 팀에 동시에 소속되어 두 명 이상의 상사를 두는 조직형태이다.

① 사업부제 조직
② 기능식 조직
③ 매트릭스 조직
④ 팀 기반 조직

08 제시문은 매트릭스 조직에 대한 설명으로 기능과 프로젝트(또는 제품)를 동시에 고려해 조직을 구성하는 형태로, 이중보고 체계가 특징이다.
① 사업부제 조직은 제품, 지역, 고객군 등을 기준으로 조직을 나누며 각 부서가 독립적인 사업단위처럼 운영되며, 대기업에 적합하다.
② 기능식 조직은 기능별로 부서를 나눈 구조로 전문화의 특성과 수직적 명령체계와 부서 간의 협업을 통해 운영된다.
④ 팀 기반 조직은 위계적인 구조보다는 수평적인 팀 중심 운영이 강조되며, 유연한 업무 수행과 자율성을 기반으로 한다.

09 다음 중 조직문화 형성에 영향을 끼치는 요인은?

① 창업자의 경영이념과 철학
② 급여 지급일
③ 임직원의 취미활동
④ 생산 공정의 기술적 효용성

09 조직문화는 조직 구성원들이 공유하는 가치, 신념, 행동양식, 의사소통 등의 광범위한 요소들에 의해 영향을 미친다. 대표적으로 창업자의 경영이념과 철학, 조직의 역사, 사회문화 요인, 산업특성 등이 그 것이다. 반면, 급여 지급일, 임직원의 취미활동, 생산 공정의 기술적 효용성(운영성과에 해당)은 조직 문화 형성에 영향을 미치지 않는 요인이다.

10 다음 설명에 해당하는 형태의 회사는?

> 2인 이상이 공동으로 출자하고 회사의 채무에 대해서도 연대무한책임을 지닌다. 개인기업과 비슷하며 소수의 사람들이 인적 신용을 기초로 설립하는 것이 보통이다. 인적기업의 대표적인 기업형태로서 각 사원이 정관을 작성하고 법원에 등기함으로써 설립된다.

① 합명회사
② 합자회사
③ 유한회사
④ 협동조합

10 해당 내용은 합명회사에 대한 설명이다.
② 합자회사는 무한책임을 지는 출자자와 유한책임을 지닌 출자자로 구성된다.
③ 유한회사는 20인 이상 50명 이사의 유한책임사원으로 구성되며 출자자 수에 대한 유한책임을 지닌다.
④ 협동조합은 2명 이상이 상호출자하여 공동사업을 경영할 것을 약정함으로써 효력이 발생하는 기업형태이다.

정답 08 ③ 09 ① 10 ①

11 다음 설명에 해당하는 경영 방식은?

> 환경, 사회, 지배구조를 중시하는 경영 방식으로, 기업의 경제적 가치와 사회적 가치를 동시에 추구한다. 사회에 미칠 장기적인 영향까지 고려해야 한다는 요구를 반영하였다.

① ESG 경영
② 주주 자본주의
③ 차별화 전략
④ 기업전략

11 해당 내용은 환경(Environment), 사회(Social), 지배구조(Governance)의 세 영역에서 지속가능성을 추구하는 ESG 경영에 대한 내용이다.
② 주주 자본주의는 기업 경영의 핵심목표를 주주 가치 극대화로 설정한 것을 말한다.
③ 차별화 전략은 제품 및 서비스에 대한 차별화를 통해 경쟁우위를 확보하는 전략이다.
④ 기업전략은 기업 전체 수준에서 기업 사명의 정의와 하부수준에서 나오는 제안을 검토 및 배분하는 문제들을 다루는 것을 의미한다.

12 기업의 이해관계자에 해당하는 사람이 <u>아닌</u> 것은?

① 종업원
② 고객
③ 주주
④ 경쟁사

12 경쟁사는 기업과의 경쟁관계를 보이지만, 기업의 경영활동에 의해 직접적으로 영향을 받지 않으므로 이해관계자로 보기 힘들다. 기업의 주요 이해관계자는 종업원, 고객, 주주, 지역사회, 협력사 등을 들 수 있다.

13 기업이 정상적인 경영을 했을 때 나타나는 결과로 옳지 <u>않은</u> 것은?

① 이윤을 창출하고 기업의 영속성이 높아진다.
② 시장의 욕구를 충족시키며 사회적 가치(Social Value)를 창출한다.
③ 내부이해관계자(종업원)의 동기 부여와 성장이 촉진된다.
④ 경쟁 기업의 경영활동을 직접 통제함으로써 시장점유율을 높일 수 있다.

13 경쟁 기업의 경영활동을 직접 통제함으로써 시장점유율을 높일 수 있다는 것은 불공정경쟁에 대한 이야기로 옳지 않은 내용이다. 기업이 정상적인 경영을 하는 경우, 이익 창출, 지속가능성장, 고용 유지 및 창출, 사회적 가치 실현, 기업 이미지 및 신뢰 상승, 주주 가치 상승 등과 같은 긍정적인 결과가 도출된다.

정답 11 ① 12 ④ 13 ④

14
기업윤리에 긍정적인 영향을 미치는 요인은 리더의 윤리적 리더십, 조직문화의 윤리적 가치, 기업의 사회적 책임 실천, 그리고 윤리 교육 및 프로그램 마련 등 다양한 요소가 있다. 반면, 대외홍보, 대규모 인사채용은 기업의 가시성 향상만을 도모하는 성격이 있으며, 기업윤리 증대를 위해서는 내·외부이해관계자와의 소통이 중요하다.

15
제시문은 기업 인사관리에서 채용, 배치, 교육, 평가 등의 기초 자료로 활용되는 직무기술서와 직무명세서에 대한 설명이다.
직무기술서는 직무분석의 결과를 토대로 직무수행과 관련된 각종 과업, 책임 등을 기록한 문서이고, 직무명세서는 각 직무수행에 필요한 지식, 행동, 능력 등을 기록한 문서이다. 이 두 문서는 조직 내 인적 자원의 체계적인 관리뿐 아니라 지원자의 직무 이해도를 높여주는 중요한 수단이다. 오답 선지로 제시된 직무분석표는 특정 직무가 수행하는 업무, 역량, 책임 등을 정리한 자료로, 직무기술서와 직무명세서를 작성하는 기초 자료가 된다. 직무설계표는 직무를 어떻게 구성하고 배치할지에 대한 계획이며, 인사평가표는 직무가 아닌 근로자의 성과, 역량 등을 일정한 기준에 따라 평가하는 자료이다. 교육계획서는 기업의 교육훈련 계획을 위한 별도의 문서이다.

16
'채용 → 교육훈련 → 직무배치'의 과정은 인사관리의 일반적인 과업 순서이다. 채용은 인사 프로세스의 출발점이며, 인재를 확보하는 최상위 요인이다. 다음으로 교육훈련은 채용된 인재에게 역량을 부여하는 중간 단계이다. 직무배치는 교육 이후 인력을 적절한 부서 및 직무에 할당하는 실행 단계로, 하위 요인이다.

정답 14② 15① 16②

---

14 다음 중 기업윤리에 긍정적인 영향을 끼치는 요소는?
① 대외홍보
② 기업의 사회적 책임 활동 추진
③ 대규모 인사채용
④ 내부이해관계자와의 소통 초점

15 다음 내용에서 괄호 안에 들어갈 말을 순서대로 고른 것은?

> 근로자들의 직무분석 결과를 토대로 직무수행과 관련된 각종 과업이나 직무행동을 기술한 문서는 (㉠)이고, 각 직무수행에 필요한 근로자들의 행동이나 기능·능력·지식 등을 기술한 문서는 (㉡)이다.

	㉠	㉡
①	직무기술서	직무명세서
②	직무명세서	직무기술서
③	직무분석표	직무설계표
④	인사평가표	교육계획서

16 다음 중 채용 관련 요인을 상위 요인에서 하위 요인 순으로 나열한 것은?
① 교육훈련 → 채용 → 직무배치
② 채용 → 교육훈련 → 직무배치
③ 채용 → 직무배치 → 교육훈련
④ 직무배치 → 교육훈련 → 채용

17 다음 중 경영관리의 순서를 올바르게 나열한 것은?

> ㉠ 수립된 계획의 실행을 위해 필요한 자원을 배분하는 절차를 거친다.
> ㉡ 향후 발생 가능한 문제를 예측하고 해결방안을 계획·수립한다.
> ㉢ 구체적인 업무를 수행하도록 지시하고 진행시킨다.
> ㉣ 과업을 조율하고 수행 결과에 대한 검토과정을 거친다.

① ㉠ → ㉡ → ㉢ → ㉣
② ㉡ → ㉠ → ㉢ → ㉣
③ ㉠ → ㉢ → ㉣ → ㉡
④ ㉢ → ㉠ → ㉡ → ㉣

17 경영관리는 '계획 – 조직화 – 지휘 – 조정 및 통제'의 과정을 거친다. 향후 발생 가능한 문제를 예측하고 해결방안을 수립한 후, 수립 계획의 실행을 위한 자원 배분의 과정을 거치고 지휘의 과정을 통해 구체적인 업무 수행을 진행시킨다. 마지막으로 과업이 중복되거나 부족할 경우 계획대로 진행되는지 조율하고, 수행 후 계획과 차이점을 확인하여 이를 수정한다. 그리고 이를 통해 향후 계획 수립에 참고하도록 통제하는 과정을 갖는다.

18 다음은 의사결정의 순서를 나타낸 설명이다. 괄호 안에 들어갈 말이 순서대로 옳게 연결된 것은?

> 조직은 내부의 다양한 문제를 해결하기 위해 논리적이고 체계적인 의사결정 과정을 따른다. 이 과정에서 가장 먼저 다양한 대안을 수집한 후, 각 대안의 장단점을 비교하고, 마지막으로 최적의 해결책을 고르게 된다.
>
> 문제 해결책 (㉠) → 문제 해결책 (㉡) → 문제 해결책 (㉢)

	㉠	㉡	㉢
①	선택	탐색	평가
②	탐색	평가	선택
③	평가	선택	실행
④	실행	평가	탐색

18 합리적 의사결정과정은 일반적으로 다음의 단계로 진행된다. 이 흐름은 경영학의 기본적인 문제해결 및 전략수립 과정에도 그대로 적용된다.

> 대안 탐색(문제를 해결할 수 있는 다양한 방안을 수집) → 대안 평가(각 대안의 비용, 효과, 실행 가능성 등을 분석) → 대안 선택(평가 결과를 바탕으로 최적의 해결책 결정)

정답 17 ② 18 ②

19 기업이 사업에 대한 전략을 결정할 때 '시장점유율(Market Share)'과 사업의 '성장률(Growth)'을 고려한다고 가정한다. 반면, 현금젖소 사업부는 점유율이 높아서 이윤이나 현금흐름은 양호하지만 향후 성장하기는 어려운 사업이다.

19 보스턴컨설팅그룹(Boston Consulting Group)이 개발한 전략적 사업 관리 도구인 BCG 매트릭스에 대한 설명으로 옳지 않은 것은?

① 별(Star) 사업부는 성장률과 시장점유율이 높아 지속적 투자를 하게 되는 유망 사업이다.
② 현금젖소(Cash Cow) 사업부는 현금흐름이 양호하고 성장성이 높은 사업이다.
③ 물음표(Question) 사업부는 시장점유율을 높이기 위해 많은 투자금이 필요한 사업이다.
④ 개(Dog) 사업부는 향후 성장성이 낮고 현금흐름이 좋지 못한 사업이다.

20 생산자에서 소비자에게 직접 연결되는, 중간 유통업자가 없는 유통경로를 직거래(Direct Channel) 또는 직접 유통경로라고 한다. 대표적으로 농업, 소프트웨어 및 IT 서비스업, 수공예 및 예술품 산업, 공연 및 문화콘텐츠 산업 등의 상품이 이에 해당된다. 반면, TV, 자동차, 화장품은 간접 유통경로를 지닌 산업의 상품들로, 생산자가 도매상, 소매상, 대리점 등의 중간 유통업자를 거쳐 소비자에게 전달된다.
(단, 최근 실제 유통과정의 변화로 농산물의 간접 유통과 공산품의 직접 유통이 이뤄지는 경우도 있음)

20 생산자에서 바로 최종 소비자로 가는 유통경로를 가진 산업은?

① 쌀
② TV
③ 자동차
④ 화장품

정답 19 ② 20 ①

21 정보가 가져야 할 올바른 특징으로 옳지 <u>않은</u> 것은?

① 정확성
② 적시성
③ 불완전성
④ 검증가능성

21 정보는 의사결정에 필요한 중요한 수단으로써, 다음과 같은 특징을 지닌다.

> 정확성, 적시성, 관련성, 완전성, 이해가능성, 검증(입증)가능성, 경제성, 신뢰성, 단순성, 통합성, 적절성, 누적가치성, 매체의존성, 결과지향성, 형태성 등

여기서 정보의 완전성은 의사결정에 필요한 모든 요소가 빠짐없이 포함되는 것을 의미하며, 정보가 불완전할 경우 판단에 오류가 발생할 수 있다. 그러므로 정보의 불완전성은 정보의 특성으로 적절하지 않다.

22 경영관리의 목표에 대한 설명으로 옳은 것은?

① 경영관리는 재무 이익만을 목표로 한다.
② 조직의 목표를 효율적·효과적으로 달성하기 위한 체계적 활동이다.
③ 생산성의 향상은 투입 대비 산출량의 적정선을 설정하는 것이다.
④ 경영관리 목표 달성을 위해서는 최고경영자의 역할만을 중시한다.

22 경영관리는 조직의 목표를 효율적이고 효과적으로 달성하기 위한 계획적이고 체계적인 활동이다.
① 경영관리는 이윤 추구, 사회적 가치 실현 등 조직의 목적을 달성하는 것을 의미한다.
③ 경영관리는 투입 대비 산출의 비율을 극대화하고 조직 전반의 성과를 개선하는 것을 의미한다.
④ 경영관리 목표 달성은 전사적 차원으로, 조직 내 모든 조직 구성원의 역량 및 개발이 중요하다.

정답 21 ③   22 ②

23
경영학에서 정보는 의사결정을 할 수 있는 중요한 수단으로 인식된다.
① 경영정보 시스템은 효율성을 개선하여 생산성을 증대시키므로, 효율성과 생산성 모두 중요한 요소이다.
② 경영정보 시스템은 시장(고객)의 반응에 대하여 정보를 수집하기 때문에 상품 및 서비스의 새로운 비즈니스 모델을 창출할 수 있다.
③ 경영정보 시스템은 고객의 요구에 즉각적으로 반응할 수 있고, 잠재적 요구 분석까지도 가능하다.

23 경영정보 시스템에 대한 설명으로 옳은 것은?
① 효율성보다는 생산성에 더 중심을 둔다.
② 과거의 비즈니스 모델에 안주하고 안전한 실행을 가능하게 한다.
③ 고객의 요구에 즉각적으로 반응할 수 있으나 잠재적 요구 분석은 어렵다.
④ 정보 부족으로 야기된 단순 예측이 아닌 합리적인 의사결정이 가능하다.

24
플랫폼 서비스는 양면시장, 네트워크 효과, 중개 기능 등을 핵심으로 하는데, 특히 공급자(생산자)와 수요자(소비자)가 플랫폼이라는 중개 시스템을 통해 자율적으로 상호작용하는 것이 주요한 특징이다. 즉, 생산자와 소비자의 양방향으로 가치가 전달되고, 제조업보다는 중개를 통해 수익이 창출되며, 독립적인 조직 운영과 수평적 통합의 특성을 지닌다.

24 다음 중 플랫폼 서비스의 특징으로 옳은 것은?
① 생산자와 소비자의 명확한 구분과 단일방향성으로 가치가 전달된다.
② 공급자와 수요자 간의 상호작용의 구조를 지닌다.
③ 제조업 중심으로 수익이 창출된다.
④ 독립적인 조직운영을 지양하고, 수직통합의 조직구조를 지닌다.

25
다각화 전략은 기업이 여유자원(Slack Resources) 또는 역량(Capacity)을 활용하여 기업의 번영과 성공적인 전략 수행이 가능하다.
① 다각화 전략은 기업의 대표적인 성장전략이다.
② 기업이 경쟁하는 산업 또는 제품의 수(Number)를 다양하게 하는 특징을 지닌다.
④ 외부의 기회요인과 내부강점을 결합시켜 다양한 산업으로의 진출을 모색하는 것이 다각화 전략이다.

25 다음 중 다각화 전략에 대한 설명으로 옳은 것은?
① 기업들의 전략 개진에 있어서 축소전략의 일환으로 활용된다.
② 기업이 경쟁하는 산업의 제품군을 한정적으로 다루는 전략이다.
③ 다각화 전략은 기업이 여유자원과 역량을 지닐 때 고려되는 전략이다.
④ 기업 내부의 장점만을 가지고 다양한 산업에 진출을 시도한다.

정답 23 ④ 24 ② 25 ③

26 다음 중 아웃소싱 전략에 대한 설명으로 옳은 것은?

① 실패위험을 외부와 분산시켜 위험 축소가 가능하다.
② 기업의 중요 또는 기밀 정보의 유출가능성이 감소한다.
③ 핵심역량의 분산을 통해 기업의 전반적인 역량 상승이 가능하다.
④ 아웃소싱으로 경영상 유연성이 저감된다.

27 마케팅 전략 중 포지셔닝에 대한 설명으로 옳은 것은?

① 명확한 포지셔닝의 결과는 소비자의 구매행동으로 연계되지 않는다.
② 제품 또는 서비스가 지니는 속성이나 이미지를 소비자에게 뚜렷하게 자리 잡게 해 주는 것이다.
③ 소비자의 만족도 조사보다는 기업의 특성에 맞는 제품 기획을 뜻한다.
④ 제품 및 서비스의 독창성만 고려한다는 의미이다.

28 마케터가 목표시장을 선정하는 기준으로 옳은 것은?

① 해당 시장에서 경쟁기업의 인지도가 높은가?
② 해당 시장 내에서 시장의 규모, 성장성, 수익성, 접근성이 고려되는가?
③ 해당 시장에서 품질보다 감성적 매력도를 지닐 수 있는가?
④ 해당 시장에서 기업의 이미지와 유사성을 지니는가?

---

26 현대 경영에서 아웃소싱 전략은 매우 중요한 경영관리 및 전략적 의사결정으로 간주되며, 일부 경영 기능을 외부 파트너와 공유하여 위험(Risk) 부담을 줄일 수 있다. 아웃소싱은 이 외에도 다음과 같은 몇 가지 특징을 더 가진다.
② 아웃소싱은 기업 내부의 중요 정보(기밀)가 외부로 유출될 가능성이 높다는 단점이 있다.
③ 아웃소싱 전략은 핵심역량에 집중하고, 비용 절감과 효율성을 위한 대표적인 경영전략 중 하나이다.
④ 아웃소싱 전략은 경영 유연성 확대가 가능하다는 장점을 지닌다.

27 포지셔닝 전략은 제품 또는 서비스를 소비자들의 마음속에 어떻게 인식되도록 하는지를 결정하는 마케팅 전략이다.
① 제품 및 서비스에 대한 명확한 포지셔닝은 제품구매를 유도한다.
③ 포지셔닝은 소비자의 인식(시장 동향 등)을 분석하여 소비자의 욕구를 충족시킬 수 있는 제품이나 서비스를 창출하게 하는 중요성을 지닌다.
④ 효과적인 포지셔닝 전략을 위해서는 우월성, 지속성, 수익성 등의 요인을 고려해야 한다.

28 시장의 규모, 성장성, 접근성, 자원과 수익 간의 균형 등은 목표시장 선정의 대표적인 판단 기준이다.
① 경쟁 브랜드의 인지도는 진입 전략 또는 차별화 전략에 영향을 미치기는 하나 시장 선정 기준 그 자체는 아니다.
③ 감성적 매력도는 광고나 포지셔닝 전략에서 중요하지만 시장 선정 기준과는 거리가 있다.
④ 기업 이미지와의 유사성을 고려할 수는 있으나, 이것이 핵심 기준은 아니다.

정답 26 ① 27 ② 28 ②

29 기술 마케팅에서 기술역량이란 기업이 보유한 기술 수준 및 전문성을 뜻하고, 혁신 능력은 새로운 기술이나 제품을 개발할 수 있는 능력을 뜻한다. 마지막으로 기술 브랜딩은 기술 자체를 브랜드 가치로 전화하는 전략이다. 이와 같은 요소들은 기술 마케팅을 설명하는 중요 개념이다.

29 다음 내용에서 괄호 안에 들어갈 말을 옳게 고른 것은?

> 기술 마케팅이란 기업이 보유한 (㉠) 또는 (㉡)을 기반으로 제품 또는 서비스를 차별화하고, 이를 소비자(시장)에 전달함으로써 경쟁우위를 확보하려는 마케팅 전략이다. 주로 전자제품, 자동차, 의료기기 산업, 첨단기술 산업 등 높은 기술 집약도가 필요한 산업에서 활용된다. 또한, 기업이 지닌 기술을 브랜드 자산으로 활용하는 (㉢) 전략도 기술 마케팅의 중요한 요소 중 하나이다.

	㉠	㉡	㉢
①	시장점유율	저가전략	감성 브랜딩
②	기술역량	혁신 능력	기술 브랜딩
③	가격경쟁력	서비스 품질	제품 포지셔닝
④	고객만족도	광고 노출	대중 마케팅

30 경영관리 차원에서 축소전략은 대표적인 비용 절감의 방법이다.
① 축소전략은 경영실적의 저조할 때, 또는 제품이나 서비스 계열이 축소될 때 적합한 전략이다.
② 기업 외부경영환경이 위협적인 경우와 문제해결에 대한 역량이 부족한 경우에 축소전략은 유용하게 사용될 수 있다.
④ 경영관리 차원에서 비용 절감의 방법으로 나타난다.

30 다음 중 기업의 축소전략으로 옳은 것은?

① 경영실적이 우수할 때 유용한 전략이다.
② 경영환경이 안정적일 때 신규시장 진입을 위한 전략이다.
③ 경영문제 해결을 위해 경영자가 결정하는 마지막 전략이다.
④ 경영 전반적 관리 차원에서 비용 투입의 방법으로 나타난다.

31 마케팅 믹스 4P는 Product(제품), Price(가격), Place(유통), Promotion(촉진)으로 구성된다. 촉진은 제품이나 브랜드에 대한 정보를 소비자에게 알리고 구매를 유도하기 위한 방법으로 광고, 판촉, PR, 홍보 등을 의미한다.

31 다음 중 마케팅 믹스 요소 중 '촉진(Promotion)'에 해당하는 활동으로 가장 적절한 것은?

① 제품이나 서비스의 품질을 개선하여 기능과 성능을 높이는 활동
② 유통 채널을 재조정하여 소비자(시장) 접근성을 높이는 활동
③ SNS, 광고 등 대외홍보를 통해 소비자에게 정보를 전달하는 활동
④ 제품 가격을 시장 평균보다 낮게 책정하여 시장 점유율을 높이는 활동

정답 29 ② 30 ③ 31 ③

32 다음 중 재무제표에 대한 설명으로 옳은 것은?

① 손익계산서는 특정 시점의 자산, 부채, 자본을 나타낸다.
② 기업의 재무성과 및 재무상태를 이해관계자들에게 제공하는 것이 목적이다.
③ 현금흐름표는 기업의 재무상태를 자본금 중심으로 분류한 것을 말한다.
④ 재무상태표는 일정 기간 동안의 수익과 비용을 보여준다.

33 다음 설명에 해당하는 것은 무엇인가?

> 기업이 보유한 자산은 유동자산과 비유동자산으로 구분된다. 그중 비유동자산은 장기간 기업의 경영활동에 사용되며, 쉽게 현금화가 되지 않는 자산을 의미한다. 비유동자산은 기업의 장기적 관점의 안정성과 성장가능성을 보여주는 지표가 된다.

① 매출채권
② 단기예금
③ 상품재고
④ 토지와 건물

---

32 재무제표는 재무성과 및 재무상태에 대한 정보를 이해관계자들에게 제공하는 것을 목적으로 한다.
① 손익계산서는 일정 기간 동안의 기업의 수익과 비용을 나타낸다.
③ 현금흐름표는 기업의 현금유입과 유출에 관한 정보를 영업, 투자, 재무 활동별로 나타낸다. 그렇기 때문에 자본금 중심이라는 설명은 적절하지 않다.
④ 재무상태표는 특정 시점의 자산, 부채, 자본을 보여준다. 수익과 비용을 보여주는 것은 손익계산서이다.

33 토지와 건물은 기업이 장기간에 걸쳐 영업활동에 사용하는 대표적인 비유동자산이다. 비유동자산은 단기간 내에 현금화할 계획이 없고, 기업의 장기적 생산능력과 안정성을 보여준다.
반면, 상품재고, 매출채권, 단기예금은 대부분 1년 이내에 현금으로 전환되거나 사용될 수 있는 자산으로, 유동자산에 해당한다.

정답 32 ② 33 ④

39 다음 중 생산운영관리의 합리화 원칙에 대한 설명으로 옳지 않은 것은?

① 작업의 표준화를 통해 작업의 효율성과 일관성을 높일 수 있다.
② 공정의 단순화는 불필요한 과정을 제거하여 생산성을 향상시킬 수 있다.
③ 작업의 분업화는 직무의 전문성을 높이고 생산 속도를 향상시킬 수 있다.
④ 자동화와 기계화는 인적 요소를 배제하여 품질 관리를 불필요하게 만든다.

39 생산운영관리의 합리화 원칙은 일관성, 효율성, 비용 절감, 분업화를 통한 전문화 및 속도 향상 등을 들 수 있다. 반면, 자동화와 기계화는 생산의 정확성과 속도를 높이지만, 품질관리가 불필요해지는 것은 아니다. 오히려 자동화 공정에서도 센서 기반 품질 검사, 통계적 품질관리 등 체계적 품질관리가 병행되어야 한다.

40 다음 중 이해관계자 자본주의에 대한 설명으로 가장 적절한 것은?

① 기업의 궁극적인 목표는 주주 가치 극대화이며, 다른 이해관계자는 중요하지 않다.
② 이해관계자 자본주의는 정부 규제를 축소하고 시장에 모든 책임을 위임하자는 주장이다.
③ 고객, 임직원, 주주, 정부, 지역사회 등 다양한 집단을 함께 고려하는 경영 방식이다.
④ 단기적 성과를 위해 외부이해관계자의 요구를 최소화하는 것이 특징이다.

40 해당 문제는 이해관계자 자본주의에 대한 특성을 묻는 문제이다. 이해관계자 자본주의는 기업의 다양한 이해관계자(주주, 임직원, 고객, 정부, 지역사회, 협력사 등)에 대한 고려를 중요시한다. 이는 기업이 사회적 책임과 윤리적 기준을 내재화해야 한다는 관점이며, 기업 운영의 장기적인 관점에서 가치 창출과 이해관계자와의 신뢰를 강조하는 특징이 있다.

정답 39 ④ 40 ③

2024년 기출복원문제

경영학개론

▶ 온라인(www.sdedu.co.kr)을 통해 기출문제 무료 강의를 만나 보세요.

※ 기출문제를 복원한 것으로 실제 시험과 일부 차이가 있으며, 저작권은 시대에듀에 있습니다.

01 다음 중 조직의 특징에 대한 설명으로 옳지 <u>않은</u> 것은?

① 모든 조직은 사람으로 구성되어 있다.
② 조직은 달성하고자 하는 독특한 목표를 가진다.
③ 체계화된 구조와 구성원의 행동에 대한 정의 및 제한의 기능을 지닌다.
④ 인간의 사회집단이지만, 비체계화되어 있기도 하다.

01 경영학에서 조직은 달성하고자 하는 목표를 지니고, 목표 달성을 위한 체계화된 인간의 사회집단으로 정의된다.

02 다음 중 효과성에 대한 설명으로 옳지 <u>않은</u> 것은?

① 올바른 목표의 선택 및 달성과 관련된다.
② 대표적으로 비용의 최소화를 들 수 있다.
③ 목표 달성에 있어 능률성·생산성과 관련이 깊다.
④ 경영성과 측정에서 매우 중요한 개념이다.

02 능률성과 생산성은 효율성에 관한 내용이다. 효과성은 최소한의 투입으로 최대한의 산출을 얻고, 목표 달성을 위한 결과 중심적 개념을 의미한다.

정답 01 ④ 02 ③

03 ② 막스 베버는 조직운영 관리에서 권위와 위계를 강조하는 관료제론을 제시하였다.
③ 테일러는 생산라인 관리, 생산현장의 노동 생산성 향상이라는 과학적 관리론을 주장하였다.
④ 스콧은 조직이론에 대한 개념과 이론의 정리를 통해 조직이론을 가장 체계적으로 정리한 학자이다.

03 다음 설명에 해당하는 학자는?

> 이 학자는 관리론의 시조라 불리며, 관리일반원칙의 중요성을 강조한다. 분업, 권한, 규율, 명령일원화, 지휘통일화, 전체 이익에 대한 개인의 복종, 보상, 집권화, 계층화의 원칙, 질서, 공정, 안정, 주도권, 단결이라는 14가지 관리 원칙을 제시하였다.

① 페이욜(Fayol)
② 막스 베버(Max Weber)
③ 테일러(Taylor)
④ 스콧(Scott)

04 일본 경영학은 제2차 세계대전 이후 특수경기를 맞이하면서 급속한 경제성장과 소득증대를 관리하기 위해 미국의 관리적 경영학을 도입하였다.

04 국가별 경영학에 대한 설명으로 옳지 않은 것은?

① 미국의 경영학은 생산관리 형태로 전개된 경영관리학 중심이다.
② 독일의 경영학은 이론적 특성이 강하다.
③ 일본의 경영학은 제1차 세계대전 이후 경영관리학 중심으로 발전했다.
④ 우리나라는 해방 이전 일본을 통해 경영학이 도입되어 독일과 유사한 경영학 특징을 가진다.

정답 03 ① 04 ③

05 다음 중 기업의 이해관계자가 아닌 것은?

① 정부
② 공급자
③ 국민
④ 투자자

05 이해관계자(Stakeholder)는 기업과 직·간접적으로 영향을 가지는 관계의 대상을 말한다. 대표적으로 정부, 공급자, 지역사회, 채권자, 임직원, 투자자, 소유자, 고객, 노동조합 등이 이해관계자에 해당한다. 하지만 불특정한 국민의 경우 기업과 관련 있는 이해관계자로 볼 수 없다.

06 보호무역주의를 강화하기 위한 수단으로 옳지 않은 것은?

① 관세
② 덤핑
③ 수입할당제
④ 상품 경쟁력

06 보호무역주의의 강화 수단으로 관세, 덤핑, 수입할당제 등이 있다. 반면, 상품 경쟁력(Competitiveness)은 보호무역주의에 대한 대항이 가능하고 이를 극복할 수 있는 경쟁력이 될 수 있다.

07 다음 중 주식회사에 대한 설명으로 옳지 않은 것은?

① 주식발행을 통해 자본을 조달받는다.
② 세분화된 비율적 단위의 주주가 존재한다.
③ 주주는 회사의 채무에 대해 직접적 책임을 가진다.
④ 미국의 경우 공개회사(Public Corporation)가 이에 해당한다.

07 주식회사에서 주주는 개별 주식의 인수가액을 한도로 하는 출자의무를 부담하며, 회사의 채무에 대해서 직접적인 책임을 가지지 않는다.

정답 05 ③ 06 ④ 07 ③

08 공기업은 공공성의 원칙을 지니며, 경제적 기반·대규모 시설·독점성 등의 원칙을 지니고 있는 특징이 있다.

08 사기업과 다른 공기업의 특징으로 옳지 않은 것은?

① 공공의 서비스를 제공한다.
② 공공서비스 원칙으로 경제적 기반을 갖추지 않아도 된다.
③ 경제개발 초기 정부의 투자에 의해 촉발된 특징을 지닌다.
④ 국가 외 지방자치단체가 운영 주체이기도 하다.

09 ② 트러스트는 여러 기업의 출자를 결합한 형태를 말한다.
③ 콘체른은 금융결합의 특징으로, 카르텔보다 강력한 지배력과 경제적 독립성 상실의 특징을 지닌다.
④ 지주회사는 타 회사의 주식을 보유하여 경영상으로 지배하는 형태를 말한다.

09 다음 설명에 해당하는 기업결합 형태는?

> 법률적·경제적 독립성을 유지하는 형태를 말하는데, 경쟁의 제한과 완화의 목적을 지닌다. 또한 시장 통제는 기업 간의 협정을 통해 이루어지지만, 구속력은 낮은 특징을 지닌다. 우리나라의 경우 해당 기업결합 형태를 법률로 제한하고 있다.

① 카르텔
② 트러스트
③ 콘체른
④ 지주회사

정답 08 ② 09 ①

10 기업의 글로벌화에 대한 설명으로 옳지 <u>않은</u> 것은?

① 국가 간 이동장벽과 상호의존도가 모두 높아지는 과정을 뜻한다.
② 세계 시장이 단일화되어 가는 현상을 말한다.
③ 하나의 지역, 종교, 문화의 특수성보다는 보편성이 강조된다.
④ 개방화와 자유화를 기초로 한다.

10 글로벌화(국제화)란 국가 간의 자원 이동 장벽이 낮아지는 반면, 국가 간의 상호의존도는 점차 높아지며 지구 전체를 하나로 통합하는 과정을 의미한다.

11 기업윤리에 대한 설명으로 옳지 <u>않은</u> 것은?

① 기업윤리는 윤리적 사고를 사업 행동에 적용하는 것을 말한다.
② 기업윤리와 경제적 이익은 연관성이 없다.
③ 결함가능성이 있는 제품의 리콜(Recall)은 윤리적 행동에 해당한다.
④ 기업의 높은 윤리기준은 조직 구성원 보호의 기능도 지닌다.

11 기업은 사회의 윤리적 기준에 맞게 행동함으로써 사회적인 지지를 받을 수 있고, 기업과 사회는 서로 협조하여 윤리적 원칙을 고수하면서 경제적 이득을 누릴 수 있다.

12 계량적 의사결정에 대한 설명으로 옳지 <u>않은</u> 것은?

① 계량적 분석은 다양한 변수를 고려하기에 누락되는 요소가 존재하지 않는다.
② 수학에 근거한 경영과학을 토대로 한 의사결정이다.
③ 할당법은 생산자원 또는 업무를 할당하는 것을 말한다.
④ 확실한 상황하에서의 의사결정으로는 선형계획법이 있다.

12 계량적 의사결정은 상대적으로 구체적이고 통계적인 근거에 기반하지만, 인간의 의사결정 과정에서 고려되지 못하는 다양한 변수들이 존재한다는 한계를 충분히 고려해야 할 필요가 있다.

정답 10 ① 11 ② 12 ①

13 분업화는 과업 전체의 이해도를 떨어뜨리는 경향이 나타나기에, 때로는 부적합한 의사결정이 내려질 수 있다는 단점이 있다. 또한, 분업화로 인한 전체적인 과업 이해도의 저하는 조직의 외부상황에 대한 적절성과 신속성을 떨어뜨리기도 한다.

14 경쟁전략은 전략 수립에 있어서 기업 외부환경에 초점을 맞추고, 경쟁자에 비해 얼마나 경쟁우위를 확보할 수 있느냐를 통해 그 전략을 전개해야 한다고 주장한다.

15 경영전략의 수립 절차는 크게 조직규명(미션, 목표 확인), 환경분석(기업의 내부환경 및 외부환경분석), 전략수립(사업부 전략, 기능별 전략 등), 전략실행 및 평가의 과정을 거친다.

---

13 다음 중 분업에 대한 설명으로 옳지 <u>않은</u> 것은?

① 기업의 과업을 분리 처리하는 것을 말한다.
② 조직화의 첫 번째 단계를 뜻한다.
③ 과업의 전문화 및 숙련도가 상승한다.
④ 변화하는 환경에 신속하게 대처가 가능하다.

14 다음 중 포터의 경쟁전략에 대한 설명으로 옳지 <u>않은</u> 것은?

① 원가우위 전략은 저비용의 경쟁우위와 넓은 경쟁영역이라는 특징을 지닌다.
② 집중화 전략은 특정 집단 또는 지역의 시장만을 목표로 하는 전략이다.
③ 차별화 전략은 차별화를 기반으로 넓은 경쟁영역에서 펼치는 전략을 말한다.
④ 경쟁전략의 가장 중요한 요소는 내부자원이다.

15 다음 경영전략 수립 절차를 순서대로 옳게 나열한 것은?

> ㉠ 전략실행 및 결과 평가를 통해 경영전략을 평가하고 개선점을 찾는다.
> ㉡ 기업의 내·외부환경을 분석한다.
> ㉢ 기업의 미션과 목표를 설정·확인한다.
> ㉣ 기업전략, 사업전략, 기능전략 등의 전략을 수립한다.

① ㉠ → ㉡ → ㉢ → ㉣
② ㉢ → ㉡ → ㉣ → ㉠
③ ㉢ → ㉡ → ㉠ → ㉣
④ ㉠ → ㉢ → ㉣ → ㉡

정답 13 ④ 14 ④ 15 ②

16 다음 설명에 해당하는 기업 혁신 방법은?

> 기업 경영환경 속에서 기준이 되는 대상 기업을 설정하고, 그 대상 기업과의 비교 분석 과정을 통해 장점을 파악하고 따라 배우는 행위를 말한다.

① 다운사이징
② 리엔지니어링
③ 벤치마킹
④ 리스트럭처링

16
① 다운사이징은 조직의 효율성 향상을 위해 의도적으로 인력, 직무, 부서를 축소시키는 기법이다.
② 리엔지니어링은 급진적인 조직의 변화를 위한 재설계를 뜻한다.
④ 리스트럭처링은 미래 변화에 대한 예측으로 사업부의 축소, 철수, 통합 등의 사업구조 개혁을 뜻한다.

17 SWOT 분석 중 '강점을 통해 위협을 최소화'와 관련된 전략은?

① SO 전략
② ST 전략
③ WO 전략
④ WT 전략

17 SWOT 분석은 강점(S ; Strength), 약점(W ; Weakness), 기회(O ; Opportunity), 위협(T ; Treat)의 4가지 기준을 가지고 분석하는 기법이다. 그중 ST 전략은 강점과 위협을 고려하는 전략을 의미한다.
① SO 전략은 강점을 가지고 기회를 살리는 전략을 말한다.
③ WO 전략은 약점은 보완하고 기회는 살리는 전략을 말한다.
④ WT 전략은 약점은 보완하고 위협은 최소화하는 전략을 말한다.

18 다음 중 조직의 규모에 대한 설명으로 옳지 않은 것은?

① 조직규모가 커질수록 조직의 복잡성은 커진다.
② 조직규모가 커질수록 조직의 집권화는 커진다.
③ 조직규모가 커질수록 조직의 공식화는 커진다.
④ 조직규모가 커질수록 조직의 분권화는 커진다.

18 조직구조란 목표 달성을 위해 조직을 기능별·위계별로 세분화하여 이에 대한 관리적 책임과 통제의 범위를 조직화한 것을 말한다. 특히 조직규모의 대표적인 결정요인은 구성원의 수이며, 이로 인해 수직적 분화와 수평적 분화의 결과를 가져온다. 조직규모가 커질수록 복잡성, 공식화, 분권화는 커지지만, 조직의 집권화는 상대적으로 작아지는 특징을 지닌다.

정답 16 ③　17 ②　18 ②

19 조직갈등의 결정요인은 다양하다. 대표적인 조직의 갈등 원천으로는 크게 목표의 차이, 지각의 차이, 조직 내 자원의 부족, 커뮤니케이션의 왜곡, 업무 영역의 모호성 등이 있다.

20 ① 직무특성이론은 직무특성과 개별 종업원의 특성에 따른 업무성과 향상 가능성을 제시한 이론이다.
② 통합균형이론은 조직의 목적을 존속과 발전으로 정하며, 대내적 균형 달성 시 이를 통해 효율성·효과성 유지가 가능하다고 본 이론이다.
③ 직업선택이론은 임금, 책임감, 안정성, 발전가능성, 지리적 위치, 복지 등 직업을 선택할 때의 결정요인을 보여주는 이론이다.

정답 19 ④ 20 ④

---

19 다음 중 조직갈등의 원천에 해당하지 <u>않는</u> 것은?

① 업무의 수평적 분화로 인한 목표 차이
② 가치관·태도·행동기준 등의 차이
③ 업무 영역의 명료성 저하로 인한 모호성 증대
④ 조직 내 풍부한 자원

20 다음 설명에 해당하는 이론은 무엇인가?

> 인간의 요구체계는 동기유발요인(만족요인)과 위생요인(불만요인)의 이원적 구조를 지닌다. 이처럼 인간의 욕구체계는 서로 다른 2개의 욕구군에 의해 구성되어 있다고 가정하며, 불만요인의 충족을 통해 불만요인의 제거(필요조건)와 만족요인의 충족을 통한 만족감의 증대(충분조건)가 동시에 성립될 때 동기유발이 가능하다고 주장한다.

① 직무특성이론
② 통합균형이론
③ 직업선택이론
④ 허즈버그 2요인설

21 다음 중 직무평가에 대한 설명으로 옳지 <u>않은</u> 것은?

① 직무평가는 직무 중심으로 평가되며, 구성원의 능력 개발은 고려사항이 아니다.
② 임금수준의 결정과 인력확보 및 배치 등의 목적을 지닌다.
③ 서열법은 직무의 중요도, 난이도, 작업환경 등에 따른 서열을 매기는 방법이다.
④ 직무에 대한 일정 기준을 토대로 직무 간의 상대적 가치를 결정하는 활동을 의미한다.

21 대표적인 직무평가의 목적으로는 다음과 같은 것들이 있다.
- 임금수준의 결정
- 인력의 확보와 배치
- 구성원들의 능력 개발 등

22 인사고과의 궁극적 목표에 대한 설명으로 옳지 <u>않은</u> 것은?

① 임직원의 작업능률 향상과 동기유발 형성이라는 장점을 지닌다.
② 임직원의 직무를 평가하여 그 가치를 측정한다.
③ 조직 구성원의 능력과 업적을 평가하는 데 목적을 둔다.
④ 현대적 인사고과는 목표와 성과를 강조하는 데 초점을 둔다.

22 직무평가를 통한 가치 결정은 직무평가의 목적이며, 인사고과는 조직 내 임직원(인간)을 평가하는 것을 말한다.

23 다음 설명에 해당하는 교육훈련 방법은?

> 실제 근무 환경을 복제한 가상의 환경 속에서 피훈련자가 학습하는 방법을 말한다. 즉, 학습자가 경험하지 못한 것을 집단 또는 개인 수준에서 체험해보도록 함으로써 다양한 교육훈련의 기회를 제공하는 데 그 목적이 있다.

① 프로그램 학습
② 컴퓨터 기반 학습
③ 직업능력습득제도
④ 시뮬레이션 학습

23
① 프로그램 학습은 사전에 프로그램화된 학습 내용을 단계별로 스스로 배워가는 훈련 방법이다.
② 컴퓨터 기반 학습은 컴퓨터를 통해 미리 정해진 교육계획을 훈련하는 방법이다.
③ 직업능력습득제도는 비즈니스 커리어 제도로써, 특히 사무직종의 체계적인 직무능력 개발에 효과적인 방법이다.

정답 21 ① 22 ② 23 ④

30 생산계획은 재화나 서비스의 생산을 위한 효율적인 방안을 계획하는 것을 의미하며, 생산을 위해 투입되는 인적·물적 생산요소를 어떻게 활용할 것인가에 대한 의사결정이다.

30 다음 중 생산계획에 대한 설명으로 옳지 <u>않은</u> 것은?
① 예측된 수요를 충족하기 위해 장·단기계획을 수립하는 것을 말한다.
② 생산계획은 물적 자원만 고려대상이다.
③ 2년에서 10년 사이 기간의 경우 장기계획으로 구분된다.
④ 자재소요계획의 경우 정해진 기일에 완제품을 납기하기 위한 단기계획에 해당한다.

31 마케팅 믹스는 제품(Product), 가격(Price), 유통(Place), 판촉(Promotion)의 4P를 효과적·효율적으로 구성 및 조성하는 방법으로, 소비자와 구매자의 관점을 이해하는 데 필요하다. 즉, 4P는 어느 하나가 더 중요하거나 덜 중요하다기보다는 마케팅 전략 수립에 도움을 주는 종합적인 요소라고 할 수 있다.

31 다음 중 마케팅 믹스에 대한 설명으로 옳지 <u>않은</u> 것은?
① 제품, 가격, 유통, 판촉의 4P로 구성되어 있다.
② 제품(Product)은 디자인, 브랜드, 포장, A/S와 관련이 있다.
③ 유통(Place)은 4P 중에서 가장 중요성이 덜하다.
④ 판촉(Promotion)의 대표적 방법은 홍보, 광고 등이 있다.

32 제품믹스의 폭(width)은 해당 회사가 취급하는 제품계열의 수를 의미한다. 즉, 로션과 스킨이 이에 해당한다고 볼 수 있다.

32 다음 설명을 바탕으로 계산했을 때, A 회사 제품믹스의 폭은?

> A 회사에서는 로션과 스킨을 생산한다. 스킨은 지성용·중성용·건성용이 있고, 로션은 지성용·건성용이 있다.

① 1
② 2
③ 3
④ 4

정답 30 ② 31 ③ 32 ②

33 다음 중 제품의 수명주기에 대한 설명으로 옳지 않은 것은?

① 성장기에는 가격전략, 유통전략, 촉진전략이 효과적이다.
② 쇠퇴기에서 제품개선과 시장개발 전략은 유효한 전략이다.
③ 성장기에는 유사한 기능을 가진 제품에 대한 경쟁이 치열하다.
④ 제품수명주기 파악을 통해 합리적 의사결정이 가능하다.

33 시장의 포화, 신기술 및 대체재의 출현, 고객의 욕구 변화 등으로 제품은 쇠퇴기에 접어들고, 이 때 유지전략, 수확전략, 철수전략 등의 실행을 고려해 볼 수 있다. 제품개선 및 시장개발 전략은 성숙기에 적합한 전략이다.

34 다음 중 심리적 가격결정에 대한 설명으로 옳지 않은 것은?

① 가격결정에 있어서 판매자의 지각을 반영하는 것이다.
② 성수기에는 비싸게, 비수기에는 저렴하게 판매하는 전략이 이에 해당한다.
③ 준거가격이란 소비자들이 상품가격의 고저를 평가할 때 비교기준으로 사용하는 가격을 말한다.
④ 가격이 높을수록 품질의 우수성이나 높은 지위를 상징하는 경우의 가격결정법을 명성가격이라 한다.

34 심리적 가격결정은 기본적으로 가격결정에 있어서 소비자의 지각을 반영하는 것을 의미한다. 대표적으로 계절에 따라 수요에 차이가 있는 제품이나 서비스에서 사용되기도 하며, 명성가격, 관습가격, 준거가격, 유보가격, 최저수용가격, 단수가격 등이 이에 해당한다.

35 다음 중 배당과 유보이익에 대한 설명으로 옳지 않은 것은?

① 배당은 현금으로만 지급된다.
② 배당이란 이익의 일부를 주주에게 나누어 주는 것을 말한다.
③ 유보이익이 높을수록 재무구조가 건전하다는 것을 의미한다.
④ 유보이익은 자기자본을 형성하고, 언제든 배당자원으로 활용할 수 있는 유동적 자본이다.

35 배당의 종류는 대표적으로 현금배당, 주식배당 및 현물배당 등이 있다. 또한 배당을 시기적으로 구분했을 때는 영업연도 중간에 이루어지는 중간배당, 분기말 지급되는 분기배당, 결산기말 기준으로 배당되는 결산배당이 있다.

정답 33 ② 34 ① 35 ①

36

36 현대 재무관리의 궁극적 목표는 기업가치의 극대화, 주주의 부의 극대화, 주가의 극대화 등이다.
① 기업의 사회적 책임은 이해관계자에 대한 윤리적 책임을 의미한다.
③ 소비자 만족은 기업의 일반적인 목표로 볼 수 있다.
④ 원가 및 비용 절감은 경쟁 우위 창출과 운영 효율성을 위한 목표로 볼 수 있다.

36 다음 중 현대 재무관리 관점의 목표로 가장 적절한 것은?

① 기업의 사회적 책임
② 주주의 부의 극대화
③ 소비자 만족
④ 원가 및 비용 절감

37

37 현재가치는 미래 현금흐름의 현재가치를 나타내고, 미래가치는 미래 특정 시점에서의 투자가치 또는 현금흐름을 의미한다.

37 화폐의 시간가치에 대한 설명으로 옳지 않은 것은?

① 돈의 가치가 시간이 지남에 따라 달라진다는 의미를 말한다.
② 금융 및 투자에서 고려되어야 하는 기본 원칙이다.
③ 미래가치는 미래 현금흐름의 현재가치를 나타낸다.
④ 복리와 할인, 이자율, 현금흐름이 화폐의 시간가치의 주요 원칙이다.

38

38 재무비율(Financial Ratio)은 재무제표상에 표기된 항목의 수치를 다른 항목의 수치로 나눈 것으로, 기업의 재무상태나 경영성과를 파악할 때 사용되는 비율을 말한다.

38 다음 중 재무비율에 대한 설명으로 옳지 않은 것은?

① 수익성비율에는 총자산이익률, 자기자본이익률, 매출액이익률이 있다.
② 재무제표상 표기된 항목의 절대적 수치로, 기업 경영성과 파악에 용이하다.
③ 생산성비율은 생산활동에 사용하고 있는 인적·물적 자원의 능률을 측정하고 평가하는 데 적용되는 비율이다.
④ 안정성비율에 해당하는 것으로는 유동비율, 당좌비율, 부채비율 등이 있다.

정답 36 ② 37 ③ 38 ②

39 다음 중 경영정보 시스템에 대한 설명으로 옳지 <u>않은</u> 것은?

① 이익창출을 위한 하위 시스템들의 효율적 작용을 위한 시스템이다.
② 정보 제공자를 위한 맞춤형 시스템이다.
③ 기업 경영의 의사결정 유효성을 높여준다.
④ 정보 수집·전달·처리·저장 등에 용이하다.

39 경영정보 시스템은 기업의 계획 운영 및 통제를 위한 정보를 적절한 시기에 구성원들에게 제공함으로써 기업의 목표를 효율적이고 효과적으로 달성할 수 있도록 하는 시스템을 말한다. 이러한 경영정보 시스템은 정보 사용자에게 편의를 제공한다.

40 회계학의 재무제표에 대한 설명으로 옳지 <u>않은</u> 것은?

① 기업의 재무상태에 대해 정보를 전달하는 역할을 한다.
② 외부이해관계자의 합리적 의사결정에 유용한 정보를 제공한다.
③ 대표적인 재무제표의 종류로는 재무상태표, 손익계산서, 현금흐름표 등이 있다.
④ 재무제표는 정량적 지표로, 기업 신뢰도와 연관성은 낮다.

40 재무제표는 정보이용자들에게 기업의 정확한 재무적인 요소 등 기업의 정보를 제공하는 기능을 한다. 기업 투자 결정시 재무상태표, 손익계산서, 현금흐름표 등을 통해 의사결정이 반영된다. 또한 재무제표는 투자자와 신용기관, 그리고 다양한 이해관계자에 대한 기업의 신뢰도·정확성 등을 보여준다.

정답 39 ② 40 ④

2023년 기출복원문제

※ 기출문제를 복원한 것으로 실제 시험과 일부 차이가 있으며, 저작권은 시대에듀에 있습니다.

01 경영자의 유형에 대한 설명으로 옳지 <u>않은</u> 것은?

① 수직적 위계에 따라 최고경영자, 중간경영자, 하위경영자로 구분된다.
② 전문경영자는 소유권을 가진 경영자를 의미한다.
③ 전반경영자는 다수의 조직과 기능을 총괄・감독하는 역할을 담당한다.
④ 중간경영자는 최고경영진의 철학을 회사 전체에 전달하는 역할을 한다.

01 전문경영자의 경우 소유권은 없으나, 경영권을 지닌 경영자를 말한다.
① 최고・중간・하위경영자는 수직적 위계에 따른 분류유형이다.
③ 수평적 차원의 경영자 분류에 해당하는 전반경영자는 특정 기능에만 치중하는 것이 아닌 회사 전체의 전략방향과 다수 조직 및 기능을 총괄한다.
④ 중간경영자는 기업 의사결정 사항을 회사 전체에 전달하는 역할을 수행한다.

02 경영학의 학문적 특성에 대한 설명으로 옳지 <u>않은</u> 것은?

① 자본주의 관점에서 자유기업제도를 바탕으로 시작된 학문이다.
② 이론과 실천과학과 기술측면을 모두 지닌 종합 학문이다.
③ 기업에서 나타나는 다양한 문제점을 과학적 접근으로 다룬다.
④ 기업의 과거에 초점을 지니며 현상을 살핀다.

02 경영학은 자본주의 체제하에서 자유기업을 다루고, 전문적인 과학과 기술의 학문으로 실천과학의 성격을 모두 갖추었다. 또한 기업에서 나타나는 다양한 문제점을 과학적 접근의 맥락에서 다루며, 기업의 과거, 현재, 그리고 미래지향적인 관점의 학문이다.

03 다음 중 경영학적 사고방식의 핵심요소가 <u>아닌</u> 것은?

① 고객중심
② 경쟁우위
③ 가치극대화
④ 도덕적 해이

03 경영학적 사고방식의 핵심요소는 고객중심의 사고와 경쟁우위 창출, 그리고 주주에 대한 가치극대화의 3요소로 구성된다. 단, 도덕적 해이는 개인의 근무태도와 같은 작은 행동에서부터 기업이 주주나 소비자에게 왜곡된 정보를 전달하는 것 같은 큰 행동까지를 포괄하는 개념이다.

정답 01 ② 02 ④ 03 ④

독학사 1단계 교양과정_경영학개론

04 테일러의 과학관리론에 대한 설명으로 옳지 않은 것은?

① 전문성과 개인의 역량이 요구되는 일에 적합하다.
② 시간 및 동작연구를 기초로 노동의 표준량을 산정한다.
③ 노동 생산력 향상 및 조직태업을 방지하는 데 목적이 있다.
④ 최적화, 표준화 및 통제, 그리고 동기부여의 3가지로 구분된다.

04 테일러의 과학적 관리론은 조직에 있어 과학적 경영활동 기반의 조직적 협력으로 생산성 향상과 높은 임금 실현의 의미를 지닌다. 또한 과학적 관리론은 3가지 분류체계(최적화, 표준화 및 통제, 동기부여)를 지니며, 전문성과 개인의 역량에 대한 고려보다는 대량생산 경영활동에 대한 주요 내용이다.

05 다음 중 매슬로우의 욕구 단계를 순서대로 옳게 나열한 것은?

① 생리적 욕구 – 안전 욕구 – 사회적 욕구 – 존경 욕구 – 자아실현 욕구
② 안전 욕구 – 생리적 욕구 – 사회적 욕구 – 존경 욕구 – 자아실현 욕구
③ 생리적 욕구 – 안전 욕구 – 사회적 욕구 – 자아실현 욕구 – 존경 욕구
④ 사회적 욕구 – 생리적 욕구 – 안전 욕구 – 존경 욕구 – 자아실현 욕구

05 미국의 심리학자 매슬로우는 인간의 동기 욕구를 5가지 단계로 제시하였으며, '생리적 욕구 – 안전 욕구 – 사회적 욕구 – 존경 욕구 – 자아실현 욕구'의 순으로 동기부여 단계가 나타난다고 주장하였다.

06 다음 중 드러커에 대한 설명으로 옳지 않은 것은?

① 현대 경영학을 창시하고 체계적으로 수립한 경영학자로 평가받는다.
② 산업혁명 이후 조직을 정의하였다.
③ 기업의 영리성과 경제성만을 강조하였다.
④ 경영 분야를 학문으로 새롭게 확립하였다.

06 현대 경영학의 아버지라 불리는 드러커(Drucker)는 경영학을 체계적으로 수립하였고, 산업혁명 이후 조직의 정의 및 구성 요소 등을 개념화하였다. 뿐만 아니라, 경영(Management)이라는 분야를 학문적으로 확립하였다. 또한 기업은 영리를 추구하는 경제조직인 동시에 사회적 공동체적 조직으로 역할을 한다고 주장하였다. 그러므로 기업이 영리성과 경제성만을 강조한다는 것은 오답이다.

정답 04 ① 05 ① 06 ③

07 다음 중 소비자 유형에 대한 설명으로 옳지 않은 것은?

① 능동적 소비자는 구매 전 브랜드를 평가한다.
② 아동 소비자는 7~12세의 연령을 지칭한다.
③ 소비자 유형은 연령으로만 분류가 가능하다.
④ 65세 이상부터는 노인 소비자에 해당한다.

07 소비자 유형은 인구통계학적·사회경제적 요인, 구매행동, 시대적 배경, 관여 수준에 따라 구분되는 것으로, 연령으로만 분류되지는 않는다.
① 관여의 측면에서 능동적 소비자는 구매 전 제품·브랜드에 대한 평가를 하는 특성을 지닌다.
②·④ 연령에 따른 소비자의 분류는 아동(7~12세), 청소년(13~18세), 성인(19~64세), 노인(65세 이상) 소비자로 구분된다.

08 다음 중 기업 외부환경의 요인이 아닌 것은?

① 시장요인
② 경기 및 금융요인
③ 정치 및 국제요인
④ 인적자원요인

08 외부환경요인은 기업경영 전반에 영향력을 미치며 기업의 대응수준에 따라 성과에 영향을 미친다. 대표적인 외부환경요인으로는 시장요인, 경기 및 금융요인, 정치 및 국제요인, 지역 및 환경요인, 노동요인이 있다. 인적자원요인은 기업의 내부환경 측면의 요인이다.

09 다음 설명에 해당하는 기업형태는 무엇인가?

- 소규모 회사로, 정보의 비공개와 폐쇄적인 특징을 지닌다.
- 주식회사를 간소화한 것으로 설립절차나 구성이 간단하다.
- 사원을 공모하지 않는다는 특징을 갖는다.

① 유한회사
② 합자회사
③ 유한책임회사
④ 합명회사

09 ② 합자회사는 회사채권자에 대해 직접·연대·무한책임을 지는 1인 이상의 무한책임사원과, 직접·유한책임을 지는 1인 이상 유한책임사원으로 구성된다.
③ 유한책임회사는 합명회사와 유한회사의 결합체를 의미한다.
④ 합명회사는 회사의 채무에 관해 직접·연대·무한책임을 지는 2인 이상의 사원으로 구성된다.

정답 07 ③ 08 ④ 09 ①

10 다음 중 기업집중형태에 대한 설명으로 옳지 <u>않은</u> 것은?
① 신디케이트
② 포이즌 필
③ 카르텔
④ 트러스트

10 기업집중형태란 몇 개의 기업보다 큰 경쟁단위로의 결합을 의미하며, 개별 기업 간의 불필요한 경쟁을 제거하고 독점적·경제적 이익 획득을 위한 복합적인 기업의 결합을 의미한다. 기업집중형태로는 카르텔, 신디케이트, 트러스트, 콘체른 등이 있다. 반면, 포이즌 필은 적대적 인수합병의 방어수단을 의미한다.

11 다음 중 기업결합형태에 대한 설명으로 옳지 <u>않은</u> 것은?
① 기업결합형태에는 카르텔, 트러스트, 콘체른이 있다.
② 콤비나트는 생산단계에서 시간적·공간적 낭비가 없는 특징이 있다.
③ 카르텔은 수직적 결합형태이다.
④ 지주회사는 지배대상기업의 주식을 지배에 필요한 비율만큼 소유하는 구조이다.

11 카르텔은 수평적 결합형태를 띈다. 또한 법적·경제적으로 독립된 형태이며, 수평적 결합 외에도 기업 상호 간의 경쟁 제한 등의 특징을 지닌다.

12 다음 중 캐롤의 사회적 피라미드에서 최고 단계는?
① 윤리적 책임
② 자선적 책임
③ 법적 책임
④ 경제적 책임

12 캐롤이 주장하는 기업의 사회적 책임은 기업이 사회에서 공존하기 위해서는 그 책임을 다해야 한다는 것으로, 기업의 사회적 책임을 '경제적 책임 – 법적 책임 – 윤리적 책임 – 자선적 책임' 순으로 정립하였다.

정답 10 ② 11 ③ 12 ②

13 해당 제시문은 집단사고 의사결정의 특징에 대한 설명이다. 브레인스토밍, 델파이법, 명목집단법은 대표적인 효과적 의사결정 기법에 해당한다.

13 다음 설명에 해당하는 단점을 가진 의사결정 기법은?

> 응집력이 높은 집단에서 구성원들 간의 합의에 대한 요구가 지나치게 커 다른 대안 탐색을 저해하고, 자기억압에 의해 만장일치가 되기 쉬운 의사결정 기법을 말한다.

① 집단사고
② 브레인스토밍
③ 델파이법
④ 명목집단법

14 기업은 기업 외부경영환경과 내부자원(내부환경)의 효율적인 배치와 의사결정의 상황에 놓인다. 합리적이고 효율적인 의사결정을 위해 '문제 정의 – 개발 및 평가 – 선택 – 실행 – 결과 평가'와 같은 다섯 단계의 의사결정 구조를 지닌다.

14 다음 중 의사결정과정을 순서대로 옳게 나열한 것은?

① 문제 정의 – 선택 – 실행 – 개발 및 평가 – 결과 평가
② 문제 정의 – 개발 및 평가 – 선택 – 실행 – 결과 평가
③ 문제 정의 – 선택 – 실행 – 결과 평가 – 개발 및 평가
④ 개발 및 평가 – 선택 – 실행 – 문제 정의 – 결과 평가

15 전략적 의사결정은 최고경영층의 의사결정으로써 조직 내부보다는 외부환경의 대응에 대한 의사결정을 말한다. 중간관리자에 의한 의사결정은 관리적 의사결정이라 한다.

15 의사결정의 유형에 대한 설명으로 옳지 <u>않은</u> 것은?

① 정형적 의사결정 – 일상적인 의사결정으로 일관성이 부여
② 비정형적 의사결정 – 불특정한 의사결정으로 개인의 직관 판단 등에 영향
③ 전략적 의사결정 – 중간관리자의 의사결정을 의미
④ 업무적 의사결정 – 하위관리자에 의한 의사결정을 의미

정답 13 ① 14 ② 15 ③

16 다음 중 의사결정의 기법이 <u>아닌</u> 것은?

① 명목집단법
② 델파이법
③ 브레인스토밍
④ SWOT 분석법

16 조직의 합리적인 의사결정을 위한 기법에는 크게 명목집단법, 델파이법, 브레인스토밍 기법이 있다. SWOT 분석은 경영전략의 분석방법론이다.
① 명목집단법은 구성원들이 공식적으로 모여서 문제나 이슈를 식별하고 의사결정을 내리는 기법이다.
② 델파이법은 전문가의 경험을 중시하고, 그들의 의견을 통해 미래를 예측하는 방법이다.
③ 브레인스토밍은 구성원들의 무작위 아이디어 중 가장 좋은 아이디어를 채택하는 방법이다.

17 다음 중 개인 의사결정의 장애요인이 <u>아닌</u> 것은?

① 구성 오류
② 단순화 경향
③ 몰입의 에스컬레이션
④ 많은 시간과 자원의 소비

17 개인 의사결정의 장애요인으로는 부정적 어휘 사용, 단순화된 주먹구구식 의사결정으로 야기되는 인지적 오류(구성 오류, 단순화 경향), 실패할 것이 뻔한 행동을 지속시키기 위해 인적·물적 지원을 지속적으로 제공하는 몰입의 에스컬레이션이 있다. 반면, 많은 시간과 자원의 소비는 집단 의사결정의 단점이다.

18 다음 중 계획 및 통제 주기를 순서대로 옳게 나열한 것은?

① 계획 – 조직화 – 지휘 – 통제
② 계획 – 지휘 – 조직화 – 통제
③ 계획 – 조직화 – 통제 – 지휘
④ 조직화 – 계획 – 지휘 – 통제

18 경영과정에서 계획 및 통제활동은 의사결정 주체인 경영자에 의해 '계획 – 조직화 – 지휘 – 통제'의 순서로 진행된다. 방침, 예산, 절차 등의 계획화(Planning)와 목표 달성을 위한 조직화(Organizing), 경영과정을 이끌어가는 것(Directing), 마지막으로 관찰과 통제(Controlling)를 한다.

정답 16 ④ 17 ④ 18 ①

19 저비용 전략은 타사보다도 낮은 원가수준을 달성하는 것에 중점을 두고, 효율적인 규모의 생산설비 도입과 경쟁 기업보다 많은 경험효과(학습효과라고도 불리며, 경쟁기업보다 과업에 대한 익숙함으로 상대적 우위를 보이는 것을 의미)에 대한 축적, 경쟁자 대비 저렴한 원재료 조달 능력 및 간접비 삭감을 위한 노력을 말하는 전략이다. 범위의 경제는 다양한 재화나 서비스를 함께 생산할 때 발생되는 비용이 별도의 기업이 생산 시 발생하는 총비용보다 작아지는 것을 의미하며 차별화 전략 중 하나이다.

20 ② 사업전략은 해당 사업부서의 전략을 말한다.
③ 기능별 전략은 인사, 연구개발, 재무관리, 마케팅 등의 기능별 조직에서의 세부적인 전략을 의미한다.
④ 차별화 전략은 제품이나 서비스의 차별화를 추구하는 경쟁우위 확보전략 중의 하나이다.

21 조직화의 설계 원칙 3요소는 분업화, 분권화, 통합화이고, 조직화의 원칙은 책임권한의 균형, 명령의 일원화, 계층화, 통제의 범위 설정이 기본적이다. 책임권한의 회피는 조직화 원칙에 해당하지 않는다.

정답 19 ② 20 ① 21 ②

---

19 다음 중 저비용 전략에 대한 설명으로 옳지 <u>않은</u> 것은?

① 타사보다 낮은 원가 수준을 달성
② 범위의 경제
③ 효율적인 규모의 생산설비 도입
④ 경험의 효과

20 다음 설명에 해당하는 경영전략으로 옳은 것은?

> 기업의 사명을 기반으로 사업부·기능별 수준의 고려사항 및 제안을 검토하며, 유관 사업 단위들간의 연계성과 시너지 창출을 위해 전략적 우선순위에 의한 자원배분과 관련한 의사결정을 추진하는 전략이다.

① 기업전략
② 사업전략
③ 기능별 전략
④ 차별화 전략

21 조직화의 원칙에 대한 설명으로 옳지 <u>않은</u> 것은?

① 계층화
② 책임권한 회피
③ 명령 일원화
④ 통제 범위 설정

22 다음 설명에 해당하는 조직형태로 옳은 것은?

> 조직목표를 직접 수행하는 역할자와 보조자의 역할로 구분된다. 역할자는 상사로부터 지휘, 감독, 명령을 받고 상사에게 보고하며, 반대로 보조자는 조직의 목표를 효과적으로 달성하기 위해 역할자를 도와주는 역할을 하는 조직형태이다.

① 라인-스태프 조직
② 사업부 조직
③ 매트릭스 조직
④ 프로젝트 조직

22 해당 제시문은 전문적인 지식 기술을 가진 라인-스태프의 조직체계를 말한다.
② 사업부 조직은 시장·제품의 복잡성에 의해 부문화를 기반으로 구성된 조직형태이다.
③ 매트릭스 조직은 전통적인 기능별 혹은 업무별 부문과 프로젝트별 또는 지역별 부문으로 구성된 조직을 말한다.
④ 프로젝트 조직은 특정 계획 및 과업을 수행하는 조직을 의미한다.

23 다음 중 조직문화에 존재하는 세 가지 조건에 해당하지 않는 것은?

① 인공물(Artifacts)
② 표방하는 가치(Espoused Values)
③ 암묵적 가정(Underlying Assumptions)
④ 사회문화(Social Culture)

23 에드거 샤인에 의해 구성된 조직문화에 대한 세 가지 조건은 조직문화를 인식할 수 있는 일차 수준인 인공물, 가시적 수준의 인위적 형성을 지배하는 역할을 하는 동시에 행동지침을 설정하는 가치, 그리고 조직 구성원이 자연스럽게 받아들이는 가정으로 구성되어 있다. 사회문화는 호프스테드의 연구에서 등장하는 국가적 문화를 말한다.

24 다음 중 인사관리상 개념으로 옳지 않은 것은?

① 기업 내 인간을 다루는 철학과 그것을 실현하는 제도 및 기법의 체계이다.
② 인사관리의 주체는 인간이다.
③ 인사관리는 기업이 인간을 다루는 일방적인 관계이다.
④ 기업 목적에 합리적인 제도를 만들고 운영해 나가는 것에 목적이 있다.

24 인사관리의 주체는 인간으로, 인간을 다루는 철학과 실현을 위한 제도 및 기법 체계를 기반으로 한다. 또한 기업 내 인사관리를 통해 합리적인 제도를 만들고 운영하는 데 그 목적이 있으며, 이러한 인사관리는 상호작용의 관계라고 볼 수 있다.

정답 22 ① 23 ④ 24 ③

25 클로즈드 숍은 기업이 고용에 있어 근로자를 조합원 중에 고용하지 않으면 안 되는 방식을 말한다. 또한 소수가 아닌 조직 전체가 노동조합에 가입함으로써 조합원의 단결력이 강한 특징을 지닌다.
① 오픈 숍은 종업원의 고용에 있어 노동조합의 가입과 무관하게 채용할 수 있는 방식이다.
③ 유니온 숍은 고용된 근로자가 일정기간 내 조합의 자격을 취득해야 한다.
④ 프레퍼렌셜 숍은 비조합원의 고용도 가능하나 고용에 있어서 조합원에 대하여 차별적 우대를 해주는 제도를 말한다.

25 다음 중 숍제도의 종류와 그 설명이 옳게 연결된 것은?
① 오픈 숍 – 노조의 입장에서 가장 유리
② 클로즈드 숍 – 조합원의 단결력을 효과적으로 강화 가능
③ 유니온 숍 – 근로자의 조합원 가입은 자율
④ 프레퍼렌셜 숍 – 비조합원의 고용은 불가

26 생산 시스템은 어떠한 환경에서 주어진 목적을 달성하기 위해 서로 관련성을 가진 식별 가능한 여러 요소의 집합으로, 기본적으로 집합성, 상호관련성, 목적추구성, 환경적응성으로 구성된다. 그러므로 분산성은 생산 시스템의 기본 요소에 해당하지 않는다.

26 다음 중 생산 시스템 기본 요소가 아닌 것은?
① 분산성
② 상호관련성
③ 목적추구성
④ 환경적응성

27 해당 제시문은 포드 시스템에 대한 내용이다.
① 테일러 시스템은 개별 생산과 공장관리 기술의 합리화를 중점사항으로 두는 과학적 경영관리법이다.
③ 모듈러 시스템은 대량생산 시스템의 생산효율성 및 경쟁력 향상을 위해 소량 부품으로 다수의 제품을 생산하는 방식을 말한다.
④ 유연생산 시스템은 높은 생산성을 기반으로 다양한 제품을 유연하게 제조하는 목적을 지닌 시스템을 말한다.

27 다음 설명에 해당하는 생산형태는 무엇인가?

> 이동조립법과 생산 표준화(단순화, 규격화, 전문화)를 통한 대량생산이 가능하다.

① 테일러 시스템
② 포드 시스템
③ 모듈러 시스템
④ 유연생산 시스템

정답 25 ② 26 ① 27 ②

28 다음 설명에 해당하는 마케팅 관리 종류는?

> 자사 제품의 큰 경쟁우위를 찾아 이를 선정된 목표시장의 소비자들의 마음속에 자사의 상품을 자리 잡게 하는 것이다. 즉, 소비자들에게 경쟁제품과 비교하여 자사 제품에 대한 차별화된 이미지를 심어주기 위한 계획적인 전략접근법이다.

① 포지셔닝
② 표적시장
③ 시장세분화
④ 상황분석

28 ② 표적시장은 세분시장이 확인되고 난 후, 기업이 어떤 세분시장을 얼마나 표적으로 할 것인가를 결정하는 것을 말한다.
③ 시장세분화는 가격·제품에 대한 반응에 따라 전체시장을 몇 개의 공통된 특성을 가지는 세분시장으로 나누어 마케팅을 차별화하는 것을 말한다.
④ 상황분석은 마케팅 과정에서 당면한 환경 및 상황을 명확히 분석하는 것을 말한다.

29 마케팅 프로세스를 순서대로 옳게 나열한 것은?

① 조사 – 시장세분화 – 실행 – 관리 – 마케팅 믹스
② 시장세분화 – 조사 – 마케팅 믹스 – 실행 – 관리
③ 조사 – 시장세분화 – 마케팅 믹스 – 실행 – 관리
④ 마케팅 믹스 – 조사 – 시장세분화 – 실행 – 관리

29 마케팅 프로세스는 영문 이니셜에 따라 'R-STP-MM(4P)-I-C 프로세스'라고도 불린다. 마케팅 프로세스는 '조사 – 포지셔닝(시장세분화 및 타겟팅) – 마케팅 믹스 – 실행 – 관리'의 순으로 구성된다.

30 SWOT 전략에 대한 설명으로 옳지 않은 것은?

① 강점, 약점, 기회, 위협을 고려한 경영전략이다.
② SO 전략은 글로벌 신규시장 공략에 적합하다.
③ WT 전략은 수익 중심의 구조 개편에 적합하다.
④ SWOT 분석은 외부환경만을 고려한 전략이다.

30 SWOT 분석은 산업분석(외부환경, 내부역량)을 통한 전략도출로 강점, 약점, 기회, 위협을 고려하며, 신규시장 진입 시 또는 수익구조 개편에 사용되는 전략이다. 그러므로 외부환경만을 고려했다는 설명은 SWOT 분석에 대한 설명으로 옳지 않다.

정답 28 ① 29 ③ 30 ④

31 ① 인바운드 마케팅은 광고에 의존하기보다는 고객접근을 통한 마케팅 기법으로, 잠재적 고객의 공감을 유발하며 비즈니스를 확장하는 마케팅 기법이다.
② 디지털 마케팅은 디지털 미디어, 웹사이트, SNS, 이메일, 모바일 등을 통한 마케팅 기법이다.
④ 콘텐츠 마케팅이란 잠재고객들에게 콘텐츠를 제작 및 배포함으로써 잠재고객을 유치하는 마케팅 기법이다.

31 다음 설명에 해당하는 마케팅 기법은?

> 입소문에 의한 마케팅으로, 투입 비용에 비해 그 효과가 크다. 마케팅의 주체가 콘텐츠를 만들어 내놓은 후 입소문을 타기 시작하면 빠르게 퍼지는데, 입소문의 특성상 그 효과가 기하급수적으로 커질 수 있다.

① 인바운드 마케팅
② 디지털 마케팅
③ 바이럴 마케팅
④ 콘텐츠 마케팅

32 ② 가치중심 가격전략은 소비자가 지각하는 제품의 가치를 기준으로 가격을 결정한다.
③ 종속제품 가격전략은 주제품보다는 종속제품의 판매를 주목적으로 하는 방식이다.
④ 원가중심 가격전략은 제품의 원가에 마진을 더하거나 목표 판매량과 목표 이익을 정하는 방식이다.

32 다음 설명에 해당하는 가격결정방법은 무엇인가?

> 단기간에 시장에 침투하려는 목적 및 시장점유율을 달성하고자 할 목적을 지닌 가격결정 방법이다. 초반에는 낮은 가격으로 시장점유율을 높이다가 점유율 확보 후에는 점차 가격을 높인다.

① 시장침투 가격전략
② 가치중심 가격전략
③ 종속제품 가격전략
④ 원가중심 가격전략

정답 31 ③ 32 ①

33 재무분석을 위한 재무비율의 식으로 옳지 <u>않은</u> 것은?

① 유동비율(%) = (유동자산 ÷ 유동부채) × 100
② 당좌비율(%) = {(비유동자산 − 재고자산) ÷ 유동부채} × 100
③ 부채비율(%) = (부채 ÷ 자기자본) × 100
④ 이자보상비율(배) = (영업이익 ÷ 이자비용)

33 유동비율, 당좌비율, 부채비율, 이자보상비율은 안전성을 나타내는 대표적인 재무비율이다.
당좌비율은 당좌자산(유동자산 − 재고자산)을 유동부채로 나누어 계산하는 비율이며, 이는 당좌자산을 유동자산에서 재고자산을 제외한 것으로 해석된다.

34 다음 설명에 해당하는 개념으로 옳은 것은?

> 미래의 정해진 일정 시점에 주식을 현재 합의된 가격으로 매수 또는 매도하기로 약속하는 계약을 말한다.

① 선물
② 주식
③ 옵션
④ 로스컷

34 ② 주식이란 주식회사의 자본을 구성하는 단위를 말한다.
③ 옵션은 해당 주식 혹은 주가지수 등의 기초 자산을 미래 일정 시점에 지정된 가격으로 사거나 팔 수 있는 권리를 말한다.
④ 로스컷은 현재 보유하고 있는 주식의 현 시세가 매입 당시 가격보다 낮고 향후 가격 상승이 어렵다고 판단될 경우 손해를 감수하고 주식을 내다파는 것을 말한다.

35 다음 설명에 해당하는 경영정보 시스템으로 옳은 것은?

> 정보의 기술적 측면에서 최신 정보기술을 접목 및 수용하며, 과업의 수행 측면에서는 모범사례(Best Practice) 내장을 통해 전사적 정보처리 및 관리의 업무 프로세스 혁신을 지원하는 시스템을 말한다.

① ERP
② 인터넷
③ 인트라넷
④ 자료처리 시스템

35 ② 인터넷은 많은 컴퓨터 네트워크를 연결시키는 네트워크를 말한다.
③ 인트라넷은 기업이 내부인력 간 보안 통신을 생성하고 공동작업을 형성하며 정보를 저장하는데 사용하는 사설 네트워크이다.
④ 자료처리 시스템은 컴퓨터 그 자체 또는 초기 컴퓨터 형태를 의미한다.

정답 33 ② 34 ① 35 ①

36 ① EDI(Electronic Data Interchange)는 기업 사이에 컴퓨터를 통해 표준화된 양식의 문서를 전자적으로 교환하는 것이다.
② 전자우편은 전 세계를 대상으로 편지를 보낼 수 있는 서비스를 의미한다.
④ 화상회의는 지역적·물리적 차이가 발생했을 때 유용한 회의 시스템이다.

37 대표적인 전자상거래 유형은 문제 하단의 표와 같이 정리할 수 있다.
[문제 하단의 표 참고]

36 다음 설명에 해당하는 정보통신기술로 옳은 것은?

> 데이터 처리 응용 소프트웨어(Data-Processing Application Software)를 의미하며, 자료의 수집, 저장, 분석, 처리가 어려울 정도로 많은 양의 데이터이다. 다양한 종류의 대용량 자료에 대한 수집, 생성, 분석, 표현 등의 기술 발전은 다각화된 현대 사회를 더욱 정확한 예측과 자료의 효율적인 이용으로 작동하게 한다.

① EDI
② 전자우편
③ 빅데이터
④ 화상회의

37 전자상거래의 유형에 대한 설명으로 옳지 않은 것은?

① B2C : 기업과 소비자 간의 거래
② B2G : 소비자와 정부 간의 거래
③ B2B : 기업들 간의 거래
④ B2E : 기업 내에서의 전자상거래

[전자상거래의 유형]

B2C	기업과 소비자 간의 거래
B2G	기업과 정부 간의 거래
B2B	기업들 간의 거래
B2E	기업 내에서의 전자상거래
G2C	정부와 소비자 간의 거래
G2B	정부와 기업 간의 전자상거래
C2C	소비자와 소비자 간의 거래

정답 36 ③ 37 ②

38 다음 설명에 해당하는 회계의 종류는?

> 회계란 기본적으로 기업의 가치에 대한 정보 생성을 위해 이해관계에 대한 정보의 전달과 투자자의 합리적인 투자판단 자료를 위한 공시 목적의 성격을 지닌다. 외부정보이용자들의 경제적 의사결정에 유용한 정보를 제공하는 데 목적을 지니고 주요 정보이용자로는 투자자, 채권자 등이 있다.

① 재무회계
② 세무회계
③ 관리회계
④ 원가회계

[회계의 종류]

재무회계	외부정보이용자들의 경제적 의사결정에 유용한 정보를 제공
원가회계	제품의 원가를 계산하기 위함
관리회계	경영자의 의사결정을 도와줌
세무회계	국세청에서 세금을 징수하기 위함

39 다음 중 재무상태표의 대변에 등장하는 과목이 아닌 것은?

① 비유동부채
② 장기차입금
③ 유형자산
④ 납입자본

38 회계는 일반적으로 문제 하단의 표와 같이 구분된다.
[문제 하단의 표 참고]

39 재무상태표의 대변에는 자산의 감소와 수익·부채·자본의 증가가 기록되고, 차변에는 자산의 증가, 비용의 발생, 부채와 자본의 감소를 기록한다. 유형자산은 대표적인 자산으로 자산의 증가에 해당한다.
① 비유동부채는 기업이 지고 있는 빚을 의미하며 대변에 위치한다.
② 장기차입금은 비유동부채로 취급되며 1년 후 상환되는 차입금을 말한다.
④ 납입자본은 자본의 증가에 해당하며 주주들로부터 출자받은 금액을 말한다.

정답 38 ① 39 ③

40 유형자산의 감가상각은 간접법에 의해 회계처리를 진행한다.
① 감가상각은 취득원가, 잔존가치, 내용연수가 기본 구성요소이다.
③ 감가상각비 계산 중 정액법은 '연간 감가상각비 = (취득원가 – 잔존가치) ÷ 내용연수'를 의미한다.
④ 회계처리 방법 중 직접법은 기간 경과 후에는 취득원가 파악이 어렵다는 단점을 가진다.

40 다음 중 감가상각에 대한 설명으로 옳지 <u>않은</u> 것은?

① 기본 요소는 취득원가, 잔존가치 그리고 내용연수이다.
② 유형자산의 경우 직접법에 의해 회계처리한다.
③ 정액법은 대상금액을 내용연수에 걸쳐 균등하게 배분하는 방법이다.
④ 직접법의 단점은 기간 경과 시 취득원가를 알 수 없다는 것이다.

정답 40 ②

제1장

경영학의 기본적 문제

- **제1절** 경영학의 개념과 의의
- **제2절** 경영학의 연구 대상과 지도원리
- **제3절** 경영학의 학문적 특성과 연구 방법
- **실전예상문제**

교육이란 사람이 학교에서 배운 것을 잊어버린 후에 남은 것을 말한다.

– 알버트 아인슈타인 –

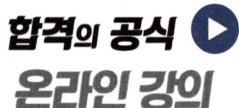

보다 깊이 있는 학습을 원하는 수험생들을 위한
시대에듀의 동영상 강의가 준비되어 있습니다.
www.sdedu.co.kr → 회원가입(로그인) → 강의 살펴보기

제1장 경영학의 기본적 문제

제1절 경영학의 개념과 의의

1 경영의 개념

(1) 일반적 경영의 개념
① 경영이란, 경제주체들이 사람의 생활에 있어서 필요로 하고 욕구를 채워줄 수 있는 **재화 및 서비스**를 만들어 공급하는 활동을 말한다.
② 경제적 활동이란, 사람들의 욕구 등을 채워줌으로써 인간의 질을 높이는 것을 목적으로 하며 이는 각 **개별경제주체**들에 의해 이루어지고 있는 것이라 할 수 있다.
③ 경영학이란, 기업조직이라는 실체를 대상으로 기업과 관련되는 각종 현상을 과학적인 방법으로 연구해서 이에 관한 지식을 체득하고 체계화한 학문이다.

> **더 알아두기**
>
> **경영에 대한 학자들의 정의** 기출 22
> - **버나드와 사이먼** : 경영이란, 조직을 만들고 이를 운영하는 것이며 의사결정의 과정이다.
> - **드러커** : 경영이란, 기업조직의 방향을 설정하고, 리더십을 통해서 기업조직의 제 자원을 어떠한 방법으로 활용할지를 결정하는 것이다.
> - **페이욜** : 경영이란, 계획 및 조직하고 명령하며, 조정 및 통제하는 과정이다.
> - **쿤츠** : 경영이란, 의미 있는 기업조직의 목표를 이루기 위해 가능한 한 효과적인 방식으로 조직의 나아갈 길을 계획·조직·충원·지휘 및 통제하는 활동이다.
> - **루빈스** : 경영이란, 인간으로 하여금 일을 효과적이면서 효율적으로 수행토록 하는 활동이다.
> - **스토너** : 경영이란, 인간을 통해 과업을 수행하도록 하게 하는 예술이다.

(2) 경영활동
① 기업에서의 목표달성을 이루기 위한 기본적인 활동을 말한다.
② 경영에서의 기능은 각 업무의 성격으로 구분되는 것으로 재무, 마케팅, 회계, 인사, 생산 등이 있다.
③ 경영에서의 관리기능이란 기업의 경영을 효과적으로 이루기 위해 필요로 하는 기본적인 기능을 말한다.
④ **경영기능**
  ㉠ 재무관리 : 기업조직이 목적을 이루기 위해 기업이 자본의 조달 및 운용을 실시하는 것을 말한다.

(3) 학문의 체계
① 학문은 연구대상이 현실에서의 존재 여부 또는 경험가능한가의 여부에 의해 형식(관념)과학과 경험(현실)과학으로 구분된다.
② 형식(관념)과학은 경험여부, 현실 존재 여부와는 상관없는 인간의 논리 및 사유에 의한 학문으로 이를 현실에서 검증하는 것은 불가능하다.
③ 경험(현실)과학은 경험이 가능하거나 현실에 존재하는 것을 연구대상으로 하기 때문에 현실에서 내용의 검증이 가능하다.
④ **형식(관념)과학과 경험(현실)과학 도식화** 중요

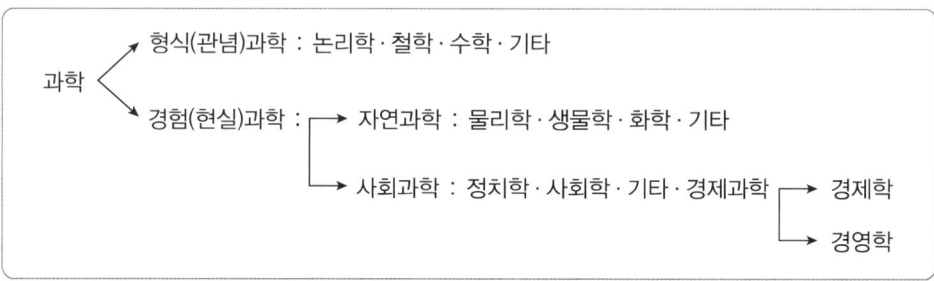

(4) 경영학
① **개요**
경영학은 기업조직이라는 실체를 대상으로 해서 기업과 관련되는 각종 현상을 과학적인 방법으로 연구하여 이에 대한 지식을 취득하고 체계화한 학문이다. 다시 말해, 개별경제 주체들의 경제적인 활동에 초점을 맞추고 있는 학문분야이다.
② **구분**
㉠ 영국과 미국은 관리경제학, 기업경제학, 기업이론 등도 경영학의 분야로 연구되고 있다.
㉡ 독일의 경영경제학은 기업조직을 미시적인 수준과 거시적인 수준에서 중간 정도의 수준인 조직체로 파악하고 있다.
㉢ 영국과 미국의 기업경제학은 기업조직을 자본소유자인 개인 기업가의 연장형태로서 파악하고 있다.

제2절 경영학의 연구 대상과 지도원리

1 경영학의 연구 대상 – 개별경제주체 중요

(1) 개별경제는 국민경제에 상응하는 개념으로서 국민경제를 구성하는 단위이다.

(2) 경영학의 연구 대상은 개별경제주체들의 경제적 활동이다.

(3) 현대 경영학에 있어서 오늘날의 경제사회가 주로 기업경영에 의해 지탱되고 있는 자본주의 경제체제 하에 있음으로 해서 기업경영이 주된 관심사가 되고 있다.

> **더 알아두기**
>
> 개별경제의 형태
>
> | 구분 | 내용 | 예 |
> |---|---|---|
> | 기업경영 | 각 사업체로서의 영리적인 단위 경제 | 기업, 공장, 회사, 상점 |
> | 재정경영 | 국가, 지방자치제의 단위 경제 | 세무서, 중앙청, 법원 |
> | 가정경영 | 가정이 중심이 되는 단위 경제 | 가계 |
> | 기타경영 | 기업, 재정, 가정을 제외한 기타의 각 개별경제 | 교회, 학교, 공회당 |

2 경영학의 지도원리

경영학의 지도원리는 기업조직의 경영의사결정을 주도하고 구축하는 원리를 의미하는 것으로 경영의 목표와 밀접한 관련을 지니며, 수익성, 생산성, 조직균형 등이 다루어진다.

(1) **수익성** 중요
  ① 통상적으로 수익성은 자본에 대한 이익의 관계를 나타낸다.
  ② 수익성은 기업이 시장에서 이윤을 획득할 수 있는 잠재적 능력을 나타내는 지표이다.
  ③ 영리를 목적으로 하는 개별경제주체의 경우에는 적용이 가능하지만 비영리 경제주체에는 적용이 불가능하다.
  ④ 수익성만이 유일무이한 경영지도원리는 아니다.
  ⑤ **수익성 증대방안**
    ㉠ 매출액을 증대시켜야 함
    ㉡ 매출액에서 차지하는 이익의 비율이 높아져야 함
    ㉢ 매출수량이 일정하다고 가정했을 시에 매출단위당 가격을 극대화함
    ㉣ 지출되는 비용을 최소화함

> **더 알아두기**
>
> **수익성** 기출 25
> - 수익성 = $\dfrac{이익}{자본}$, 수익률 = $\dfrac{이익}{자본} \times 100$
> - 자기자본 수익성 : 분모에 위치해 있는 자본을 타인자본을 배제한 자기자본만을 활용한 수익성으로 이는 재무구조의 건실성을 포함하는 지표
> - 총자본 수익성 : 분모에 위치해 있는 자본은 자기자본 및 타인자본을 더한 총자본을 활용할 때의 수익성

(2) 생산성 중요

① 생산성은 투입물에 대한 산출물의 비율을 말한다.

② 생산성 = $\dfrac{\text{산출(산출물의 수량, 부가가치, 시장가치 등)}}{\text{투입(노동, 자본, 원자재 등)}}$

③ 생산성은 노동, 자본, 원자재, 산출물의 수량, 산출물의 시장가치, 산출물의 부가가치 등의 기준에 따라서 다양한 개념으로 정의된다.

④ 생산성은 비영리 경제주체에서도 적용이 가능하지만 계량화가 가능한 활동 또는 성과에만 적용된다.

⑤ 생산성의 종류는 분자에 어떠한 산출물을 넣느냐에 따라 다음의 3가지와 같이 달라진다. 중요
  ㉠ 가치 생산성 : 산출물의 시장가치를 활용하는 경우로서 다품종의 제품 생산 시에 적용 또는 연구개발 활동 및 마케팅 활동까지도 포함하는 지표
  ㉡ 물적 생산성 : 산출물의 수량을 활용하는 경우로서 노동의 기능 및 강도 등을 반영하는 지표
  ㉢ 부가가치 생산성 : 산출물의 부가가치를 활용하는 경우

⑥ 요소 생산성은 분모 쪽의 투입물로 생산요소를 각기 따로 넣은 것으로 분모에 노동이 들어가면 노동 생산성, 자본이 들어가게 되면 자본 생산성, 원자재가 들어가게 되면 자재 생산성이라 한다.

⑦ **총 생산성** : 분모 쪽의 투입물로 생산요소를 넣을 경우에 생산요소 전체를 포함하는 것으로 통상적으로 생산요소의 단위가 다르기 때문에 생산요소는 화폐로 환산해서 경제적인 가치를 활용한다.

⑧ **노동 생산성의 중요성** : 관리 차원에서의 목적으로는 요소 생산성이 총 생산성보다 더 중요하며, 그 중에서도 노동 생산성이 무엇보다도 중요하다.

⑨ **부가가치 향상 방안**
  ㉠ 부가가치 생산성을 높이기 위해서는 가격, 물적 자본 생산성, 노동장 비율, 부가가치율을 제고시켜야 한다.

  ㉡ $\dfrac{부가가치}{노동} = \underbrace{\dfrac{자본}{노동}}_{\text{노동장 비율}} \times \underbrace{\dfrac{산출물}{자본}}_{\text{물적 자본 생산성}} \times 가격 \times \underbrace{\dfrac{부가가치}{매출액}}_{\text{부가가치율}}$

ⓒ 가격 : 가격을 향상시키기 위해서는 대체적으로 연구개발을 기반으로 한 제품차별화 또는 기술적인 독점 등에 의해 제품에 대한 브랜드충성도를 제고시켜야 한다.
ⓓ 물적 노동 생산성 : 물적 자본 생산성과 노동장 비율의 곱으로 자동화를 통한 노동장 비율의 제고와 더불어 기계설비의 향상 및 성능유지 등을 통해서 제고된다.
ⓔ 부가가치율 : 부가가치율을 향상시키기 위해서 제품의 판매수익을 높임과 더불어 비용을 줄여야 하는데, 이것은 슘페터가 제시한 신공정기술, 신시장, 신제품, 신조직 등 각 부분에서 접근이 가능한 혁신에 의해서 이루어질 수 있다.

(3) 조직균형 중요

① 버나드가 주장한 내용으로서 기업조직이 존속하기 위해서 외부적으로는 기업조직의 환경요소가, 내부적으로는 기업조직과 구성원들 간에 균형이 존재해야 한다는 것이다.
② 기업의 사회적 책임과도 연결된다.
③ 영리조직 및 비영리조직 모두에 적용이 가능하다는 이점이 있다.
④ **버나드가 주장한 기업조직의 존속여건 : 공통목표, 공헌의욕, 의사소통**
⑤ 기업조직이 균형을 이루기 위해 기업조직인 공헌에 대한 대가를 공헌과 동일하거나 또는 그 이상으로 해주어야 한다.

제3절 경영학의 학문적 특성과 연구 방법

1 경영학의 학문적 특성 기출 23, 22

(1) 이론 경영학과 실천 경영학

① 이론 경영학
  ㉠ 이론 경영학은 순수과학으로서의 경영학을 의미한다.
  ㉡ 경영의 방향에 대한 당위로서의 합리성 및 가치적인 배제를 말한다.
  ㉢ 기술과학은 검증이 가능한 가설로서 이를 검증해서 새로운 이론을 다지는 학문이다.

체크 포인트

이론 경영학
- 이론을 추구하는 이론적 경영학
- 경영의 경험적 사실을 분석해서 경영의 새로운 법칙을 추구하고 발견하여 구축해 나가는 것을 사명으로 함
- 경영의 경험적 사실을 설명하여 예측 가능한 경영 이론의 구축에 학문적 편향성이 있음

② 실천 경영학
  ㉠ 실천 경영학은 실천과학으로서의 경영학을 의미한다.
  ㉡ 선택적 제언을 하게 되는 응용과학이다.
  ㉢ 실천 경영학은 실천적으로 유용한 제반관리 기술 또는 처방 등을 모색하고자 하는 경영학이다.

> **체크 포인트**
> **실천 경영학**
> - 인간의 행동에 있어서의 실천 및 지침을 연구하는 경영학
> - 경영목적을 실천적으로 달성할 수 있는 여러 경영기술 또는 관리방법을 모색하는 것을 사명으로 함
> - 이론을 기반으로 한 구체적인 실천방법에 학문적인 편향성이 있음

③ 현대 경영학
  현대 경영학에 있어서 그 학문적 성격상 이론 경영학이자, 실천 경영학으로서의 이론과 실천의 학문, 실천적 이론과학으로 본다.

(2) 과학론과 기술론
① 과학론
  ㉠ 고유의 연구대상을 지녔다는 점에서 과학으로 본다.
  ㉡ 이론적, 과학적 원리의 습득에 학문적 편향성이 있다.
② 기술론
  ㉠ 실천적 이론과학의 성격상 기술면에 많은 관심을 지니고 있다.
  ㉡ 이론을 기반으로 한 적용범위 내에서의 기술론에 학문적 편향성이 있다.
③ 현대 경영학에 있어서는 과학론과 기술론의 이중적 성격을 지니고 있는 것으로 보고 있다.

(3) 종합 및 응용과학
경영학은 인간의 행동을 연구하는 사회과학의 여러 분야에 의존하며, 이로부터 개발된 이론 및 지식을 경영학에 응용하여 학문적인 지식체계를 이루고 있다. 더불어 사회학, 심리학, 인류학 등이 중요한 지식의 기반이 되고 있으며, 정치학, 경제학, 공학, 수학, 법학, 의학 분야 등의 지식 및 이론을 경영에 응용하는 종합적인 학문으로 파악되고 있다.

> **더 알아두기**
> **실증 경영학과 규범 경영학** (중요)
>
> | 실증 경영학 | 규범 경영학 |
> | --- | --- |
> | • 현실사회에 존재하는 경영원리의 해명을 목적으로 하는 실증이론
• 사실 그대로 기술하고 분석한 결과로 얻은 일련의 체계적인 지식 | • 어떤 경영현상이나 경영정책의 결과가 바람직한지 그렇지 않은지에 대한 문제를 다루는 것
• 여러 경영현상을 비교해서 어느 것이 사회적 견지에서 바람직한지를 평가하며, 이의 판단기준 설정에 관한 이론 |

• 특정의 윤리적, 규범적 판단과는 상관없이 경영현상에서 발생되는 어떠한 변화가 가져오는 결과를 정확히 예측하려고 할 때에 필요한 일반적인 원리를 도출하려는 것	• 마땅히 있어야 할 경영상태가 무엇인가, 어떤 경영현상이 바람직 하느냐에 대한 판단을 내리는 데 필요한 이론
현대에는 실증 및 규범과학으로서의 이중적인 성격을 지닌 것으로 파악되고 있음	

2 경영학의 연구 방법

일반적 연구 방법과 특수적 연구 방법의 분류는 다음과 같다. 일반적인 연구 방법에는 특수한 것에서부터 출발해서 공통되는 보편적 법칙을 찾아내는 귀납적 방법, 추상화된 일단의 가설을 설정하고 논리적 추론에 의해 일정한 원리나 결론을 끌어내는 연역적 방법 등이 있다. 특수적 연구 방법에는 조작과 통제를 통한 실험에 의존하는 실험적 연구 방법과 통계적 방법, 사례연구법 등이 있다.

(1) 일반적인 연구 방법 중요

① **귀납법**
　㉠ 개념 : 귀납법은 각각의 사례를 관찰함으로써 이러한 사례들이 포함되는 일반적인 명제를 확립시키기 위한 추리, 다시 말해 특수한 또는 개별적인 사실로부터 일반적인 결론을 이끌어 내는 추론 방법을 말한다.
　　예 인과적 분석, 기술적 분석
　㉡ 특징
　　• 귀납법에 쓰이는 전제들은 상당한 신빙성을 가지고 결론을 도출할 수 있다.
　　• 도출된 결론의 참됨을 완벽하게 보증하기가 어렵다.

② **연역법**
　㉠ 개념 : 일반적인 이론이나 법칙에서 출발해서 논리적 추론에 의해 구체적인 현상에 이를 적용해서 일정한 원리 및 결론을 도출해내는 추론방법을 말한다.
　㉡ 특징
　　• 연역법으로 유도된 원칙은 귀납적 방법에 의해 도출된 일반적인 결론과 일치해야 한다.
　　• 어떠한 가설 또는 전제로부터 당위적 결론을 유도하므로 규범적 이론이 되는 경우가 흔하다.

③ **역사적 방법**
　역사적으로 보면 과거 사건들에 대한 관찰자들의 내용들을 찾아서 이를 비판적인 평가를 거쳐 어떠한 사건들이 발생했는지를 명확하게 기록하며 그러한 사건들 사이의 관계를 명확하게 규명하는 연구과정이다.

(2) 특수한 연구 방법 [중요]
① **통계적 방법** : 관찰을 통해 취득한 자료를 활용하고 다루면서 이로부터 객관적인 결론에 도달할 수 있도록 하는 방법이다.
② **실험적 방법** : 변수들 사이의 함수관계를 발견하기 위해 통제된 상황 하에서 독립변수를 인위적으로 조작 또는 변화시켰을 때 그것이 종속변수에 끼치는 효과를 객관적인 방식으로 측정 및 관찰해서 파악하는 실증적 연구방법 중 하나이다. 이에 대한 대표적인 예로 호손실험과 테일러 시스템이 있다.
③ **사례적 방법** : 각각의 실제적 사례를 망라해서 이로부터 객관적인 일반원칙을 도출하려는 방법을 말한다.
④ **모형적 방법** : 어떤 현상인 사건을 설명하거나 표현하기 위해 설계된 모델을 활용하는 방법이다.

3 경영학의 접근방법

경영학에 있어서 여러 가지의 학문적인 접근방법은 학자들 사이에 끊임없는 논쟁 및 갈등을 경영이론상의 난맥으로 파악하여 이를 '경영이론의 정글현상'이라고 표현하였다. 쿤츠(H. Koontz)와 세토(S. C. Ceto) 등이 구분한 다양한 방식의 접근방법이 있다.

(1) 쿤츠의 분류 [중요]
① 쿤츠는 1961년 자신의 논문인 「경영이론의 밀림」에서 6개의 학파(**경험학파, 관리과정학파, 사회시스템학파, 인간행동학파, 의사결정학파, 수리학파**)로 구분함으로써 경영이론에서의 통일화 및 체계화를 시도하였다.
　㉠ 경험적 접근법 : 기업조직의 경영자 경험을 분석해서 그중 가장 유효한 관리방법을 체득할 수 있다는 전제 하에 관리활동 또는 방침 등을 사례연구 방식 등을 통해서 파악하는 기법이다.
　㉡ 집단행동 접근법 : 조직에서의 집단으로 인간의 행동을 중요시하여 사회인류학·사회심리학적 지식 등을 주로 활용한다는 측면에서 인간상호 접근법과 구분된다.
　㉢ 시스템 접근법 : 하나의 전체를 이루는 상호의존적·상호결합적인 요인의 집합으로 조직의 입장에서 보면 관리를 전반적으로 이해하는 데 있어 효과적이다.
　㉣ 인간상호 접근법 : 관리활동은 '인간을 통해서 무엇인가를 하게끔 하는 활동'이므로 관리에 대한 연구는 인간상호관계 지향적이어야 하며, 사회심리학적 존재로서 개인의 행동 또는 그러한 동기를 중요시하게 된다.
　㉤ 운영적 접근법 : 관리활동에 있어서 능동적인 실천을 가능케 해주는 개념 또는 원리 그리고 이러한 방법을 실무에 활용함으로써 관리에 대한 적정한 지식을 체득하려 한다는 부분에서 운영과학적인 특징을 지닌다.
　㉥ 관리역할적 접근법 : 기업조직의 경영자가 취하는 현실적인 행위 등을 관찰해서 경영자가 해야 하는 실질적인 활동 또는 역할 등이 무엇인지를 결론짓는 방법이다.

- ⓢ 사회기술시스템 접근법 : 초반에 관리연구에 있어 사회시스템 분석에 역점을 두었으나, 후에는 기술시스템이 사회시스템에 강한 영향을 끼치고 있다는 것을 알게 되면서 두 시스템의 상호관계를 중요시 하는 연구경향을 가지게 되었다.
- ⓞ 컨틴전시 또는 상황적 접근법 : 경영자들의 경영활동이 처한 환경 또는 상황 등에 의존한다는 방식이다.
- ⓩ 의사결정이론 접근법 : 조직의 경영자의 주된 임무를 의사결정이라 파악하고, 관리이론은 바로 이러한 문제를 중심으로 구축된다는 신념을 기반으로 하는 방식이다.
- ㉛ 수리적 또는 경영과학적인 접근법 : 관리활동은 수학적 과정 또는 수학적 모형의 체계로 파악하고자 하는 것으로 OR분석자 또는 OR연구자 등의 접근방식이다.
- ㉠ 협동사회시스템 접근법 : 버나드가 대표적 학자이며, 관리직능의 탐구에서 협동사회시스템의 작동 및 유지를 중요하게 여겼으며, 이러한 방식이 확대된 것을 조직이론이라고 하였다.
② 쿤츠는 1961년에 「경영이론의 밀림」이라는 논문에서 6가지 접근방법을 제시하였으며, 이후 1980년에는 이를 대폭적으로 수정해서 11가지의 접근법으로 분류하고 있다. 이러한 혼란의 주요 원인으로는 용어 의미상의 혼란, 선험적 가설의 상이, 경영관리관의 상이, 상호이해 노력의 결여, 원리의 오해 등이 있다.

(2) 세토의 분류 중요

세토는 쿤츠의 접근방법이 지니고 있는 한계점을 보완하고, 기존의 연구들을 통합해서 **고전적 접근방법, 행동적 접근방법, 경영과학적 접근방법**으로 분류하였다. 이 3가지 외에 최근에 시스템적 접근법이 따로 분류가 되고 있으며, 시스템 개념을 활용해서 전체의 입장에서 상호관련성을 추구하여 처해진 문제의 해결을 추구하고 있다.

① **고전적 접근방법**
  - ㉠ 경험에 근거한 것으로 기업 경영능률을 강조하며, 경영 관리자들이 생산증대를 위해 지속적으로 조직의 효율성을 제고시키는 등 계속적인 노력을 해야 한다는 것을 주장하는 방식이다.
  - ㉡ 테일러, 칸트, 페이욜, 길브레스 부부 등이 해당된다. 중요
  - ㉢ 이 방식은 인간관계의 분야, 다시 말해 리더십, 커뮤니케이션, 모티베이션 등에 소홀히하고 있다.
② **행동적 접근방법** : 인간에 관한 이해를 높임으로써 생산성을 증대시키려는 방식이다.
  - 예 호손공장 실험(전화용 계전기조립실험, 조명실험, 릴레이조립실험 등)
③ **경영과학적 접근방법**
  - ㉠ 이 방식은 시스템 운영에 있어 발생하는 문제의 해결에 수학적 기법 및 과학적 방법을 적용한 방식이다.
  - ㉡ 애코프, 처치먼 등이 주장하는 방식이다. 중요
  - ㉢ 수학적 모형 및 컴퓨터를 활용한다.
④ **시스템 접근방법**
  - ㉠ 시스템의 개념을 활용하여 전체의 입장에서 서로 간의 상호관련성을 추구해서 처해진 문제에 대한 해결을 풀어나가는 방식이다.

ⓒ 이 방식은 버틀란피가 창시자이다.
　　　ⓓ 시스템의 속성으로는 전체성, 구조성, 목적성, 기능성 등이 있다. `중요`

4 경영학의 체제

경영학의 체계에 대한 분류는 쿤츠가 지적한 바와 같이 경영이론의 밀림현상 속에서 명확하게 정립된 체계가 세워져 있지 않았다. 전반적으로 보면 이론적인 측면이 강한 독일 경영학, 실천적인 측면이 강한 미국 경영학으로 구분된다.

(1) 독일 경영학의 체제
① **독일 경영학의 체제**
　　ⓐ 니클리슈는 1907년에 경영학 사상 최초로 경영경제학의 체계화를 시도하였다.
　　ⓑ 니클리슈는 경영경제학을 거래론과 경영론으로 분류하였다.
　　ⓒ 그 이후에는 자이페르트에 의해 내부조직론 및 거래론, 구조론 등으로 분류되기도 하였다.
② **경영경제학의 연구영역**
　　ⓐ 인간론 : 인간론은 경영의 주체로 경영자뿐만 아니라 기업이라는 조직을 형성하는 모든 인간을 대상으로 한다.
　　ⓑ 구조론 : 개별경제의 경영형성 및 유지에 대한 일련의 경영구조 등을 주된 연구대상으로 한다.
　　ⓒ 과정론 : 경영경제학의 연구영역보다는 경영관리학의 연구영역으로서의 비중이 훨씬 더 높다.
　　ⓓ 상품론 : 경영경제의 주체 및 객체라는 대응관계적인 관점에서 보면 그 주체로서의 인간론만큼 중요하다.
　　ⓔ 거래제도론 : 타 개별경제 간의 경영 간 거래 등을 연구대상으로 한다.
③ **독일 경영학의 체계** : 경영경제학으로서 경영학총론을 다루는 일반경영경제학과, 경영학각론을 다루는 특수경영경제학으로 분류된다. 특수경영경제학에서는 생산경영, 유통경영, 소비경영경제학 등이 포함된다.

(2) 미국 경영학의 체제
① 실제적으로 기업조직에서 발생하는 문제해결을 위해 그에 따른 합리적인 도입과 실천적이면서 기술적인 문제를 중심으로 발전하였다.
② 마셜은 경영관리학을 생산, 인사, 유통, 재무의 4대 기능을 통합하는 것이 곧 경영관리이며, 경영관리학의 학문적 체계라고 하였다.
③ **미국 경영학의 체계** : 경영관리학 또는 경영자 경영학으로서 경영학총론과 경영학각론으로 분류된다. 경영학각론에서는 생산관리, 마케팅, 인사관리, 재무관리 등 경영의 각 기능에 대해서 다루고 있다.

제1장 실전예상문제

01 다음 중 경영활동의 관리과정으로 보기 어려운 것은?
① 조직화
② 계획
③ 통제
④ 의사결정

01 경영활동의 관리과정으로는 계획, 조직화, 지휘, 통제 등이 있다.

02 다음 중 기업 경영자에게 요구되는 자질로 보기 어려운 것은?
① 분산화 기술
② 개념 통합 기술
③ 스킬믹스
④ 전문적 기술

02 기업 경영자에게 요구되는 자질로는 인간관계 기술, 스킬믹스, 전문적 기술, 개념 통합 기술 등이 있다.

03 다음 중 자본주의적 경제체제에 속하지 않는 것은?
① 영리경제의 원칙
② 사유재산의 원칙
③ 계획수행의 원리
④ 단독의사결정

03 ①·②·④ 외에 경제계획의 자주성 원칙 등이 있다.

정답 01 ④ 02 ① 03 ③

04 ①·②·③ 외에 중앙경제계획의 유기성 원리 등이 있다.

04 다음 중 사회주의적 경제체제와 관련성이 가장 적은 것은?
① 공동의사결정
② 공유재산의 원리
③ 계획수행의 원리
④ 영리경제의 원칙

05 경험과학은 현실에 존재하는 것을 연구대상으로 하므로 다루는 내용은 현실에서 검증이 가능하다.

05 경험이 가능하거나 현실에 존재하는 것을 연구대상으로 하기 때문에 다루고자 하는 내용이 현실에서 검증이 가능하다는 것을 일컫는 말은?
① 경험과학
② 형식과학
③ 관념과학
④ 이상과학

06 수익성은 비영리 경제주체에의 적용이 불가능하다.

06 다음 중 수익성에 대한 설명으로 바르지 않은 것은?
① 수익성은 자본에 대한 이익의 관계를 말한다.
② 시장에서 이윤획득을 할 수 있는 잠재적 능력 지표이다.
③ 수익성만이 유일무이한 경영지도원리라 할 수 없다.
④ 수익성은 비영리 경제주체에의 적용이 가능하다.

07 지출되는 비용을 최소화해야 한다.

07 다음 중 수익성 증대방안에 대한 내용으로 옳지 않은 것은?
① 매출수량이 일정할 시 매출단위당 가격을 극대화해야 한다.
② 지출되는 비용을 최대화해야 한다.
③ 매출액을 증대시켜야 한다.
④ 매출액에서 차지하는 이익의 비율이 높아져야 한다.

정답 04 ④ 05 ① 06 ④ 07 ②

08 다음 설명 중 바르지 않은 것은?
① 생산성은 비영리 경제주체에도 적용이 가능하다.
② 생산성은 투입물에 대한 산출물의 비율이다.
③ 생산성은 분자에 투입하는 산출물에 따라 가치생산성, 물적 생산성, 부가가치 생산성으로 나누어진다.
④ 생산성은 기준에 따라 단일한 개념으로 정의된다.

08 생산성은 기준에 따라 여러 가지 개념으로 정의된다.

09 다음 중 버나드가 주장한 기업조직의 존속여건으로 옳지 않은 것은?
① 공식조직
② 의사소통
③ 공통목표
④ 공헌의욕

09 버나드가 말한 기업조직의 존속요건에는 공통목표, 공헌의욕, 의사소통 등이 있다.

10 버나드가 제시한 조직균형에 대한 설명으로 가장 거리가 먼 것은?
① 기업조직 존속요건으로 공통목표, 공헌의욕, 의사소통이 있다.
② 기업의 사회적 책임과 관련된다.
③ 조직균형을 위해 공헌에 대한 대가를 공헌보다 동일 또는 그 이상으로 해야 한다.
④ 조직균형은 영리조직에만 적용이 가능하다.

10 조직균형은 영리·비영리조직 모두에 적용이 가능하다.

정답 08 ④ 09 ① 10 ④

11 다음 중 선택적 제언을 하게 되는 응용과학은?

① 이론 경영학
② 실천 경영학
③ 관념 경영학
④ 고전 경영학

> 11 실천 경영학은 실천과학으로서의 경영학이며, 선택적 제언을 하게 되는 응용과학이다.

12 경영학의 연구 방법 중 특수적 연구 방법에 해당하지 <u>않는</u> 것은?

① 연역적 방법
② 실험적 연구 방법
③ 사례 연구법
④ 통계적 방법

> 12 특수적 연구 방법의 분야로는 실험적 연구 방법, 통계적 방법, 사례 연구법 등이 있다.

13 경영학의 연구 방법 중 일반적인 연구 방법을 모두 고른 것은?

┌─────────────────────┐
│ ㉠ 실험적 연구 방법   │
│ ㉡ 귀납적 방법   │
│ ㉢ 사례 연구법   │
│ ㉣ 연역적 방법   │
│ ㉤ 통계적 방법   │
└─────────────────────┘

① ㉠, ㉡, ㉢
② ㉡, ㉣
③ ㉡, ㉣, ㉤
④ ㉣, ㉤

> 13 일반적 연구 방법에는 귀납적 방법, 연역적 방법 등이 있다.

정답 11 ② 12 ① 13 ②

14 특수한 또는 개별적 사실로부터 일반적인 결론을 도출해내는 추론 방법은?

① 역사적 방법
② 귀납적 방법
③ 연역적 방법
④ 통계적 방법

14 귀납적 방법은 각 사례를 관찰해서 이러한 사례들이 포함되는 일반적 명제를 확립시키는 추론 방법을 말한다.

15 호손실험 및 테일러 시스템처럼 종속변수에 끼치는 효과를 객관적 방식으로 측정 및 관찰해서 파악하는 실증적 연구방법은?

① 실험적 방법
② 역사적 방법
③ 연역법
④ 사례적 방법

15 실험적 방법은 변수들 사이의 함수관계를 발견하기 위해 통제된 상황 하에서 독립변수를 인위적으로 조작 및 변화시켰을 때 그것이 종속변수에 끼치는 효과를 객관적으로 측정 및 관찰해서 파악하는 실증적 연구방법이다.

16 다음 중 쿤츠의 논문에서 구분한 「경영이론의 밀림」의 6개 학파에 해당하지 않는 것은?

① 경험학파
② 관리과정학파
③ 인간행동학파
④ 선진경제학파

16 6개 학파로는 경험학파, 관리과정학파, 사회시스템학파, 인간행동학파, 의사결정학파, 수리학파 등이 있다.

17 쿤츠의 「경영이론의 밀림」에서 언급하고 있는 혼란의 주요 원인으로 보기 어려운 것은?

① 용어 의미상의 혼란
② 의사결정의 혼란
③ 상호이해 노력의 결여
④ 원리의 오해

17 ①·③·④ 외에도 선험적 가설의 상이, 경영관리관에 있어서의 상이 등이 있다.

정답 14 ② 15 ① 16 ④ 17 ②

18 고전적 접근방법은 경험에 근거한 것으로 기업 경영능률을 강조한다.

19 버탈란피는 시스템 접근방법의 창시자이다.

20 경영학은 이론 측면이 강한 독일 경영학, 실천 측면이 강한 미국 경영학으로 분류된다.

정답 18① 19④ 20④

18 세토가 분류한 방법 중 고전적 접근방법에 대한 내용으로 바르지 않은 것은?
① 이론에 근거한 것으로 기업 경영능률을 강조한다.
② 칸트, 테일러, 페이욜 등이 대표적 학자이다.
③ 인간관계 분야를 소홀히 하고 있다.
④ 관리자들이 생산증대 및 조직 효율성을 제고하기 위해 노력해야 한다고 주장하는 방식이다.

19 세토가 분류한 방식 중 경영과학적 접근방법으로 옳지 않은 것은?
① 문제해결에 있어 수학적 기법 및 과학적 방식을 적용한다.
② 에코프, 처치먼 등이 주장한 방식이다.
③ 수학적 모형 및 컴퓨터를 활용한다.
④ 버탈란피가 창시자이다.

20 다음 지문의 괄호 안에 들어갈 말을 순서대로 짝지은 것은?

> 경영학은 전반적으로 보면 이론적 측면이 강한 (   ), 실천적 측면이 강한 (   )으로 구분된다.

① 영국 경영학, 미국 경영학
② 미국 경영학, 독일 경영학
③ 독일 경영학, 영국 경영학
④ 독일 경영학, 미국 경영학

제2장

경영학의 발전과정

제1절 우리나라의 경영학
제2절 미국의 경영학사
제3절 독일의 경영학사
실전예상문제

우리 인생의 가장 큰 영광은 결코 넘어지지 않는 데 있는 것이 아니라
넘어질 때마다 일어서는 데 있다.

– 넬슨 만델라 –

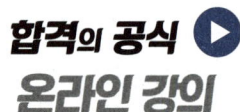  보다 깊이 있는 학습을 원하는 수험생들을 위한
시대에듀의 동영상 강의가 준비되어 있습니다.
www.sdedu.co.kr ➜ 회원가입(로그인) ➜ 강의 살펴보기

제 2 장 경영학의 발전과정

제1절 우리나라의 경영학

1 우리나라에서의 학명의 유래와 번역

국내에서의 경영학이라는 학명의 유래를 살펴보면, 실질적으로 교육기관의 과정에 도입된 것으로 비교적 최근이다. 이전에는 독일어권의 학명을 단순히 번역하는 '경영경제학'이었고, 2차 세계대전 이후에 영어권의 학명인 경영관리학이 도입되면서 혼용하여 사용하다가 현재에 와서는 '경영학'이라는 학명으로 정착되었다.

2 우리나라의 경영학

(1) 일제 시대의 경영학 기출 24
  ① 이 시기에는 일본을 통해 독일의 경영학이 직수입되던 시기였다.
  ② 경성고등상업학교(서울대 경영대학), 보성전문학교(고려대), 연희전문학교(연세대) 등에서는 상학과가 설치되었다.
  ③ 이 시기의 교과목은 상업학개론, 부기, 경영자본론, 경영학방법론, 은행경영론, 교통론, 보험론 등이었다.

(2) 8·15 광복과 경영학
  ① 광복 후에는 전문학교가 대학교로 승격되면서 각 대학에는 경제학과와 상학과가 공존하였다.
  ② 독일식 경영학이 미국식 경영학으로 바뀌기 시작하였으나 전공자의 부족 및 교육시설 등의 미흡으로 인해 연구가 거의 없었다.
  ③ 1954년에 고려대 경영대학 정수영 교수의 『경영경제학』이 국내에서는 처음으로 출판된 경영학 저서였으며, 이후에 1961년 『경영학원론』으로 개명되어 현재에 이르고 있다.
  ④ 이 시기에는 독일식의 경제경영학이 미국식의 경영학으로 변화하던 시기였다.

(3) 경영학과의 설치 및 경영대학의 창설
① 1955년에 고려대에서 국내 최초의 경영학과를 설치했고, 상과대학을 독립시켰다.
② 1958년에는 고려대와 워싱턴대학교가 교수교환계약을 체결함으로써 미국 경영학이 도입되어 발전하게 되었다.
③ 각 대학교에 경영학과가 설치되고 생산성 연구원, 경영학회 등이 설치되면서 경영학에 대한 본격적 연구가 시작되었다.

(4) 경영학의 진전
이후의 경영학은 한국적인 특성을 찾기 위한 노력이 일부 최근까지 있었지만, 아직까지는 주로 미국 경영학을 도입하여 우리나라의 현실을 정확하게 반영하지 못하고 있으며, 최근 들어서는 한국적인 경영 이론의 개발에 대해서 각계의 목소리가 높아지고 있어 앞으로 국내에서 나름대로의 독특한 체제를 세워야 할 것이다.

제2절 미국의 경영학사

1 고전학파

1850년대의 산업혁명으로 경제발전의 계기가 마련되었으며, 남북전쟁 이후 급속한 공업화, 대규모 공장군의 출현으로 체계적 경영관리의 필요성이 증가됐다. 이후 프론티어 정신과 서부개척에 의한 시장 확대에 의해 공장규모가 확대되고, 노동력 부족, 임금압력 문제, 지역 간 격차발생 문제가 나타났으며, 대량생산체제하에서는 기존 노동력의 재취업 문제, 일반 미숙련공의 부족, 조직적 태업 등이 나타났다. 이러한 문제해결을 위한 시도로 과학적 관리가 등장하게 되었고, 이후 실천 지향적 경영학으로 발전하게 되었다.

(1) 테일러의 과학적 관리론 중요 기출 25, 23
① **개요**
테일러의 과학적 관리법은 하루의 작업량을 시간연구 및 동작연구, 작업연구를 통해서 하루의 표준 작업량을 설정하고, 할당된 과업을 초과달성한 근로자에게는 높은 임금률을 적용하고 그렇지 못한 근로자에게는 낮은 임금률을 적용함으로써 생산의 능률을 꾀하려는 방법이다.
② **과학적 관리론 내용**
㉠ 시간 및 동작연구 : 종업원들의 하루 작업량(표준과업)을 과학적으로 하기 위해서 시간 연구·동작연구를 하였다.
㉡ 차별성과급제 : 테일러는 작업량을 달성한 사람에게는 높은 임금을 주고, 그렇지 못한 사람에게는 낮은 임금을 적용하는 등의 능률증진을 꾀하였다.

ⓒ 종업원 선발 및 교육 : 과학적 관리론에 부합하는 근로자에 대한 선발방식 및 교육훈련 방식을 마련하였다.
② 직능식 제도와 직장제도 : 공장의 조직을 기존의 군대식에서 직능식으로 바꾸고, 직장제도를 끌어들여 종업원들과 운영자가 서로의 직책에 따라 업무하여 일을 하고, 협력할 수 있게 하였다.

더 알아두기

테일러 이론
- 작업연구, 시간 및 동작연구, 표준과업량 설정, 차별성과급제, 기능성의 조직
- 기업조직에 있어 기획과 실행의 분리를 기본으로 함
- 기계적·폐쇄적 조직관 및 경제적 인간관이라는 가정을 기반으로 함
- 인간의 신체를 기계처럼 생각하고 취급하는 철저한 능률 위주의 관리 이론
- 테일러의 이론은 간트, 에머슨, 길브레스 부부, 바르트 등이 영향을 받음
- 과학적 관리론은 노동조합으로부터 비판적인 평가를 받음
- 포드에 의해서 더욱 구체화됨

테일러의 과학적 관리론 중요
- 시간연구 : 모든 작업에 시간연구를 적용해서 표준작업시간을 설정한다.
- 성과급제 : 임금은 생산량에 비례하며, 임금률은 시간연구에서 얻은 표준에 따라 결정한다.
- 계획과 작업의 분리 : 계획은 경영자가 담당, 노무자는 작업을 한다. 계획은 시간 및 동작연구를 통한 과학적 자료에 근거한다.
- 과학적 작업 : 경영자는 작업방법을 연구하여 최선의 방법을 정해서 작업자를 교육·훈련한다.
- 경영통제 : 예외원칙, 과학적 표준과의 비교를 통해서 경영통제를 한다.
- 직능적 관리 : 직능별 조직에 따라서 관리의 전문화를 한다.

(2) **포드 시스템** 중요 기출 25, 24, 23

① 개요
㉠ 포드는 1914년 자신이 소유하고 있던 자동차 공장에 컨베이어 시스템(Conveyor System)을 도입하여 대량생산을 통해 원가를 절감할 수 있었다.
㉡ 포드의 컨베이어 시스템은 모든 작업을 단순작업으로 분해하여 분해된 작업의 소요시간을 거의 동일하게 하여 일정한 속도로 이동하는 컨베이어로 전체 공정을 연결하여 작업을 수행하였는데, 이렇게 컨베이어 시스템을 도입함으로써 대량생산이 가능하였고, 더 나아가 자동차의 원가를 절감하여 그로 인한 판매가격을 인하시킬 수 있었다.
㉢ 유동작업을 기반으로 하는 새로운 생산관리 방식을 포드 시스템(Ford System) 또는 동시관리(Management by Synchronization)라고 한다.
㉣ 포드의 3S : 부품의 표준화(Standardization), 제품의 단순화(Simplification), 작업의 전문화(Specialization) → 표준화 전략 중요

② 테일러와 포드 시스템의 비교

테일러(F. W. Taylor)	포드(H. Ford)
• 과업관리(시간과 동작연구를 통한) • 차별성과급 도입: 객관적인 과학적 방법을 사용한 임금률 • 표류관리를 대체하는 과학적 관리 방법을 도입, 표준화를 의미	• 동시관리: 작업조직의 철저한 합리화에 의하여 작업의 동시적 진행을 기계적으로 실현하고 관리를 자동적으로 전개 • 컨베이어 시스템, 대량생산
• 작업의 과학화와 개별생산관리 • 인간노동의 기계화 시대	• 공장 전체로 확대 • 인간에게 기계의 보조역할 요구

(3) 페이욜의 관리 5요소 및 관리원칙 [중요]

① 개요
　㉠ 테일러의 경우에는 주로 생산현장에서의 작업관리에만 관심을 보인 반면에, 페이욜은 기업조직의 전체적인 관리의 측면에서 관리원칙을 주장하였다.
　㉡ 페이욜의 관리 5요소: 계획, 조직, 명령, 조정, 통제 [중요]
　㉢ 페이욜이 말하는 6가지 경영의 기능
　　• 기술적 활동: 생산, 제조, 가공
　　• 재무적 활동: 자본의 조달 및 운용
　　• 상업적 활동: 구매, 판매, 교환
　　• 회계적 활동: 대차대조표, 원가, 통계, 재산목록
　　• 보전적 활동: 재산 및 종업원의 보호
　　• 관리적 활동: 계획, 조직, 명령, 조정, 통제

② 페이욜의 관리일반원칙 [중요] [기출] 25, 24, 23
　㉠ 분업(Division of Work): 경제학자들이 노동의 효율적 이용을 위해 필요하다고 보는 전문화(Specialization)를 말한다. 페이욜은 기술적인 작업은 물론 관리적 업무 등 모든 업무에 이 원칙을 적용한다.
　㉡ 권한과 책임(Authority & Responsibility): 페이욜은 권한과 책임이 서로 관련되어야 함을 알았다. 즉, 책임은 권한의 필연적인 결과이며 또한 권한으로부터 생겨난다고 본 것이다. 그는 책임을 관리자의 직위로부터 생겨나는 공식적인 것과 '지성, 경험, 도덕률 및 과거의 업적 등이 복합되어 있는 개인적인 요소의 결합체'라고 보았다.
　㉢ 규율(Discipline): 페이욜은 규율을 준수, 적용, 활력 및 존경의 표시를 달성하고자 정해진 약속에 대한 존중으로 여기면서 어떤 계층에서든 이러한 규율이 확립되기 위해서는 훌륭한 상사가 필요하다고 하였다.
　㉣ 명령의 일원화(Unity of Command): 종업원이 한 사람의 상사에게서만 명령을 받아야 한다는 것을 의미한다.
　㉤ 지휘의 일원화(Unity of Direction): 이 원칙에 따르면 동일한 목표를 가지고 활동하는 각 집단은 한 명의 상사와 한 개의 계획을 가져야만 한다.

ⓗ 전체의 이익을 위한 개인의 복종(Subordination of Individual to General Interest) : 전체의 이익과 개인의 이익이 충돌할 경우에 경영자는 이를 조정해야 한다.
ⓢ 보수(Remuneration) : 보수의 액수와 지불방법은 공정해야 하며, 종업원과 고용주 모두에게 똑같이 최대의 만족을 주는 것이어야 한다.
ⓞ 집권화(Centralization) : 페이욜은 권한의 집권화란 말을 사용하지 않고 권한이 집중되거나 분산되어야 하는 정도라고 보았다.
ⓩ 계층의 연쇄(Scalar Chain) : 페이욜은 이것을 최상위로부터 최하위에 이르기까지의 '상급자의 사슬'로 보았다. 불필요하게 이 사슬로부터 이탈해서도 안 되겠지만, 이를 엄격하게 따르는 것이 오히려 해로울 때는 단축시킬 필요가 있다고 보았다.
ⓩ 질서(Order) : 페이욜은 질서를 물질적인 질서와 사회적인 질서로 나누어, '어느 것(누구)에게나 하나의 장소를, 어느 것이나(누구나) 자기 위치에'라는 격언을 따랐다. 이는 인적·물적 요소의 배치에 핵심이 되는 적재적소 조직원칙이다.
ⓚ 공정성(Equity) : 상사에 대한 부하의 충성 및 헌신은 부하를 공평하게 다루는 상사의 친절과 정의감이 결합함으로써 이루어지는 것이라 보았다.
ⓔ 직장의 안정성(Stability of Tenure) : 불필요한 이직은 나쁜 관리의 원인이며 결과라는 것을 알았기 때문에, 페이욜은 이의 위험성과 비용을 지적하였다.
ⓟ 주도권(Initiative) : 주도권이란 계획을 세우고 실천하는 것이다. 이것은 '지성인이 경험할 수 있는 가장 만족할 만한 것'이기 때문에 페이욜은 부하들의 주도권 실천을 권장하기 위해 경영자가 '개인적인 자만'을 버려야 한다고 권고하였다.
ⓗ 단결심(Esprit De Corps) : 이것은 '뭉치면 힘이 나온다'라는 원리를 말한다. 또한 이는 명령의 단일화를 확대시킨 것이며, 팀워크의 중요성과 그것을 조성하기 위한 의사소통의 중요성을 강조하였다.

> **더 알아두기**
>
> **페이욜** 중요
> 페이욜은 광산회사를 경영하면서 체득한 지식 및 경험을 바탕으로 산업관리와 일반관리에 대한 자신의 생각을 정리해서 관리이론을 제시하였다.
> - 기술적 활동, 상업적 활동, 재무적 활동, 보전적 활동, 회계적 활동, 관리적 활동의 6가지 경영활동 존재
> - **관리적 활동** : 계획, 조직, 지휘(명령), 조정, 통제라는 5가지 기능으로 설명함으로써 경영과 관리의 개념을 구분
> - **관리일반원칙** : 관리활동 수행 시 일반적 규칙, 기준으로 14가지를 제시(분업, 권한과 책임, 규율, 명령의 일원화, 지휘의 일원화, 전체의 이익을 위한 개인의 복종, 종업원의 보수, 집권화, 계층의 연쇄, 질서, 공정성, 직장의 안정성, 주도권, 종업원의 단결심)

(4) 막스 베버 중요

① 개요
- ㉠ 근본적으로 베버의 관료제 이론은 권한구조에 대한 이론에 기반을 두고 있다.
- ㉡ 막스 베버는 권한의 유형을 카리스마적 권한, 전통적 권한, 합리적·법적 권한으로 구분하고 합리적·법적 권한에 기반한 관료제 모형이 근대사회의 대규모 조직을 설명하는 데 가장 적절하다고 보았다.

② **막스 베버의 관료제 특성** 중요
- ㉠ 안정적이면서 명확한 권한계층
- ㉡ 태도 및 대인관계의 비개인성
- ㉢ 과업전문화에 기반한 체계적인 노동의 분화
- ㉣ 규제 및 표준화된 운용절차의 일관된 시스템
- ㉤ 관리 스태프진은 생산수단의 소유자가 아님
- ㉥ 문서로 된 규칙, 의사결정, 광범위한 파일
- ㉦ 기술적인 능력에 의한 승진을 기반으로 평생의 경력관리

③ 베버는 규칙 및 절차에 의한 규제, 명확히 구분된 권한영역, 명확히 규정된 권한의 계층구조, 관리 스탭과 생산 및 소유로부터의 분리, 직위남용의 금지, 관리적 행동, 규칙의 문서화 등을 특징으로 하는 합리적-법적 권한에 기반한 관료제 모형을 통해 조직의 합리적, 능률적인 운영을 추구하였다.

④ **지배유형에 따른 관료제의 종류**
- ㉠ 전통적 지배 : 지배의 정당성의 근거가 옛날로부터 내려온 전통이나 지배자의 권력의 신성성에 대한 신념에 입각하여 이루어지는 지배 유형을 말하며, 이러한 전통적 지배가 전형적으로 이루어지고 있는 것이 가산적 관료제이다.
- ㉡ 카리스마적 지배 : 일상적인 것을 초월한 지도자의 비범한 자질이나 능력에 대한 외경심이 피치자의 복종 근거가 되는 지배 유형이다.
- ㉢ 합법적 지배 : 지배의 정당성이 법규화된 질서에 입각하고 있는 지배유형으로서 합리적·합법적 관료제가 이에 해당된다.

2 인간관계학파

(1) 메이요의 인간관계론 중요 기출 22

① **인간관계론(Human Relations Approach)의 등장계기**

기존의 기업조직의 경영은 과학적 관리론에 입각한 능률 위주였으므로 노동자들은 오로지 생산을 위한 기계화 또는 부품화된 도구에 지나지 않았다. 그래서 인간의 어떠한 주체성이나 개성 등은 당연히 무시되었던 것이다. 하지만 산업이 발달하고 기업의 대규모화가 진전되어감에 따라 능률을 위주로 한 기업의 생산성은 점차 한계점에 도달했음을 인식하게 되었고, 과학적 관리론에 대한 회의 및 불평, 불만이 일어나기 시작했으며 그것이 불안전하고 비합리적이라는 사실을 증명하기에 이르

렀다. 다시 말해 기업조직 안에서 종업원 개개인의 존재는 경제 논리적인 존재가 아니라, 단지 협력체제라는 사회적 인간관의 시각에서만 인정되었으며, 이는 종업원의 사회, 심리적인 욕구를 충족시킴으로써 기업의 생산성이 상승될 수 있다는 인식을 갖게 하는 계기가 되었다. 이러한 기업의 인간화가 곧 인간관계론의 출발점이 되었던 것이다.

② **호손실험** 중요 기출 22
  ㉠ 개요
    - 인간관계론은 1924년부터 1932년에 걸쳐 미국의 시카고에 있는 호손공장에서 호손실험을 실시한 결과를 토대로 발전되었는데, 호손실험은 하버드 대학의 심리학 교수였던 메이요(Elton Mayo) 교수가 중심이 되어 이루어졌다.
    - 호손실험은 1차 실험(조명도 실험), 2차 실험(계전기조립실험), 3차 실험, 4차 실험으로 이루어졌다.
    - 민주적 리더십을 강조하였다.
    - 비공식 조직을 강조하였다.
    - 기업조직은 경제적·기술적·사회적 시스템이다.
    - 종업원 만족의 증가가 성과로서 연결된다고 보고 있다.
    - 인간의 사회적·심리적 조건 등을 중요시하였다.
    - 의사소통의 경로개발이 중요시되며, 참여가 제시되었다.
  ㉡ 호손실험이 경영학적인 사고에 끼친 영향
    - 호손실험으로 인해 인간에 대한 관심을 높이게 되는 계기가 되었다.
    - 호손실험으로 인해 인간의 감정, 배경, 욕구, 태도, 사회적인 관계 등이 효과적인 경영에 상당히 중요하다는 사실을 인지하게 되었다.
    - 구성원들 상호 간 관계에서 이루어지는 사회적인 관계가 '비공식 조직'을 만들고, 이는 공식 조직만큼이나 생산성에 영향을 미친다는 사실을 인지하게 되었다.

(2) 뢰슬리스버거와 사회체계론 기출 25
  ① 뢰슬리스버거는 기업을 기술적 조직과 인간적 조직으로 나누고, 그중 인간적 조직을 개인과 사회적 조직으로 구분하였으며, 사회적 조직 내에는 공식 조직과 비공식 조직이 존재한다고 하였다.
  ② 비공식 조직에서는 감정의 논리가, 공식 조직에서는 비용·능률의 논리가 적용되어야 함을 주장하였다.
  ③ **뢰슬리스버거가 구분한 3가지 측면의 인간행동** 중요
    ㉠ 논리적 행동 : 객관적인 지식에 의한 논리적인 이해에 따른 행동
    ㉡ 비논리적 행동 : 환경에 의해 좌우되는 사회적 감정에 따른 행동
    ㉢ 비합리적 행동 : 비합리적인 행동이 사회적인 감정에 따른 행동

3 조직론의 발전

(1) 버나드(C. I. Barnard)의 이론

① 버나드는 경영자의 기능에서 기업조직을 협동체계로 파악하였다.
② 대외적·전체적·동태적인 관점에서 새롭게 접근하였으며, 비교적 균형 잡힌 이론을 제시하였다.
③ 기업조직은 협동시스템으로서 공헌의욕, 공통목적, 의사소통이 잘 이루어져야 한다. **중요**
④ 결합된 협동노력에는 개인적인 의사결정과 조직적인 의사결정이 있으며, 이 두 가지가 균형을 이루어야 한다.
⑤ **버나드의 이론이 혁명적이라고 할 수 있는 이유**
  ㉠ 조직과 조직을 구성하는 사람에 대해서 비교적 균형이 잡힌 이론을 전개하였는데, 이는 조직목적과 개인목적의 통합이 기업조직의 존속조건임을 강조하였다.
  ㉡ 시스템론적인 조직관을 지녔으며, 이는 기업조직 자체를 시스템으로 파악하였을 뿐만 아니라 보다 더 큰 시스템의 하위시스템으로 보았다.
  ㉢ 사람이 조직과의 관계에 있어 자유의사에 기반한 의사결정력을 지니고는 있지만, 그 힘에 있어서는 한계가 존재한다고 보았다.
  ㉣ 유효성 및 능률의 이분법은 개인의 동기와 기업조직의 목적이 서로 대립하거나 또는 통합될 수도 있다고 보는 것을 말한다.
⑥ **버나드의 조직이론 체계**
  ㉠ 공헌의욕 : 조직의 활동에 공헌하고자 하는 구성원들의 의욕으로서 구성원 개개인들이 느끼는 만족 및 불만의 결과를 말한다.
  ㉡ 공통목적 : 공헌의욕의 경우 협동하고자 하는 목적이 없다면 이는 발휘될 수 없으며, 여러 힘을 결합하기 위해서는 기업조직에 공통의 목적이 있어야 한다는 것을 뜻한다.
  ㉢ 의사소통 : 공헌의욕이 고취되고 공통목적을 이루려면 기업조직의 각 구성원이 그 목적을 인지할 수 있어야 하는 의사소통이 필요하다는 것을 말한다.
⑦ 버나드의 경우 결합된 모든 협동노력에는 개인적 의사결정, 조직적 의사결정 등이 포함되어 있다고 하였다.
  ㉠ 개인적 의사결정 : 개인이 기업조직에 대해 기여할 것인가의 여부, 다시 말해 기업조직에 공헌하는 사람이 될 것인가 말 것인가 하는 의사결정이다.
  ㉡ 조직적 의사결정 : 기업조직의 목적과 관련되는 직위를 기반으로 한 비개인적인 의사결정이다.

> **더 알아두기**
>
> **버나드**
> - 버나드는 전통적인 관리론과 더불어 인간관계론의 양자를 혼합해서 근대조직의 아버지로 불리고 있다.
> - 버나드가 주장한 조직존속의 3요소 : 공통목적, 공헌의욕, 의사소통 **중요**

(2) 사이먼(H. A. Simon)의 이론

① 사이먼은 '관리행동'에서 조직 내 전문화, 커뮤니케이션, 의사결정 등에 중점을 두고 논의를 전개하였다.
② 기업조직은 경제학에서 가정하고 있는 객관적 또는 초합리적인 의사결정을 할 수 없고, **현실적인 제약** 아래 제한된 의사결정을 하게 된다.

> **더 알아두기**
>
> **제한된 합리성의 의미**
> - 현실적으로 모든 대안을 알 수는 없다.
> - 모든 대체행동의 각 결과에 대한 완전한 지식을 가질 수 없다.
> - 결과에 대한 지식이 완전하다고 하더라도 평가체제가 변화할 수 있고 평가에 있어서의 정확성과 일관성을 유지할 수 없다. 이처럼 현실적인 의미에서의 합리성은 제한된 합리성(Bounded Rationality)에 불과하며, 이러한 제한된 합리성밖에 달성할 수 없는 현실의 인간을 '관리인'이라 하고, 객관적인 합리성을 달성할 수 있는 '경제인'과 구별하였다.

③ **사이먼의 이론에서 현실적으로 합리성이 달성될 수 없는 이유**
　㉠ 객관적인 합리성의 경우 가능한 한 전체 대안의 열거를 요구하지만, 현실적으로는 그중에서 일부밖에 열거할 수 없다.
　㉡ 객관적인 합리성은 전체 대안의 결과에 대한 완전한 지식을 요구하지만, 현실적으로는 이에 대한 우리들의 지식은 언제나 단편적이면서 불완전하다.
　㉢ 어떠한 결과에 대한 지식이 완전하더라도 우리들은 동시에 그 모두를 완전한 형태로서 평가할 수 없다.

(3) 사이어트와 마치의 이론 중요

① 사이어트와 마치는 '기업의 행동이론'에서 경제학과 조직이론의 관점에서 기업이 현실적으로 어떻게 행동하는가를 설명하였다.
② 새로운 기업이론을 구축하기 위해서는 조직의 목표형성, 조직의 기대형성, 조직에 의한 수단선택과 관련되는 3가지 하위 이론이 필요하다고 하였으며, 이러한 하위 이론을 바탕으로 기업행동에 영향을 미치는 변수를 검토한 결과 갈등의 준해결, 불확실성의 회피, 문제 해결지향적 탐색, 조직학습 등 4가지 관계개념을 제시하였다.
③ 조직의 의사결정이 실제로 어떤 과정을 거쳐서 이루어지는가를 컴퓨터 시뮬레이션을 통하여 분석한다.
　㉠ 조직목표 이론 : 기업조직에서 어떻게 목표가 설정되고, 그것이 시간의 흐름에 따라 어떻게 변화되며 기업조직이 그 목표에 얼마만큼 주목하는지를 고찰해간다.
　㉡ 조직기대 이론 : 기업조직이 새로운 대안 및 정보 등을 언제 어떻게 탐색하는가, 또는 정보 등이 기업조직 내에서 어떠한 방식으로 처리되는가 등을 다루고 있다.
　㉢ 조직선택 이론 : 기업조직이 활용 가능한 대안들에 대해 서열을 매겨 그중 하나를 선택하게 하는 과정이다.

4 경영학 이론의 통합화 시도

스콧(B. Scott) 교수는 조직이론의 발전과정을 살펴 본 결과 조직에 대한 관점과 인간에 대한 관점을 두 축으로 해서 2×2 매트릭스로 조직이론을 분류하고 있다. 아래의 그림은 스콧 교수의 조직이론을 도식화 한 것이다.

인간에 대한 관점		조직에 대한 관점			
		폐쇄적		개방적	
	합리적	1900~1930 (테일러, 베버, 페이욜)	고전	상황이론적합	1960~1970 (챈들러, 로렌스와 로쉬, 톰슨)	사전규정에 의해
			제1상한	제3상한		
	사회적	1930~1960 (메이요, 맥그리거, 뢰슬리스버거)	제2상한	제4상한	1970~ (웨익, 마치)	분위기에 의해
			인간관계론	–		

(1) 폐쇄-합리적 조직이론 [중요]

① 1900~1930년대의 이론으로 조직을 외부환경과 관계없는 폐쇄체계로 파악하고, 인간 역시 합리적으로 사고하며 행동하는 것으로 파악하였다.
② 테일러, 베버, 페이욜, 귤릭, 어윅 등이 대표적 학자이다.
③ 오늘날의 인간공학 및 산업공학을 중심으로 한 경영과학의 학문영역을 구축하고 있다.

(2) 폐쇄-사회적 조직이론 [중요] [기출] 25

① 1930~1960년대의 이론으로 조직을 외부환경과 관계없는 폐쇄체계로 파악하였지만, 조직 구성원들의 인간적인 측면을 수용하고 있는 관점이다.
② 인간관계학파에 해당하는 이론들이 주를 이룬다.
③ 메이요, 뢰슬리스버거와 딕슨 등이 대표적 학자이다.
④ 종업원들의 업무태도, 작업집단 내 인간관계, 노조, 리더십, 커뮤니케이션 등에 대해서 관심을 두며 조직 구성원들의 사기를 생산성과 연결시켰다.
⑤ 외부환경에 대한 문제에 대해서는 소홀하였다.
⑥ 지나치게 기업조직의 인간적·사회적인 측면을 강조하고 있다는 비판을 받았다.
⑦ 오늘날의 행동과학분야 및 인적자원관리의 발전을 위한 기틀을 제공하였다.

(3) 개방-합리적 조직이론 중요

① 1960~1970년대의 이론으로 조직을 외부환경에 대해서 개방체계로 파악하였지만, 조직 구성원들에 대해서는 다시 합리적 전제로 돌아갔다.
② 번스와 스토커, 챈들러, 우드워드, 로렌스와 로쉬, 톰슨 등이 대표적 학자이다.
③ 환경을 이론에 반영하여 기업을 외적인 힘에 의해 형성되는 것으로 보았다.
④ 유기체의 생존 원천에 대한 관점을 조직 내에서 조직 외부환경으로 옮겼다('시스템적 접근'의 근간).
⑤ 이러한 패러다임은 현재에 이르러서 관료제적 사고의 틀을 벗어날 수 있는 조직과 관리의 이론으로 타 환경의 요구에 대응할 수 있는 방안을 제시해주는 상황적합이론의 관점으로 정리되었으며, 이는 조직개발의 실행에 활용되고 있다.

(4) 개방-사회적 조직이론 중요

① 1970년대의 이후의 이론으로 조직이 환경에 대해서 개방되었고, 구성원들이 지닌 비합리성, 비공식성 등이 수용되고 있다.
② 웨익, 힉스, 마치와 올슨, 페퍼와 샐런시크 등이 대표적 학자이다.
③ 생존을 중요시하는 기업조직 안에 흐르는 비합리성·비공식성에 초점을 맞춰서 기업조직의 비합리적인 동기적 측면을 중점적으로 다루고 있다.
④ 기업조직의 목적 및 수단 등을 분류하지 못하는 비합리성을 반영한다.

제3절 독일의 경영학사

1 독일 경영학의 전사

1675년 프랑스인 사바리의 『완전한 상인』이 출간되기 전까지의 시대를 말하고, 이 시기에 다루어진 대부분의 내용들은 소재의 취급이 소홀하고, 어느 한 국면에만 치우친 비체계적인 것이 대부분이었다.

(1) 문헌사적 발달

상업학의 최초 문헌은 프랑스 출신의 사바리(J. Savary)의 『완전한 상인』이며, 이 책이 출간되던 1675년을 경영학사에 있어 기점이자 경영학 자체의 기원으로 보고 있다. 또한, 1675년 이전의 경영학 역사를 '경영학 전사'로 보고 있다.

(2) 독일 경영학의 발달

① 상업거래에 있어 필수불가결한 요소인 금융기관, 교환수단으로서의 수표 및 어음, 복식부기 등은 모두 이탈리아에서 나타났다.

② 페골로티(F. B. Pegolotti)의 수기에 이어 최초로 활자 인쇄된 최고문헌에는 파치올리의 『산술, 기하, 비 및 비례의 총람』이 있다. 이는 현대의 상업학 사상 획기적인 업적으로 평가되고 있다.

2 상업학으로서의 독일 경영학의 발달

(1) 사바리 상업학의 모방시대 중요
① 사바리의 『완전한 상인』을 말페르거가 처음으로 번역해서 독일 상업학의 선구자가 되었다. 중요
② 말페르거는 『상업교육용 사전』을 저술했으나 이는 대부분 사바리의 『완전한 상인』을 모방하는 수준이었고, 뒤이은 휘브너, 바이어 등도 책을 저술했지만 내용상으로 보면 대부분이 사바리 상업학의 모방수준에 그쳤다.

(2) 독일 상업학의 전환시대
① 단순한 모방에서 벗어나 참다운 의미에서의 독일 상업학은 루도비치(K. G. Ludovici)에 의해 자리 잡게 되었다.
② 루도비치의 『상인사전』은 상인 및 상업경영에 대한 방대한 양의 사전이지만, 단순하게 사전류에서만 그친 것이 아닌 처음으로 상업학에 대한 이론적인 전개를 시도하고 있다.
③ 사바리의 상업은 실천적인 측면이 강한 것에 반해서 루도비치의 경우에는 실천적인 측면에 이론적인 측면을 가미하였다.

(3) 독일 상업학의 체계화 시대
① 독일 상업학은 로이크스(J. M. Leuchs)의 『상업체계』에 의해 체계화되었다.
② 기존의 문헌들이 대부분 상인이라는 인격에 기반을 둔 데 반해, 로이크스는 상업기관 및 상업기능 등 기타의 상업학 전체 문제를 체계적으로 다루었다.

3 경영경제학으로서의 독일 경영학의 발달

(1) 경영경제학의 형성시대
① 19세기 말을 전후해서 독일의 경제가 약 10년 동안 급속한 진전을 보임에 따라 독일의 경제 자체의 급속한 발달에 따른 상업 경영적 측면과 공업 경영적 측면의 이론과 실제의 차이로 인한 불균형으로 새로운 이론적인 기반이 더욱 간절해졌다.
② 곰베르크(L. Gomberg)의 「상업경영학과 개별경제학」의 논문은 독일 경영학의 개화에 있어 중요한 역할을 하게 되었다.

③ 곰베르크는 '개별경제학'이라는 호칭을 사용했으며, 개별경제학을 상업경영학과 공업경영학으로 크게 분류하였다. 현대의 독일 경영학이 학문체계 상으로 보았을 때 상업경영학과 공업경영학으로 분류된 것이 이 시기부터이다.
④ 개별경제학은 이후 경제적 경영학, 사경제학, 경영과학 등의 여러 명칭으로 불리다가 1902년 이후에 독일 경영학의 정식적인 명칭인 '경영경제학'으로 정착되었다.

(2) 경영경제학의 발전

① **1차 논쟁(1912년경)**
　㉠ 바이어만과 쇠니츠가 1912년경에 저술한 『과학적 사경제학의 기초와 체계』에 의해 발생하여 슈말렌바흐와의 사이에서 빚어지게 된다.
　㉡ 논쟁의 핵심은 경영학이 이론과학인지, 실천과학인지의 문제였다.
　㉢ 바이어만과 쇠니츠 일파는 경영학을 "순수과학(이론과학)이다."라고 주장하였다.
　㉣ 슈말렌바흐 일파는 경영학을 "응용과학이자 기술론이다."라고 주장하였다.

> **체크 포인트**
>
> **1차 논쟁**
> - 1912년 바이어만과 쇠니츠의 『과학적 사경제학의 기초와 체계』에서 발단이 된 것으로 슈말렌바흐와의 논쟁이다.
> - 주요 이슈는 경영학이 이론과학인가, 실천과학인가의 문제였으며, 바이어만과 쇠니츠는 경제학에 근거를 두고 있는 학자들로서 이론과학을 주장한데 반해 슈말렌바흐는 이전의 상업학에 있어 회계, 계산제도에 관심을 두고 있었으므로 응용과학이자 기술론임을 주장하였다.
> - 논쟁의 결과는 기술론이 우세한 경향을 보였다.

② **2차 논쟁(1920년대 후반)**
　㉠ 1928년에 출판된 리거(W. Rieger)의 『사경제학 입문』에서 경영학은 이론을 주로 하는 순수과학이라고 주장하며 논쟁에 다시금 불을 붙이게 되었다.
　㉡ 사기업적인 수익성 및 국민경제적 생산성 중에서 어떠한 것을 경영이 선택해야 할 것인가 하는 논쟁이다.
　㉢ 리거에 대항해서 슈말렌바흐를 선두로 하는 쾰른학파 간에 논쟁이 벌어지게 되었다.

> **체크 포인트**
>
> **2차 논쟁**
> 리거가 1928년에 그의 저서 『사경제학 입문』에서 경영학은 순수과학이어야 함을 강조하는 데에서 발단된 것으로, 이는 기술론을 주장하는 슈말렌바흐를 선두로 한 쾰른학파와의 논쟁이다.

(3) 경영경제학의 심화시대

① 제2차 세계대전이 종식되고 국가사회주의의 몰락과 더불어 윤리·규범적 경영경제학은 쇠퇴하고, 전후의 독일 경제의 급속한 부흥을 기반으로 기업실천의 영역이 확장되었다.
② 1950년대부터 1970년대까지 20년에 걸친 이 시기를 '경영경제학의 이론화시대'라고 하며, 다음과 같은 특징이 있다.
  ㉠ 1933년 이후에 정치적 이유로 지속된 과학으로서의 경영경제학에 대한 객관적 연구의 난관이 제거되는 계기가 마련되었다.
  ㉡ 사회적인 시장경제를 배경으로 윤리·규범학파가 후퇴하고 주로 경험·실증학파를 기반으로 한 경영경제학의 이론적 연구가 체계화되었으며, 생산이론, 원가이론, 판매론, 조직론의 발전은 이러한 사실을 반영하였다.
③ 3차 논쟁
  ㉠ 1952년 구텐베르크(E. Gutenberg)가 쓴 『경영경제학원리(제1권, 「생산론」)』가 발단이었다.
  ㉡ 경영경제학의 성격, 체계, 방법, 지도원리 등과, 더 나아가서 경영경제학과 국민경제학의 이론적 통합문제 및 경영경제학에서의 수학적 기법의 도입문제 등을 언급하였다.

> **체크 포인트**
>
> **3차 논쟁**
> - 3차 방법논쟁은 1952년 구텐베르크의 『경영경제학원리(제1권, 「생산론」)』가 발표되면서 시작된 것으로, 구텐베르크는 이론적 경제학, 이론과학적 경영경제학을 주장하였으며, 멜레로비쯔를 위시한 많은 학자들이 응용과학적 경영경제학을 주장하였다.
> - 논쟁의 결과 구텐베르크를 추종하는 학자들이 더 많아서 이론적 경영경제학이 우세한 것으로 결론이 났다.
> - 3차 방법논쟁에서는 논쟁의 영역이 훨씬 넓어져서 경영경제학(경영학)과 국민경제학(경제학)의 이론적인 통합의 문제, 경영경제학에 수학적 기법의 도입 문제, 생산·판매·인사·조직론 등 경영학의 핵심 분야를 포괄하고 있다는 것이 특징이다.

4 독일 경영학의 조류와 방향

(1) 4차 논쟁

① 1950년대 후반에서 1970년대 중반에 걸쳐서 이론과학적인 조류의 비판과 더불어 미국 경영학의 영향이 커지면서 시작되었다.

② 1970년대에서 1980년대를 거치면서 신규범주의의 형태로 가치판단 및 경영경제학을 슈텔레, 로이츠베르거 등이 주창하였다.

> **체크 포인트**
>
> **4차 논쟁**
> 배경은 독일경제의 침체, 실업자의 증대, 석유쇼크, 경쟁질서 후퇴, 기업집중·독점현상, 미국 경영학의 현실의 설명능력에 대한 관심 고조 등이었으며, 경영경제학의 과도한 추상성, 현실설명 능력의 결여 등에 대한 강한 비판이 대두되면서 나타났다.

(2) 의사결정적 경영경제학

① 1980년대에 들어와서 독일 경영학계에 커다란 영향을 미치고 있다.

② 미국에서 발전한 행동과학의 영향을 받았다.

제 2 장 실전예상문제

01 인간성의 중요성을 부각시킨 이론은 메이요의 호손공장 실험에서부터이다.

01 테일러의 과학적 관리론에 대한 설명으로 옳지 않은 것은?
① 인간의 신체를 기계처럼 생각하고 취급하는 철저한 능률 위주의 관리이론이다.
② 기업조직에 있어 기획과 실행의 분리를 기본으로 한다.
③ 기계적·폐쇄적 조직관 및 경제적 인간관이라는 가정을 기반으로 한다.
④ 인간성의 중요성을 부각시킨 대표적인 이론이다.

02 과학적 관리론의 주요 내용
- 시간 및 동작연구
- 차별성과급제
- 과학적 관리론에 부합하는 종업원의 선발 및 교육
- 직능식 제도와 직장제도

02 과학적 관리론의 주요 내용에 해당하지 않는 것은?
① 차별성과급제
② 직능식 제도 및 직장제도
③ 인간성의 존중
④ 시간 및 동작연구

03 현대 사회에서의 인적자원관리에 대한 이념은 Y 이론 인간관이라 할 수 있다.

03 현대의 인적자원관리에서 인적자원이념으로 가장 적절한 것은 무엇인가?
① 기계론적 인간관
② X 이론 인간관
③ Y 이론 인간관
④ 경제인적 인간관

정답 01④ 02③ 03③

04 다음 중 테일러 이론에 대한 설명으로 거리가 먼 것은?

① 기업조직에 있어 기획과 실행의 분리를 기본으로 한다.
② 테일러의 이론은 간트, 에머슨, 길브레스 부부, 바르트 등이 영향을 받았다.
③ 기계적·폐쇄적 조직관 및 경제적 인간관이라는 가정을 기반으로 한다.
④ 과학적 관리론은 노동조합으로부터 긍정적인 평가를 받았다.

04 과학적 관리론은 노동조합으로부터 비판적인 평가를 받았다.

05 다음 중 포드의 3S에 해당하지 않는 것은?

① 기능의 조직화
② 작업의 전문화
③ 부품의 표준화
④ 제품의 단순화

05 포드의 3S
- 부품의 표준화(Standardization)
- 제품의 단순화(Simplification)
- 작업의 전문화(Specialization)

06 다음 중 페이욜의 관리 5요소에 해당하지 않는 것은?

① 계획
② 조직
③ 결과
④ 명령

06 페이욜의 관리 5요소에는 계획, 조직, 명령, 조정, 통제 등이 있다.

정답 04 ④ 05 ① 06 ③

07 인간관계론에서는 비공식 조직을 강조하였다.

07 다음 중 메이요의 인간관계론에 대한 내용으로 옳지 <u>않은</u> 것은?

① 공식 조직을 강조하였다.
② 종업원 만족의 증가가 성과로서 연결된다고 보고 있다.
③ 인간의 사회적·심리적 조건 등을 중요시하였다.
④ 민주적 리더십을 강조하였다.

08 버나드가 주장한 조직존속의 3요소에는 공통목적, 공헌의욕, 의사소통 등이 있다.

08 다음 중 버나드가 주장한 조직존속의 3요소로 보기 <u>어려운</u> 것은?

① 공헌의욕
② 공통목적
③ 기회개발
④ 의사소통

09 폐쇄-합리적 이론은 조직을 외부환경과 관계없는 폐쇄체계로 파악하였다.

09 다음 중 폐쇄-합리적 조직이론에 대한 설명으로 옳지 <u>않은</u> 것은?

① 1900~1930년대의 이론이다.
② 인간 역시 합리적으로 사고하며 행동하는 것으로 파악하였다.
③ 조직을 외부환경과 관계있는 개방체계로 파악하였다.
④ 테일러, 베버, 페이욜, 귤릭, 어윅 등이 대표적 학자이다.

정답 07① 08③ 09③

10 다음 중 폐쇄-사회적 조직이론에 대한 설명으로 옳지 <u>않은</u> 것은?

① 메이요, 뢰슬리스버거와 딕슨 등이 대표적 학자이다.
② 조직을 외부환경과 관계없는 폐쇄체계로 파악하였다.
③ 인간관계학파에 해당하는 이론들이 주를 이룬다.
④ 내부환경에 대한 문제에 대해서는 소홀하였다.

10 폐쇄-사회적 이론은 외부환경에 대한 문제에 대해서 소홀하였다.

11 다음 중 개방-합리적 조직이론에 대한 설명으로 옳지 <u>않은</u> 것은?

① 환경을 이론에 반영하여 기업을 내적인 힘에 의해 형성되는 것으로 보았다.
② 학자로는 번스와 스토커, 챈들러, 우드워드, 로렌스와 로쉬, 톰슨 등이 속한다.
③ 조직을 외부환경에 대해서 개방체계로 파악하였다.
④ 유기체의 생존 원천에 대한 관점을 조직 내에서 조직 외부환경으로 옮겼다.

11 환경을 이론에 반영하여 기업을 외적인 힘에 의해 형성되는 것으로 보았다.

12 다음 중 개방-사회적 조직이론에 대한 설명으로 바르지 <u>않은</u> 것은?

① 조직이 환경에 대해서 개방되었다.
② 구성원들이 지닌 합리성, 공식성 등이 수용되었다.
③ 기업조직의 비합리적인 동기적 측면을 중점적으로 다루었다.
④ 대표적인 학자로는 웨익, 힉슨, 마치와 올슨, 페퍼와 샐런시크 등이 있다.

12 구성원들이 지닌 비합리성, 비공식성 등이 수용되었다.

정답 10 ④ 11 ① 12 ②

13 사바리의 『완전한 상인』을 처음으로 번역한 사람은 말페르거이다.

13 사바리의 『완전한 상인』을 처음으로 번역해서 독일 상업학의 선구자가 된 사람은?

① 샐런시크
② 웨익
③ 말페르거
④ 테일러

14 바이어만과 쇠니츠 일파는 경영학을 "순수과학(이론과학)이다."라고 주장하였다.

14 경영경제학의 발전에 대한 다음 내용 중 1차 논쟁에 대한 내용으로 바르지 않은 것은?

① 바이어만과 쇠니츠 일파는 경영학을 "실무과학이다."라고 주장하였다.
② 이 논쟁의 핵심은 경영학이 이론과학인지, 실천과학인지의 문제였다.
③ 슈말렌바흐 일파는 경영학을 "응용과학이자 기술론이다."라고 주장하였다.
④ 바이어만과 쇠니츠가 1912년경에 저술한 『과학적 사경제학의 기초와 체계』에 의해 발생하여 슈말렌바흐와의 사이에서 빚어지게 되었다.

15 테일러의 과학적 관리론은 하루의 작업량을 시간연구 및 동작연구, 작업연구를 통해서 하루의 표준 작업량을 설정하고, 할당된 과업을 초과달성한 근로자에게는 높은 임금률을 적용하고 그렇지 못한 근로자에게는 낮은 임금률을 적용함으로써 생산의 능률을 꾀하려는 방법이다.

15 다음의 내용과 가장 관련이 깊은 것은?

- 차별성과급제
- 공식조직의 중요성 강조
- 시간 및 동작연구

① 경영조직론
② 인간관계론
③ 행동과학론
④ 과학적 관리론

정답 13 ③ 14 ① 15 ④

16 다음 중 뢰슬리스버거가 구분한 3가지 측면의 인간행동에 해당하지 <u>않는</u> 것은?

① 비합리적 행동
② 합리적 행동
③ 논리적 행동
④ 비논리적 행동

17 버나드에 대한 설명 중 바르지 <u>않은</u> 것은?

① 버나드는 경영자의 기능에서 기업조직을 비협동체계로 파악하였다.
② 기업조직은 협동시스템으로서 공헌의욕, 공통목적, 의사소통이 잘 이루어져야 한다고 주장하였다.
③ 결합된 협동노력에는 개인적인 의사결정과 조직적인 의사결정이 있다고 주장하였다.
④ 대외적·전체적·동태적인 관점에서 새롭게 접근하였다.

18 새로운 기업이론을 구축하기 위해서는 조직의 목표형성, 조직의 기대형성, 조직에 의한 수단선택과 관련되는 3가지 하위이론이 필요하다고 주장한 사람은?

① 테일러
② 메이요
③ 베버
④ 사이어트와 마치

---

16 뢰슬리스버거는 3가지 측면의 인간행동으로 논리적 행동, 비논리적 행동, 비합리적 행동을 내세웠다.

17 버나드는 경영자의 기능에서 기업조직을 협동체계로 파악하고 있다.

18 사이어트와 마치는 새로운 기업이론을 구축하기 위해서는 조직의 목표형성, 조직의 기대형성, 조직에 의한 수단선택과 관련되는 3가지 하위 이론이 필요하다고 하였으며, 이러한 하위 이론을 바탕으로 기업행동에 영향을 미치는 변수를 검토한 결과 갈등의 준해결, 불확실성의 회피, 문제 해결지향적 탐색, 조직학습 등 4가지 관계개념을 제시하였다.

정답 16 ② 17 ① 18 ④

19 메이요의 호손실험은 1~4차 시험으로 이루어져 있으며, 특징으로는 민주적 리더십 강조, 비공식 조직 강조, 인간의 사회적·심리적 조건 중시, 의사소통의 경로개발 중시 등이 있다.

20 페이욜의 관리일반원칙에는 분업, 권한과 책임, 규율, 명령의 일원화, 지휘의 일원화, 전체의 이익을 위한 개인의 복종, 보수, 집권화, 계층의 연쇄, 질서, 공정성, 직장의 안정성, 주도권, 단결심 등이 있다.

정답 19 ① 20 ①

---

19 다음 내용들이 의미하는 것과 가장 가까운 것은?

- 민주적 리더십 강조
- 비공식 조직 강조
- 인간의 사회적·심리적 조건 중시

① 메이요의 호손실험
② 포드의 3S
③ 테일러의 과학적 관리론
④ 페이욜의 관리 원칙

20 다음 중 페이욜의 관리일반원칙에 해당하지 않는 것은?

① 무질서
② 권한 및 책임
③ 지휘의 일원화
④ 집권화

제3장

경영환경

- **제1절** 이론적 관점
- **제2절** 경영환경의 유형
- **제3절** 국제경영환경
- **실전예상문제**

얼마나 많은 사람들이 책 한 권을 읽음으로써 인생에 새로운 전기를 맞이했던가.

- 헨리 데이비드 소로 -

보다 깊이 있는 학습을 원하는 수험생들을 위한
시대에듀의 동영상 강의가 준비되어 있습니다.
www.sdedu.co.kr ➔ 회원가입(로그인) ➔ 강의 살펴보기

제3장 경영환경

제1절 이론적 관점

1 경영환경의 중요성

(1) 기업조직은 기업을 둘러싸고 있는 환경 속에서 필요한 자원을 지속적으로 체득하여야 한다. 그 환경 속에서는 기업조직의 생명력에 영향을 주고 그 장래를 좌우하는 변화가 항상 나타나고 있다.

(2) 기업조직이 영속체로서 생명을 존속하고 성장 및 발전하기 위해서는 외부환경 및 내부환경에 대한 고찰을 충실히 해야 한다. 다시 말해, 외부로부터 각종 원자재, 노동력 등을 공급받아 생산하며, 이렇게 생산된 제품이 다시 외부시장으로 판매되어야 한다. 이러한 관점에서 조직은 외부환경과 상호작용을 하는 개방체계로 파악되어야 한다.

2 경영환경의 의미

(1) 개요
① 경영은 초시스템적인 사회에서의 한 하위시스템이며 동시에 개방적 시스템이다. 다시 말해 경영이 환경과의 관계를 잘 유지해야 하는 것을 말한다.
② 경영학에서는 경영의 외부요인을 일반적 환경 또는 경영외계라고 한다. 그리고 경영외계 중 기업의 경영행동을 규제하는 외부요인의 집합을 경영환경(Business Environment)이라고 한다. 경영외계는 경영환경을 포함하는 개념이다.

> **체크 포인트**
>
> **경영환경의 기본특성**
> - 경영외계(S ; Business Surrounding) 또는 일반적 환경 : 경영에서의 외부요인
> - 경영환경(E ; Business Environment) : 경영행동을 직접적으로 규제하는 외부요인의 집합
> - 경영외계와 경영환경과의 관계 : 경영환경은 경영외계의 부분집합

(2) 경영외계의 환경
① 1930년대의 대공황 이후에는 정부・노동조합・출자자 등의 이해자집단이 주요 환경 요소로 인지되었다.
② 1960년대 이후에는 자연・자원・국제정세 등이 새로운 주요 환경요소로 부각되었다.

(3) 환경적응의 중요성
① 경영의 환경은 시대의 변화에 따라 점점 더 확대되어 가고 있다.
② 급변하는 환경에 기업조직이 적응하기 위해서는 기업의 경영목적 및 사회목적의 균형을 찾아야 하며, 그로 인한 전략적 적응이 요구된다. 하지만 적응방식은 기업조직의 행동범위 또는 행동양식의 차이에 따라 달라진다.

제2절 경영환경의 유형

1 경영환경에의 접근

(1) 일반 환경 중요
사회의 모든 경영체에 유사하게 영향을 미치는 것으로 그 범위가 넓고 경영에 미치는 영향력이 간접적이다. 일반 환경에 대한 분류는 학자에 따라서 다양하지만 일반적으로 다음과 같이 다섯 가지로 파악한다.

① **경제적 환경**
   ㉠ 기업 역시 국민경제의 일부를 구성하는 단위로 국민경제 제 요소들의 영향을 받는다.
   ㉡ GNP 성장률, 물가수준의 변화, 산업구조의 변화, 환율변동, 국제자본이동, 무역구조, 외국의 생산구조 등 다양한 경제조건의 변화에 많은 영향을 받고 있다.
   ㉢ 최근에는 엔저현상에 의한 우리나라 수출기업의 가격경쟁력 하락이라는 것 등이 그러한 예의 하나이다.

② **정치적 환경**
   ㉠ 기업은 한 사회 내에서 합법성과 정당성을 인정받아야 한다.
   ㉡ 해당 사회를 다스리기 위해 존재하는 갖가지 법률 또는 규칙 등을 따라야 한다.
   ㉢ 이런 것으로는 경제정책상의 조건, 외국의 정치변동, 제반 법령 등이 있다.

③ **사회문화적 환경** 기출 22
   ㉠ 기업의 활동영역인 사회의 습관 및 문화, 인구 통계적 특성, 사회구성원의 욕구 및 가치관 등은 사회마다 각각 다르다.
   ㉡ 기업조직은 사회문화적 환경의 특성을 잘 파악해야 구성원들의 욕구를 충족시켜줄 수 있다.
   ㉢ 인구특성(성별, 연령, 직업, 결혼 등)과 문화구조(국민성, 민족성, 종교, 가치관), 소득수준, 소비구조, 가계지출, 저축, 통신이나 운수 등의 인프라와 관련된다.

④ **자원 환경**
　㉠ 기업조직은 외부자원을 활용하여 내부에서 기업 활동을 수행한다.
　㉡ 외부의 자원을 어떻게 내부화할 것인지, 더불어 그러한 자원을 어떻게 운용할 것인지 등이 중요하다.
　㉢ 자원 환경에는 크게 인적자원(노동자원, 대학, 직업훈련원), 재무자원(주식시장, 금융기관), 물적자원(부동산, 원자재, 부자재, 기계) 등 다양한 형태의 자원이 있다.

⑤ **기술적 환경**
　㉠ 과학과 산업의 발전으로 인해 오늘날의 기술은 급속하게 변화해 가고 있다.
　㉡ 신기술을 기업이 체득하여 체화시키지 못하면 갖가지 외부경쟁업체와의 경쟁에서 지고 만다.
　㉢ 기업에서는 기초연구기술, 응용연구기술, 실용화연구기술 등의 각 분야에서 자신의 사업영역에 맞는 부분을 개발하고, 습득하려는 노력을 지속해야 한다.

(2) **과업환경** 중요

① 과업환경은 특정 경영체가 목표설정 및 목표를 달성하기 위한 의사결정을 내리는 데에 직접적으로 영향을 미치는 환경을 의미하는 것으로 각 경영체에 따라 다르다.
② 과업환경은 기업의 행동에 직접적인 영향을 미치며, 그 범위가 일반 환경에 비해 작고, 기업조직이 일정 정도 통제할 수 있다는 점 등이 특징이다.
③ **환경의 2가지 차원**
　㉠ 환경의 2가지 차원은 **변화의 정도** 및 **복잡성의 정도**를 말한다.
　㉡ 변화의 정도란 환경요소들이 안정적인지 또는 동태적인지를 말하는 것이다. 다시 말해 환경이 과거의 패턴으로부터 예측가능한지 그렇지 않은지를 말하는 것이다.
　㉢ 복잡성의 정도란 환경요소들이 단순한가, 그렇지 않은가를 말하는 것으로 상호작용하는 환경요소의 수와 관련이 있다.
　㉣ 환경의 2가지 차원 도식화 중요

환경의 복잡성 환경의 동태성	단순함	복잡함
안정적	단순+안정=낮은 불확실성 예 컨테이너 제조업, 음료병 제조업	복잡+안정=다소 낮은 불확실성 예 대학, 병원
동태적	단순+동태=다소 높은 불확실성 예 유행의류 제조업, 장난감 제조업	복잡+동태=높은 불확실성 예 전자산업, 석유회사

2 환경의 분석

(1) 외부환경의 분석

① 외부환경을 분석하기 위해서는 무엇보다도 환경의 구성요소인 정치, 경제, 기술, 사회적인 부분에 대한 분석이 있어야 한다.
② 이를 기반으로 사업의 기회 및 외형요인, 제약요인 등을 분석한다.
③ 분석을 기반으로 기업조직 활동의 영역이 결정된다.

> **체크 포인트**
>
> **외부환경**
> 외부환경은 기업을 둘러싸고 있는 직·간접적인 영향을 미치는 모든 형태의 정태적, 동태적 상황을 의미한다.

(2) 내부환경의 분석

① 기업조직의 외부환경분석을 통해 기업조직의 활동영역이 정해지면 구체적인 경영활동을 실행하기 위해 내부환경을 분석해야 한다.
② 구체적인 활동에는 기업조직의 내부능력 및 역량 등이 필요하며, 이러한 능력은 기업조직의 자원과도 관련된다.
③ 기업조직의 내부환경분석에서는 인적자원, 물적자원, 재무자원에 대한 자세한 분석이 요구된다.

> **더 알아두기**
>
> **기업조직의 자원** 중요
> - 인적자원
>   - 관리인력 : 능력 있는 관리자의 확보
>   - 전문인력 : 제조·공급 및 과학 분야의 전문적인 지식을 지닌 우수 인력을 확보
>   예 기술·생산 및 품질관리 전문가, 과학자, 컴퓨터 시스템 분석가 등
> - 물적자원
>   - 공장입지 : 시장접근성, 원재료의 공급, 노동력 공급의 용이성, 수송수단의 활용성
>   - 우수한 공장설비 : 제조공장의 능률성, 연구 및 실험시설, 창고 및 기계설비
>   - 원자재의 확보 : 원자재 공급의 장기적인 계약
> - 재무자원
>   - 재무자원의 배분능력 : 예산편성의 과정, 수익성이 가장 높은 부문에 재무적인 자원을 배분하고 있는지의 여부
>   - 재무자원의 통제능력 : 컴퓨터에 의한 재무구조 모델의 활용
>   - 자금조달능력 : 유보이익, 주식의 발행

제3절 국제경영환경

1 국제기업환경 문제의 대두

(1) 최근의 WTO체제와 UR체제하에서는 보호무역주의를 철폐하고 세계경제의 자유무역주의를 주장하고 있다. 이런 상황에서 이미 많은 다국적 기업들이 국내에 들어와 있고, 국내의 많은 기업들 역시 해외에 대한 투자 및 경영활동을 수행하고 있다. 하지만 국제경영환경은 국내의 환경과는 매우 상이하며 여러 차이점을 지니고 있다. 그렇기에 국세기업환경의 문제가 중요한 이슈로 대두되고 있는 것이다.

(2) 국제기업환경 문제가 중요한 이유 중요
① 우리기업이 진출하려는 국가마다 정치적·경제적·법률적·사회문화적 체제 및 제도 등이 다르다.
② 외국시장의 여러 환경 요소들은 국내에서 보다 경직적이며, 일방적이다.
③ 언어 등과 같은 제반 문화적 환경요인은 불가피한 요인으로 작용한다.
④ 각 국가마다 자국의 이익을 우선시하고, 외국기업에 대한 강력한 통제 및 규제가 많다.

2 국제기업환경의 영역

(1) 정치적 환경 중요
① **정치적 이념**: 진출대상국 및 진출국 사이에 있어서 정치적인 이념을 달리할 수 있기 때문에 서로 간의 충분한 이해 및 유연성을 가지고 실리를 놓치지 않도록 해야 한다.
② **정치적 안정성**: 정치적인 안정이 없다면 정부의 정책지속성 및 일관성이 결여되기 쉽고 진출기업이 희생당하는 경우도 생기게 마련이다. 그러므로 진출기업으로서는 진출대상국의 정치적인 안정성의 여부를 고려해야 한다.
③ **경제에 대한 정부의 규제**: 자국에 진출한 해외기업에 대해서 차별적 규제를 적용하는 경향이 심화되고 있다.
④ **국제관계**: 진출대상국 및 진출국 사이에 국방정책, 외교정책, 정치적 이념 등에 의해 기업 활동이 영향을 받을 수 있다. 그러므로 진출대상국과의 적대적 관계에 놓여 있는 국가들이 어떤 반응을 보일지에 대해 특히 유의해야 한다.

(2) 법률적 환경 중요
① **국제분규의 관할권**: 국제기업 간 상사분규를 해결할 수 있는 초국가적 법률체계가 없기 때문에 계약서 또는 기타 법적인 문서에 상사분규가 발생했을 경우 관할권에 대한 조항을 반드시 포함시켜 두어야 한다.

② **국제상사분규의 중재** : 국제 간 분규를 해결할 시, 법률적인 소송보다는 상사중재에 따른 해결방식이 시간 및 금전적으로도 상당히 유리하다.
③ **갖추어야 할 법률지식** : 국제기업의 활동은 국내보다 더욱 복잡한 환경 속에서 활동해야 하는 경우로 이는 법률적으로도 갖가지 분쟁을 야기할 수 있다.

(3) 문화적 환경 중요

① **언어** : 진출대상국에서 현지인 경영자 및 인력을 채용함에 있어서 현지국에 대한 언어이해가 더욱 필요하다.
② **물질문명** : 물질문명의 가용도 여하에 의해 진출대상국에 대한 진출기업의 교통정책, 제품정책, 판매촉진정책 등이 달라지게 된다.
③ **교육** : 진출대상국에서의 교육 상태는 노동력에 대한 질뿐만 아니라 소비자 시장에서의 특성을 판단하는 요소가 된다.
④ **종교** : 진출대상국의 종교는 그 나라의 소비패턴을 좌우하는 요소가 된다.
⑤ **미적 감각** : 국가마다 문화적인 기호가 다르므로 진출기업의 영업활동은 문화적인 감각을 진출국에 맞게 따라야 한다.

> **더 알아두기**
>
> **국제기업환경의 영역**
> - **정치적 환경** : 경제에 대한 정부의 규제, 정치적 이념, 그 나라의 정치적 안정성, 국제관계 등이 기업의 활동에 커다란 영향을 미친다.
> - **법률적 환경** : 국제경영을 위해서는 갖추어야 할 법률적 지식이 다양하며, 국제 분규의 관할권, 국제상사분규 문제 등 그 나라의 상황에 맞는 법률적 지식이 요구된다.
> - **문화적 환경** : 현지국의 물질문명 수준, 언어, 미적 감각, 교육수준, 종교 등에 따라서 기업의 활동이 커다란 영향을 받게 된다.

제3장 실전예상문제

01 다음 내용은 경영환경의 유형 중 무엇에 대한 것인가?

- 물가수준의 변화
- 환율 변동
- GNP 성장률

① 정치적 환경
② 자원 환경
③ 사회문화적 환경
④ 경제적 환경

> 01 기업도 국민경제의 일부를 구성하는 단위이므로 경제적 환경에서 기업은 국민경제 제 요소들의 영향을 받는다.

02 다음 내용은 경영환경의 유형 중 무엇에 대한 것인가?

- 외국의 정치변동
- 경제정책상의 조건
- 제반 법령

① 정치적 환경
② 경제적 환경
③ 자원 환경
④ 사회문화적 환경

> 02 정치적 환경에서 기업은 해당 사회를 다스리기 위해 존재하는 갖가지 법률 또는 규칙 등을 따라야 한다.

정답 01 ④ 02 ①

03 기업조직은 사회습관 및 문화, 구성원들의 욕구 및 가치관 등을 잘 파악해야 구성원들의 욕구를 충족시킬 수 있다.

03 다음 내용은 경영환경의 유형 중 무엇에 대한 것인가?

- 연령, 성별 등의 인구특성
- 민족성, 종교, 국민성 등
- 소비구조, 소득수준

① 자원환경
② 정치적 환경
③ 사회문화적 환경
④ 경제적 환경

04 자원 환경에는 크게 인적자원(노동자원, 대학, 직업훈련원), 재무자원(주식시장, 금융기관), 물적자원(부동산, 원자재, 기계)이 있다.

04 다음 내용은 경영환경의 유형 중 무엇에 대한 것인가?

- 대학, 노동자원 등의 인적자원
- 금융, 주식시장 등의 재무자원
- 원자재, 기계 등의 물적자원

① 정치적 환경
② 자원 환경
③ 기술적 환경
④ 경제적 환경

05 기술적 환경에서 기업은 기초연구기술, 응용연구기술, 실용화연구기술 등의 분야에서 영역에 맞게 개발하고 습득하여야 한다.

05 다음 내용은 경영환경의 유형 중 무엇에 대한 것인가?

- 응용연구기술
- 기초연구기술
- 실용화 연구기술

① 기술적 환경
② 자원 환경
③ 정치적 환경
④ 사회문화적 환경

정답 03 ③ 04 ② 05 ①

06 기업조직의 자원 중 인적자원에 해당하는 것은?

① 과학자 및 컴퓨터 시스템 분석가
② 창고 및 기계 설비
③ 주식의 발행
④ 제조공장의 능률성

06 인적자원은 능력 있는 관리자의 확보 및 전문지식을 지닌 우수 인력의 확보 정도를 말한다.

07 기업조직의 자원 중 물적자원에 해당하는 것은?

① 관리자
② 예산편성 과정
③ 연구 및 실험시설
④ 유보이익

07 물적자원에는 공장의 입지 및 설비, 원자재의 확보 등이 있다.

08 기업조직의 자원 중 재무자원에 해당하는 것은?

① 우수 관리자
② 원자재의 확보
③ 창고 및 기계설비
④ 예산편성 과정

08 재무자원에는 재무자원의 배분 및 통제능력, 자본조달능력 등이 있다.

정답 06 ① 07 ③ 08 ④

09 다음 중 국제기업 환경문제가 중요한 이유로 옳지 <u>않은</u> 것은?
① 국내 기업의 경우 진출하려는 국가마다 정치적, 경제적, 법률적, 사회문화적 체제 및 제도 등이 다르기 때문이다.
② 해외 시장 환경요인들은 국내에서보다 경직적·일방적이기 때문이다.
③ 언어 등의 문화적 환경요인은 불가피한 요인으로 작용하기 때문이다.
④ 각 국별로 자국의 이익을 우선시하며, 외국기업에 대한 강한 통제 및 규제가 적기 때문이다.

09 각 국별로 자국의 이익을 우선시하며, 외국기업에 대한 강한 통제 및 규제가 많기 때문이다.

10 국제기업환경의 영역 중 정치적 환경으로 보기 <u>어려운</u> 것은?
① 국제관계
② 물질문명
③ 경제에 대한 정부의 규제
④ 정치적 이념

10 정치적 환경에는 정치적 이념, 정치적 안정성, 국제관계, 경제에 대한 정부의 규제 등이 있다.

11 국제기업환경의 영역 중 법률적 환경에 해당하지 <u>않는</u> 것은?
① 지녀야 할 법률지식
② 국제 분규의 관할권
③ 미적 감각
④ 국제상사 분규의 중재

11 법률적 환경에는 국제 분규의 관할권, 국제상사 분규의 중재, 갖추어야 할 법률지식 등이 있다.

정답 09 ④ 10 ② 11 ③

12 국제기업환경의 영역 중 문화적 환경으로 보기 어려운 것은?

① 국제관계
② 미적 감각
③ 언어
④ 교육

12 문화적 환경에는 언어, 물질문명, 교육, 종교, 미적 감각 등이 있다.

13 다음 내용은 국제기업환경 영역 중 무엇에 대한 설명인가?

> 정치적 환경 영역 중의 하나로 진출국과 진출대상국과의 적대적 관계에 놓여 있는 국가들이 기업 활동에 어떠한 반응을 보일지에 대해 유의해야 한다.

① 언어
② 경제에 대한 정부 규제
③ 정치적 이념
④ 국제관계

13 국제관계에서는 진출대상국 및 진출국 사이에 국방정책, 외교정책, 정치적 이념 등에 의해 기업 활동이 영향을 받을 수 있다.

14 다음 설명 중 옳지 않은 것은?

① 경영은 초시스템적인 사회에서의 한 하위시스템이며 동시에 폐쇄적 시스템이다.
② 경영외계 중 기업의 경영행동을 규제하는 외부요인의 집합을 경영환경이라 한다.
③ 경영외계는 경영환경을 포함하는 개념이다.
④ 경영학에서는 경영의 외부요인을 일반적 환경 또는 경영외계라고 한다.

14 경영은 초시스템적인 사회에서의 한 하위시스템이며 동시에 개방적 시스템이다.

정답 12 ① 13 ④ 14 ①

15 과업환경은 기업의 행동에 직접적인 영향을 미친다.

15 과업환경에 대한 내용으로 바르지 <u>않은</u> 것은?
① 범위가 일반 환경에 비해 적다.
② 기업조직이 일정 정도 통제할 수 있다.
③ 기업의 행동에 간접적인 영향을 미친다.
④ 특정 경영체가 목표설정 및 목표를 달성하기 위한 의사결정을 내리는 데에 직접적으로 영향을 미치는 환경을 의미하는 것으로 각 경영체에 따라 다르다.

16 복잡성의 정도란 환경요소들이 단순한가, 그렇지 않은가를 말하는 것으로 상호작용하는 환경요소의 수와 관련이 있다.

16 다음 중 환경의 두 가지 차원에 대한 내용으로 옳지 <u>않은</u> 것은?
① 환경의 2가지 차원은 변화의 정도 및 복잡성의 정도이다.
② 복잡성의 정도란 환경요소들이 단순한가, 그렇지 않은가를 말하는 것으로 상호작용하는 환경요소의 수와 관련이 없다.
③ 변화의 정도란 환경요소들이 안정적인지 또는 동태적인지를 말하는 것이다.
④ 변화의 정도는 환경이 과거의 패턴으로부터 예측가능한지 그렇지 않은지를 말하는 것이라 할 수 있다.

17 기업조직의 내부환경분석에서는 인적자원, 물적자원, 재무자원에 대한 자세한 분석이 요구된다.

17 다음 중 내부환경분석에 대한 설명으로 옳지 <u>않은</u> 것은?
① 기업조직의 활동영역이 정해지면 구체적인 경영활동을 실행하기 위해 내부환경을 분석해야 한다.
② 구체적인 경영활동에는 기업조직의 내부능력 및 역량 등이 필요하다.
③ 기업 내부능력은 기업조직의 자원과도 관련이 있다.
④ 기업조직의 내부환경분석에서는 인적자원, 물적자원, 재무자원에 대한 자세한 분석이 요구되지는 않는다.

정답 15 ③ 16 ② 17 ④

18 다음 중 경영환경에 대한 설명으로 옳지 않은 것은?

① 기업조직은 외부환경과 상호작용을 금하는 폐쇄체계로 파악되어야 한다.
② 기업조직이 영속체로서 생명을 존속하고 성장·발전하기 위해서는 외부환경 및 내부환경에 대한 고찰을 충실히 해야 한다.
③ 경영환경에서는 외부로부터 각종 원자재, 노동력 등을 공급받아 생산하며, 이렇게 생산된 제품이 다시 외부시장으로 판매되어야 한다.
④ 환경 속에서는 기업조직의 생명력에 영향을 주고 그 장래를 좌우하는 변화가 항상 나타나고 있다.

18 기업조직은 외부환경과 상호작용을 하는 개방체계로 파악되어야 한다.

정답 18 ①

지식에 대한 투자가 가장 이윤이 많이 남는 법이다.

– 벤자민 프랭클린 –

제4장

기업형태 및 기업집중

- **제1절** 경영제도의 역사적 발전과정
- **제2절** 경영제도의 삼층 구조적 접근
- **제3절** 경영제도의 유형
- **제4절** 기업의 결합
- **제5절** 기업의 국제화
- **실전예상문제**

행운이란 100%의 노력 뒤에 남는 것이다.

– 랭스턴 콜먼 –

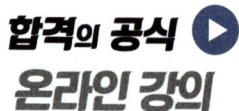 

보다 깊이 있는 학습을 원하는 수험생들을 위한
시대에듀의 동영상 강의가 준비되어 있습니다.

www.sdedu.co.kr → 회원가입(로그인) → 강의 살펴보기

제 4 장 기업형태 및 기업집중

제1절 경영제도의 역사적 발전과정

1 자본주의 기업의 성장 및 특징

(1) 자본주의 기업의 성장
① 원시공동체 사회 → 사유제로의 이행 → 개인기업의 등장 → 공동출자사업형태로의 발전(콤멘다, 소키에타스) → 16세기에 이르러서야 초기의 주식회사 등장
② **개인기업의 등장**: 사회적 분업이 진전되고 사유제가 가속화되는 상황에서 사유제의 확대는 다시금 사회적 분업을 촉진하게 되었다. 사유제의 확대로 인해 소유자는 축적된 자본을 기반으로 기업조직을 자신의 지배하에 두게 되는데, 이를 개인기업이라 한다.
③ **공동기업의 등장**: 개인기업은 자체적인 한계로 인해 복수의 출자자로 구성되는 공동기업 또는 공동출자기업으로서 자본적인 협동에 의존하는 기업의 형태가 형성된다.

(2) 공동출자사업 형태 중요
① **콤멘다(Commenda)**
  ㉠ 10세기 유럽 남부의 해상무역과정에서 발전된 공동출자사업
  ㉡ 판매위탁으로 화주인 콤멘데이터가 해상기업가인 트랙터에게 제품의 수송과 타 도시에서의 판매를 위임하는 형식
  ㉢ 현대에 들어 합자회사의 기원이 됨
② **소키에타스(Societas)**
  ㉠ 13~14세기 유럽 내부 상업도시에 구성된 공동출자사업의 형태
  ㉡ 중세의 혈연공동체 또는 가족공동체와 같은 강력한 상호신뢰관계를 바탕으로 형성
  ㉢ 발전된 형태가 현대의 민법상의 조합 및 합명회사임

(3) 주식회사의 등장 중요
① 1602년 네덜란드 동인도 회사에서 시작
② 1807년 프랑스의 상법전에서 명문으로 규정
③ 독일에서는 1951년 공동결정법 및 1952년 경영제도법, 1976년 공동결정법의 특별법에 의해 노동자의 기업참가를 인정
④ 국내는 1897년 처음으로 '주식회사 공립한성기업'이 설립되었으며, 1899년에 '주식회사 대한천일은행'이 창립

(4) 자본주의 기업과 사회주의 기업 중요
① **자본주의 기업**
  ㉠ 자본주의 기업은 이윤을 목표로 재화와 그에 따르는 서비스를 생산·공급하는 단위
  ㉡ 사적 소유권을 지닌 자본가가 소유하는 사적인 경제단위
  ㉢ 자본을 투자해서 가능한 한 자본의 가치를 증대시키려고 노력
  ㉣ 시장에서 생산요소를 구입하여 이를 내부에서 결합, 변화시킴으로써 재화 및 서비스를 생산 공급
  ㉤ 시장에서의 완전경쟁을 가정
② **사회주의 기업**
  ㉠ 사회주의 기업은 사회적인 조직체 및 사회적 제품생산을 위한 조직체
  ㉡ 지속적인 제품생산의 조직체
  ㉢ 사회주의적 생산 및 사회적 이익이 목적
  ㉣ 영구적인 존속체

> **더 알아두기**
>
> **자본주의 기업의 장·단점** 중요
> - 장점 : 시장 기구에 의한 불균형의 자동 해소, 효율적인 자원의 배분, 생산성의 극대화, 개인의 선택 자유 보장 및 정치적인 민주주의와 병행, 기술혁신의 촉진, 노동의욕의 제고
> - 단점 : 경제 불안정, 소득분배의 불균형, 인간소외, 과도한 이윤추구로 인한 자연환경의 파괴, 공익과 사익의 괴리
>
> **사회주의 기업의 장·단점** 중요
> - 장점 : 전략산업의 육성이 용이, 평등한 소득분배, 사익 및 공익의 일치, 경제안정, 환경보존
> - 단점 : 개인의 선택자유의 제약, 비효율적인 자원의 배분, 계획의 비신축성으로 오류의 자동적 수정의 불가능, 독재정권의 출현

2 기업 성격의 변화

(1) 근대기업으로 불리는 성격의 기업조직이 성립되기 이전에는 전근대적인 기업으로서의 성격을 지니는 기업이 형성되었다.

(2) 가업·생업적인 성격의 기업조직은 근대화 과정을 통해 영리성의 원리를 기반으로 한 근대기업으로서의 성격을 지니는 기업이 인위적·목적의식적으로 형성하게 되었다.

(3) 기업조직은 현대화 과정을 통해 공공성 및 공익성, 사회성을 함께 지니는 경영자 주체의 현대기업으로 발전하게 되었다.

제2절 경영제도의 삼층 구조적 접근

1 삼층 구조적인 접근

(1) 경영유형론에서는 경제적 구조 및 법률적 형태의 측면뿐만 아니라 경영의사형성을 포함하는 삼층 구조적인 접근이 필요하다.

(2) **노일로(O. Neuloh)** : 사회 풍토적 작용과 제도적 형태가 중요하다.

(3) 경영제도의 삼층 구조적 위치관계

법률적인 형태(법률 규정)	경제적인 구조(소유와 경영)
경영적 구조(의사형성 · 지배)	

제3절 경영제도의 유형

1 기업의 법률형태

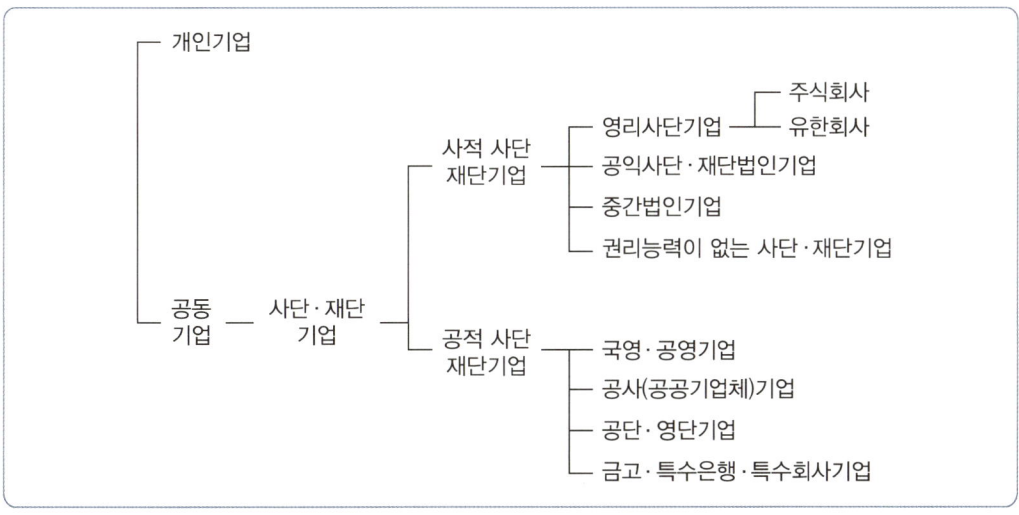

(1) 사기업

① 영리기업

㉠ 개인기업
- 가장 간단한 기업의 형태로서 단독출자자가 직접적으로 경영하고 이를 무한책임을 지는 형태이다.
- 장점으로는 신속성, 비밀유지, 업무집행의 탄력성 등이 있다.
- 단점으로는 타인자본조달의 곤란, 자본규모의 약소, 대외신용의 열세, 자본축적원천의 협소, 개인의 지배관리능력의 한계 등이 있다.
- 대규모 경영에는 불리하다.

㉡ 민법상 조합
- 2인 이상의 당사자가 조합계약을 맺고 공동출자해서 사업경영을 하며 무한책임을 지는 형태이다.
- 조합원 전체가 업무 사업의 과도형태, 주식 또는 공사채 인수기반의 마련 등에 활용 된다.

㉢ 익명조합
- 상법에 의거해서 익명조합원이 영업자의 영업을 위해 출자, 영업자는 그 이익을 배분 할 것을 약정함으로써 계약이 성립된다.
- **중세 콤멘다에서 비롯된 것으로서 합자회사와 비슷하다.**
- 사회적인 신용 등을 취득할 수 있는 능력이 약하다.
- 합자회사의 경우는 법인이지만 **익명조합은 법인이 아니다.**
- 익명조합원의 법률상 지위는 1개 채권자에 불과하므로 조합의 사업은 영업자 단독기업과 동일하고 조합재산은 영업자의 단독재산이 된다.
- 자본은 있지만 경영능력이 없는 경우, 경영능력은 있지만 자본이 없는 경우, 신분관계상 영업 등에 참가할 수 없는 경우, 익명으로 기업에 참가하는 경우 등에 활용된다.

㉣ 회사기업
회사란 상법의 제3편 회사법에 의해 설립된 영리사단법인을 말하고 회사의 기본조건에는 사단성, 영리성, 법인성 등이 있다. 국내의 경우 회사기업으로 합자회사, 합명회사, 유한회사, 주식회사 등이 인정되고 있다.

> **더 알아두기**
>
> **회사기업** 중요
> - 합명회사 기출 25
>   - 2인 이상의 사원이 공동으로 출자해서 회사의 경영에 대해 무한책임을 지며, 직접 경영에 참여하는 방식이다.
>   - 무한책임 형태로 구성되어 있어서 출자자를 폭넓게 모집할 수 없다.
>   - 가족 내에서 친척 간, 또는 이해관계가 깊은 사람의 회사 설립이 많다.
>   - 지분 양도 시에는 사원총회의 승인을 받아야 한다.

- **합자회사**
  - 중세 콤멘다에서 유래되었고, 무한책임사원 및 유한책임사원으로 이루어진다.
  - 합자회사의 업무진행은 기본적으로 무한책임사원만이 맡는다.
  - 합명회사의 단점을 보완한 형태의 회사이다.
  - 지분 양도 시에는 무한책임사원 전원의 동의를 필요로 한다.
  - 무한책임사원의 경우에는 회사의 경영 및 채무에 대해서 무한책임을 지고, 유한책임사원의 경우에는 출자한 금액에 대해서만 책임을 지며 경영에 있어서는 참여하지 않는다.
- **유한회사** 기출 23
  - 전출자자가 유한책임사원으로 구성되어 있지만 출자자를 공모할 수는 없다.
  - 자본결합이 상당히 폐쇄적인 관계로 중소규모의 기업형태에 알맞다.
  - 기관으로는 이사, 사원총회, 감사 등이 있지만 감사의 경우에는 의무기관이 아니다.
  - 유한회사는 인적 회사 및 물적 회사의 중간 형태를 지니는 회사이다.
  - 사원의 수가 제한되어 있으며, 지분의 증권화가 불가능하다.
- **주식회사** 기출 22
  - 주식회사는 주주라는 불특정 전문경영자에 의한 운영이 가능하다.
  - 대규모 경영에 대한 양산체제이다.
  - 다수인으로부터 거액의 자본조달이 가능하다.

② **주식회사** 기출 22

㉠ 사기업인 영리기업에 해당한다.
㉡ 주주와 회사 간 관계가 비인격적이므로 물적 회사 또는 자본회사의 성격을 지니게 된다.
㉢ 대규모 경영에 대한 양산체제를 특징으로 하는 현대산업사회의 전형적인 기업형태라 할 수 있다.

더 알아두기

주식회사의 기관 중요

- **주주총회**
  - 주식회사의 최고의사결정기관으로 주주로 이루어진다.
  - 영업활동의 신속성 및 업무내용의 복잡성으로 인하여 결의사항을 법령 및 정관에서 정하는 사항만으로 제한하고 있다.
  - 주주의 결의권은 1주 1결의권을 원칙으로 하고 의결은 다수결에 의한다.
  - 주주총회의 주요 결의사항으로는 자본의 증감, 정관의 변경, 이사·감사인 및 청산인 등의 선임·해임에 관한 사항, 영업의 양도·양수 및 합병 등에 관한 사항, 주식배당, 신주인수권 및 계산서류의 승인에 관한 사항 등이 있다.
- **감사**
  - 이사의 업무집행을 감시하게 되는 필요 상설기관이다.
  - 주주총회에서 선임되고, 이러한 선임결의는 보통 결의의 방법에 따른다.
- **이사회 및 대표이사** 기출 22
  - 이사회는 이사 전원으로 구성되는 합의체로 회사의 업무진행상의 의사결정기관이다.
  - 이사는 주주총회에서 선임되고, 그 수는 3인 이상이어야 하며, 임기는 3년을 초과할 수 없다.

- 대표이사는 이사회의 결의사항을 집행하고 통상적인 업무에 대한 결정 및 집행을 맡음과 동시에 회사를 대표한다.
- 이사회의 주요 결의사항으로는 대표이사의 선임, 주주총회의 소집, 이사와 회사 간의 소(訴)에 관한 대표의 선정, 지배인의 선임 및 해임, 신주의 발행, 이사와 회사 간 거래의 승인, 채권의 발행 등이 있다.
• 검사인
- 회사의 업무·재산의 계산장부, 업무의 적법여부 등을 조사하는 권한을 지니는 임시기관이다.
- 법원에서 선임하는 경우, 주주총회 및 창립총회에서 선임하는 경우가 있다.
- 법정 검사인의 경우 임시로 선임된다.

ⓔ 주식회사의 설립단계
• 1단계는 7인 이상의 발기인이 정관을 작성해서 각자 기명날인을 한다. 정관은 회사의 조직 및 활동 등에 관한 근본규칙을 말한다. 이때 정관에 기재해야 하는 절대적인 기재사항으로는 회사의 목적, 상호, 주식의 양, 본점 소재지, 일주의 금액, 발기인의 방법 및 주소, 공고방법 등이며, 이 중에서 하나라도 빠지는 경우에는 설립 자체가 무효가 된다.
• 2단계는 작성된 정관에 의해 주식인수에 따른 출자자의 출자금 불입이 이루어져야 한다.
  - 발기설립 : 회사설립 시 발행되는 주식의 총 수를 발기인이 모두 인수하여 설립
  - 모집설립 : 발기인이 일부만 인수하고 나머지에 대해서는 주주를 공모하는 것

③ 비영리 기업
ⓐ 개념 : 비영리 기업은 출자자인 구성원에게 기업의 이윤을 분배할 것을 목적으로 하지 않는 기업 형태로 각종 협동조합과 상호보험회사 등이 이에 속한다.
ⓑ 협동조합 : 1844년 영국 맨체스터 지방의 로치델에서 28명의 직조공들이 소비조합을 결성한 데서 유래되었으며, 경제적인 약소자로서의 생산자, 소비자, 소상인, 민간인 등의 보호를 위한 상부상조기관이다. 또한, 협동조합은 사단법인으로 인정을 받으며, 협동조합에 행하는 사업은 기업으로서의 성격을 지닌다.
ⓒ 상호보험회사 : 사원 상호 간 보험을 목적으로 한 특수한 형태의 법인으로 회사 기업이지만 영리 사업을 목적으로 한 상법상의 협의의 회사와는 성격이 다르다. 우리나라에는 존재하지 않는다.

> **체크 포인트**
>
> **기업의 법률형태별 장·단점**
>
> | 구분 | 장점 | 단점 |
> | --- | --- | --- |
> | 개인기업
(Sole proprieto ship) | • 전이익이 소유권자에게 귀속
• 개인적 참여
• 기업의 단순성
• 소유권자 과세
• 단독의사결정자
• 해산의 용이성 | • 비영속성
• 무한자본조달책임
• 소유자의 전관리부담
• 확장자금조달의 곤란성 |

합명회사 또는 합자회사 (Partnership)	• 개인적 참여 • 기업에 대한 약간의 제한 • 소유권자 과세 • 파트너의 자금과 재능의 풀링(Pooling) • 합자회사가 합명회사보다 자금력 및 전문화 기회가 큼	• 비교적 영속성 • 개인적 불화 잠재 • 극한적 투자 • 무한과 공동자본조달책임
주식회사 (Corporation)	• 장기수명 • 자본조달능력의 증대 • 소유권 이전의 용이성 • 소유권자의 유한자본조달책임 • 분리와 법적 독립체(Entity)	• 설립의 복잡성과 비용성 • 특수와 이중적 과세 • 업무활동에 있어 비밀의 결여 • 정부규제와 보고요구

(2) 공기업 기출 24

① **개념** : 공기업이란 국가나 지방공공단체가 법률에 의거해서 출자하고 직·간접적으로 경영하는 기업으로서 공적이고 행정목적을 위한 조직체이다.

② **공기업의 설립 이유**
  ㉠ 재정사업 : 세제 외 국가수입의 증가를 도모하기 위해 공기업을 운영하는 것으로 국내에서는 기존에 담배 및 홍삼 등이 있다.
  ㉡ 공공정책 : 전화·전신·우편·전기·철도·수도·가스 또는 항만·도로 등의 사회생활의 필수적인 기반이 되는 공익사업이다.
  ㉢ 경제 및 사회정책 : 국토 및 지역개발, 산업의 육성 등의 경제정책적인 과제와 노동자와 생활안정, 사회복지, 실업구제 등의 사회정책적 과제를 수행하기 위해 많은 자본이 필요하지만 사기업이 담당할 수 없는 경우 공기업을 형성하게 된다.

③ **공기업의 형태**
  ㉠ 독립채산제도의 실시를 위해 기업회계 제도가 도입되었다.
  ㉡ 기업예산회계법과 정부투자기관 예산회계법이 제공되어 공기업의 재무관리는 규제를 받고 있다.

2 기업의 경제형태

(1) 리프만의 기업경제형태론

① 리프만은 기업이 산업의 발달과 더불어 생업, 가업으로부터 발전되어 왔다고 보며, 기업의 소유와 지휘, 운영의 분리가 불완전한 인적 회사와 분리가 이루어져 있는 자본회사로 구분하였다.
② 출자자로서의 기업위험을 부담하는 기업소유자만이 기업가이고, 주식회사에서는 주주전체가 기업소유자가 된다.

> **더 알아두기**
>
> **핀다이젠의 비판**
> - 리프만의 기업경제형태론에서는 자본소유라는 기업의 외적 계기만을 대상으로 하고, 기업의 내적 측면이 취급되지 않았다는 것을 들어 경영학적인 기업형태론이 아니라고 비판하였다.
> - 핀다이젠에 의하면 기업경영은 상징적으로 주식회사에서는 체증적, 개인기업에서는 고정적, 합명회사 및 합자회사에서는 비례적인 특징을 지닌다고 하였다.
>
> **베블렌의 견해**
> 베블렌은 소유 및 분리경향을 결정적으로 만든 것은 거대한 신용을 활용함으로써 발전한 지주회사 및 주식회사의 등장이라고 하였다.

(2) 점부(占部)의 기업경제형태론

점부는 자본집중기능의 전개를 고려해서 기업형태를 개인기업, 인적 집단기업, 혼합적 집단기업, 자본적 집단기업으로 분류하고 있다.

① **개인기업**
   ㉠ 개인의 자기자본과 자기노동의 결합형태
   ㉡ 출자자의 수는 1인이며, 동시에 소유(출자)와 경영이 합일
   ㉢ 경영관리 노동 및 작업노동 사이에 분업이 존재
   ㉣ 자본결합형태 이전의 상태
   ㉤ 기업가 기능의 확충 및 기업자본의 집중이라는 한계
   ㉥ 의사형성과 그 실행측면에서 신축적

② **인적 집단기업**
   ㉠ 소유 및 경영의 합일체이다.
   ㉡ 소수 기업가의 기능 자본에 의한 결합형태이다.
   ㉢ 기업가의 인적 결합을 중요시한 것이며, 이러한 대표적인 형태가 합명회사이다.

③ **자본적 집단기업**
   ㉠ 소유와 경영을 분리한다.
   ㉡ 기능자본 및 광범위한 지분자본을 결합해서 형성되며, 자본의 증권화에 의해 자본이 소단위주식으로 분할되어 증권시장에서 매매됨으로써 지분자본의 결합범위는 확대된다.
   ㉢ 3권 분립형인 최고경영기관의 체제를 지니게 된다. 이러한 대표적인 형태가 주식회사이다.

(3) 모리슨의 공기업 경제형태론

① 공기업을 국가 또는 공공단체가 소유하고 지배하는 기업적인 요소를 지니는 사업체로서 이를 **공공소유, 공공목적, 기업적 요소**를 갖춘 형태로 규정한다.
② 행정 및 경영의 분리를 주장함으로써 독립채산제를 준수할 것을 주장하였다.
③ 공기업체는 자립적인 조직체로 정당, 행정, 기타 특정 이해집단 등 특정 환경주체의 지배를 받는다.
④ 공기업체는 기능적 조직체이고, 이는 전문경영자에 의해 구성되는 경영기관을 지닌다.

제4절 기업의 결합

1 기업결합의 형태

기업은 규모의 이익추구, 경쟁제한, 시장지배 목적 등 다양한 이유로 다른 기업과 결합을 이루고 있다. 이러한 결합 형태는 기업제휴, 기업집단화, 기업합병, 기업계열화 등 다양한 방법이 존재한다.

(1) 기업제휴
① 법적으로 독립적인 복수의 기업이 결합해서 자본적, 인적, 기술적으로 밀접한 관계를 가진 통일적인 집단을 형성하는 것을 말한다.
② 사업자단체 또는 동업조합, 카르텔(Kartell), 사업제휴 등이 이에 속한다.

> **체크 포인트**
>
> **기업결합의 도식화**
>
> | 구분 | | | |
> |---|---|---|---|
> | 합일적 결합 | | 회사의 합병 | |
> | | | 영업의 전부양도 | |
> | 기업계약적 결합 | | 영업의 일부양도 | |
> | | | 영업 임대차 | |
> | | | 경영위임 | |
> | | | 손익공통계약 | |
> | 기업집중화 | 자본적 결합 | 지주지배 | |
> | | | 의결권 신탁 | |
> | | | 주식의 상호보유 | |
> | | | 합병회사 | |
> | | 인적 결합 | 임원파견 | |
> | | | 동종관계 | |
> | | 기술적 결합 | 콤비나트 | |
> | 제휴적 결합 | | 카르텔 | |
> | | | 기술제휴 | |
> | | | 판매제휴 | |

(2) 기업결합의 유형 〈중요〉 〈기출〉 24, 23
① **카르텔(Kartell)**
  ㉠ 가맹기업 간 협정, 카르텔 협정 등에 의해 성립되며 가맹기업은 이러한 협정에 의해 일부 활동에 대해 제약을 받지만 법률적인 독립성은 잃지 않는다.
  ㉡ 가맹기업의 자유의사에 의해 결성되지만, 국가에 의해 강제적으로 결성되는 경우도 있다.

ⓒ 카르텔은 국민경제발전의 저해, 경제의 비효율화 등에 미치는 폐해가 크므로 각 국에서는 이를 금지 및 규제하고 있다.

② **신디케이트(Syndicate)**
ⓐ 신디케이트는 동일한 시장 내 여러 기업이 출자해서 **공동판매회사를 설립**, 이를 일원적으로 판매하는 조직을 의미한다.
ⓑ 참가기업의 경우 생산 면에서 독립성을 유지하지만 판매는 공동판매회사를 통해 이루어진다.

③ **트러스트(Trust)**
ⓐ 기업합동은 카르텔보다 강한 기업집중의 형태로 이는 시장독점을 위해 각 기업체가 개개의 독립성을 상실하고 **합동**하는 것을 의미한다.
ⓑ 고전적 트러스트 외 기업합동의 형태로는 기존 여러 기업의 주식 중 지배 가능한 주식을 매수함으로써 지배권을 집중화하는 지주회사 형식, 기존 여러 기업이 일단 해산한 후 자산을 새로 설립된 기업에 계승시키는 통합형식 또는 어떠한 기업이 타 기업을 흡수·병합하는 형식 등이 있다.

④ **콤비나트(Kombinat)**
ⓐ 일정 수의 유사한 규모의 기업들이 원재료 및 신기술의 활용을 목적으로 **사실상의 제휴**를 하기 위해 근접한 지역에서 대등한 관계로 결성하는 수평적인 기업집단을 의미한다.
ⓑ 국내의 경우 공업단지가 이와 비슷한 형태이다.

⑤ **컨글로머릿(Conglomerate)**
ⓐ 생산 공정 또는 판매과정 등의 분야에서 상호 간 관련이 없는 다양한 **이종 기업을 합병**하거나 매수해서 하나의 거대한 기업체를 형성하는 기업결합 형태를 말한다.
ⓑ 이를 구성하는 목적으로는 경영의 다각화, 경기변동에 의한 위험분산, 이윤의 증대, 외형상의 성장, 조직의 개선 등이 있다.

⑥ **콘체른(Konzern)**
ⓐ 법률적으로 독립성을 유지하면서 경제적으로는 **불대등한 관계**의 서로 관련된 복수 기업들의 기업결합 형태를 말한다.
ⓑ 본래는 거대독점자본인 금융기관의 존재형태 및 기업소유형태와 깊은 관련이 있으나 국내 및 일본에서는 기업형태상 콘체른에 속하는 기업집단을 동족적 집단이라는 의미에서 재벌이라고 한다.

(3) 기업합병

① 법률적으로 독립적인 복수의 기업이 단일조직이 되는 형태이다.
② 피합병기업은 완전히 독립성을 상실하게 된다.
③ 기업합병에는 흡수합병 및 신설합병이 있다.
ⓐ 흡수합병 : 어떠한 하나의 회사기업이 타 회사기업을 흡수하는 것을 말한다.
ⓑ 신설합병 : 합병을 당하는 회사기업이 모두 해산·소멸함과 더불어 신회사기업이 설립되는 것을 말한다.

(4) 기업계열화
① 대기업과 중소기업 간 밀접한 거래관계가 형성되고 있는 기업 간 결합을 기업의 계열화라고 한다.
② 기술혁명 또는 판매경쟁의 격화에 대응하기 위해 대기업이 기술 및 판매 등에서 중소기업을 육성, 강화하면서 이를 하청화하는 형태이다.

2 기업집중의 배제 및 제한

(1) 기업의 집중은 시장독점을 통해 공정한 자유경쟁과 공공이익을 저해하고 중소기업 및 일반소비자에게 피해를 주는 결과를 가져온다.

(2) 이런 피해를 막기 위해 다양한 법률로서 제한하고 있다. 국내에서는 1981년 5월에 공정거래위원회를 발족해서 각종 법규 및 고시를 통해 불공정거래행위를 시정조치하고 있다.

제5절 기업의 국제화

1 기업의 국제화와 국제화 과정 기출 24

(1) 기업의 국제화
① 기업의 국제화는 국제기업환경을 전제로 하는 기업 활동의 국제적인 전개를 말한다.
② 기업의 국제화에 있어서 기업조직 자체의 의사결정이 주도적인 역할을 수행하지만, 정부도 이에 대해 직·간접적인 역할을 수행하게 된다.

(2) 기업의 국제화 과정 중요
① **상품의 수출입 단계**: 간접수출입 단계 및 직접수출입 단계
② **자본의 수출입 단계**: 자본대여 및 자본투자
③ **기술정보의 수출입 단계**: 기술제휴에 의한 특정 기술, 상품 또는 관리상의 노하우거래 및 사용료의 지불
④ **인적자원의 교환 단계**: 노동력 및 경영 인력의 교류
⑤ **현지 사업 단계**: 플랜트 수출입
⑥ **현지 진출 단계**: 현지 자회사의 법인화

2 합작회사

(1) 2개 이상의 기업이 공동으로 출자하여 공동으로 경영을 하는 결합 형태를 말한다.

(2) 통상적으로 합작회사는 공동출자액에 의해 공동손익을 분담해서 1개 또는 복수의 특정 사업을 대상으로 설립되는 것이 특징이다.

(3) 공동목적성, 기업목적성, 단일목적성, 공동계산성, 일시적 목적성 등의 특징이 있다.

3 다국적 기업

(1) **개념** : 다국적 기업은 통상적으로 2개국 또는 그 이상의 국가에서 직접적으로 기업 활동을 전개하는 모든 기업체라고 정의된다. 또한, 특정국가의 이익을 초월하여 범세계적인 시야에서 경영활동을 수행하게 된다.

(2) **다국적 기업의 특징** 중요
  ① 경영활동의 세계지향성
  ② 기업조직구조의 분권화
  ③ 기업소유권의 다국적성
  ④ 인적 구성의 다국적성
  ⑤ 국제협력체제의 실행
  ⑥ 이윤의 현지 기업에 대한 재투자성

(3) **다국적 기업의 문제점** 중요
  ① 산업정책의 효과감소
  ② 세계적인 독과점체제의 파급
  ③ 투자국 국내고용의 감퇴에 대한 영향
  ④ 연구개발 및 기술독점 등의 본국집중(독점)에 의한 수입국 기술진보의 저해
  ⑤ 각 국의 세제차이를 활용한 과세의 회피
  ⑥ 국제투자를 위한 수입국과 투자국과의 마찰문제

> **더 알아두기**
>
> **시장의 유형**
> - **완전경쟁시장**: 시장에서 다수의 소비자와 판매자가 특정 제품을 거래함에 있어서 어느 누구도 현재 시장가격에 영향을 미칠 수 없는 시장
> - **독점적 경쟁시장**: 완전경쟁과 독점적 성격을 나누어 가지는 시장으로 재화의 공급자는 다수이나 제품의 다양성에 의해 어느 정도 독점력이 존재함
> - **과점시장**: 소수의 대기업에 의해 지배되는 성격의 시장
> - **독점시장**: 어느 한 재화나 서비스의 공급이 하나의 기업에 의해 이루어지는 시장

제4장 실전예상문제

01 다음 중 콤멘다(Commenda)에 대한 내용으로 바르지 <u>않은</u> 것은?

① 10세기 유럽 남부의 해상무역과정에서 발전된 공동출자사업이다.
② 합자회사, 익명조합의 기원이 되었다.
③ 판매위탁으로 화주인 콤멘데이터가 해상기업가인 트랙터에게 제품의 수송과 타 도시에서의 판매를 위임하는 형식이다.
④ 1602년 네덜란드 동인도 회사에서 시작되었다.

01 ④ 주식회사의 등장배경이다.

02 다음 중 자본주의 기업의 성장과정을 순서대로 바르게 나열한 것은?

① 원시공동체 사회 → 개인기업의 등장 → 사유제로의 이행 → 공동출자사업 형태로의 발전 → 16세기 초기의 주식회사 등장
② 원시공동체 사회 → 사유제로의 이행 → 개인기업의 등장 → 공동출자사업 형태로의 발전 → 16세기 초기의 주식회사 등장
③ 개인기업의 등장 → 원시공동체 사회 → 사유제로의 이행 → 공동출자사업 형태로의 발전 → 16세기 초기의 주식회사 등장
④ 개인기업의 등장 → 사유제로의 이행 → 원시공동체 사회 → 공동출자사업 형태로의 발전 → 16세기 초기의 주식회사 등장

02 자본주의 기업의 성장
원시공동체 사회 → 사유제로의 이행 → 개인기업의 등장 → 공동출자사업 형태로의 발전 → 16세기 초기의 주식회사 등장

정답 01 ④ 02 ②

03 공동출자사업형태 중 소키에타스(Societas)에 대한 설명으로 옳지 않은 것은?

① 중세의 혈연공동체 또는 가족공동체와 같은 강력한 상호신뢰관계를 바탕으로 형성되었다.
② 현대에 들어서 이것이 발전된 형태가 민법상의 조합 및 합명회사이다.
③ 1807년 프랑스의 상법전에서 명문으로 규정되었다.
④ 13~14세기 유럽 내부 상업도시에 구성된 공동출자사업의 형태이다.

03 ③은 주식회사의 등장과 관련한 내용이다.

04 다음 중 주식회사의 등장에 대한 설명으로 바르지 않은 것은?

① 1602년 네덜란드 동인도 회사에서 시작되었다.
② 독일에서는 1951년 공동결정법 및 1952년 경영제도법, 1976 공동결정법의 특별법에 의해 노동자의 기업참가를 인정하였다.
③ 1807년 프랑스의 상법전에서 명문으로 규정되었다.
④ 국내는 1917년 처음으로 '주식회사 대한천일은행'이 설립되었다.

04 국내는 1897년 처음으로 '주식회사 공립한성기업'이 설립되었으며, 1899년에 '주식회사 대한천일은행'이 창립되었다.

05 다음 중 자본주의 기업에 대한 내용으로 거리가 먼 것은?

① 공적 소유권을 지닌 자본가가 소유하는 공적인 경제단위이다.
② 시장에서의 완전경쟁을 가정하고 있다.
③ 자본주의 기업은 이윤을 목표로 재화와 그에 따르는 서비스를 생산, 공급하는 단위이다.
④ 자본을 투자해서 가능한 한 자본의 가치를 증대시키려고 노력한다.

05 사적 소유권을 지닌 자본가가 소유하는 사적인 경제단위이다.

정답 03 ③ 04 ④ 05 ①

06 사회주의 기업은 지속적인 제품생산의 조직체이다.

06 다음 중 사회주의 기업에 대한 설명으로 바르지 <u>않은</u> 것은?
① 일시적인 제품생산의 조직체이다.
② 영구적인 존속체이다.
③ 사회주의 기업은 사회적인 조직체 및 사회적 제품생산을 위한 조직체이다.
④ 사회주의적 생산 및 사회적 이익을 목적으로 한다.

07 생산성의 극대화이다.

07 다음 중 자본주의 기업의 특징으로 바르지 <u>않은</u> 것은?
① 생산성의 극소화
② 공익과 사익의 괴리
③ 소득분배의 불균형
④ 효율적인 자원의 배분

08 사회주의는 비효율적인 자원의 배분을 양산한다.

08 다음 중 사회주의 기업의 특징으로 바르지 않은 것은?
① 독재정권의 출현
② 효율적인 자원의 배분
③ 개인의 선택자유의 제약
④ 전략산업의 육성이 용이

정답 06 ① 07 ① 08 ②

09 다음 중 익명조합에 대한 설명으로 옳지 <u>않은</u> 것은?
① 중세 콤멘다에서 비롯된 것으로서 이는 합자회사와 비슷하다.
② 상법에 의거해서 익명조합원이 영업자의 영업을 위해 출자하고 영업자는 그 이익을 배분할 것을 약정함으로써 계약이 성립된다.
③ 사회적인 신용 등을 취득할 수 있는 능력이 약하다.
④ 합자회사의 경우는 법인이 아니지만 익명조합은 법인이다.

09 합자회사의 경우는 법인이지만 익명조합은 법인이 아니다.

10 다음 중 자본주의 기업의 단점으로 옳지 <u>않은</u> 것은?
① 소득분배의 불균형
② 인간소외
③ 비효율적인 자원의 배분
④ 과도한 이윤추구로 인한 자연환경의 파괴

10 비효율적인 자원 배분은 사회주의 기업의 단점이다.

11 다음 중 합명회사에 대한 내용으로 바르지 <u>않은</u> 것은?
① 가족 내에서 친척 간, 또는 이해관계가 깊은 사람의 회사 설립이 많다.
② 무한책임 형태로 구성되어 있어서 출자자를 폭넓게 모집할 수 없다.
③ 지분 양도시에는 주주총회의 승인을 받아야 한다.
④ 2인 이상의 사원이 공동으로 출자해서 회사의 경영에 대해 무한책임을 지며, 직접 경영에 참여하는 방식이다.

11 지분 양도시에는 사원총회의 승인을 받아야 한다.

정답 09 ④ 10 ③ 11 ③

12 기술혁신 촉진은 자본주의 기업의 장점이다.

12 다음 중 사회주의 기업의 장점으로 옳지 <u>않은</u> 것은?
① 사익 및 공익의 일치
② 전략산업의 육성이 용이
③ 환경의 보존
④ 기술혁신의 촉진

13 지분의 양도시에는 무한책임사원 전원의 동의를 필요로 한다.

13 다음 중 합자회사에 대한 설명으로 옳지 <u>않은</u> 것은?
① 지분의 양도시에는 무한책임사원 중 일부의 동의를 필요로 한다.
② 중세 콤멘다에서 유래되었고, 무한책임사원 및 유한책임사원으로 이루어진다.
③ 합자회사의 업무진행은 기본적으로 무한책임사원만이 맡는다.
④ 합명회사의 단점을 보완한 형태의 회사이다.

14 유한회사는 사원의 수가 제한되어 있으며, 지분의 증권화가 불가능하다.

14 다음 중 유한회사에 대한 설명으로 옳지 <u>않은</u> 것은?
① 유한회사는 인적 회사 및 물적 회사의 중간 형태를 지니는 회사이다.
② 사원수에 제한이 없으며, 지분의 증권화가 가능하다.
③ 전출자자가 유한책임사원으로 구성되어 있지만 출자자를 공모할 수는 없다.
④ 자본결합이 상당히 폐쇄적인 관계로 중소규모의 기업형태에 알맞다.

정답 12 ④ 13 ① 14 ②

15 다음 중 주식회사에 대한 설명으로 옳지 않은 것은?

① 주식회사는 사기업인 영리기업에 해당한다.
② 주식회사는 주주와 회사 간 관계가 비인격적이므로 주식회사는 물적 회사 또는 자본회사의 성격을 지니게 된다.
③ 대규모 경영에 대한 양산체제로 다수인으로부터 거액의 자본조달이 가능하다.
④ 주식회사는 주주라는 불특정 전문경영자에 의한 운영이 불가능하다.

15 주식회사는 주주라는 불특정 전문경영자에 의한 운영이 가능하다.

16 주주총회에 대한 설명으로 옳지 않은 것은?

① 주주의 결의권은 1주 1결의권을 원칙으로 하고 의결은 다수결에 의한다.
② 주주총회는 주식회사의 최고의사결정기관이 사원으로 이루어진다.
③ 주주총회는 영업활동의 신속성 및 업무내용의 복잡성으로 인하여 결의사항을 법령 및 정관에서 정하는 사항만으로 제한하고 있다.
④ 주주총회의 주요 결의사항으로는 자본의 증감, 정관의 변경, 이사·감사인 및 청산인 등의 선임·해임에 관한 사항, 주식배당 등이 있다.

16 주주총회는 주식회사의 최고의사결정기관이 주주로 이루어진다.

정답 15 ④ 16 ②

17 이사는 주주총회에서 선임되며, 그 수는 3인 이상이어야 하며, 임기는 3년을 초과할 수 없다.

17 주식회사의 기관 중 이사회 및 대표이사에 대한 설명으로 바르지 <u>않은</u> 것은?
① 대표이사는 이사회의 결의사항을 집행하고 통상적인 업무에 대한 결정 및 집행을 맡음과 동시에 회사를 대표한다.
② 이사회의 주요 결의사항으로는 대표이사의 선임, 주주총회의 소집, 이사와 회사 간의 소(訴)에 관한 대표의 선정, 지배인의 선임 및 해임, 신주의 발행, 이사와 회사 간 거래의 승인, 채권의 발행 등이 있다.
③ 이사는 주주총회에서 선임되며, 그 수는 5인 이상이어야 하며, 임기는 7년을 초과할 수 없다.
④ 이사회는 이사 전원으로 구성되는 합의체로 회사의 업무진행상의 의사결정기관이다.

18 공기업의 설립 이유에는 공공정책, 재정사업, 경제 및 사회정책 등이 있다.

18 다음 중 공기업 설립 이유로 보기 <u>어려운</u> 것은?
① 공공정책
② 재정사업
③ 경제 및 사회정책
④ 정치 및 문화정책

19 자본결합형태 이전의 상태이다.

19 점부(占部)의 기업경제형태론에서 개인기업에 대한 내용으로 바르지 <u>않은</u> 것은?
① 자본결합형태 이후의 상태이다.
② 개인의 자기자본과 자기노동의 결합형태이다.
③ 경영관리 노동 및 작업노동 사이에 분업이 존재한다.
④ 출자자의 수는 1인이며, 동시에 소유(출자)와 경영이 합일된다.

정답 17 ③ 18 ④ 19 ①

20 점부(占部)의 기업경제형태론에서 인적 집단기업에 대한 설명으로 옳지 않은 것은?

① 3권 분립형인 최고경영기관의 체제를 지니게 된다.
② 기업가의 인적 결합을 중요시한 것이며, 대표적 형태가 합명회사이다.
③ 소유 및 경영의 합일체이다.
④ 소수 기업가의 기능 자본에 의한 결합 형태이다.

20 ①은 점부(占部)의 기업경제형태론에서 자본적 집단기업에 대한 내용이다.

정답 20 ①

또 실패했는가? 괜찮다. 다시 실행하라. 그리고 더 나은 실패를 하라!

– 사뮈엘 베케트 –

제5장

기업윤리와 사회적 책임

- **제1절** 기업윤리
- **제2절** 기업의 사회적 책임
- **실전예상문제**

이성으로 비관해도 의지로써 낙관하라!

− 안토니오 그람시 −

  보다 깊이 있는 학습을 원하는 수험생들을 위한
시대에듀의 동영상 강의가 준비되어 있습니다.
www.sdedu.co.kr ➡ 회원가입(로그인) ➡ 강의 살펴보기

제 5 장 기업윤리와 사회적 책임

제1절 기업윤리

1 기업윤리헌장의 제정과 의의 기출 24

(1) 기업윤리는 기업경영이라는 상황 하에서 발생하는 행동 또는 태도에 대한 옳고 그름을 체계적으로 구분하는 판단기준이다.

(2) 기업윤리헌장은 기업인의 윤리적인 행동 규준을 공포한 것으로, 개별기업인의 기본적 정책결정 및 이의 계획적인 집행 등을 포괄적으로 관리하게 되는 지도 원리로서의 의미를 지닌다.

> **체크 포인트**
>
> **한국경영자총협회에서의 기업윤리헌장 제정**
> 한국경영자총협회에서는 1991년 2월 조선호텔에서 1991년도 정기총회를 열고 '기업윤리헌장'을 채택하였다. 기업윤리헌장은 기업인들의 윤리적인 행동규준을 공포한 것으로 이는 개별기업인들의 기본적 정책결정 및 집행 등을 포괄적으로 관리하게 되는 지도 원리로서의 의미를 가지고 있다.

2 거대기업에 대한 사회적 비판의 내용

(1) **거대기업이 막강한 경제력 및 정치력을 행사한다** : 경제적인 경쟁을 미덕으로 하는 자유기업체제에 있어 독과점행동에 의한 폐해를 기반으로 한 비판이다.

(2) **거대기업은 자기 보존적이고 무책임한 권력엘리트에 의해 지배된다** : 소유 및 경영의 분리를 기초로 한 경영자권력의 증대에 초점을 두는 비판이다. 더불어 소유경영자로서의 사회적인 책임이 요청된다.

(3) **거대기업은 근로자 및 소비자를 착취하고 인간성을 박탈한다** : 근본적으로 근로자들의 상대적인 빈곤과 더불어 산업화에 따른 노동소외에 기반하고 있다.

(4) **거대기업은 환경 및 생활의 질을 파괴한다** : 기업조직의 과잉생산으로 인한 자연자원의 조직적인 고갈화와 약소국 자원의 착취, 미래세대에 대한 약탈, 공해방지를 위한 외부비용을 대중에 전가, 장기적이면서 부차적인 효과를 무시하는 산출의 극대화 등에 기반한 주장이다.

3 기업윤리의 형성과 실천

(1) 개요
① 기업윤리의 과제는 기업윤리를 제도화하는 것에 있다.
② 기업윤리의 제도화는 기업윤리의 실천을 위한 제도화로서의 역할뿐만 아니라 경영제도의 혁신을 위한 대안으로서의 의미도 있다.

(2) 개인 및 조직을 위한 윤리원칙 중요
블랜차드와 필은 개인 및 조직을 위한 원칙을 5P로 분류하였는데, 종류로는 자긍심(Pride), 목적(Purpose), 일관성(Persistence), 인내(Patience), 전망(Perspective) 등이 있다.

(3) 기업윤리의 강화 방법
① 최고경영자가 윤리경영에 대한 몰입을 강조
② 기업윤리에 대한 강령의 작성 및 발표
③ 순응 매커니즘의 수립
④ 결과의 측정
⑤ 기업조직의 잘못을 알리려는 종업원들의 활동

(4) 기업윤리의 구분
① **기업의 행동적 측면**: 기업행동의 실천적 의사결정에 필요한 도덕적 원리, 즉 공정성의 지표가 된다.
② **이념적 측면**: 실천적 행동의 기초가 되는 이념, 즉 도덕적 비판을 필요로 하는 신념체계가 된다.

제2절 기업의 사회적 책임

1 사회적 책임에 대한 찬반론

(1) 사회적 책임의 긍정론 기출 25
기업조직이 적극적이면서 자발적으로 이해관계자들의 요청을 받아들여서 이에 대응하는 것이 기업 자체의 존속 및 성장에 있어서 필요하다는 견해이다.
※ **데이비스에 의한 긍정론의 주요 논거 12가지** 중요
  • 기업에 대한 공공기대의 변화
  • 보다 좋은 기업환경

- 공공의 이미지
- 정부에 의한 규제의 회피
- 사회문화규범
- 책임과 권력의 균형
- 사회관심을 구하는 시스템의 상호의존성
- 주주의 관심
- 기업에 맡기는 것이 효율적
- 기업은 자원을 보유하고 있다는 점
- 사회문제는 이윤이 될 수 있다는 점
- 예방은 치료보다 효과적인 점

(2) 사회적 책임의 부정론

※ 데이비스에 의한 부정론의 주요 논거 9가지 중요
- 이윤극대화
- 사회관여의 기업비용
- 사회적 책임의 사회비용
- 사회기술의 결여
- 기업의 주요목적에 대한 위협
- 국제수지의 악화
- 기업은 충분한 사회 권력을 보유
- 변명의무의 결여
- 광범위한 지지의 결여

더 알아두기

사회적 책임의 긍정론 및 부정론의 공통점
- 두 가지 이론이 모두 자유기업체제의 사회에 있어서 사회적인 문제가 존재하고 있다는 것을 소극적 및 적극적으로 인정하고 있다.
- 기업 및 정부는 다원사회에 있어서 영향력이 있는 사회제도로 인식하고 있다는 점에서 공통적이다.

2 사회적 책임윤리의 정립

(1) 현대의 기업조직에서의 주요 과제는 사회적인 책임윤리의 정립으로 이는 기업윤리 위기를 극복하는 데 있다.

(2) 기업윤리에 있어 괴리의 원인은 사회적 경제 질서의 변화에 이념적으로 적응하지 못함으로 인해 발생된다.

(3) 현대적인 기업경영에 있어서 이념적인 갈등은 사회적 책임주의와 영리주의가 서로 부딪힘으로써 야기된다. 그러므로 이러한 양자의 경영 정책적 조화가 기업윤리 위기의 극복책이 된다.

제5장 실전예상문제

01 다음 중 거대기업에 대한 사회적 비판의 내용으로 보기 어려운 것은?

① 거대기업은 막강한 경제력 및 정치력을 행사한다.
② 거대기업은 관리자의 인간성을 박탈한다.
③ 거대기업은 환경 및 생활의 질을 파괴한다.
④ 거대기업은 자기 보존적이고 무책임한 권력엘리트에 의해 지배된다.

> **01** 거대기업은 근로자 및 소비자를 착취하고 인간성을 박탈한다.

02 다음 중 블랜차드와 필이 제시한 개인 및 조직을 위한 원칙으로 옳지 않은 것은?

① 일관성
② 전망
③ 목적
④ 다양성

> **02** 블랜차드와 필이 제시한 개인 및 조직을 위한 원칙 5P
> - 자긍심(Pride)
> - 목적(Purpose)
> - 일관성(Persistence)
> - 인내(Patience)
> - 전망(Perspective)

03 다음 중 기업윤리의 강화방법으로 적절하지 않은 것은?

① 최고경영자가 윤리경영에 대한 몰입을 강조
② 기업윤리에 대한 강령의 작성 및 발표
③ 과정의 측정
④ 기업조직의 잘못을 알리려는 종업원들의 활동

> **03** 기업윤리의 강화 방법
> - 최고경영자가 윤리경영에 대한 몰입을 강조
> - 기업윤리에 대한 강령의 작성 및 발표
> - 순응 메커니즘의 수립
> - 결과의 측정
> - 기업조직의 잘못을 알리려는 종업원들의 활동

정답 01 ② 02 ④ 03 ③

04 사회관심을 구하는 시스템의 상호의 존성이다.

04 다음 중 데이비스에 의한 긍정론의 주요 논거의 내용으로 옳지 <u>않은</u> 것은?

① 기업에 대한 공공기대의 변화
② 사회관심을 구하는 시스템의 단방향성
③ 사회문제는 이윤이 될 수 있음
④ 정부에 의한 규제의 회피

05 이윤극대화이다.

05 다음 중 데이비스에 의한 부정론의 주요 논거의 내용으로 옳지 <u>않은</u> 것은?

① 이윤극소화
② 국제수지의 악화
③ 사회관여의 기업비용
④ 사회기술의 결여

06 기업윤리는 기업경영이라는 상황 하에서 발생하는 행동 또는 태도에 대한 옳고 그름을 체계적으로 구분하는 판단기준이다.

06 다음 내용에서 괄호 안에 들어갈 말로 가장 적절한 것은?

> (　　)은(는) 기업경영이라는 상황에서 발생하는 행동 또는 태도에 대한 옳고 그름을 체계적으로 구분하는 판단기준이다.

① 사회적 책임
② 공정거래
③ 기업윤리
④ 국가윤리

정답　04 ②　05 ①　06 ③

07 다음 중 기업인의 윤리적인 행동 규준을 공포한 것을 지칭하는 것은?

① 윤리경영
② 정부윤리
③ 사회윤리
④ 기업윤리헌장

07 기업윤리헌장은 개별기업인의 기본적 정책결정 및 이의 계획적인 집행 등을 포괄적으로 관리하게 되는 지도 원리로서의 의미를 지닌다.

08 다음 중 경영윤리에 대한 내용으로 옳지 않은 것은?

① 경영의 활력을 제공하는 본질적 요소이다.
② 경영손실, 사회적 손실과는 관련이 별로 없다.
③ 경영의 건전한 경쟁력을 강화하는 전략적 요소이다.
④ 경영의 전체기능을 수행하는 과정에서 침투되어 성과창출에 기여한다.

08 경영윤리는 경영손실 및 사회적 손실과 밀접한 관련이 있다.

09 경영윤리의 중요성에 대한 내용으로 옳지 않은 것은?

① 경영의 전체기능을 수행하는 과정 속에 침투되어 성과창출에 기여한다.
② 경영의 건전한 경쟁력을 강화시키는 전략적 요소이다.
③ 경영의 활력을 부여하는 부차적인 요소이다.
④ 인간이 사회적 존재로서 질서가 있고 역동적으로 살도록 그 생명력을 제공한다.

09 경영윤리는 기업 경영의 활력을 부여하는 중요요소이다.

정답 07 ④ 08 ② 09 ③

10 윤리강령이란 경영윤리의 효과적 실천을 위한 제도화로서 윤리경영의 기본적인 방침에 인한 세부적인 지침을 공식화한 것을 의미한다.

10 다음 중 경영윤리의 효과적 실천을 위한 제도화로서 윤리경영의 기본적인 방침에 인한 세부적인 지침을 공식화한 것은?

① 윤리강령
② 윤리규칙
③ 법적규율
④ 법적강령

정답 10 ①

제6장

경영목표와 의사결정

제1절 경영목표
제2절 의사결정
실전예상문제

할 수 있다고 믿는 사람은 그렇게 되고, 할 수 없다고 믿는 사람도 역시 그렇게 된다.

— 샤를 드골 —

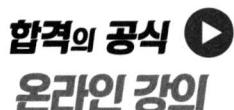

보다 깊이 있는 학습을 원하는 수험생들을 위한
시대에듀의 동영상 강의가 준비되어 있습니다.
www.sdedu.co.kr → 회원가입(로그인) → 강의 살펴보기

제6장 경영목표와 의사결정

제1절 경영목표

1 경영목표와 경영이념

(1) 경영목표

경영목표란 기업이 경영활동을 통하여 실현하고자 하는 상태를 말한다. 더불어 경영목적은 현대에 들어 기업 및 환경과의 관계에서 전략의 수립 시에 이념으로서의 경영목적이 중요시 되어 경영목표 및 경영이념이 통합된 것으로 파악해서 이 두 가지의 개념을 구분하지 않는 것이 통상적이다.

> **더 알아두기**
>
> **적응적 현대 윤리와 전통적 자본주의 윤리의 비교**
>
> | 적응적 현대 윤리 | 전통적 자본주의 윤리 |
> | --- | --- |
> | 집단참가 및 책임, 지역사회를 강조하는 사회윤리의 발전 및 개인복지에 대한 사회문화적인 영향 | 프로테스탄트적인 개인주의 윤리, 재산권 및 자기결정 |
> | 인간적 만족에서 바라본 전문화의 한계 인식 | 분업 및 전문화를 통한 능률의 증대 |
> | 협동적인 사회행동의 필요 | 개인 이윤극대화는 보다 더 높은 사회복지수준에 연결 |
> | 주 목적은 이윤의 창출이지만, 사회적인 제 목적에 대한 인식의 증대, 다목적의 만족 | 단일 목적으로서의 이윤극대화 |
> | 사회적 경제제도로서의 기업조직 | 경제적인 단위로서의 기업체 |
> | 환경과 상호작용하는 개방적인 시스템으로서의 기업조직 | 폐쇄적인 시스템으로서의 기업조직 |
> | 유효성, 능률 및 참가자들의 만족을 강조 | 유효성, 경제적·능률적 업적을 종합적으로 강조 |
> | 사회적인 제 목적에 적합한 정부의 역할이라는 인식 | 자유방임적인 정부활동 |
> | 수많은 사회세력 및 이해자 집단에 대한 반응 | 경쟁 환경 및 시장에 대해서만 반응 |
> | 성장의 한계 및 자원보전 등을 향한 움직임을 인식 | 환경자원의 활용을 통한 경제성장을 강력하게 추진 |
> | 자연과 조화를 이루고 그 제약 하에서의 생활 | 인간은 자연의 활용과 지배를 추구 |
> | 사회는 기업조직에 대해 보다 더 광범위한 생활의 질 문제 등을 취급하도록 기대 | 기업조직에 대한 사회의 기대를 재화 및 용역의 생산에 한정 |
> | 기술적 응용의 통제필요성 인식, 과학기술의 한계를 인식 | 과학기술의 무제약적인 활용, 자유방임 및 결정론적인 과학관 |

이윤 및 기타 사회적인 업적을 통한 기업성과의 측정	이윤에 의한 기업성과의 측정

(2) 경영목표 형성의 3가지 차원

경영목표는 경영활동에 있어서의 지침 및 결과 등을 측정하는 지표로 의미가 있기 때문에 목표의 내용 및 범위, 실현기간 등이 명확해야 한다. 더불어 경영목표는 경영이념 및 상호작용 관계에 있어 경영이념의 형성에 의해 영향을 받기도 하지만 반대로 경영이념 형성에 대해 영향을 끼치기도 한다.

> **체크 포인트**
>
> **경영목표 형성의 3가지 차원** 중요
> - 경영목표의 내용
> - 경영목표의 범위
> - 경영목표의 실현기간

(3) 경영이념 중요

① 경영이념은 경영신조, 경영신념, 경영이상 등으로 표현되며, 경영철학의 규범적인 가치체계이다.
② 경영의 목표형성 및 경영활동 등에 영향을 미치지만 기업제도가 발전함에 따라 변화되어 왔다.
③ 경영목표는 기업조직의 규모・형태・조직의 차이에 의해 달라질 수 있지만 근본적으로는 경영활동 영역의 한계 및 특성 등을 명시하게 된다.

2 목표차원과 목표시스템

(1) 목표차원

추구하는 목표의 개념을 규정하기 위해서 사용되는 3가지의 방향을 말하는 것으로, **목표의 내용, 목표의 추구 정도, 시간적 관련성** 등을 들고 있다.

① **목표의 내용** : 목표의 내용은 목표의 수립 및 실현에 있어 행위유발의 직접적인 요인이 되므로 이는 해석상의 혼선이 빚어지지 않도록 명확해야 하며, 동시에 목표의 내용은 가치있는 활동상황 및 환경과 연관되는 상황 등을 포함하도록 해야 한다.

② **목표의 추구 정도**
   의사결정이론에 의해 2가지 가능성으로 제시된다.
   ㉠ 극대화 원리 : 완전 합리성을 기반으로 하는 대신에 그러한 현실성에 있어서는 비판을 받고 있다.
   ㉡ 만족(최적)화 원리 : 모형의 정밀성이라는 부분에서는 비판을 받는 대신에 실현가능한 목표추구의 정도를 제시해주는 면에서 의미가 있다.

③ **시간적 관련성** : 목표의 시점과 기간을 결정해야 한다.

(2) 목표시스템
① 여러 가지 목표의 개념이 규정되면 이를 기반으로 목표시스템이 형성되며, 이러한 목표시스템은 복합적이다.
② 목표시스템에 대한 연구는 기업조직이 동시에 여러 가지의 복수목표를 추구하는 경우에 우선순위를 정하는 데 있어 중요한 의미를 지닌다.

3 단일 목표 체계로서의 이익추구

(1) 이윤극대화의 문제점
① **이윤극대화 목표에 대한 비판**
　㉠ 이윤 : 본질적으로 기업조직 활동의 결과로 인해 나타난 것이라 할 수 있으며, 동시에 기업조직의 생존과 발전을 유지할 수 있는 기본적 원동력이라 할 수 있다. 이윤은 기업가의 경제적인 기능수행에 대한 자극이 됨과 동시에 그러한 활동성과를 종합적으로 측정할 수 있는 척도가 된다.
　㉡ 이윤극대화 가정의 의의 : 근대 경제학의 경우 기업조직이 이윤극대화(Profit Maximization)를 추구하는 것으로 가정한다. 이는 완전경쟁 하에서 기업조직은 이윤극대화의 목적을 위해 한계수입 및 한계비용이 일치하는 부분에서 생산량과 가격을 결정한다고 가정한다.

(2) 수정된 대표적 기업모형 중요
① 매리스(R. Marris)의 성장균형 모형
② 보몰(W. Baumol)의 판매수입극대화 모형
③ 윌리엄슨(O. E. Williamson)의 경영자재량극대화 모형
④ 쿠퍼(W. W. Cooper)의 유동성 모형
⑤ 비드린 마이어(J. Bidlingmaier)의 수익범위 모형

(3) 이윤극대화 비판의 이유
① 이윤극대화 가설이 언제나 합리적으로 행동하는 **경제인(Economic Man)**을 전제로 하고 있다는 것
② 기업조직의 제도적·역사적 변화를 무시하고 있다는 것
③ 이윤극대화 가설은 **정태적인 가설이며, 동시에 장·단기의 구별이 불가능**하다는 것

(4) 이윤극대화 추구에 대한 제한
① 이윤극대화의 경우 제한된 합리화 원리에 의해 제한될 뿐만 아니라 오늘날 기업형태의 발전, 기업규모 확대, 이해집단의 영향과 기술혁신 등을 기반으로 한 산업사회의 발전 등에 의해 제한을 받게 된다.
② **딘(J. Deen)의 이윤제한 이유** : 대다수의 기업조직은 이윤의 추구뿐만 아니라 더불어서 안정성도 추구하게 된다. 하지만 경우에 따라서 이윤의 추구와 안정의 추구가 서로 간 상충되기도 한다. 다시 말해 이익이 많아지면 안전성이 작아지고, 이익이 적으면 안전성이 커지게 된다는 것이다.

③ 표준이윤, 적정이윤, 안전이윤, 목표이윤 등의 개념들이 기업목표설정 및 예산 통제에서 중요시되고 있다.

(5) 이익이론 및 이익개념의 내용

① **이익이론** : 이론이 무엇에 근거해서 누구에게 귀속이 되며 어떤 원인에 의해 발생하는지에 대한 이론적인 설명이고, 실제로 이익이 어떤 구성요소에 의해 파악되며 해당 내용은 어떻게 달라질 수 있는지에 대한 연구이다.

② **이익개념의 내용 및 범위** : 회사기업에서 회계절차 상의 이익범위는 회계기간 동안에 실현된 총체적 이익에서 제세공과금·제경비, 차입금(타인자본) 이자 등이 공제되고 유보이익과 배당이익을 결정하게 된다.

> **체크 포인트**
>
> **이익개념에 대한 여러 견해** 〔중요〕
> - 상법상 이익 : 상법상 순손익은 기간 순손익이 아닌 시점이익이라는 점에서 이는 회계학적 견해와는 다소 차이가 있다.
> - 회계학상 이익 : 회계학상의 이익은 기간 순손익을 말한다.
> - 경제학상 이익 : 미래지향적인 이윤개념이다. 경제학상의 이익개념은 현가계산이 주가 되지만, 기본적으로 그 계산은 상법상 시점이익이다.
> - 세법상 이익 : 기본적으로 회계학상의 이익개념과 동일하게 기간손익을 전제로 한 법인세의 과세가능 순손익을 말한다.

4 복수목표 시스템

현대기업이 대규모화되고 제도적으로 발전함에 따라 이익추구만을 유일목적으로 추구할 수 없게 되었다. 그래서 사회적 목표인 사회적 책임의 추구와 같은 복수목표체계 하에서 기업이 움직이고 있다.

제2절 의사결정

1 의사결정의 기본적 특징

(1) 의사결정의 개념

의사결정(Decision Making)은 기업조직의 경영에 있어 기업의 목적을 효과적으로 달성하기 위해서 둘 이상의 대체 가능한 방법들 가운데 한 가지 방향을 과학적, 조직적 및 효과적으로 결정하는 것을 말한다.

(2) 의사결정의 주요 요소 중요

① **의사 담당자**: 의사결정의 주체로서 개인이나 집단, 조직 또는 사회가 될 수 있다.
② **환경**: 의사결정 결과를 예상할 수 있는 정도에 따라 확실성, 위험, 불확실성 상황 등으로 분류하며, 문제해결의 복잡성 및 정형성, 개인 간 또는 집단 간 갈등 등에 따라 분류되기도 한다.
③ **대상**: 의사결정사항을 말하는 것으로 통상적으로 경영의사결정의 영역은 마케팅, 생산, 재무 영역으로 구분된다.

> **체크 포인트**
>
> **의사결정의 주요 요소** 중요
> - 의사 담당자: 개인, 집단, 조직 또는 사회
> - 환경: 확실성, 위험, 불확실성 상황으로 구분
> - 대상: 결정사항으로서 생산, 마케팅, 재무 등

(3) 사이먼의 의사결정 과정 중요 기출 25

① **정보활동**: 결정을 필요로 하는 갖가지 조건에 관련된 환경의 탐색(의사결정기회의 발견)
② **설계활동**: 가능한 대체적인 활동방안의 개발 분석(여러 가지 대체안의 탐구)
③ **선택활동**: 특정 대체안의 선정 및 복수 대체안의 평가(대체안의 선택)
④ **검토활동**: 과거의 선택에 대한 평가(사후적인 평가)

> **더 알아두기**
>
> **실천적인 관점에 의한 의사결정론의 구분**
> - **기술적 이론**: 의사결정이 어떻게 이루어지는지를 설명하는 것으로 유능한 의사결정자의 행동 및 사고를 설명·예견하는 데 중점을 둔다.
> - **규범적 이론**: 의사결정이 어떻게 이루어져야 되는가에 대한 처방을 제안하는 이론으로 논리적 결정 전제를 기반으로 의사결정자에게 합리적으로 선택할 수 있는 방안을 제시하는 데 중점을 둔다.

> **이론적인 관점에 의한 의사결정론의 분류**
> - 의사결정의 경제학적 고찰
>   - 기업조직에서의 생산량, 비용, 가격의 결정 등을 해명하고자 하는 전통적인 미시경제학으로부터 비롯된 것이다.
>   - 분석과제에 의한 의사결정의 제안을 목적으로 하고 있으므로 주로 의사결정 논리론에 기반한 규범적인 의사결정이론으로서의 성격을 지니고 있다.
> - 의사결정의 심리학적·사회학적 고찰방법
>   - 경영을 인간의 사회적·집단적인 개념으로 파악해서 의사결정을 이해하는 방법을 말한다.
>   - 의사결정에 있어서의 경제적 방법은 현실적인 의사결정자의 제약된 정보, 능력(의사결정의 심리학 고찰방법) 및 결정의 조직상황적 특성을 포함해서 수정 및 보완될 필요(의사결정의 사회학적 고찰방법)가 있다.

2 의사결정 문제와 의사결정 모형

(1) 사이먼의 의사결정 모형 – 의사결정 대상의 성격에 따른 구분

사이먼은 의사결정 유형을 정형적, 비정형적인 것으로 분류하고 정형적 의사결정은 구조화된 결정 문제, 비정형적 의사결정은 비구조화된 결정 문제라고 하였다.

(2) 정형적(구조화된) 의사결정 및 비정형적(비구조화된) 의사결정 비교 중요 기출 23

구분	정형적 의사결정	비정형적 의사결정
문제의 성격	보편적, 일상적인 상황	비일상적, 특수적 상황
문제해결방안의 구체화 방식	문제해결안이 조직의 정책 또는 절차 등에 의해 미리 상세하게 명시됨	해결안은 문제가 정의된 다음에 창의적으로 결정
의사결정의 계층	주로 하위층	주로 고위층
의사결정의 수준	업무적·관리적 의사결정	전략적 의사결정
적용조직의 형태	시장 및 기술이 안정되고, 일상적이며 구조화된 문제해결이 많은 조직	구조화가 되어 있지 않으며, 결정사항이 비일상적이면서 복잡한 조직
전통적 기법	업무절차, 관습 등	직관, 판단, 경험법칙, 창조성 등
현대적 기법	EDPS, OR 등	휴리스틱 기법

3 앤소프(H. I. Ansoff)의 의사결정 모형

(1) 앤소프는 전략적 의사결정, 관리적 의사결정, 업무적 의사결정으로 분류하였다.

(2) 앤소프의 의사결정 모형 중요 기출_23
① **전략적 의사결정(Strategic Decision Making)**
㉠ 기업조직의 외부문제와 관련한 것으로, 기업조직이 생산하고자 하는 제품의 믹스 및 제품을 판매하려는 시장의 선택에 대한 것을 말한다.
㉡ 시장의 상황에 따라 어떤 제품을 어느 정도 생산할지, 어떠한 제품에 어느 정도의 자원을 투하시킬 것인지에 관한 기본적 의사결정이다.
② **관리적 의사결정(Managerial Decision Making)** : 최대한의 과업능력을 이끌어내기 위해 기업조직의 자원을 조직화하는 문제에 대한 의사결정이다.
③ **업무적 의사결정(Operational Decision Making)** : 기업자원의 전환과정에 있어 효율을 최대로 하기 위한 의사결정이고, 현 업무의 수익성을 최대로 하는 것을 목적으로 한다. 각각의 기능 부분 및 제품라인 등에 대한 자원의 분배, 업무의 일정계획화, 통제활동 등을 그 내용으로 하고 있다.

> **체크 포인트**
>
> **계층별 의사결정유형** 중요
> - 전략적 의사결정(최고경영층) : 전체 자원을 해당 시장의 각 기회에 할당하는 것
> - 관리적 의사결정(중간관리층) : 자원에 대한 조직화·조달 및 개발
> - 업무적 의사결정(하위관리층) : 각 부분에 대한 자원의 할당 및 일정계획의 수립

4 불확실성·확실성·위험 하에서의 의사결정

(1) 불확실성 하에서의 의사결정 : 의사결정의 결과에 대해 높은 불확실성이 존재하는 의사결정을 말한다. 더불어 이러한 의사결정은 대체로 최고관리자들에 의해 이루어진다.

(2) 확실성 하에서의 의사결정 : 의사결정의 결과를 확실하게 예측할 수 있는 상황에서의 의사결정을 말한다.

(3) 위험 하에서의 의사결정 : 불확실성 및 확실성의 중간으로 결과에 대해 확률이 주어질 수 있는 상황 하에서의 의사결정을 말한다.

제 6 장 실전예상문제

01 ①은 전통적 자본주의 윤리에 대한 내용이다.

01 다음 중 적응적 현대 윤리에 대한 설명으로 바르지 <u>않은</u> 것은?
① 단일 목적으로서의 이윤극대화
② 사회적 경제제도로서의 기업조직
③ 유효성, 능률 및 참가자들의 만족을 강조
④ 협동적인 사회행동의 필요

02 ④는 적응적 현대 윤리에 대한 내용이다.

02 다음 중 전통적 자본주의 윤리에 대한 설명으로 바르지 <u>않은</u> 것은?
① 분업 및 전문화를 통한 능률의 증대
② 경제적인 단위로서의 기업체
③ 폐쇄적인 시스템으로서의 기업조직
④ 인간적 만족에서 바라본 전문화의 한계 인식

03 경영목표 형성의 3가지 차원
• 경영목표의 내용
• 경영목표의 범위
• 경영목표의 실현기간

03 다음 중 경영목표 형성의 3가지 차원에 해당하지 <u>않는</u> 것은?
① 경영목표의 범위
② 경영목표의 실현기간
③ 경영목표의 비용
④ 경영목표의 내용

정답 01① 02④ 03③

04 다음 중 수정된 대표적 기업모형의 연결이 바르게 짝지어지지 <u>않은</u> 것은?

① 쿠퍼 – 수익범위 모형
② 매리스 – 성장균형 모형
③ 윌리엄슨 – 경영자재량극대화 모형
④ 보몰 – 판매수입극대화 모형

04 쿠퍼가 주장한 모형은 유동성 모형이다.

05 딘(J. Deen)이 주장한 이윤제한 이유에서 기업목표설정 및 예산 통제에서 중요시되는 개념에 해당하지 <u>않는</u> 것은?

① 안전이윤
② 표준이윤
③ 목표이윤
④ 위험이윤

05 표준이윤, 적정이윤, 안전이윤, 목표이윤 등의 개념들이 기업목표설정 및 예산 통제에서 중요시되고 있다.

06 이익개념에 대한 여러 가지 견해 중 바르게 설명하지 <u>않은</u> 것은?

① 회계학상의 이익은 기간 순손익을 의미한다.
② 상법상 순손익은 시점이익이 아닌 기간 순손익이라는 점에서 회계학적 견해와 일치한다.
③ 세법상 이익은 회계학상의 이익개념과 동일하게 기간손익을 전제로 한 법인세의 과세가능 순손익을 말한다.
④ 경제학상의 이익개념은 현가계산이 주가 되지만, 기본적으로 그 계산은 상법상 시점이익이다.

06 상법상 순손익은 기간 순손익이 아닌 시점이익이라는 점에서 이는 회계학적 견해와는 다소 차이가 있다.

정답 04 ① 05 ④ 06 ②

07 의사결정의 주요 요소
- 대상
- 환경
- 의사 담당자

07 다음 중 의사결정의 주요 요소에 해당하지 <u>않는</u> 것은?

① 비용
② 대상
③ 환경
④ 의사 담당자

08 정보활동은 의사결정을 필요로 하는 갖가지 조건에 관련된 환경의 탐색을 말한다.

08 사이먼의 의사결정 과정에서 의사결정기회의 발견과 관련된 활동은?

① 선택활동
② 검토활동
③ 설계활동
④ 정보활동

09 설계활동은 대체 가능한 활동방안의 개발 분석을 하는 활동을 말한다.

09 사이먼의 의사결정 과정에서 여러 대체안의 탐구와 관련된 활동은?

① 정보활동
② 설계활동
③ 검토활동
④ 선택활동

정답 07 ① 08 ④ 09 ②

10 사이먼의 의사결정 과정에서 대체안의 선택과 관련된 활동은?

① 설계활동
② 정보활동
③ 선택활동
④ 검토활동

10 선택활동은 특정 대체안의 선정 및 복수대체안의 평가를 하는 활동을 말한다.

11 사이먼의 의사결정 모형에 대한 설명으로 옳지 않은 것은?

① 의사결정 유형을 정형적, 비정형적인 것으로 분류하였다.
② 정형적 의사결정은 비구조화된 결정 문제, 비정형적 의사결정은 구조화된 결정 문제라고 하였다.
③ 정형적 의사결정은 주로 하위층에서 이루어진다.
④ 비정형적 의사결정의 해결안은 문제가 정의된 다음에 창의적으로 결정한다.

11 사이먼은 의사결정 유형을 정형적, 비정형적인 것으로 분류하고 정형적 의사결정은 구조화된 결정 문제, 비정형적 의사결정은 비구조화된 결정 문제라고 하였다.

12 다음 중 유능한 의사결정자의 행동 및 사고를 설명·예견하는 데 중점을 두는 의사결정은?

① 능력적 이론
② 기술적 이론
③ 관념적 이론
④ 규범적 이론

12 기술적 이론은 의사결정이 어떻게 이루어지는지를 설명하는 이론이다.

정답 10 ③ 11 ② 12 ②

13 규범적 이론은 의사결정이 어떻게 이루어져야 되는가에 대한 처방을 제안하는 이론이다.

13 다음 중 논리적 결정 전제를 기반으로 의사결정자에게 합리적으로 선택할 수 있는 방안을 제시하는 데 중점을 두는 의사결정은?

① 기술적 이론
② 관념적 이론
③ 추상적 이론
④ 규범적 이론

14 정형적 의사결정에서 의사결정의 계층은 주로 하위층이다.

14 다음 중 정형적 의사결정에 대한 설명으로 옳지 <u>않은</u> 것은?

① 의사결정의 계층은 주로 고위층이다.
② 보편적, 일상적인 상황 하에서의 의사결정이다.
③ 시장 및 기술이 안정되고, 일상적이며 구조화된 문제해결이 많은 조직에서 주로 활용된다.
④ 업무적·관리적인 의사결정이다.

15 비정형적 의사결정은 구조화가 되어 있지 않으며, 결정사항이 비일상적이면서 복잡한 조직에서 주로 활용된다.

15 다음 중 비정형적 의사결정에 대한 설명으로 바르지 <u>않은</u> 것은?

① 비일상적, 특수적인 상황 하에서의 의사결정이다.
② 해결안은 문제가 정의된 다음에 창의적으로 결정되는 방식이다.
③ 구조화가 되어 있으며, 결정사항이 비일상적이면서 복잡한 조직에서 주로 활용된다.
④ 의사결정의 계층은 주로 고위층이다.

16 전략적 의사결정은 기업조직의 외부 문제와 관련한 것으로, 기업조직이 생산하고자 하는 제품의 믹스 및 제품을 판매하려는 시장의 선택에 대한 것을 말한다.

16 시장의 상황에 따라 어떤 제품을 어느 정도 생산할지, 어떠한 제품에 어느 정도의 자원을 투하시킬 것인지에 관한 기본적 의사결정은?

① 업무적 의사결정
② 전략적 의사결정
③ 기능적 의사결정
④ 관리적 의사결정

정답 13 ④ 14 ① 15 ③ 16 ②

제7장 경영관리론

제1절 경영관리론의 학문적 의의
제2절 경영관리론의 본질과 내용
제3절 경영계획과 경영통제
실전예상문제

비관론자는 어떤 기회가 찾아와도 어려움만을 보고, 낙관론자는 어떤 난관이 찾아와도 기회를 바라본다.

– 윈스턴 처칠 –

보다 깊이 있는 학습을 원하는 수험생들을 위한
시대에듀의 동영상 강의가 준비되어 있습니다.
www.sdedu.co.kr → 회원가입(로그인) → 강의 살펴보기

제 7 장 경영관리론

제1절 경영관리론의 학문적 의의

1 경영관리론의 학문적 위상

(1) 독일 경영학과 미국 경영학의 차이 기출 24
① 독일 경영학은 경영경제학의 명칭이 말하듯이 경제학으로부터 독립해서 상업학으로 출발하여 현대와 같은 독자적 학문체계를 지닌 경영학을 구축하게 되었다.
② 미국 경영학은 실제적으로 경영으로부터 나타나는 각종 문제의 해결을 위해 합리적 방안을 모색하는 과정을 통해 발전했으므로 이는 실천적이면서 동시에 기술적인 문제를 추구한 것이 특징이라 할 수 있다.
③ 독일 경영학은 이론적 측면이 강하고, 미국 경영학은 실천적 측면이 강한 형태를 보이고 있다.

> **체크 포인트**
> **독일 경영학과 미국 경영학의 비교**
> • 독일 경영학(경영경제학) : 상업학으로부터 시작해서 이론적인 측면이 강한 학문
> • 미국 경영학(경영관리학) : 실제 경영에서 나타나는 문제의 해결에 관심을 가지고 시작한 실천적 측면이 강한 학문

2 매니지먼트에 대한 관점 중요

매니지먼트에 대해 하비슨(Harbison)과 마이어스(Myers)는 다음의 3가지 부분에서 내용을 정리하고 있다.

(1) 사회학자들의 매니지먼트에 대한 개념은 '계급 및 지위 시스템'으로 간주한다.

(2) 경영관리자들이 두뇌 및 교육엘리트가 되고자 하는 현상을 '경영자 혁명'이라 하는 학자들도 있다.

(3) 경제학자들이 보는 매니지먼트 개념은 토지, 노동, 자본 등과 같이 생산요소의 하나로 간주하고 있다.

(4) 사회학자, 경제학자, 경영 및 조직전문가들은 매니지먼트에 대해 서로 다른 관심을 가지지만 경영자는 이들만이 매니지먼트에 대한 전부가 아니라는 점을 인지해야 한다.

3 매니지먼트에 대한 정의

(1) 매니지먼트를 관리(일반)로 보는 관점

① **일반관리로 보는 관점** : 특정 종류의 인간행위 또는 사회적인 현상을 의미하는 것으로서 '조직화된 집단 내에서 활동하는 사람들을 통해 또한 그들과 더불어 일을 이룩하게 하는 과정'으로 보고 있다.

② 포괄적으로 각 견해를 종합해서 정의한 학자는 쿤츠(H. Koontz)와 오도넬(C. O'Donnell)이다. 이들은 매니지먼트를 '타인으로 하여금 목표를 달성하게 하는 기능'이라 정의하였다.

> **더 알아두기**
>
> **매니지먼트를 '관리'의 개념으로 보는 학자** 중요
> - 브레크(E. F. L. Brech) : 일정 과제 및 목적을 달성하기 위해 기업조직의 경영활동을 유효하게 계획 또는 통제하는 등의 책임 있는 사회적인 활동이다.
> - 테리(G. R. Terry) : 매니지먼트는 관리이며, 이는 타인의 노력을 통해 일정한 목적을 달성하는 기능이다.
> - 데이비스(R. C. Davis) : 매니지먼트는 기능이며, 이는 기업조직의 목적을 달성키 위해 타인의 활동을 계획 및 조직하고 통제하는 일을 말한다.

(2) 매니지먼트를 경영관리로 보는 관점

① 페이욜은 매니지먼트를 경영관리로 보고 기본적으로는 경영 및 관리를 구분해서 모든 종류의 산업활동을 영업적 활동, 기업적 활동, 보전적 활동, 재무적 활동, 회계적 활동, 관리적 활동으로 구분하고 6번째의 관리적 활동을 중심으로 분석하였다.

② 페이욜은 6가지의 활동을 Government라 지칭하고, 관리적 활동을 Administration이라 하여 관리적 활동을 경영의 한 요소로 생각했다.

③ **경영관리로 보는 관점** : 타인들로 하여금 목표를 달성하게 하는 과정이나 기능은 물론 변화하는 환경에 대응하기 위한 전략적 관리를 그 연구대상에 포함해야 한다는 관점이다. 기업내부의 관리적 문제로만 파악해서는 급격히 변화하는 환경에 적응할 수 없다는 측면에서 혁신과 전략적 관리를 포함하여야 함을 주장하고 있다.

제2절 경영관리론의 본질과 내용

1 매니지먼트를 관리(일반)로 보는 관점

(1) 관리기능(과정)으로서의 매니지먼트의 본질 〔중요〕

미국의 경영학 발전과정을 보면 매니지먼트의 본질을 관리 과정 또는 관리기능에서 찾고 있는 학자들이 상당히 많이 있다. 더불어 이러한 미국 경영학의 기반을 제공한 테일러 및 페이욜의 공헌이 크다.

① **테일러 및 페이욜의 공헌**
  ㉠ 테일러 이전에는 매니지먼트에 대한 것을 과학적 인식의 대상보다도 경영자들의 직관 또는 경험의 문제로 인지했다.
  ㉡ 페이욜 이전에는 매니지먼트를 경영활동에 있어서 생산·판매·회계·보전·재무 등 5가지의 직능을 필요로 하는 것을 알고 있었지만, 기업조직의 전체 목표를 달성할 수 있도록 이런 기능들이 조정해주는 관리라는 직능에 있어서는 거의 인지하지 못했다.
  ㉢ 페이욜의 경우, 관리가 계획·조직·지휘·조정·통제의 과정으로 이루어지며, 매니지먼트의 교육에 대해 그 필요성을 느끼고, 관리론에 대한 이론의 체계화를 추구했다.

② **인간관계론의 공헌**: 인간관계론의 관점에서 바라보는 계획 및 조직, 통제 등과 같은 과정 또는 기능 등을 의미하는 입장에서 바라보면 인간관계론의 핵심은 여전히 관리자 기능을 중심으로 하는 관리과정론에 입각해 있다고 할 수 있다.

③ **쿤츠 및 힉스의 견해에 따른 매니지먼트의 본질**
  ㉠ 경영관리론으로서 매니지먼트는 '사람'의 노력을 통해 '목표(일)'를 달성하고자 하는 관리과정에 기초한다.
  ㉡ 관리과정은 관리의 기능을 분석함으로써 더더욱 명확해진다.
  ㉢ 경영관리라는 것은, 가장 기본적으로는 계획·조직·통제라는 3가지 기능으로 구성되며 이러한 학문으로서의 매니지먼트(경영관리론)는 그러한 기능을 이론적인 기반으로 삼고 있다.
  ㉣ 경영관리론에서는 과거 실천적 경험으로부터 체득한 관리원칙을 중요시하는데, 그러한 관리원칙의 식별 및 분석이 경영관리론 연구에 있어 시발점이 되기도 한다.
  ㉤ 경영관리론으로서의 매니지먼트는 관리원칙을 적용함에 있어, 한 가지 기법으로 간주될 수 있다.
  ㉥ 관리원칙은 기업조직의 경영에서 관리분야뿐만 아니라 그 외 모든 경영체에도 적용이 가능한 보편성을 지닌다.

(2) 관리기능(과정)의 내용 〔중요〕 〔기출 22〕

① **페이욜의 관리기능**
  ㉠ 기업에 있어 매니지먼트의 핵심이 되는 관리기능(과정)을 처음 제시한 학자는 페이욜이다.
  ㉡ 페이욜은 기업조직이 존재하는 산업활동을 **기술적 활동, 영업적 활동, 재무적 활동, 보전적 활동, 회계적 활동, 관리적 활동**의 6가지로 구분하였고, 마지막 6번째 활동인 관리적 활동은 계획·조직·명령·조정·통제라는 5가지의 관리요소 또는 관리 기능들로 구성된다고 하였다. 〔중요〕

ⓒ 페이욜이 주장하는 산업활동 중 관리활동을 중요시하며, 이를 관리(일반)로 바라보는 입장의 학자들을 관리과정학파라고 한다.
② **쿤츠 및 오도넬의 관리과정**
ⓐ 쿤츠와 오도넬은 관리과정학파의 대표적 학자로서 관리과정을 계획, 조직화, 충원, 지휘 및 통제로 구분하였다.
ⓑ 조직화 및 충원, 지휘 등의 활동 중 주로 사람의 활동과 연관되는 과정 또는 기능 등을 강조한 것이다.

> **체크 포인트**
> **관리과정론에서 말하는 관리순환과정**
> 관리과정론의 경우 계획, 집행, 통제 또는 계획, 조직, 통제의 3가지 과정이 지속적으로 순환하고 있는 것으로 인지하고 이들을 PDS(Plan, Do, See), POS(Plan, Organization, See)나 PDC(Plan, Do, Control), POC(Plan, Organization, Control) 등으로 부르고 있다.

2 매니지먼트를 경영관리로 보는 관점

(1) 경영관리로서의 매니지먼트의 본질

기존에는 관리적 기능에서 의사결정에만 관심을 기울이고 전략적 계획은 무시되었다. 그 이유는 20세기 이후에 갑자기 형성된 대규모 인적조직을 어떻게 구조화하고 지휘할 것인가에만 관심이 있었고, 기술적으로나 사회적으로 급속한 변화가 없었기 때문이다. 하지만 최근에는 기업외부의 환경변화에 적응하기 위해서는 전략적 관리와 대응이 반드시 요구된다. 그러므로 경영관리 관점에서 파악이 되어야 한다.

(2) 경영관리의 내용

① **전략적 관리**: 선정된 목적을 달성할 수 있도록 **조직체 및 환경과의 관계를 결정, 유지**하며, 해당 조직체의 하위부분이 효과적이면서 능률적으로 활동할 수 있도록 **자원을 배분하는 과정**을 말한다.
ⓐ 전략적 관리의 경우 기업조직의 목적을 달성하도록 효과적인 전략을 수립하는 일련의 의사결정 및 그러한 전략을 실행할 수 있게 하는 활동을 말한다.
ⓑ 오늘날의 점증하는 환경의 영향 및 이에 대해 적절히 대처하는 최고 경영자의 활동이 중요하다는 것을 강조하고 있다.
② **업무적 관리**: 일상 업무의 처리 및 관련된 관리과정으로서 관리적 결정 또는 작업적 결정이 주된 의사결정영역이다.
ⓐ 기업조직의 각 하위부서에서의 활동들이 효율적으로 수행되도록 관리하는 것으로 **감독 관리자 및 중간관리자 계층이 주로 수행하는 관리활동**을 말한다.
ⓑ 내부적 관리, 중간 및 감독 관리층의 관리활동을 중심으로 다룬다.

제3절 경영계획과 경영통제

1 경영계획

(1) 경영계획의 의의

① **경영계획의 개념**
   ㉠ 경영계획은 경영자가 수행하는 최초의 경영관리 과정이면서 더불어 경영관리의 **최종적 과정인 경영통제**의 전제조건이 된다.
   ㉡ 경영계획은 기업조직의 장래 관리활동코스에 대한 의사결정 및 그 과정이라고 정의된다.
   ㉢ 경영계획은 관리활동의 출발점으로 기업조직이 지향해야 할 목표를 제시한다.

② **경영계획의 분류**
   ㉠ 광의의 경영계획 개념 : 목표 및 전략을 모두 포함한다.
   ㉡ 협의의 경영계획 개념 : 방침, 절차, 프로그램, 규정, 예산만을 경영계획에 포함시킨다.

> **체크 포인트**
>
> **경영계획의 기능**
> 기업조직의 경영계획은 확정불변이 아닌 상황에 대한 변동에 의해 탄력적으로 수정이 가능한 유연성을 지녀야 한다.

(2) 경영계획의 필요성 중요

① 미래의 불확실성 및 변화에 대처하기 위해 필요하다.
② 경영자가 경영목표에 주의 및 관심을 집중하도록 한다.
③ 비생산적이거나 비경제적인 노력을 배제함으로써 경제성 및 효율성을 높일 수 있다.
④ 통제에 있어서 필수 불가결하다.

(3) 계획의 체계 중요

쿤츠 등은 계획의 체계로 목적, 목표, 전략, 방침, 규칙, 절차, 프로그램, 예산의 8가지를 들었다.

① **스케줄(Schedule)** : 기업조직의 목표달성을 위해 어떤 일을 어떤 순서대로 연속적으로 수행해야 하는지에 대한 시간적인 순서를 말한다.
② **프로그램(Program)** : 목표달성을 위해 필요하고 연결되어 있는 제반활동이나 연속되는 행동시스템을 말한다. 즉, 프로그램은 어떤 일정 행동방침을 실행하기 위해 필요로 하는 요소들의 복합체이다.
③ **예산(Budget)** : 계획기능 중의 하나인 통제를 위한 불가결한 수단임과 동시에 예산편성은 기업 조직의 제반 계획을 통합하기 위한 중요 수단이다.
④ **절차(Procedure)** : 절차는 미래 시점에서 발생하는 활동의 관습적인 처리방법을 설정하는 것이며 이는 업무수행에 있어서 기본이 되는 계획이다. 그리고 표준화를 달성하는 주요수단이기도 하다. 반면에 방침은 미래 판단의 기준이 되는 계획이다.

(4) 계획의 종류

① 계획주체에 따른 구분

경영 계층은 전반관리층(전반계획 또는 종합계획), 중간관리층(부문계획), 하부관리층(실행계획에 대한 책임)으로 나누어지며 이러한 각 계층은 나름대로의 계획을 수립하게 된다.

② 계획의 대상 또는 내용에 따른 구분

경영계획을 기본적인 것에서 시작해서 세부적인 것으로 계층에 따라 구분할 때 기본계획(종합계획 또는 전체계획)과 실시계획(부문계획)으로 구분이 가능하다.

㉠ 기본계획(종합계획 또는 전체계획) : 경영활동에 있어 전체적 계획이며, 부문계획의 바탕이 되지만, 단순하게 부문계획을 총괄한 것이 기본계획이라고 할 수는 없다.

㉡ 실시계획(부문계획)
- 부문계획을 기능별 계획으로 구분하면 **생산계획, 판매계획, 구매계획, 인사계획** 등으로 구분할 수 있다.
- 부문계획을 경영 요소별로 구분하면 인원계획, 자본계획으로 나누어진다. 인원계획의 경우 공장배속계획·부서배치계획·영업소요원계획 등이 되고, 자본계획의 경우 설비투자계획·운전자본계획 등으로 세분화된다.
- 부문계획을 문제별 계획으로 세분화하면 설비개선계획, 신제품 개발계획, 사무합리화계획 등으로 나눌 수 있다.

③ 시한에 따른 계획의 구분

경영계획을 시한에 따라 구분하면 기간계획이 된다. 기간계획을 계획기간의 장단에 따라 구분하면 장기계획 및 단기계획으로 구분이 가능하다. 또한 계획의 달성까지의 기간을 중심으로 해서 구분하면 개별계획 및 기간계획으로 구분할 수 있다.

㉠ 계획달성까지 기간을 중심으로 한 구분
- 단기계획의 경우 매기의 예산, 단기의 생산계획, 판매계획 등이 이에 속하고, 통상적으로 1년을 기준으로 해서 그 이내의 계획을 말한다.
- 3년을 계획기간으로 할 때는 중기계획이라고 한다.
- 5년을 계획기간으로 할 때는 장기계획이라고 한다.
- 비용계획 및 수익계획을 내용으로 하는 이익계획의 경우 1년을 기본으로 하는 것이 원칙이다.

㉡ 계획기간의 일정주기를 기준으로 한 구분
- 계획기간의 일정주기를 기준으로 계획을 나누어보면 기간계획 및 개별계획으로 분류할 수 있다.
- 개별계획의 경우 공장건설, 신제품 개발, 합병계획 등과 같이 각 프로젝트마다 계획을 세우며, 이는 프로젝트의 성격에 따라 계획기간이 달라지게 된다.

㉢ 기간계획은 일정 기간을 기반으로 해서 각 부문계획 및 각 개별계획을 연결하는 종합 계획으로 이는 각 계획을 종합하기 위해 공통으로 적용할 수 있는 재무수치를 활용한 계획이다.

> **체크 포인트**
>
> **경영계획의 종류** 중요
> - 종합계획: 최고경영층 또는 전반관리층 등이 책임을 짐
> - 단기계획: 1년 이내의 계획을 의미
> - 개별계획: 각 프로젝트마다 계획을 세움
> - 부문계획: 기능별, 경영요소 또는 문제별로 세분화됨

(5) 경영계획의 원칙 중요

쿤츠는 경영계획의 원칙으로 합목적성의 원칙, 계획우선의 원칙, 보편성의 원칙, 효율성의 원칙 등을 주장하였다.

① **합목적성의 원칙**(Contribution to Purpose and Objectives)
  ㉠ 모든 계획에 있어서의 기본적인 목적은 기업조직의 **목표를 용이하게** 달성하도록 공헌하는 데 있다.
  ㉡ 경영의 본질이 의도적인 협동을 통해 공통의 목적을 이룰 수 있다는 것을 감안하면 경영과정의 한 요소인 계획은 기업의 목표에 공헌을 해야 할 것이다.
  ㉢ 합리성의 원칙이라고도 한다.

② **계획우선의 원칙**(Primacy of Planning)
  ㉠ 계획이 목적을 달성하기 위한 활동코스를 제시하는 것이 **모든 관리활동에 우선해야** 한다.
  ㉡ 계획은 통제의 기준을 제시한다는 점에서 통제보다도 선행되어야 하는 관리기능이다.

③ **보편성의 원칙**(Pervasiveness of Planning)
  ㉠ 계획은 기업조직 내 어느 특정한 계층에서만 수행되는 활동이 아닌 **전 계층에서** 수행되어야 하는 관리활동이다.
  ㉡ 경영계획은 최고경영층으로부터 하위관리자에 이르기까지 모두 수행해야 하는 관리기능이고, 이를 보편성의 원칙이라고 한다.

④ **효율성의 원칙**(Efficiency of Plans): 계획은 주어진 비용으로 **최대의 산출**을 발생시킬 수 있어야 한다.

> **체크 포인트**
>
> 경영계획의 원칙으로는 합목적성의 원칙, 계획우선의 원칙, 보편성의 원칙, 효율성의 원칙 등이 있다.

(6) 계획의 단계 중요

① **문제의 인식**: 전체 계획은 계획수립의 필요성을 인지하는 것에서부터 시작하고, 계획수립의 필요성은 바로 해결해야 하는 문제를 인지하는 것을 말한다.

② **목표의 설정**
  ㉠ 바르고 명확하게 설정된 목표는 계획 자체가 바르게 실행되도록 해준다.
  ㉡ 설정 목표는 기업 전체에 대한 목표로부터 부문별 목표에 걸쳐 다양하다.

③ **계획의 전제 수립** : 계획의 필요성을 인지하고 목표설정 후에 계획 설정에 있어 기반이 되는 미래상황에 대한 예측자료, 기본정책, 기존 계획안 등을 수집 및 정리해서 각 관련자들에게 전달하고, 그들의 동의를 구해야 한다.
④ **대안의 모색 및 검토** : 계획의 전제를 수립한 후에 갖가지 행동대안 등을 모색하게 되는데, 특히 명백하게 드러나 있지 않은 잠재적인 대안을 찾아내는 것이 중요하다.
⑤ **대안의 평가** : 목표달성에의 공헌도 또는 전제조건의 충족도 등의 기준에 의해 이루어진다.
⑥ **대안의 선택** : 계획이 구체적으로 수립이 되는 시기이다.
⑦ **파생계획의 수립** : 파생계획이 수립되었을 시에 계획이 수립되었다고 할 수 있는 것을 말한다.
⑧ **예산에 의한 계획의 수량화** : 앞 단계의 계획을 예산으로 변환시키는 일종의 계량화 과정이다. 더불어 계획수행 여부의 판단기준이 되기도 한다.

2 경영통제

(1) 통제의 의식
① 경영관리과정에서 수립된 목표・계획 등이 실제로 수행된 결과 사이에서의 괴리가 존재할 시에 이를 조정해서 기업조직의 목표달성을 가능하게 해야 하는데, 이러한 관리활동을 통제(Control)라 한다.
② 통제는 목표 또는 계획과 성과 사이의 편차 측정 및 그러한 편차 수정이라는 내용을 기본적으로 내포하고 있다.

(2) 통제의 범위
① 통제는 기업조직의 목표 또는 계획 및 성과 사이의 편차를 측정하는 것을 내포하지만 동시에 그 이상의 의미를 지닌다.
② **피드백에 의한 통제** : 회계보고에 기반을 둔 역사적 자료, 다시 말해 과거사실에 대한 자료를 통제수단으로 삼아 계획을 한 번 수행한 후 사후적으로 편차를 조정해서 기업조직의 목표를 달성하도록 되어 있다.
③ **피드포워드 통제** : 미래에 발생 가능한 편차의 원인이 되는 문제점이 발생하지 않도록 사전에 제거함으로써 한 번의 계획수정으로 목표를 달성할 수 있게 하는 것을 말한다.

(3) 경영통제 과정 중요
① 표준의 설정
   ㉠ 표준의 개념 : 표준은 기업조직의 경영목표에 의해 수립되는 일종의 계획에 준하는 경영통제의 기준이라 할 수 있으며, 이는 실제적인 성과의 측정을 위한 기반이 된다.
   ㉡ 표준의 설정 : 표준은 제품의 양, 작업시간 및 속도, 서비스의 단위, 불합격품의 수량 등 물리적이면서 양적인 것으로 표현이 될 수도 있고 수입, 비용 또는 투자액과 같이 금전적인 화폐단위로도 표현이 가능하다.

ⓒ 표준의 종류
- 물리적 표준 : 비금전적인 측정표준으로 통상적으로 원료에 노동력을 작용시켜 가공함으로써 재화 및 용역을 생산하는 작업장에서 주로 쓰이고 있다.
  예 마력당 연료소모량, 단위생산당 작업시간 등
- 원가측정 : 금전적 측정표준으로 물리적 표준과 동일하게 작업장에서 주로 쓰이고 있다.
  예 단위생산당 간접원가, 단위생산당 직접원가, 단위생산당 원재료비 등
- 자본적 표준 : 원가표준을 변형한 것으로 물리적인 항목에 금전적 측정치를 활용한 것이지만 이는 작업의 비용보다도 기업에 투하된 자본과 연관이 있다.
  예 유동비율, 부채비율, 자본이익률, 재고회전율 등 기출 23, 22
- 수익표준 : 화폐적인 단위를 매출에 활용한 것이다.
  예 고객의 1인당 매출액, 철재 1톤당 수익 등
- 프로그램기준 : 신제품 개발계획이나 변동예산계획 또는 판매진들의 자질향상계획 등을 설정할 시에 활용하는 표준이다.
- 추상적 표준 : 물리적·화폐적 측정치로는 표현이 불가한 경우에 활용되는 표준으로 인간관계적인 요소가 성과측정의 고려대상이 되는 경우에는 필요하지만, 어느 정도가 효과적인지 파악하기는 어렵다.
  예 충성심 제고, 사기앙양

② **실제 성과의 측정**
  ㉠ 성과측정의 단계는 통제의 중심부를 차지하는 단계라 할 수 있다.
  ㉡ 통상적으로 성과측정은 기업조직의 규모가 커질수록 복잡해진다. 이를 해결하기 위해서는 정형적 성과의 측정은 하위계층에 일임시키고, 최고경영층에서는 비정형적인 성과의 측정만을 담당하는 예외의 원칙을 활용하거나 또는 스태프 조직을 활용하는 것이 필요하다.

③ **편차의 수정**
  ㉠ 표준 및 성과의 편차를 수정하는 단계이다.
  ㉡ 편차 수정을 위해서는 내·외부 조건을 조정하거나 또는 하급자들의 감독·훈련 및 선발 등을 재검토할 필요가 있다.

(4) 경영통제를 위한 기법

① **통제수단**
  ㉠ 통제수단은 통제의 기능이 활발히 수행되도록 적절한 정보를 제공해 주는 하나의 절차내지 기법이다.
  ㉡ 통제가 잘 이루어지기 위해서는 기업조직의 강점 및 약점을 인지해야 하는데, 이때 통제의 수단은 이를 파악함에 있어 상당히 유용하다.

② **예산제도에 의한 통제**
  ㉠ 예산제도는 오래되었으면서도 통상적으로 보급된 통제의 수단이다.
  ㉡ 예산통제는 크게 이익계획을 기초로 한 형태와 적립식 형태로 나누어진다.

③ **합리적인 예산통제를 위한 조건** 중요
  ㉠ 기업의 조직 구성원들은 모두가 예산통제제도에 대해 충분하게 이해함과 동시에 지원을 해야 한다.
  ㉡ 예산통제를 위한 **조직이 확립**되어 있어야 한다.
  ㉢ 예산통제를 위해서는 예산통제의 방침 또는 절차 등을 명시한 **예산통제 관리규정이 정비**되어 있어야 한다.
  ㉣ 예산통제제도는 계수를 통한 통제방식이므로 이를 다룰 수 있는 **적절한 회계조직이 확립**되어 있어야 한다.
  ㉤ 예산기간의 경우 회계기간의 장단, 제조기간의 장단, 장기예측의 필요 유무, 계절적 요인 등에 따라 달라질 수 있지만, 예산통제제도를 지속적으로 내부통제에 활용하기 위해서는 **회계연도와 동일하게 설정**하는 것이 바람직하다.

④ **기타 방법에 의한 전통적 통제기법**
  ㉠ 통계적 자료에 의한 방법
    • 기업 활동의 여러 가지 측면을 과학적으로 분석하기 위해 각종 통계자료를 활용한다는 것은 경영통제에 있어 기초가 되는 방법이다.
    • 통계자료는 경영통제상의 목적으로 활용되는 것이 아닌 미래의 경영계획을 수립하는 기초자료로도 활용할 수 있다.
  ㉡ 손익분기점 분석에 의한 방법 중요
    • 손익분기점 분석(BEP ; Break-Even Point Analysis)은 **기업의 매출액 및 이익과의 관계를 분석·검토**하는 방법이다.
    • 손익분기점은 **총비용과 총수입이 일치하는 점**이다.
    • 손익분기점에서의 수량 = $\dfrac{\text{총고정비}}{\text{단위당 판매가격} - \text{단위당 변동비}}$

    • 손익분기점에서의 금액 = $\dfrac{\text{총고정비}}{1 - \dfrac{\text{단위당 변동비}}{\text{단위당 판매가격}}}$

  ㉢ 특수한 보고서 및 그 분석에 의한 방법 : 별도의 팀을 구축해서 이들로 하여금 통계적 자료 외의 특수한 보고서 및 정보만을 기반으로 해서 통제 및 분석작업만을 전담토록하면 통계상 나타나지 않는 원가절감, 자본이용도의 개선가능성을 찾아낼 수 있다.
  ㉣ 개인적 관찰에 의한 방법 : 기업조직의 경영자들은 종종 현장을 방문하거나 관찰함으로써 통계적 자료 또는 스태프들이 찾아내지 못한 통제상의 문제 및 원인 등을 확인할 필요가 있다.
  ㉤ 내부감사에 의한 방법 : 내부감사는 크게 보면 내부통제의 일종으로 기업조직 내 감사팀이 회계·재무 및 기타 운영전반에 대해 정기적이면서 독립적으로 평가하는 것을 의미한다.

제 7 장 실전예상문제

01 다음 중 사회학자들이 보는 매니지먼트의 개념으로 옳은 것은?
① 토지, 노동, 자본
② 경영자 혁명
③ 비용 및 투입물
④ 계급 및 지위 시스템

> **01** 사회학자들은 매니지먼트에 대해 '계급 및 지위 시스템'으로 간주한다.

02 다음 중 경제학자들이 보는 매니지먼트의 개념으로 적절한 것은?
① 토지, 노동, 자본
② 계급 및 지위 시스템
③ 비용 및 투입물
④ 경영자 혁명

> **02** 경제학자들이 보는 매니지먼트의 개념은 토지, 노동, 자본 등과 같이 생산요소의 하나로 간주하고 있다.

03 다음 중 매니지먼트를 관리의 개념으로 파악하지 <u>않는</u> 학자는?
① 데이비스
② 앤소프
③ 테리
④ 브레크

> **03** 매니지먼트를 '관리'의 개념으로 보는 학자
> • 브레크
> • 테리
> • 데이비스

정답 01 ④ 02 ① 03 ②

04~06
페이욜의 6가지 산업 활동
- 기술적인 활동 : 생산, 제조, 가공
- 영업적인 활동 : 구매, 판매, 교환
- 재무적인 활동 : 자본의 조달, 최적의 운용
- 보전적인 활동 : 재화와 종업원의 유지·보전
- 회계적인 활동 : 재무제표, 원가, 기타 통계
- 관리적인 활동 : 계획, 조직, 명령, 조정 및 통계

04 페이욜의 산업 활동 중 자본의 조달, 최적의 운용 등과 관련된 활동은?

① 회계적인 활동
② 영업적인 활동
③ 재무적인 활동
④ 기술적인 활동

05 페이욜의 산업 활동 중 재화와 종업원의 유지·보전과 관련된 활동은?

① 보전적인 활동
② 기술적인 활동
③ 관리적인 활동
④ 영업적인 활동

06 페이욜의 산업 활동 중 계획, 조직, 명령, 조정 및 통계 등과 관련된 활동은?

① 관리적인 활동
② 보전적인 활동
③ 기술적인 활동
④ 재무적인 활동

정답 04 ③ 05 ① 06 ①

07 다음 중 쿤츠와 오도넬의 관리과정 요소로 보기 어려운 것은?

① 계획
② 충원
③ 비용
④ 조직화

07 쿤츠와 오도넬은 관리과정학파의 대표적 학자로서 관리과정을 계획, 조직화, 충원, 지휘 및 통제로 구분하고 있다.

08 경영계획에 대한 설명으로 바르지 않은 것은?

① 경영자가 수행하는 최초 경영관리 과정이면서 경영관리의 최종적 과정인 경영통제의 전제조건이다.
② 경영계획은 기업조직의 장래 관리활동코스에 대한 의사결정 및 그 과정이다.
③ 경영계획은 관리활동의 출발점으로 기업조직이 지향해야 할 목표를 제시한다.
④ 광의의 경영계획 개념은 방침, 절차, 프로그램, 규정, 예산만을 경영계획에 포함시킨다.

08 광의의 경영계획 개념은 목표 및 전략을 모두 포함한다.

09 다음 중 경영계획의 필요성에 대한 내용으로 바르지 않은 것은?

① 경영자가 경영목표에 주의 및 관심을 집중하도록 한다.
② 미래의 확실성 및 변화에 대처하기 위해 필요하다.
③ 통제에 있어서 필수 불가결하다.
④ 비생산적이거나 비경제적인 노력을 배제함으로써 경제성 및 효율성을 높일 수 있다.

09 경영계획은 미래의 불확실성 및 변화에 대처하기 위해 필요하다.

정답 07 ③ 08 ④ 09 ②

10 비용계획 및 수익계획을 내용으로 하는 이익계획의 경우 1년을 기본으로 하는 것이 원칙이다.

10 계획에 대한 내용 중 계획달성까지 기간을 중심으로 한 설명으로 옳지 <u>않은</u> 것은?

① 비용계획 및 수익계획을 내용으로 하는 이익계획의 경우 3년을 기본으로 하는 것이 원칙이다.
② 단기계획은 통상적으로 1년을 기준으로 한 계획이다.
③ 중기계획은 3년을 계획기간으로 한다.
④ 장기계획은 5년을 계획기간으로 한다.

11 쿤츠가 분류한 경영계획의 원칙
• 합목적성의 원칙
• 계획우선의 원칙
• 보편성의 원칙
• 효율성의 원칙

11 다음 중 쿤츠가 분류한 경영계획의 원칙에 해당하지 <u>않는</u> 것은?

① 합목적성의 원칙
② 보편성의 원칙
③ 비용성의 원칙
④ 효율성의 원칙

12 합목적성의 원칙은 모든 계획에 있어서의 기본적인 목적은 기업조직의 목표를 용이하게 달성하도록 공헌하는 데 있다.

12 경영의 본질이 의도적인 협동을 통해 공통의 목적을 이룰 수 있다는 것을 감안하면 경영과정의 한 요소인 계획은 기업의 목표에 공헌을 해야 한다는 것은 경영계획의 원칙 중 무엇에 해당하는 원칙인가?

① 보편성의 원칙
② 합목적성의 원칙
③ 효율성의 원칙
④ 계획우선의 원칙

정답 10 ① 11 ③ 12 ②

13 다음 중 경영통제의 과정을 바르게 나열한 것은?

① 표준의 설정 → 편차의 수정 → 실제성과의 측정
② 표준의 설정 → 실제성과의 측정 → 편차의 수정
③ 실제성과의 측정 → 편차의 수정 → 표준의 설정
④ 실제성과의 측정 → 표준의 설정 → 편차의 수정

13 경영통제의 과정
표준의 설정 → 실제성과의 측정 → 편차의 수정

14 물리적·화폐적 측정치로는 표현이 불가한 경우에 활용되는 표준은 무엇인가?

① 추상적 표준
② 수익표준
③ 자본적 표준
④ 물리적 표준

14 추상적 표준은 인간관계적인 요소가 성과측정의 고려 대상이 되는 경우에는 필요하지만, 어느 정도가 효과적인지 파악하기는 어렵다.

15 다음 중 손익분기점에서의 수량을 구하는 공식으로 옳은 것은?

① $\dfrac{\text{총고정비}}{1 - \dfrac{\text{단위당 변동비}}{\text{단위당 고정비}}}$

② $\dfrac{\text{단위당 판매가격}}{1 - \dfrac{\text{단위당 변동비}}{\text{단위당 고정비}}}$

③ $\dfrac{\text{총변동비}}{1 - \dfrac{\text{단위당 고정비}}{\text{단위당 변동비}}}$

④ $\dfrac{\text{총고정비}}{\text{단위당 판매가격} - \text{단위당 변동비}}$

15 손익분기점에서의 수량 구하는 공식
손익분기점에서의 수량
$= \dfrac{\text{총고정비}}{\text{단위당 판매가격} - \text{단위당 변동비}}$

정답 13 ② 14 ① 15 ④

16 경영관리론으로서의 매니지먼트는 관리원칙을 적용함에 있어, 한 가지 기법으로 간주될 수 있다.

16 쿤츠 및 힉스의 견해에 의한 매니지먼트의 설명으로 옳지 않은 것은?

① 경영관리론으로서 매니지먼트는 '사람'의 노력을 통해 '목표(일)'를 달성하고자 하는 관리과정에 기초한다.
② 경영관리론으로서의 매니지먼트는 관리원칙을 적용함에 있어, 여러 가지 기법으로 간주 될 수 있다.
③ 경영관리라는 것은, 가장 기본적으로는 계획·조직·통제라는 3가지 기능으로 구성된다.
④ 관리과정은 관리의 기능을 분석함으로써 더더욱 명확해진다.

정답 16 ②

제8장

전략수립과 전략실행

제1절　경영전략과 전략개발
제2절　전략경영
실전예상문제

당신이 저지를 수 있는 가장 큰 실수는 실수를 할까 두려워하는 것이다.
– 앨버트 하버드 –

합격의 공식 ▶ **온라인 강의**

보다 깊이 있는 학습을 원하는 수험생들을 위한
시대에듀의 동영상 강의가 준비되어 있습니다.
www.sdedu.co.kr → 회원가입(로그인) → 강의 살펴보기

제8장 전략수립과 전략실행

제1절 경영전략과 전략개발

1 경영전략의 의의와 구성요소

(1) 경영전략(Business Strategy)의 의의

① 경영전략은 변화하는 기업환경하에서 기업조직의 존속 및 성장을 도모하기 위해, 환경의 변화에 대해 기업조직의 활동을 전체적이면서 계획적으로 이를 적응해 나가는 전략을 말한다.
② 경영전략은 최고경영층에서의 경영능력과 경영환경의 변화에서 파생된 기회 및 위협을 효율적으로 연결시키는 주요 도구의 하나이다.
③ 기업조직이 환경의 변화에 적응하고자 할 때에는 기업의 환경요인 중 어떤 것이 경영목표 달성에 제약요인으로 작용하는지 분석해서 그런 제약요인을 변화시키는 수단 등을 강구하는 것이 경영전략이라 할 수 있다.

(2) 전략개념의 구성요소 중요

① 앤소프 전략의 구성요소
  ㉠ 제품·시장분야 : 기업의 제품, 시장 지위가 어느 업종의 것인가?
  ㉡ 성장벡터(Growth Vector) : 기업이 자사의 제품·시장분야에서 어떤 방향으로 가려하는가?
  ㉢ 경쟁상의 이점 : 제품·시장분야 및 성장벡터에 의해 정해진 영역 내 자기경쟁상의 특성은 무엇인가?
  ㉣ 시너지(Synergy) : 상승효과는 어느 정도인가?
② 호퍼와 센델의 전략개념 구성요소
  ㉠ 영역 : 기업(조직)의 현재 및 미래 환경과의 상호작용의 정도, 활동범위
  ㉡ 자원전개 : 기업(조직)의 목적(중기적 표적)과 목표(최종도달점)의 달성을 조성하는 과거 및 현재의 자원과 숙련의 전개수준과 패턴, 독자능력
  ㉢ 경쟁우위성 : 기업(조직)이 자원전개패턴이나 영역결정 등을 통해 경쟁자에 대해 지니는 독자적인 지위
  ㉣ 시너지 : 자원전개나 영역결정에서의 상승효과

> **체크 포인트**
>
> **전략개념의 구성요소**
> • 앤소프 전략의 구성요소 : 제품·시장분야, 성장벡터, 경쟁상의 이점, 시너지
> • 호퍼와 센델 전략의 구성요소 : 영역, 자원전개, 경쟁우위성, 시너지

2 전략계획과 전략개발

(1) 전략계획(Strategic Plan)
① 공식화된 계획 설정 과정에서 전략 개념을 도입한 계획 설정을 말하며, 이에 대한 명칭 및 내용은 다양하다.
② 변화하는 환경에 대응하고 경영의 잠재적 수익능력을 종합적으로 개발하기 위한 미래지향적 의사결정시스템이다.

(2) 관리문제 영역의 혁신과 전략계획 종요
전략계획은 관리문제 영역의 혁신으로부터 나타난 계획형태의 하나인데, 앤소프는 이에 대해 경영의 관리 영역을 5단계로 분류한다.
① **사회적(정치적) 관리**
  ㉠ 기업의 최상단에는 사회적·정치적 관리가 위치한다.
  ㉡ 사회에 있어 기업조직의 정당성·합법성, 존재이유를 판단하고 결정한다.
② **기업가적 관리**
  ㉠ 기업가적 관리는 기업을 위한 이익잠재력을 창출해낸다.
  ㉡ 기업의 유지·발전의 기회를 포착하며 실현시키고, 위협을 인지하고 회피하는 것이다.
③ **경쟁적 관리**: 잠재적인 이익을 현실이익으로 전환하는 것과 관련된다.
④ **경영적 관리**: 위에 제시된 3가지 관리활동이 요구하는 능력을 제공하는 것으로, 3가지 관리에 대해 기능·가치·구조·시스템 등을 지원하는 관리이다.
⑤ **로지스틱스 과정**
  ㉠ 로지스틱스 과정은 비관리적인 성격을 지니고 있다.
  ㉡ 병참적 활동이나 생산적 활동이라 불리며, 자원의 조달·변환·유통 등의 복잡한 단계를 포함한다.

(3) 스타이너(G. A. Steiner)의 전략계획의 특징 종요
① **전략계획은 과정이다**: 전략계획은 목표의 개발과 더불어 시작되는 일종의 과정으로 전략 수립을 위한 지속적인 과정이 되어야 함을 말한다.
② **전략계획은 하나의 철학이다**: 이미 정해진 과정, 절차 또는 기법보다 한 차원 높은 사고의 과정이나 지적 활동이다.
③ **전략계획은 의사결정의 미래성을 다룬다**: 공식적 전략계획은 미래에 존재하는 기회 및 위협의 구별을 의미하고, 이는 합리적 의사결정의 기초가 된다.
④ **총괄적인 전사적 계획은 계획의 구조로 정의되기도 한다**: 단기적인 업무계획 및 전략계획을 통합화하는 구조를 말한다.

(4) 전략개발과 전략유형 종요

① 전략개발의 방법
- ㉠ 갭 분석 : 검토하려는 목표나 단순하게 연장된 성과의 차이로 설정된 목표가 달성될 것인지의 여부를 분석하기 위한 방법이다.
- ㉡ ETOP 분석 : 환경의 위협 및 기회에 대해 배경조사, 각 지표에 대한 과거행위의 측정, 중요지표의 선택, 각 지표의 예측, 잠재적인 미래 상황의 식별, 시나리오의 작성 등과 같은 프로파일을 통해 새로운 전략개발을 모색하기 위한 방법이다.
- ㉢ WOTS-UP 분석 : 환경의 기회 및 위협 등을 파악하고, 기업조직의 강점 및 약점을 인지해서 여러 형태의 전략적인 반응을 유도하고자 하는 방법이다.
- ㉣ 이슈분석 : 환경의 변화에 대한 미세 신호를 포착해서 이를 통해 위협을 극복하고 기회를 파악해야 하며, 충격적인 놀라움의 원인 및 반응 등을 전략적으로 분석해서 사전에 대비를 철저히 해야 함을 뜻한다.

② 경영전략의 유형
- ㉠ 스타이너(Steiner)와 마이너(Miner)의 분류 종요
  - 조직계층별 분류 : 분권화된 기업조직에서 본사 수준의 전략 및 사업부 수준의 전략으로 구분
  - 영역에 기초를 둔 분류 : 기본전략 및 프로그램 전략으로 구분
  - 목적 또는 기능에 의한 분류 : 성장 및 생존목적을 위한 전략과 제품-시장전략의 구분
  - 물질적·비물질적 자원별 분류 : 통상적으로 전략은 물리적인 자원을 대상으로 하지만 경영자의 스타일이나 사고패턴, 철학과도 관련
  - 경영자의 개인적 선택에 의한 분류 : 개개인의 개인적 지위 및 가치관의 차이에 의한 분류
- ㉡ 외형적인 전략출현 중심의 분류
  - 생산지향 전략(Production Oriented Strategy) : 외부환경을 보완적인 요인으로 보고 내부환경의 전략적 요인을 추구하는 전략으로, 생산 시스템의 혁신 및 제품표준화 또는 제품개발에 의한 생산의 효율화를 목적으로 한다.
  - 시장지향 전략(Market Oriented Strategy) : 시장 환경에서 전략적인 요인을 찾는 전략으로, 제품·시장전략이 중심이 된다.
  - 산업지향 전략(Industry Oriented Strategy) : 산업계의 경쟁관계에서 전략적인 요인을 찾는 전략으로, 전사적 전략이 중심이 된다.

3 제품의 표준화 전략과 다각화 전략

표준화, 단순화, 전문화를 주축으로 제품개발과 시장침투가 핵심적 내용을 구성하고 있다. 제품의 라이프사이클에 따른 **제품개발, 계열화, 확대전략** 등이 구체적으로 나타나는 전략이며, 최근에는 생산성 향상을 위한 측면에서 생산성 전략이 나타나기도 한다.

(1) 제품의 표준화 전략

① **포드 시스템** 중요 기출 25
   ㉠ 포드의 생산전략은 제품의 표준화, 부품 등의 호환성 제고, 이를 가능하게 하는 부품의 집중생산 및 컨베이어 시스템을 활용한 흐름작업화 등을 말한다.
   ㉡ 생산전략에 있어 공동적 사항은 **표준화**(Standardization), **단순화**(Simplification), **전문화**(Specialization) 등이 있다.
   ㉢ 포드의 생산전략은 확대전략(Expansion Strategy)의 특징을 지닌다.

> **더 알아두기**
>
> **포드가 주장한 3S** 중요
> - 표준화(Standardization)
> - 단순화(Simplification)
> - 전문화(Specialization)
>
> **포드 시스템의 비판** 중요
> - 동시작업 시스템의 문제 : 한 라인에서 작업이 중지될 경우 전체 라인의 작업이 중지되어 이는 제품생산에 큰 차질을 빚게 한다.
> - 인간의 기계적 종속화 : 컨베이어 시스템 등의 생산기계에 이상이 있을 시에 생산은 중단되고 사람은 아무런 일도 하지 못하게 된다.
> - 노동착취의 원인 제공 : 생산라인에서 사람은 쉬지 못할 뿐만 아니라 떠날 수도 없는 생산과정으로 이는 노동의 과부하를 불러일으킬 수 있다.
> - 제품의 단순화, 표준화는 효율적이지만 갖가지 욕구충족에는 역부족이다.

② **확대전략**
   ㉠ 제품의 개발 : 기존제품을 대신할 신제품 개발을 위해 제품수명주기를 생각해야 한다.
   ㉡ 계열화 : 포드에 의해 시작된 것으로 주로 수직적인 계열화이고 각기 다른 생산공정단계 및 생산영역을 하나의 경영시스템 하에 둔 것이다.
   ㉢ 확대 : 통상적으로 확대전략은 현존 제품의 시장지위를 높이는 전략이다.
③ **생산성 전략** : 생산성 전략은 제조전략의 기반이 되고 있지만, 제조공정의 원가절감 및 작업자 만족, 제품의 품질향상이라는 상호배반적 측면이 있으므로, 최적화에 다다르는 과정이 결코 쉽지만은 않다.

> **체크 포인트**
>
> **생산성 전략의 특징**
> 생산성 전략은 제조전략의 기반이 되며, 국제 간 무역 전략에서 주요 지표가 된다.
>
> **버파(Buffa)가 제시한 제조전략의 6가지 기초** 중요
> - 생산 시스템의 포지셔닝

- 능력, 입지결정
- 작업력과 작업설계
- 공급자의 수직적 계열화
- 제품과 공정기술
- 오퍼레이션 결정의 전략적 보완

(2) 제품의 다각화 전략 `중요` `기출` 25

시장 환경의 급변화와 위협으로 더 이상의 표준화 전략이 어려운 상태에서 이에 대한 적절한 대응이 필요하게 되었다. 그러므로 시장지향전략이 출현하게 되었으며, GM의 시장세분화 및 시장개발이 대표적인 예이다.

① **시장지향전략의 출현** : 시장이 잠재적으로 크고 더욱 동질적이며 안정되어 있다는 가정 하에서 제품 표준화 전략을 중심으로 한 생산전략이 가능했지만, 이러한 가정이 타당성을 지니지 못하는 상황에서는 시장지향적인 전략이 중요시된다.

② **다각화 전략의 성장벡터 유형**
  ㉠ 다각화 전략의 개념
    - 제품의 생산지향적 전략에서 시장지향적 전략으로의 과정에서 필연적으로 나타나는 제품전략이다.
    - 앤소프는 제품개발, 시장침투, 시장개발 등의 전략을 확대전략으로 파악하고 이와 대비되는 전략을 다각화 전략으로 보고 있다.
  ㉡ 앤소프(H. I. Ansoff)의 성장벡터 `중요`

사명＼제품	현재	신규
현재	확대화(시장침투) →	(제품개발)
신규	↓ (시장개발)	다각화

  - 시장개발, 시장침투, 제품개발은 제품의 생산기술과 마케팅의 어느 한쪽 또는 쌍방과 공통의 관련성을 지닌다는 부분에서 공통점을 보이며 이를 확대화라 한다.
  - 다각화의 경우 생산과 시장의 양면에서 기존 것과 다른 분야에 진출을 하는 것이고, 이는 엄격히 말하면 신규제품 출시, 시장에 진출하는 것 등을 말한다.

③ **다각화가 필요한 때**
  ㉠ 확대기회가 충분하고 과거의 경영목적이 달성되었더라도 유보자금이 확대에 필요한 액수보다 상회하고 있을 시
  ㉡ 확대화에 의해 규정되어 있는 제품이 시장분야 내에서 경영목적을 달성할 수 없을 시
  ㉢ 활용가능한 정보가 확대화와 다각화의 결정적인 대비를 가능하게 할 수 있는 신뢰도를 갖지 못할 시
  ㉣ 현재 경영목적이 달성되더라도 다각화의 기회가 확대화의 기회보다 큰 수익성을 보장할 시

> **더 알아두기**
>
> **다각화의 종류** 중요 기출 22
> - **수직적 다각화**: 기업이 자신의 분야에 포함된 분야로 사업영역을 확장하는 것을 말한다.
> - **수평적 다각화**: 자신의 분야와 동등한 수준의 분야로 다각화하는 것을 말한다.
> - **집중적 다각화**: 핵심기술 한 가지에 집중해서 판매하는 것 또는 다른 관점에서 바라보면 경영합리화의 목적, 시장통제의 목적, 금융상 이점 등을 목적으로 상호 간 협정 또는 제휴를 통해 과다경쟁으로 인한 폐해를 없애고 기업조직의 안정 및 시장지배를 목적으로 하는 것을 말한다.
> - **복합적 다각화**: 해당 사업이 연계한 동종업종의 것일 수도 있으며, 전혀 자신들의 업종과는 다른 양상의 분야로 확장해서 운영하는 것을 말한다.

4 기업의 산업경쟁 전략과 포트폴리오 전략

(1) 마이클 포터의 경쟁전략 중요

마이클 포터(M. E. Porter)는 효과적인 경쟁전략의 5요소(잠재적 진입자, 산업 내 경쟁자, 공급자, 구매자, 대체품)를 경쟁요인별 경쟁적 지위를 창출하기 위해 공격적 또는 방어적인 행동을 취하는 것으로 개념을 정의하고 있다.

(2) 경쟁전략 중요 기출 24

① **개념**

기업조직에서의 경쟁전략은 기업조직이 어떻게 경쟁에 들어가는지, 그리고 목표는 무엇인지, 이러한 목표를 실현하기 위해 필요한 정책은 무엇인지에 대해 결정하는 것을 말한다.

② **경쟁전략의 형태** 기출 22

	저원가 (경쟁우위)	차별화
넓은 영역	원가우위 전략 (Cost Leadership)	차별화 전략 (Differentiation)
좁은 영역	원가 집중화 (Cost Focus)	차별적 집중화 (Differentiation Focus)

(경쟁영역)

㉠ 코스트 리더십 전략(원가우위 전략) : 비용요소를 철저하게 통제하고 기업조직의 가치 사슬을 최대한 효율적으로 구사하는 전략이다.
㉡ 차별화 전략 : 소비자들이 가치가 있다고 판단하는 요소를 제품 및 서비스 등에 반영해서 경쟁사의 제품과 차별화해서 소비자들의 충성도를 확보하고 이를 통해 가격 프리미엄 또는 매출증대를 꾀하고자 하는 전략이다.
㉢ 집중화 전략 : 메인 시장과는 다른 특성을 지니는 틈새시장을 대상으로 해서 소비자들의 니즈를 원가우위 또는 차별화 전략을 통해 충족시켜 나가는 전략이다. 기출 23

> **체크 포인트**
>
> **경쟁전략의 형태** 중요
> - 코스트 리더십 전략 : 비용 면에서 최우위를 가진다는 기본목표에 따라 일련의 직능별 전략에 의해 산업계에서 코스트 리더십을 취하고자 하는 전략
> - 차별화 전략 : 자사제품이나 서비스를 차별화해서 산업계에서 무엇인가 특이한 것을 창조하고자 하는 전략
> - 집중화 전략 : 특정 구매자 집단이라든가, 특정 제품종류 및 지역시장에 맞추어 기업의 자원을 집중시키는 전략

(3) 경쟁전략을 위한 산업구조적 요인의 분석 중요

① 경쟁 5요인

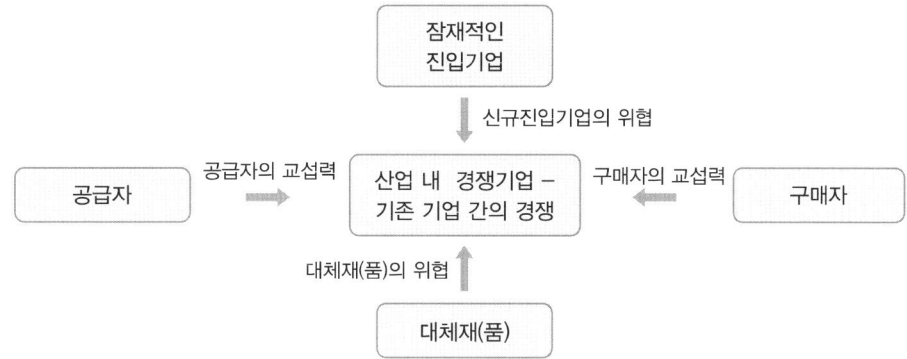

② 내용
㉠ 위 그림에서의 5가지 경쟁요인은 산업의 기회 및 위협에 대한 요소이기도 하다. 또한 산업의 경쟁상태에서는 5가지의 기본적 요소에 의존하고 있으며, 이러한 5가지 요소의 결집된 힘이 산업의 궁극적인 수익의 잠재력을 결정하게 된다.
㉡ 마이클 포터의 5대 경쟁요소인 신규진입자의 위협, 대체품의 위협, 공급자의 교섭력, 구매자의 교섭력, 기존 기업조직들과의 경쟁관계는 산업계의 경쟁이 비단 기존의 경쟁자만이 아닌 공급자, 구매자, 대체품, 예상되는 신규진입자 등 모두가 경쟁상대이다.

> **더 알아두기**
>
> **포터의 산업환경분석** 중요 기출 22
> 산업 환경의 분석은 기업조직의 전략에 있어 직접적으로 영향을 미치기 때문에 이는 전략 수립에 있어 가장 중요한 요소 중 하나이다.
> - **잠재적인 진입자의 위협** : 잠재적 경쟁자란 현재는 경쟁하고 있지는 않지만, 향후 경쟁에 뛰어들 의지 및 능력을 가지고 있는 잠재적 진입기업을 의미한다.
> - **기존 기업들 간의 경쟁** : 기업들 간의 경쟁은 기업 활동의 모든 측면에서 나타나는데, 경쟁은 시장에서 유리한 위치를 점하기 위한 것으로, 타 기업에 영향을 미치므로 대응 조치를 야기하게 된다.
> - **구매자의 교섭력** : 구매자는 가격인하, 더 좋은 품질과 서비스를 요구하여, 기업들을 대립시킴으로써 기업에 위협요인이 될 수 있으며, 반대의 경우 기업은 가격 인상의 기회를 가진다.
> - **공급자의 교섭력** : 유력한 공급자들은 가격 인상, 공급물량의 감축 위협 등을 통해 기업들을 위협할 수 있는데, 이처럼 공급자가 고객에게 행사할 수 있는 영향력을 교섭력이라고 한다.
> - **대체품의 위협** : 대체품이란 제품의 물리적 특성은 다르지만 고객욕구의 충족 면에서 유사성을 지니고 있는 제품이다.

(4) 포트폴리오 전략 중요

① **개념** : 포트폴리오 전략은 경영자전략계획의 일환으로 이는 기업조직의 환경위험을 분석하여 활용이 가능하도록 기업의 잠재능력 개발을 위해 고안된 것을 말한다.

② **내용** : 경험곡선에 의한 비용체감의 법칙과 PIMS 모형에 의한 시장점유율 및 ROI 결정법칙을 합하여 현재 잠재력이 있는 전략적 사업단위를 발견해서 이에 대해 투자 또는 환수를 정하는 전략이다.

③ **학습곡선(Learning Curve)** 중요

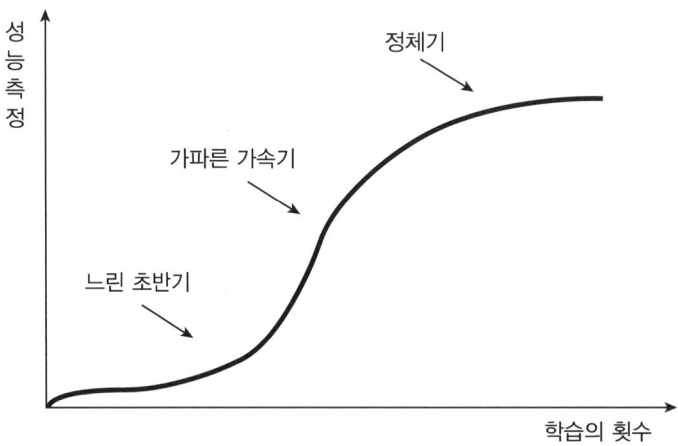

통상적으로 어떤 제품의 생산에 있어 필요한 제품 1단위당 직접노동량의 투입량이 누적 생산량의 증대에 따라 일정한 비율로 감소한다는 경험적인 사실을 표현하는 곡선이고, 이러한 현상을 학습효과라고 한다.

④ **경험곡선(Experience Curve)** 중요

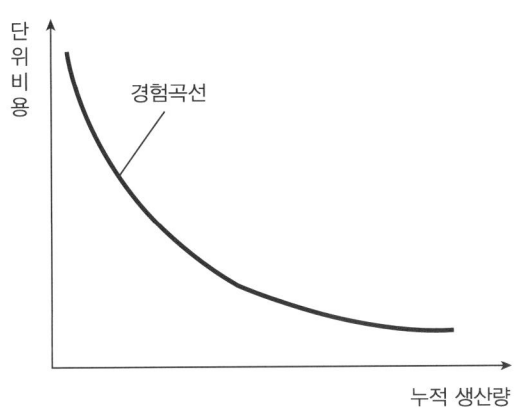

㉠ 제품의 단위당 실질 비용은 누적 경험량(누적 생산량 또는 판매량)이 증가함에 따라 단위당 비용이 20~30%의 비율로 저하된다는 것을 말한다.
㉡ BCG(Boston Consulting Group)가 말하는 경험곡선의 요인 중요
  • 작업방법, 절차·공정의 개선
  • 노무자의 작업숙련(숙련효과)
  • 규모의 효과
  • 용구·설비의 개선을 위한 투자
  • 기술의 진보

⑤ **경험곡선과 PIMS**
㉠ 시장점유 및 투자수익률과의 정의 관계를 실제적으로 검증한 것이 PIMS 프로젝트이다.
㉡ PIMS는 특정 사업에 있어 투자수익률이 전략 변화에 어떠한 영향을 미치는지 또는 반대로 전략 변화가 투자수익률에 어떤 영향을 미치는지를 분석하는 것이다.
㉢ PIMS는 이익모형으로 기업조직의 수익성에 영향을 미치는 요소 및 그 영향정도, 전략과 시장조건의 변화에 따른 투자수익률의 변화를 파악하고자 한다.
㉣ PIMS 모형이 제시하는 전략
  • 구축전략 : 신제품의 도입, 추가 마케팅 프로그램 등의 수단에 의해 시장점유율을 적극적으로 향상시키는 전략
  • 유지전략 : 현존 시장점유율 수준을 유지하기 위한 전략
  • 철수전략 : 시장점유율을 낮춤으로써 높은 단기수익 및 현금흐름을 성취하기 위한 전략

⑥ **성장-점유 매트릭스** 중요
㉠ 최초의 표준화된 포트폴리오 모형은 BCG 매트릭스이다.
㉡ 각 SBU의 수익과 현금흐름이 실질적으로 판매량과 밀접한 관계에 있다는 가정 하에 작성된 모형이다.
㉢ BCG 모형에서는 **수익의 주요 지표로서 현금흐름에 초점을 두고, 상대적 시장점유율과 시장성장률**이라는 2가지 변수를 고려하여 사업 포트폴리오를 구성하였다.

㉣ BCG 매트릭스에서는 세로축을 시장성장률로 두고, 가로축을 상대적 시장점유율로 두어 2×2 매트릭스를 형성하고 있다.
㉤ BCG 매트릭스에서의 시장성장률은 각 SBU가 속하는 산업 전체의 평균매출액 증가율로 표시되며, 시장성장률의 고·저를 나누는 기준점으로는 전체 산업의 평균성장률을 활용하게 된다.

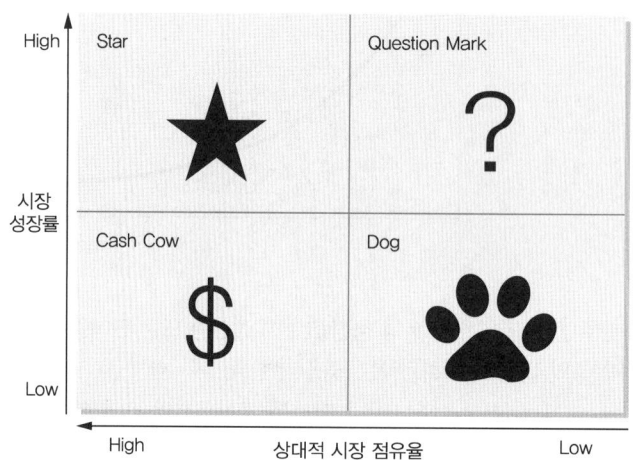

- 별(Star) 사업부 기출 25, 22
  - 시장성장률도 높고 상대적 시장점유율도 높은 경우에 해당하는 사업이다.
  - 이 사업부의 제품들은 **제품수명주기상에서 성장기에 속한다.**
  - 이에 속한 사업부를 가진 기업은 시장 내 선도기업의 지위를 유지하고 성장해가는 시장의 수용에 대처하고, 여러 경쟁기업들의 도전을 극복하기 위해 역시 자금의 투하가 필요하다.
  - 별 사업부에 속한 기업들이 효율적으로 잘 운영된다면 이들은 향후 Cash Cow가 된다.
- 현금젖소(Cash Cow) 사업부 기출 25, 22
  - 시장성장률은 낮지만 높은 상대적 시장점유율을 유지하고 있다.
  - 이 사업부의 제품들은 **제품수명주기상에서 성숙기에 속한다.**
  - 이에 속한 사업은 많은 이익을 시장으로부터 창출해낸다. 그 이유는 시장의 성장률이 둔화되었기 때문에 그만큼 새로운 설비투자 등과 같은 신규 자금의 투입이 필요 없고, 시장 내에 선도 기업에 해당되므로 규모의 경제와 높은 생산성을 누리기 때문이다.
  - Cash Cow에서 산출되는 이익은 전체 기업의 차원에서 상대적으로 많은 현금을 필요로 하는 Star나 Question Mark, Dog의 영역에 속한 사업으로 자원이 배분된다.
- 물음표(Question Mark) 사업부 기출 25, 22
  - 이 사업부는 **시장성장률은 높으나 상대적 시장점유율이 낮다.**
  - 이 사업부의 제품들은 **제품수명주기상에서 도입기에 속한다.**
  - 시장에 처음으로 제품을 출시하지 않은 대부분의 사업부들이 출발하는 지점이 물음표이며, 신규로 시작하는 사업이기 때문에 기존의 선도 기업을 비롯한 여러 경쟁 기업에 대항하기 위해 새로운 자금의 투하를 상당량 필요로 한다.

- 기업이 자금을 투입할 것인가 또는 사업부를 철수해야 할 것인가를 결정해야 하기 때문에 Question Mark라고 불리고 있다.
- 한 기업에게 물음표에 해당하는 사업부가 여러 개이면, 그에 해당되는 모든 사업부에 자금을 지원하는 것보다 전략적으로 소수의 사업부에 집중적 투자하는 것이 효과적이라 할 수 있다.

- 개(Dog) 사업부 기출 25, 22
    - 시장성장률도 낮고 시장점유율도 낮은 사업부이다.
    - 제품수명주기상에서 쇠퇴기에 속하는 사업이다.
    - 낮은 시장성장률 때문에 그다지 많은 자금의 소요를 필요로 하지는 않지만, 사업 활동에 있어서 얻는 이익도 매우 적은 사업이다.
    - 이 사업에 속한 시장의 성장률이 향후 다시 고성장을 할 가능성이 있는지 또는 시장 내에서 자사의 지위나 점유율이 높아질 가능성은 없는지 검토해보고 이 영역에 속한 사업들을 계속 유지할 것인가 아니면 축소 내지 철수할 것인가를 결정해야 한다.

제2절 전략경영

1 전략경영의 출현과 특징

(1) 전략경영의 출현

① 전략계획의 단계에 있어 사업전략, 기업전략으로서 포트폴리오 전략 등의 전략기법 개발이 중요시된다.
② 전략계획에서 전략경영으로 발전하는 것은 전략계획만으로는 현대 기법의 정책인 행동을 취하기 어렵기 때문이다.
③ 전략의 행동화에는 기업조직 문제가 제약조건이 되므로 기업조직의 전략화가 중요시된다.

> **체크 포인트**
>
> **전략경영**
> 전략경영은 경영관리 상의 전 범위를 포괄하며, 또한 전략경영시스템은 계획활동뿐만 아니라 기업 조직의 활동·동기부여·통제 등의 제국면을 모두 포괄하는 시스템으로서의 특징을 지닌다.

(2) 전략경영의 특징

전략계획	전략경영
문제해결과정으로서의 전략수립에 역점	실행 및 통제의 문제를 포함
기업의 외적 관계성, 즉 제품·시장전략과 관련	내부배열, 즉 조직시스템 및 조직변화와 관련
전략의 결정 시 기술적·경제적·정보적 측면에 집중	기업조직 내외의 사회적·정치적 요소에도 주목

(3) 호퍼와 센델의 전략경영 형성 단계 중요
① 호퍼(Hofer)와 센델(Schendel)은 전략수립에 있어 약간의 차이는 존재하지만, 7가지의 기본적인 단계를 거치게 된다고 하였다.
② 전략의 식별 → 환경의 분석 → 자원의 분석 → 갭의 분석 → 전략적 대체안 → 전략의 평가 → 전략의 선택 중요

2 전략과 조직의 구조와 과정 및 문화

(1) 구조 및 과정
① 기업 경영조직의 시스템론적 체제에서 핵심적인 개념은 구조 및 과정이다.
② 통상적으로 구조는 조직구성요소의 상호관련된 틀 또는 패턴이라 하고, 과정의 경우에는 조직구성요소의 결합에 있어 행동이나 기능 등이 된다.
③ 구조는 기업조직 시스템의 정태적 현상이며, 과정은 기업조직 구조의 동태적 현상이다.

(2) 전략과 구조의 맥락
① 통상적으로 과거에는 기업조직이 환경변화에 적응하기 위해서 전략목적을 설정하면 이를 이루기 위해 그에 맞는 적정한 조직구조가 자동으로 설계된다는 가정이 지배적이었지만, 현대에 와서는 기업의 조직구조가 전략적인 선택에 의해 형성되는 명제로 수정·보완되었다.
② 챈들러의 경우, 미국 내 대기업을 상대로 한 연구에서 집권화된 기업조직으로 시작한 기업이 다양화 전략에 따라 사업부제로 이행하였음을 발견하고, '구조는 전략에 따른다'는 명제를 만들어냈다. 하지만 이런 명제는 조직 및 환경과의 맥락에서 지나치게 기계론적이고, 결정론적이라는 비판을 받았다.

(3) 전략과 문화
① 전략경영은 전략계획의 수립 및 통제를 위한 관리시스템과 더불어 이의 행동화를 위한 실행으로 체계화되고 있다.
② 기업문화론에 대한 연구는 기업의 조직구조 및 관리시스템을 변혁시키고자 하는 문제의식으로부터 시작되었고, 계량모형에 의한 합리적인 경영기법의 한계를 극복하고자 시도된 새로운 접근방법이다.

③ 핵스와 마이루프의 경우, 전략경영의 통합적 전망이라는 전략은 기업문화의 내부로 통합되어야 함을 주장하고, 전략경영은 기업조직의 모든 기능 및 구조계층을 연결시키는 기업가치·경영능력·조직책임, 그리고 관리시스템을 개발하는 것이라 정의하였다.
④ 오늘날의 조직문화 또는 기업문화는 경영전략의 수립 및 실행에 있어 중요한 전략적인 과제로 나타나고 있다.

더 알아두기

마일스와 스노가 말하는 전략 - 구조 유형 중요

전략	목표	조직구조의 특성
방어형 전략	안정 및 능률	• 광범위한 분업 및 공식화의 정도가 높은 기능별 조직구조를 취하는 경향 • 집권화된 통제 및 복잡한 수직적 정보시스템 • 단순한 조정메커니즘과 계층경로를 통한 갈등 해결
탐사형 전략	유연성	• 분업의 정도가 낮으며, 공식화의 정도가 낮은 제품별 조직구조를 취하는 경향 • 분권화된 통제 및 단순한 수평적 정보시스템 • 복잡한 조정메커니즘과 조정자에 의한 갈등 해결
분석형 전략	안정 및 유연성	• 기능별 구조 및 제품별 구조를 결합한 느슨한 조직구조를 취하는 경향 • 중간 정도로 집권화된 통제 • 극도로 복잡하면서 고비용의 조정메커니즘: 어떠한 갈등은 제품관리자에 의해 해결하고, 어떠한 갈등은 계층경로를 통해 해결됨

제8장 실전예상문제

01 앤소프 전략의 구성요소
- 제품·시장분야
- 성장벡터(Growth Vector)
- 경쟁상의 이점
- 시너지

01 다음 중 앤소프 전략의 구성요소에 해당하지 <u>않는</u> 것은?

① 제품·시장분야
② 성장벡터(Growth Vector)
③ 경쟁상의 이점
④ 독립성

02 호퍼와 센델의 전략 구성요소
- 영역
- 자원전개
- 경쟁우위성
- 시너지

02 다음 중 호퍼와 센델의 전략 구성요소로 보기 <u>어려운</u> 것은?

① 시너지
② 영역
③ 최소의 비용
④ 경쟁우위성

03 경영자의 개인적 선택에 의한 분류는 개개인의 개인적 지위 및 가치관의 차이에 의한 분류이다.

03 다음 중 스타이너와 마이너가 분류한 경영전략에 대한 내용으로 옳지 <u>않은</u> 것은?

① 조직계층별 분류는 분권화된 기업조직에서 본사수준의 전략 및 사업부 수준의 전략으로 구분한다.
② 경영자의 개인적 선택에 의한 분류는 성장 및 생존목적을 위한 전략과 제품-시장전략의 구분이다.
③ 영역에 기초를 둔 분류는 기본전략 및 프로그램 전략으로 구분한다.
④ 물질적·비물질적 자원별 분류는 통상적으로 전략은 물리적인 자원을 대상으로 하지만 경영자의 스타일이나 사고패턴, 철학과도 관련된다.

정답 01 ④ 02 ③ 03 ②

04 다음 중 포드가 주장한 3S에 해당하지 않는 것은?
① 저장화
② 표준화
③ 단순화
④ 전문화

04 포드가 주장한 3S
   • 표준화(Standardization)
   • 단순화(Simplification)
   • 전문화(Specialization)

05 다음 중 버파(Buffa)가 제시한 제조전략의 기초에 대한 내용으로 바르지 않은 것은?
① 생산 시스템의 포지셔닝
② 공급자의 수평적 계열화
③ 작업력과 작업설계
④ 제품과 공정기술

05 버파는 공급자의 수직적 계열화를 주장했다.

06 다음 중 마이클 포터의 경쟁전략 요소에 해당하지 않는 것은?
① 잠재적 진입자
② 산업 내 경쟁자
③ 공급자
④ 퇴출자

06 마이클 포터의 경쟁전략 요소
   • 잠재적 진입자
   • 산업 내 경쟁자
   • 공급자
   • 구매자
   • 대체품

07 다음에서 설명하는 BCG 매트릭스의 특징에 해당하는 사업영역은?

> 시장성장률이 높고, 동시에 시장점유율도 높은 사업부로서, 가장 촉망받는 사업이다. 주로 여기에 속한 제품군들은 제품수명주기상의 성장기에 해당된다.

① Cash Cow   ② Dog
③ Star   ④ Question Mark

07 별 사업부는 시장성장률도 높고 상대적 시장점유율도 높은 경우에 해당하는 사업이다. 이 사업부의 제품들은 제품수명주기 상에서 성장기에 속한다.

정답 04 ① 05 ② 06 ④ 07 ③

08 물음표 사업부는 시장성장률은 높으나 상대적 시장점유율이 낮은 사업이다. 시장에 처음으로 제품을 출시하지 않은 대부분의 사업부들이 출발하는 지점이 물음표이며, 신규로 시작하는 사업이기 때문에 기존의 선도 기업을 비롯한 여러 경쟁기업에 대항하기 위해 새로운 자금의 투하를 상당량 필요로 한다.

08 다음에서 설명하는 BCG 매트릭스의 특징에 해당하는 사업영역은?

> 여기에 속한 제품군들은 시장성장률은 높으나, 상대적 시장점유율이 낮은 즉, 시장 내의 위치가 미약한 사업들로서, 아직 전망이 불확실한 신규개척 사업이 해당된다.

① Question Mark
② Star
③ Cash Cow
④ Dog

09 현금젖소 사업부는 성장률이 낮아 신규투자가 필요 없으며, 이미 점유율이 확보되어 있어 비용이 적게 들어 현금수지의 잉여를 가져온다.

09 다음 중 한 회사의 현금수입의 원천이 되는 사업은 무엇인가?

① 개 사업부
② 현금젖소 사업부
③ 물음표 사업부
④ 별 사업부

10 방어형 전략은 안정 및 능률을 목표로 한다.

10 다음 중 마일스와 스노가 말하는 전략-구조 유형에서 방어형 전략에 대한 내용으로 바르지 않은 것은?

① 광범위한 분업 및 공식화의 정도가 높은 기능별 조직구조를 취하는 경향이 있다.
② 집권화된 통제 및 복잡한 수직적 정보시스템이다.
③ 단순한 조정메커니즘과 계층경로를 통한 갈등 해결을 한다.
④ 유연성을 목표로 한다.

정답 08 ① 09 ② 10 ④

11 다음 중 마일스와 스노가 말하는 전략-구조 유형에서 탐사형 전략에 대한 설명으로 옳지 않은 것은?

① 분업의 정도가 높으며, 공식화의 정도가 높은 제품별 조직구조를 취하는 경향이 있다.
② 유연성을 목표로 한다.
③ 복잡한 조정메커니즘과 조정자에 의한 갈등 해결을 한다.
④ 분권화된 통제 및 단순한 수평적 정보시스템이다.

> 11 탐사형 전략은 분업의 정도가 낮으며, 공식화의 정도가 낮은 제품별 조직구조를 취하는 경향이 있다.

12 다음 중 마일스와 스노가 말하는 전략-구조 유형에서 분석형 전략에 대한 내용으로 옳지 않은 것은?

① 기능별 구조 및 제품별 구조를 결합한 느슨한 조직구조를 취하는 경향이 있다.
② 중간 정도로 집권화된 통제체제이다.
③ 능률만을 목표로 한다.
④ 극도로 복잡하면서 고비용의 조정메커니즘 형태이다.

> 12 분석형 전략은 안정 및 유연성을 목표로 한다.

13 다음 중 호퍼와 센델의 전략경영 형성 단계를 순서대로 배열한 것은?

① 전략의 식별 → 환경의 분석 → 자원의 분석 → 전략적 대체안 → 갭의 분석 → 전략의 평가 → 전략의 선택
② 전략의 식별 → 환경의 분석 → 자원의 분석 → 전략적 대체안 → 갭의 분석 → 전략의 선택 → 전략의 평가
③ 전략의 식별 → 환경의 분석 → 자원의 분석 → 갭의 분석 → 전략적 대체안 → 전략의 평가 → 전략의 선택
④ 전략의 식별 → 자원의 분석 → 환경의 분석 → 갭의 분석 → 전략적 대체안 → 전략의 평가 → 전략의 선택

> 13 호퍼와 센델의 전략경영 형성 단계
> 전략의 식별 → 환경의 분석 → 자원의 분석 → 갭의 분석 → 전략적 대체안 → 전략의 평가 → 전략의 선택

정답 11 ① 12 ③ 13 ③

나는 내가 더 노력할수록 운이 더 좋아진다는 걸 발견했다.

– 토마스 제퍼슨 –

제9장 조직구조와 조직문화

제1절 조직구조
제2절 조직문화
실전예상문제

무언가를 시작하는 방법은 말하는 것을 멈추고 행동을 하는 것이다.

– 월트 디즈니 –

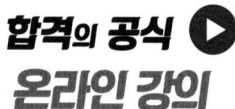 

보다 깊이 있는 학습을 원하는 수험생들을 위한
시대에듀의 동영상 강의가 준비되어 있습니다.
www.sdedu.co.kr → 회원가입(로그인) → 강의 살펴보기

제9장 조직구조와 조직문화

제1절 조직구조

1 조직구조의 구성

(1) 로빈스(S. P. Robbins)의 조직구조의 구성요소 중요 기출 24

조직구조의 구성요소 또는 구조차원에 대해서 로빈스는 복잡성, 공식화, 집권화의 3가지로 구분하고 있다. 이는 구성요인을 체계적으로 정리하였다는 데에 그 의의가 있다.

> **체크 포인트**
>
> **로빈스의 조직구조에 대한 구성요소**
> - 복잡성: 수직 및 수평적 분화 중심
> - 공식화: 업무 및 절차 등의 표준화 중심
> - 집권화: 의사결정권한의 체계 중심

(2) 조직구조 분석을 위한 구성요소 중요

① **분화**: 서로 다른 부문 또는 인간에게 여러 가지 활동 혹은 과업을 할당하는 것
② **통합**: 분할된 활동 혹은 과업을 조정하는 방법
③ **권한 시스템**: 조직내부에 있어서 권력, 권위, 계층의 관계
④ **관리 시스템**: 조직에 있어 인간의 활동과 관계를 지도하는 계획적이고 공식화된 시책, 절차, 통제

(3) 공식조직과 비공식조직 중요

① **공식조직(Formal Organization)**
  ㉠ 계획적이면서 의도적으로 구성요소 간 합리적 관계패턴을 공식적으로 확립시키기 위해 만든 조직이다.
  ㉡ 공식조직을 구성함에 있어서는 기능(과제)의 분화 및 지위의 형성, 직위에 대한 권한 및 책임의 한계를 명시적으로 규정화하는 것 등이 문제가 된다.

② **비공식조직(Informal Organization)**
  ㉠ 비공식조직은 자연발생적으로 생겨난 조직으로 **소집단의 성질**을 띠며, 조직 구성원은 밀접한 관계를 형성한다.
  ㉡ 비공식조직의 특징 (중요)
    • 비공식조직의 구성원은 감정적 관계를 가지고 개인적 접촉성을 띤다.
    • 비공식조직의 구성원은 집단접촉의 과정에서 저마다 **나름대로의 역할**을 담당한다.
    • 비공식적인 가치관, 규범, 기대 및 목표를 가지고 있으며, **조직의 목표달성**에 큰 영향을 미친다.

(4) 분업구조와 분권화 (중요)
① **개요**
  ㉠ 분업구조는 조직의 목표를 세분화한 것으로 조직단위의 연결 또는 네트워크로 생각할 수 있다.
  ㉡ 수직적 분화는 **계층의 형성**을 의미하며, 수평적 분화는 **부문화의 형성**을 의미한다.
  ㉢ 분업은 전문화에 의한 업무의 분화이지만, 이는 **통합을 전제**로 하는 것이다.
  ㉣ 의사결정의 권한을 집권화시키거나 하위단위로 분산화시키는 형태로 나타나게 된다. 대표적인 집권화 조직은 베버가 제시하는 관료제 특성에서 찾아볼 수 있다.

② **관료제**
  ㉠ 개념 : 베버(M. Weber)는 조직의 규모가 커져감에 따라 발전된 합리적 구조를 관료제라고 하였으며 근대적인 **합법적인 지배**를 기반으로 하고 있다. 더불어 관료제는 직위의 계층적인 배열, 전문화 및 분업, 비인격적 관계, 추상적인 규칙시스템 등을 특성으로 하고 있다.
  ㉡ 관료제의 특징 (중요)
    • 계층적인 권한체계
    • 문서에 의한 직무집행 및 기록
    • 명확하게 규정된 권한 및 책임의 범위
    • 직무활동을 수행하기 위한 전문적인 훈련
    • 규정에 의한 담당자의 역할이 결정되는 지속적인 조직체
  ㉢ 관료제의 역기능 (중요)
    • 단위들 사이의 **커뮤니케이션**을 저해한다.
    • 규정에 얽매여 목표 및 수단의 **전도현상**이 발생한다.
    • 전문화된 단위 사이의 갈등을 유발해서 전체목표 달성을 저해한다.
    • 계층의 구조가 하향식이므로 개인의 **창의성 및 참여**가 봉쇄된다.
    • 수평적인 커뮤니케이션을 공식적으로 인정하지 않으므로 공식적 계층을 따르다 보면 **시간 및 에너지**가 낭비된다.

(5) 계층구조와 권한 관계 중요

① 개요
- ㉠ 경영조직은 조직 구성원 개개의 과제 및 기능을 서로 상호조정하기 위해서 상·하위의 계층이 불가피하며, 이에 따라 조직구조인 계층구조를 지니게 된다.
- ㉡ 계층구조의 분석에 있어 권한은 중요시되고, 조직에서의 권한은 통상적으로 직무를 수행할 수 있는 권리 및 그에 따른 권력 등을 포함하는 것으로 정의되고 있다.

② 사이먼(H. A. Simon)이 주장하는 권한의 기능 중요

권한의 기능	내용
책임이행의 강요	책임이 이행되지 않았을 시 구체적 제재의 권한이 발동되는 것
의사결정에 있어서 전문성의 확보	권한의 행사로서 의사결정의 전문성을 높이는 것
활동 간 조정	전체 집단구성원으로 하여금 특정한 정책의 결정에 따르도록 유도하는 것

(6) 커뮤니케이션의 구조 및 품의제도 중요

① 의사소통구조
- ㉠ 의사소통은 적어도 두 사람 사이의 정보전달과정이며, 조직에서의 의사소통 관계를 의사소통구조라고 한다.
- ㉡ 버나드에 의하면 조직을 구성하는 기본 조건은 의사소통, 공동목적, 협동의욕의 세 가지이다. 이처럼 의사소통은 조직의 목적을 각 구성원에게 효과적으로 전달할 수 있도록 **명료성, 일관성, 자기적시성, 분포성, 타당성, 적응성, 관심과 수용의 원칙** 등이 지켜져야 한다.
- ㉢ 의사소통 수단의 하나가 품의제도이며, 이는 집권화 체제에서 주로 활용되고 있는 방법이다.

> **체크 포인트**
> 버나드가 제시한 조직성립의 필요요건: 의사소통(커뮤니케이션), 공동목적, 협동의욕 중요

② 품의제도
- ㉠ 품의제도는 경영관리상 중요 문제를 하위자가 상위자에게 상신해서 결재를 받는 것과 직능적으로 관련 있는 타 직위에 회의(回議)하는 것을 말한다.
- ㉡ 문서의 형식으로 절차에 의해 양식화되고 **확인·기록·보존**하는 것을 말한다.
- ㉢ 상신·결재·회의·양식화하는 공식적인 커뮤니케이션 수단이며, 이는 기록 및 확인하는 요소를 포함한다.

(7) 조직시스템의 형상(H. Mintzberg가 분류한 조직형상의 구성요소) 중요

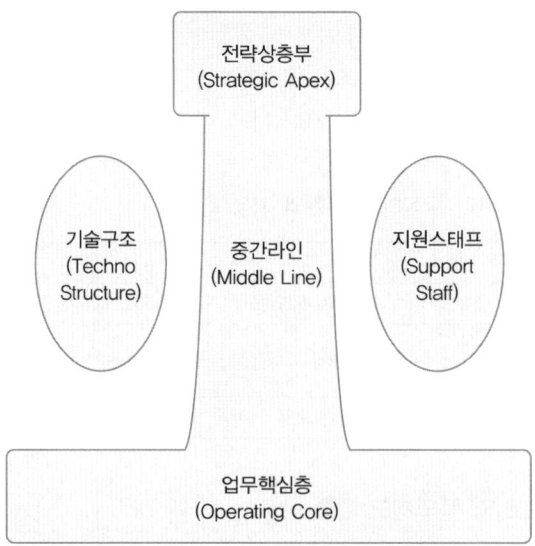

① 위와 같은 구성요소와 부차적인 요소에 의해서 조직은 저마다 나름대로의 형상과 모양을 갖추게 된다. 이러한 형상을 민츠버그는 5가지 요소로 설명하고 있다.
② 주요 사항
  ㉠ 업무핵심층(Operating Core) : 제품 및 서비스 생산과 직접 관련된 기본적인 업무를 수행한다.
  ㉡ 전략상층부(Strategic Apex) : 기업조직에 대한 전반적인 책임과 함께, 조직의 방향 설정과 전략 개발 등을 담당한다.
  ㉢ 중간라인(Middle Line) : 중간라인은 업무핵심층과 전략상층부를 연결해주는 역할을 수행한다.
  ㉣ 기술구조(Techno-Structure) : 업무의 흐름을 설계하고 수정하며, 종업원들을 훈련시키는 등 전문적인 기술지원을 하지만 직접적인 작업을 수행하지는 않는다.
  ㉤ 지원스태프(Support Staff) : 작업흐름과 분리되어서 작업을 수행하는 다른 부문을 전체적인 차원에서 지원해주는 전문화된 단위로서 그 역할을 수행한다.

2 경영조직 구조의 형태와 유형

(1) 민츠버그의 분류 중요
① 단순구조(Simple Structure)
  ㉠ 단순구조는 전략상층부와 업무핵심층으로만 구성되어 있는 조직으로서, 사업의 초기 단계에서 많이 나타나는 형태이다.
  ㉡ 가장 단순하며, 의사소통이 원활하다.

② **기계적 관료제(Machine Bureaucracy)**
  기계적 관료제는 기업규모가 어느 정도 대규모화됨에 따라 점차 그 기능에 따라 조직을 구성하게 되고, 기술구조와 지원스태프가 구분되어 업무 핵심층에 대한 정보와 조언, 지원을 담당하는 형태이다.

③ **전문적 관료제(Professional Bureaucracy)**
  ㉠ 전문적 관료제는 기능에 따라 조직이 형성된 것은 기계적 관료제의 특성과 같지만 여기서는 업무 핵심층이 주로 전문직들이라는 것이 특징이다.
  ㉡ 업무가 전문화되므로 이를 지원하기 위한 지원스태프 조직이 크다.
  ㉢ 이러한 조직의 예는 병원, 대학 등으로 의사나 교수 등이 핵심 업무층을 담당하고 있다.

④ **사업부제(Divisionalized Form)** 기출 22
  ㉠ 사업부제 조직은 기능조직이 점차 대규모화함에 따라 제품이나 지역, 고객 등을 대상으로 해서 조직을 분할하고 이를 **독립채산제로 운영**하는 방법이다.
  ㉡ **기능조직과 같은 형태**를 취하고 있으며, 회사 내 회사라고 볼 수 있다.

⑤ **애드호크라시(Adhocracy)**
  ㉠ 애드호크라시는 **임시조직** 또는 **특별조직**이라고 할 수 있으며, 평상시에는 조직이 일정한 형태로 움직이다가 특별한 일이나 사건이 발생하면 그것을 담당할 수 있도록 조직을 재빨리 구성하여 업무 처리가 이루어지는 형태이다.
  ㉡ 업무처리가 완성되면 나머지 부문은 다시 사라지고 원래의 형태로 되돌아가는 조직으로 변화에 대한 **적응성이 높은 것**이 특징이다.
   예 재해대책본부

(2) 일반적 분류

기업조직의 기본적 형태는 라인조직・기능식 조직・라인과 스태프 조직, 집권화 및 분권화를 기준으로 하는 사업부제 조직, 집권식 기능조직과 분권적 조직의 결합인 매트릭스 조직 등으로 분류한다.

(3) 라인조직 중요

① **단일 라인조직**
  ㉠ 개념 : 한 사람의 의사 및 명령이 하부에 직선적으로 전달되는 형태의 조직이다. 또한, 군대식 조직과 같이 지휘명령권이 명확하며, 계층원리 또는 명령일원화원리에 의해서 설계된 조직형태이다.
  ㉡ 특징 중요
   • 모든 조직의 기본형태
   • 소규모의 기업경영형태에서 볼 수 있음
   • 의사결정이 신속하며, 하급자의 훈련이 용이
   • 업무의 과다한 집중으로 인한 비효율성

② **복수 라인조직**
  ㉠ 개념 : 명령권자 및 수령라인이 복수인 조직형태로, 이같은 조직의 시작은 **테일러**이다.

ⓒ 특징
- 감독의 전문화가 이루어진다.
- 명령의 이원화에 따른 문제발생의 소지가 있다.

③ 라인-스태프 조직 기출 23
㉠ 개념 : 복수 라인조직의 결함을 보완하고, 단일 라인조직의 장점을 살릴 수 있는 혼합형 조직형태이다. 또한, 라인이 명령권을 지니며, 스태프는 **권고, 조언, 자문** 등의 기능을 지닌다.
ⓒ 특징
- 라인 및 스태프의 분화에 의한 전문화의 이점을 살릴 수 있다.
- 라인 및 스태프 간 갈등 발생이 우려된다.

(4) 사업부제 조직 기출 22

① **개념** : 사업부제 조직은 기능조직이 점차 대규모화함에 따라 제품, 지역, 고객 등을 대상으로 해서 조직을 분할하고 이를 독립채산제로 운영하는 방법이다. 그러므로 사업부는 기능 조직과 같은 형태를 취하고 있으며, 회사 내의 회사라고 볼 수 있다.

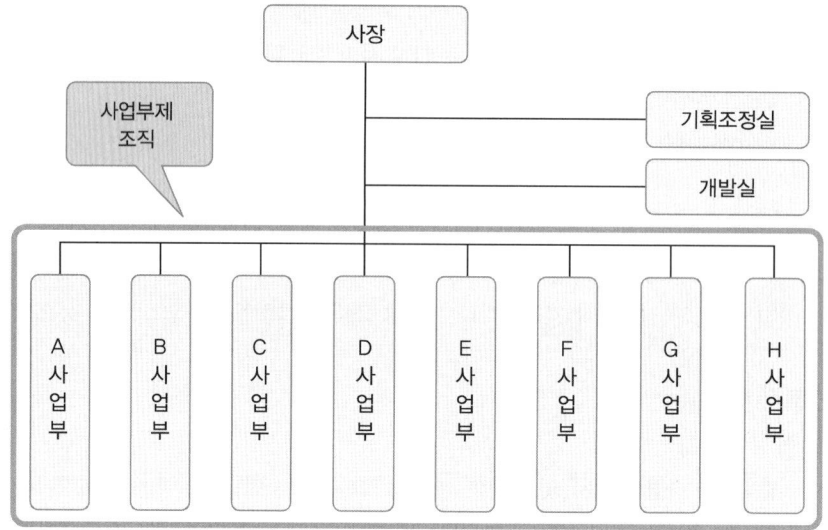

② **내용**
㉠ 챈들러의 '**구조는 전략에 따른다.**'라는 명제를 낳게 하였다.
ⓒ 사업부제 조직의 형태로는 **제품별 사업부제, 지역별 사업부제, 고객별 사업부제**의 형태 등이 있다.

더 알아두기

기능별 조직과 사업부제 조직의 장·단점 중요

구분	기능별 조직	사업부제 조직
장점	• 기능별로 최적방법(품질관리, 생산관리, 마케팅 등)의 통일적인 적용 • 전문화에 의한 지식경험의 축적 및 규모의 경제성 • 인원·신제품·신시장의 추가 및 삭감이 신속하고 신축적임 • 자원(사람 및 설비)의 공통 이용	• 부문 간 조정이 용이 • 제품별 명확한 업적평가, 자원의 배분 및 통제가 용이 • 사업부별 신축성 및 창의성을 확보하면서 집권적인 스태프와 서비스에 의한 규모의 이익도 추구 • 사업부장의 총체적 시각에서의 의사결정
단점	• 과도한 권한의 집중 및 의사결정의 지연 • 기능별 시각에 따른 모든 제품 및 서비스 경시 • 다각화 시에 제품별 조건적합적 관리 불가능 • 각 부문의 업적평가 곤란	• 단기적인 성과를 중시 • 스태프, 기타 자원의 중복에 의한 조직슬랙의 증대 • 분권화에 의한 새로운 부문이기주의의 발생 및 사업부이익의 부분 극대화 • 전문직 상호 간 커뮤니케이션의 저해

(5) 매트릭스 조직 중요 기출 25

① **개념**: 기존의 조직체계에서 특정사업(프로젝트)을 수행하거나 특정업무가 하나의 조직단위에 국한되지 않고 각 조직 단위에 관계되는 경우 이렇게 관계된 조직의 단위로부터 대표자를 선정해 새로운 조직체를 형성하는 조직형태를 말한다.

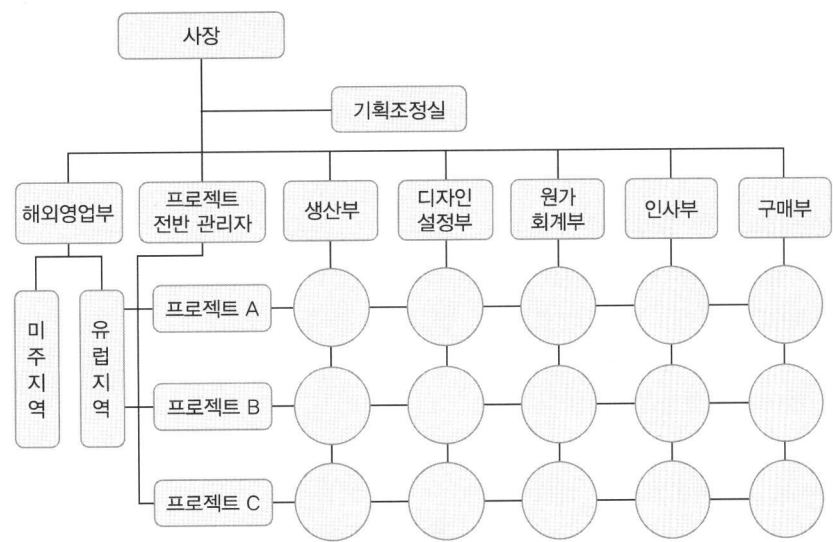

② 내용
  ㉠ 통상적으로 추진한 사업이 종료되면 해산하지만 문제가 반복성을 띠게 되면 계속 존속하게 된다.
  ㉡ 신축성 및 균형적 의사결정권을 동시에 부여함으로써 경영을 동태화시키지만, 조직의 복잡성이 증대된다.
  ㉢ 매트릭스 조직이 필요한 경우
    • 2가지 이상의 전략부문에 대한 동시적·혁신적인 목표가 존재할 시
    • 경영체의 인적·재무적 자원이 제약될 시
    • 환경변화에 대한 고도의 정보처리가 불확실할 시

제2절 조직문화

1 조직문화의 개념

(1) 문화 및 조직문화의 개념

문화는 문화인류학이나 사회학에서 주로 연구되는 거시개념으로 이것이 미시적인 조직수준에 적용이 된 것을 의미한다. 조직문화의 정의는 연구학자에 따라 여러 다양한 정의가 이루어지고 있으나 이러한 정의의 공통점은 행동의 규칙성, 규범, 가치관, 철학, 규칙, 분위기나 느낌 등으로 표현될 수 있다.

> **체크 포인트**
> 조직문화
> 조직문화는 '한 조직의 구성원들이 공유하는 신념, 가치관, 이념, 관습, 지식 및 기술을 총칭한 것'이다.

(2) 조직문화에 대한 정의 중요

① **Pettigrew** : 언어, 상징, 이념, 전통 등 조직체 개념의 총체적 원천
② **Sathe** : 조직 구성원들이 보편적으로 공유하는 중요한 가정
③ **Deal과 Kennedy** : 현재 활용되고 있는 행동양식
④ **O'Reilly** : 강력하고 공유된 핵심가치
⑤ **Hofstede** : 사람에게 공유되고 있는 집합적인 심리적 프로그래밍
⑥ **Bate** : 조직자극에 대해 합의된 지각
⑦ **Ouchi** : 조직 구성원에게 조직의 가치 및 신념 등을 전달하는 의식, 상징 등의 집합
⑧ **Peters와 Waterman** : 신화, 전설, 스토리, 우화 등과 같이 상징 수단에 의해 전달되고 지배적이면서 일관된 공유가치의 집합

(3) 조직문화에 대한 주요 측면
① 작업 집단 내 형성되는 규범
② 사람이 상호작용할 시 관찰되는 행동의 규칙성(사용하는 언어, 의식 등)
③ 소비자 및 종업원에 대한 정책결정의 지침이 되는 경영철학
④ '최상의 품질', '저렴한 가격' 등과 같이 조직에 의해 강조되는 지배적인 가치관
⑤ 조직 구성원들이 소비자나 외부 사람들과의 접촉하는 방식과 사무실 내 물질적인 배치 등에서 느끼는 분위기 또는 느낌
⑥ 신입자가 조직의 구성원으로 인정받기 위해 습득해야 하는 불문율로, 이는 조직 내에서 잘 어울려 지내는데 필요한 규칙

2 조직문화의 수준

(1) 샤인(E. Schein)의 조직문화 수준

샤인(E. Schein)은 조직문화에 대한 개념을 다음의 3가지 수준에서 설명하고 있다.

① **잠재적 수준** : 당연하다고 생각하는 가장 기본적인 믿음으로서 외부에서 관찰이 불가능하며, 의식하지 못하는 상태에서 작용한다.
② **인식적 수준** : 기본적인 믿음이 표출되어 인식의 수준으로 나타난 것으로 옳고 그름이 결정될 수 있는 가치관이다.
③ **가시적 수준** : 인간이 창출한 인공물, 기술이나 예술, 행동양식들로 가치관이 표출되어 나타난 것으로 관찰 가능한 것이다.

> **더 알아두기**
>
> **샤인의 조직문화에 대한 3가지 수준** 기출 23
>
> 샤인은 문화의 개념을 각 구성요소의 해당 가시성의 정도에 따라 가시적 수준(인공물 및 창조물), 인식적 수준(가치관), 잠재적 수준(기본가정)의 3가지 계층으로 분류하였다.
>
>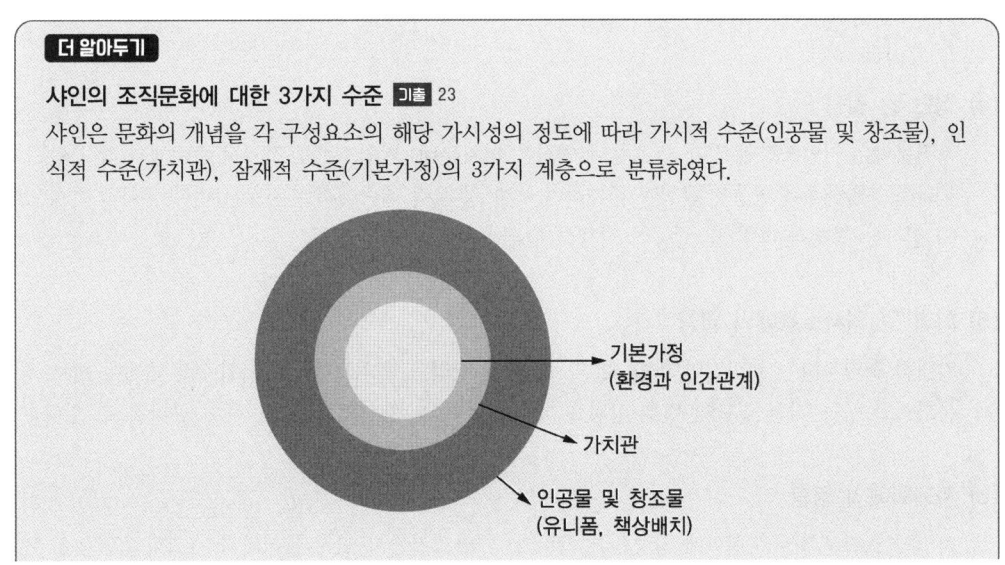

- **인공물 및 창조물**: 인간이 창출한 인공물. 기술이나 예술 또는 행동양식들로 조직의 물리적, 사회적 환경에 나타나 있으므로 조직의 가치관이 표출되어 나타난다.
- **가치관**: 기본적인 믿음이 표출되어 인식의 수준으로 나타난 것으로서 물리적인 환경이나 구성원들의 합의에 의해서 옳고 그름이 결정될 수 있는 가치관들이다.
- **기본가정**: 그 문화에 속해 있는 사람들이 당연하다고 생각하는 가장 기본적인 믿음으로서 이것은 외부에서 관찰이 불가능할 뿐만 아니라 의식하지 못하는 상태에서 작용하는 것이며 모든 문화의 가장 핵심적인 부분이다.

3 조직문화의 중요성

(1) 전략수행에의 영향

조직문화는 기업에서의 전략수행에 영향을 끼치는데, 기업조직이 전략을 수행함에 있어 조직이 지니는 기존의 가정으로부터 벗어난 새로운 가정, 가치관, 운영방식 등을 따라야 한다.

(2) 합병, 매수 및 다각화 등에의 영향

기업조직의 합병, 매수 및 다각화를 시도할 시 기업조직의 문화를 고려해야 한다.

(3) 신기술의 통합에의 영향

조직의 문화는 신기술의 통합에 영향을 미친다. 기업조직이 신기술을 도입할 경우에 조직 구성원들은 이에 대해 많은 저항을 하게 되기 때문에 일부 직종별 하위문화를 조화시키고, 더불어 일부의 지배적인 기업조직의 문화를 변경하는 것이 필요하다.

(4) 집단 간 갈등

조직문화는 기업조직의 집단 간 갈등에 영향을 끼치는데, 기업조직의 전체적 수준에서 각 집단의 하위문화를 통합해주는 공통적 문화가 존재하지 못할 경우 각 집단에서는 서로 상이한 문화의 특성으로 인해 심각한 경쟁과 마찰 및 갈등이 발생하게 된다.

(5) 화합 및 의사소통에의 영향

기업의 조직문화는 효과적인 화합 및 의사소통에 영향을 끼치는데, 한 기업조직 내에서 서로 상이한 문화적 특성을 지닌 집단의 경우 상황을 해석하는 방법 및 지각의 내용 등이 달라질 수 있다.

(6) 사회화에의 영향

기업의 조직문화는 사회화에 영향을 끼치는데, 기업조직에 신입이 들어와서 사회화되지 못한 경우에 불안, 소외감, 좌절감 등을 겪게 되고 그로 인해 이직을 하게 된다.

(7) 생산성에의 영향

기업의 조직문화는 생산성에 영향을 끼치는데, 강력한 기업조직의 문화는 생산성을 제한하는 방향으로 흐를 수도 있고, 자신의 성장 및 기업의 발전을 동일시하는 경우는 생산성을 향상시키는 방향으로 영향을 미치게 된다.

4 조직문화의 형성

기업의 조직문화는 샤인의 정의에서 나타난 바와 같이 외부환경에 대한 적응과 내부통합의 과정에서 형성이 되는 것으로, 여기에는 기업조직의 역사에 따라 영향을 받기도 한다. 다시 말해 조직의 설립 초기에는 최고 경영자의 영향을 많이 받으나 점차 역사가 길어짐에 따라 조직 구성원들이 가지고 있는 문화에 의해서 영향을 받게 된다. 이외에도 사회문화, 관습, 규범 등이 조직문화 형성에 영향을 미치기도 한다.

(1) 가글리아드의 조직문화 형성과정의 4단계

① **1단계**: 기업조직이 형성되는 단계로 리더가 지니는 비전이 조직의 목적, 구성원들에게 과업을 분배하는 데 있어 평가 및 준거의 기준으로 활용되는 단계이다.
② **2단계**: 리더의 기본적인 신념에 의해 이루어진다. 행동이 바람직한 결과를 가져왔을 때 이러한 신념은 경험에 의해 확인되고 조직의 각 구성원들에 의해 공유되어 비로소 행동의 준거로 활용된다.
③ **3단계**: 바람직한 결과가 연속적으로 달성됨으로 인해 조직의 구성원들은 이러한 가치를 당연한 것으로 받아들이고, 그러한 효과에서 벗어나 원인을 규명하는 데 집중하게 된다.
④ **4단계**: 전 구성원들에 의해 의문 없이 그러한 가치가 수용되고, 이는 구성원들이 더더욱 당연한 가치로 받아들임으로 인해 더 이상 의식적으로 그것을 인식하려 하지 않는 단계이다.

(2) 조직문화의 형성에 있어 영향을 미치는 요인 중요 기출 25

조직문화는 외부환경에의 적응 및 내부적 통합을 추구하는 과정으로부터 형성된 것으로 이는 조직의 역사, 한 국가의 사회문화, 관습, 규범 등에 의해 영향을 받는다.

5 조직문화와 조직설계

(1) 조직문화는 조직의 여러 가지 측면에 다양한 영향을 미친다.

(2) 숄츠가 말하는 조직문화 차원

숄츠(Scholz)는 조직문화가 조직설계와 어떻게 연결되는지를 다음의 3가지 차원에서 설명하고 있다.

① **환경적 차원에 따른 조직문화(제1유형)** : 기업과 환경과의 관계를 다루는 방법의 결과에 관한 것으로, 강인하고 억센 문화, 열심히 일하고 잘 노는 문화, 회사의 운명을 거는 문화, 과정을 중시하는 문화 등으로 분류하고 있다.
  ㉠ 강인하고 억센 문화 : 높은 위험이 있으며, 행동의 결과에 대한 피드백이 빠른 환경에 있는 기업의 문화이다.
  ㉡ 열심히 일하고 잘 노는 문화 : 상대적 위험이 낮으며, 피드백이 빠른 환경에 있는 기업의 문화이다.
  ㉢ 회사의 운명을 거는 문화 : 모험적인 의사결정이 요구되는 환경에 있는 기업의 문화이다.
  ㉣ 과정을 중시하는 문화 : 위험 및 피드백이 거의 없는 환경에 있는 기업의 문화이다.
② **내부적 차원(제2유형)** : 기업의 문제해결태도와 관련된 내부적 상황에 관한 것으로 **생산적 문화**, 관료적 문화, 전문적 문화 등으로 분류하고 있다.
  ㉠ 생산적 문화 : 생산과정이 일정하면서도 작업과정이 표준화되며, 숙련기술을 많이 필요로 하지 않는 기업의 문화이다.
  ㉡ 관료적 문화 : 업무의 비일상성 정도가 생산적 문화에 비해 높고, 역할과 연관된 권한과 책임 등이 구체적으로 명시된 기업의 문화이다.
  ㉢ 전문적 문화 : 과업수행의 난이도 및 과업 다양성이 높으며, 조직 구성원들은 어느 특정분야의 전문가들인 기업의 문화이다.
③ **진화적 차원(제3유형)** : 기업의 성장단계에 따라서 나타나는 문화적 특성에 관한 것으로 **안정적 문화**, 반응적 문화, 예측적 문화, 탐험적 문화, 창조적 문화 등으로 분류하고 있다.
  ㉠ 안정적 문화 : 내부지향적이면서 과거지향적인 문화이다.
  ㉡ 반응적 문화 : 내부지향적이면서 동시에 현재지향적이고, 최소한의 위험을 추구하며, 변화를 거의 수용하지 않는 문화이다.
  ㉢ 예측적 문화 : 부분적으로는 내부지향적 및 외부지향적이며, 익숙한 위험을 추구하고 점진적으로 변화를 수용하는 문화이다.
  ㉣ 탐험적 문화 : 외부지향적이고 위험 및 이익의 상충관계를 고려해서 행동하며, 많은 변화를 수용하는 문화이다.
  ㉤ 창조적 문화 : 외부지향적이고 익숙치 않은 위험을 상당히 선호하고 새로운 변화를 지속적으로 추구하는 문화이다.

(3) 제1유형~제3유형이 조화를 이루고 있는 경우가 바람직한 문화형태를 나타내며, 이러한 구성 형태에 적절한 조직구조가 설계되어야 함을 제시하고 있다. 제1유형의 경우는 기계적 관료조직, 제2유형은 전문적 관료조직, 제3유형은 애드호크라시와 창업기업이 적합한 형태이다.

6 조직문화의 변화

(1) 개요

조직문화의 변화는 상당히 어렵다. 더욱이 문화란 한번 형성되면 바꾸는 것 자체가 불가능할 정도로 어려운 것이다. 이러한 문화를 변화시키기 위해서는 끊임없는 노력과 일관된 행동과 변화전략이 갖추어져야 한다.

(2) 조직문화의 변화과정

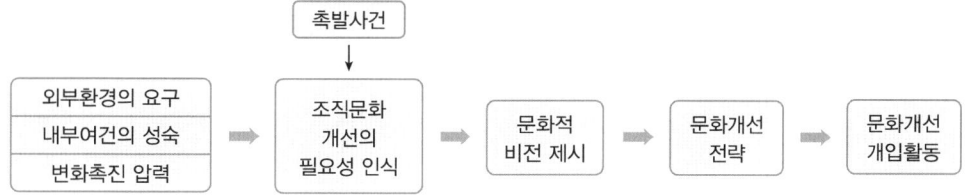

① **내용**: 변화모형에서 살펴보면 일단 외부의 환경적 요구와 내부여건의 성숙, 변화촉진 압력이 있어야 한다. 이러한 여건이 갖추어졌다고 해서 문화가 저절로 변화될 수 있는 것은 아니다. 이러한 변화를 구체적으로 시작시킬 수 있는 촉발사건이 있어야 비로소 문화 변화를 위한 작업들이 이루어 질 수 있다. 이렇게 해서 조직문화의 개선 필요성이 인식되고 나면 문화적 비전을 제시하고, 문화개선 전략을 구성하여 구체적인 개선활동에 들어감으로써 문화를 변화할 수 있다.

② **조직문화 변화의 계기가 되는 요소들** 중요
   ㉠ 환경적인 위기: 갑작스런 경기의 후퇴 및 기술혁신 등으로 인한 심각한 환경의 변화, 시장개방 등으로 인한 위기
   ㉡ 경영상의 위기: 조직의 최고경영층의 변동, 회사에 돌이킬 수 없는 커다란 실수의 발생, 적절하지 못한 전략 등
   ㉢ 내적 혁명: 기업조직 내부의 갑작스런 사건의 발생 등
   ㉣ 외적 혁명: 신 규제조치의 입법화, 정치적인 사건 등
   ㉤ 커다란 잠재력을 지닌 환경적 기회: 신 시장의 발견, 신 기술적 돌파구의 발견, 신 자본조달원 등

(3) 조직문화의 변화방법

조직문화의 변화방법은 효과 및 의도에 따라 1차 방법과 2차 방법으로 분류되며, 2차 방법의 경우에는 1차 방법이 효력을 지니는 상황에서만 유효하며, 1차 방법은 경영자 및 관리자들의 행동에 관련한 것이고, 2차 방법은 1차 방법을 강화시켜 주는 활동이다.

① **1차적 방법**
   ㉠ 경영자가 어떠한 관점에 관심을 두는지에 관심사
   ㉡ 중요한 사건 또는 조직의 위기에 대한 경영자의 대응방식
   ㉢ 모범을 보이고 지도하기

ⓔ 보상 및 승진에 대한 결정기준이 무엇인가
　　　ⓜ 모집, 선발, 퇴직의 기준은 무엇인가
　② **2차적 방법(1차적 방법을 강화시켜 주는 방법)**
　　　㉠ 새로운 조직문화에 적합한 조직구조 설계
　　　㉡ 조직시스템과 절차 확립
　　　㉢ 물리적인 환경 조성
　　　㉣ 중요사건 또는 영웅적인 인물에 대한 일화의 전파
　　　㉤ 조직의 철학, 신념에 대한 공식적 언급
　③ 1・2차적 방법들은 최고경영자가 일관성 있게 적극적으로 수행할 때 가능하다.

(4) 조직사회화
① **내용**: 조직문화를 효과적으로 관리하기 위해서는 조직문화 형성단계에서부터 체계적인 관리가 필요하다. 따라서 신입사원이 들어오는 경우에는 이에 대한 사회화가 체계적으로 이루어져야 한다.
② **조직사회화의 단계**: '적합한 인재를 선발(1단계) → 강훈련을 통한 신념 및 가치관의 주입(2단계) → 교육 및 훈련을 통한 핵심기능의 숙지(3단계) → 정확한 업무평가 및 그에 따른 적절한 보상(4단계) → 조직공동가치와의 일체감 형성(5단계) → 가치 주입(6단계) → 일관성 있는 역할모델 제시(7단계)' 등의 과정을 통해서 바람직한 문화를 형성할 수 있도록 하여야 한다.

제 9 장 실전예상문제

01 다음 중 조직구조 분석을 위한 구성요소에 해당하지 않는 것은?

① 분화
② 통합
③ 관리 시스템
④ 비용 시스템

02 비공식조직에 대한 설명으로 옳지 않은 것은?

① 자연발생적으로 생겨난 조직으로 대집단의 성질을 띠며, 조직 구성원은 밀접한 관계를 형성한다.
② 비공식적인 가치관, 규범, 기대 및 목표를 가지고 있으며, 조직의 목표달성에 큰 영향을 미친다.
③ 비공식조직의 구성원은 집단접촉의 과정에서 저마다 나름대로의 역할을 담당한다.
④ 비공식조직의 구성원은 감정적 관계 및 개인적 접촉이다.

03 다음 내용 중 옳지 않은 것은?

① 수직적 분화는 부문화의 형성을 의미하며, 수평적 분화는 계층의 형성을 의미한다.
② 분업구조는 조직의 목표를 세분화한 것으로 조직단위의 연결 또는 네트워크로 생각할 수 있다.
③ 대표적인 집권화 조직은 베버가 제시하는 관료제 특성에서 찾아볼 수 있다.
④ 분업은 전문화에 의한 업무의 분화이지만, 이는 통합을 전제로 하는 것이다.

---

01 조직구조 분석을 위한 구성요소
- 분화
- 통합
- 권한 시스템
- 관리 시스템

02 비공식조직은 자연발생적으로 생겨난 조직으로 소집단의 성질을 띠며, 조직 구성원은 밀접한 관계를 형성한다.

03 수직적 분화는 계층의 형성을 의미하며, 수평적 분화는 부문화의 형성을 의미한다.

정답 01 ④ 02 ① 03 ①

04 관료제는 단위들 사이의 커뮤니케이션을 저해한다.

04 다음 중 관료제의 특징으로 바르지 <u>않은</u> 것은?
① 계층적인 권한체계
② 문서에 의한 직무집행 및 기록
③ 단위들 사이의 커뮤니케이션 지지
④ 명확하게 규정된 권한 및 책임의 범위

05 관료제는 전문화된 단위 사이의 갈등을 유발해서 전체목표 달성을 저해한다.

05 다음 중 관료제의 역기능으로 보기 <u>어려운</u> 것은?
① 단위들 사이의 커뮤니케이션을 저해한다.
② 전문화된 단위 사이의 친목을 도모하여 전체목표 달성에 기여한다.
③ 계층의 구조가 하향식이므로 개인의 창의성 및 참여가 봉쇄된다.
④ 규정에 얽매여 목표 및 수단의 전도현상이 발생한다.

06 사이먼(H. A. Simon)이 주장하는 권한의 기능
• 책임이행의 강요
• 활동 간 조정
• 의사결정에 있어서의 전문성 확보

06 다음 중 사이먼(H. A. Simon)이 주장하는 권한의 기능에 해당하지 <u>않는</u> 것은?
① 권리의 확보
② 활동 간 조정
③ 의사결정에 있어서의 전문성 확보
④ 책임이행의 강요

정답 04 ③ 05 ② 06 ①

07 버나드가 제시한 조직성립의 필요요건에 해당하지 않는 것은?

① 협동의욕
② 공동목적
③ 최소의 비용
④ 커뮤니케이션

07 버나드가 제시한 조직성립의 필요요건
- 커뮤니케이션(의사소통)
- 공동목적
- 협동의욕

08 경영관리상 중요 문제를 하위자가 상위자에게 상신해서 결재를 받는 것과 직능적으로 관련있는 타 직위에 회의(回議)하는 것을 무엇이라고 하는가?

① 과세제도
② 품의제도
③ 관리제도
④ 조직제도

08 품의제도는 문서의 형식으로 절차에 의해 양식화하여 확인·기록·보존하는 것을 말한다.

09 다음 중 민츠버그(H. Mintzberg)가 분류한 조직형상의 구성요소에 속하지 않는 것은?

① 전략상층부
② 지원스태프
③ 업무핵심층
④ 하위라인

09 민츠버그의 조직형상 구성요소
- 업무핵심층(Operating Core)
- 전략상층부(Strategic Apex)
- 중간라인(Middle Line)
- 기술구조(Techno-Structure)
- 지원스태프(Support Staff)

정답 07 ③ 08 ② 09 ④

10 단일 라인조직은 소규모의 기업경영 형태에서 볼 수 있다.

10 단일 라인조직에 대한 설명으로 옳지 <u>않은</u> 것은?

① 대규모의 기업경영형태에서 볼 수 있다.
② 모든 조직의 기본 형태이다.
③ 업무의 과다한 집중으로 인한 비효율성이 있다.
④ 의사결정이 신속하며, 하급자의 훈련이 용이하다.

11 복수 라인조직은 테일러에 의해 시작되었다.

11 다음 중 복수 라인조직에 대한 내용으로 바르지 <u>않은</u> 것은?

① 명령권자 및 수령라인이 복수인 조직형태이다.
② 메이요에 의해 시작되었다.
③ 명령의 이원화에 따른 문제발생의 소지가 있다.
④ 감독의 전문화가 이루어진다.

12 라인이 명령권을 지니며, 스태프는 권고, 조언, 자문 등의 기능을 지닌다.

12 다음 중 라인-스태프 조직에 대한 설명으로 바르지 <u>않은</u> 것은?

① 복수 라인조직의 결함을 보완하고, 단일 라인조직의 장점을 살릴 수 있는 혼합형 조직형태이다.
② 라인 및 스태프의 분화에 의한 전문화의 이점을 살릴 수 있다.
③ 라인 및 스태프 간 갈등 발생이 우려된다.
④ 라인이 권고, 조언, 자문 등을 하며, 스태프는 명령권을 지닌다.

정답 10 ① 11 ② 12 ④

13 사업부제 조직에 대한 내용으로 바르지 <u>않은</u> 것은?

① 인원·신제품·신시장의 추가 및 삭감이 신속하고 신축적이다.
② 사업부제 조직의 형태로는 제품별 사업부제, 지역별 사업부제, 고객별 사업부제의 형태 등이 있다.
③ 사업부는 기능조직과 같은 형태를 취하고 있으며, 회사 내의 회사라고 볼 수 있다.
④ 기능조직이 점차 대규모화됨에 따라 제품이나 지역, 고객 등을 대상으로 해서 조직을 분할하고 이를 독립채산제로 운영하는 방법이다.

13 ① 기능별 조직에 관한 설명이다.

14 학자들의 조직문화에 대한 정의를 연결한 것으로 옳지 <u>않은</u> 것은?

① Pettigrew – 언어, 상징, 이념, 전통 등 조직체 개념의 총체적 원천
② Sathe – 조직 구성원들이 보편적으로 공유하는 중요한 가정
③ Deal과 Kennedy – 현재 활용되고 있는 행동양식
④ Hofstede – 조직 구성원에게 조직의 가치 및 신념 등을 전달하는 의식, 상징 등의 집합

14 조직문화란 사람에게 공유되고 있는 집합적인 심리적 프로그래밍이다(Hofstede).

15 샤인의 조직문화에 대한 3가지 수준에 속하지 <u>않는</u> 것은?

① 가치관
② 기본가정
③ 교육수준
④ 인공물 및 창조물

15 샤인의 조직문화에 대한 3가지 수준
• 가시적 수준(인공물 및 창조물)
• 인식적 수준(가치관)
• 잠재적 수준(기본가정)

정답 13 ① 14 ④ 15 ③

미래가 어떻게 전개될지는 모르지만, 누가 그 미래를 결정하는지는 안다.

-오프라 윈프리-

제10장

인사관리와 노사관계관리

제1절 인사관리
제2절 노사관계관리
실전예상문제

당신이 할 수 있다고 생각하든, 할 수 없다고 생각하든 그렇게 될 것이다.

– 헨리 포드 –

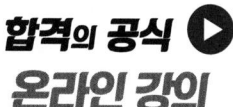  보다 깊이 있는 학습을 원하는 수험생들을 위한
시대에듀의 동영상 강의가 준비되어 있습니다.
www.sdedu.co.kr → 회원가입(로그인) → 강의 살펴보기

제10장 인사관리와 노사관계관리

제1절 인사관리

1 인사관리의 개념 기출 23

현대에 들어와서는 인사관리 또는 인적자원관리는 기업조직의 목표와 더불어 구성원 개개인의 니즈를 동시에 충족시키는 접근방식이 강조되고 있다.

(1) 인사관리의 의의
① **의의** : 인사관리는 '기업조직에 필요한 인력을 획득, 이를 조달하고 유지 및 개발하며, 유입된 인력을 효율적으로 관리·활용하는 체제'를 말한다.
② **기능** : 인사관리의 주요 기능으로는 직무의 분석 및 설계, 모집 및 선발, 훈련 및 개발, 보상 및 후생복지, 노조와의 관계 등이 있다.

> **더 알아두기**
>
> **전통적 인사관리와 현대적 인사관리의 비교**
>
> | 구분 | 전통적 인사관리 | 현대적 인사관리 |
> |---|---|---|
> | 중점 | 직무중심의 인사관리 | 경력중심의 인사관리(예 CDP 제도) |
> | 강조점 | 조직목표만을 강조 | 조직목표와 개인목표의 조화(예 MBO) |
> | 인간관 | 소극적, 타율적 X론적 인간관 | 주체적, 자율적 Y론적 인간관 |
> | 안목 | 주어진 인력을 활용하는 단기적인 안목 | 인력을 육성, 개발하는 장기적 안목 |
> | 노동조합 | 노동조합의 억제(부정) | 노사간 상호협동에 의한 목적달성 |

(2) 인사관리의 목표 중요

인사관리의 목표는 생산성의 향상 및 근로생활의 질(QWL) 2가지를 동시에 만족시키는 것이다.
① **생산성 향상** : 생산성의 목표는 조직 구성원들의 만족과 같은 인간적인 면보다는 주어진 과업 그 자체를 이루기 위한 조직의 목표를 말한다.
② **근로생활의 질(QWL)** : 산업화에 따른 근로자들 작업의 전문화 및 단순화에서 나타나는 단조로움, 소외감, 인간성 상실 등에 대한 반응 또는 빠르게 변화하는 경영환경 하에서의 새로운 기술의 발달로 인한 업무환경의 불건전성 등의 문제에 대한 반응으로서 나타난 개념이다.

(3) 인사관리의 환경 중요

① **내부환경** : 이미 형성된 기업조직 내부의 특성 및 장래의 변화 경향을 의미한다. 노동력 구성비의 변화, 조직규모의 확대, 가치관의 변화 등이 해당한다.
② **외부환경** : 향후에 기업조직의 유지 발전에 영향을 끼칠 조직 외부의 조건을 의미한다. 경제여건의 변화, 정부개입의 증대, 정보기술의 발전, 노동조합의 발전 등이 해당한다.
③ **환경의 변화에 적응하기 위한 인사제도** : 21세기 기업조직의 환경에 적응하고 생존하기 위해 기업은 지역전문가제도, 인턴사원제도, 청년중역회의, 창안제도, 기업안식년제도, 현장중시경영제도(MBWA) 등을 활용하고 있다.

> **더 알아두기**
>
> **인사관리의 환경** 중요
> - 내부환경
>   - 노동력 구성비의 변화 : 구성원들의 중고령화, 관리직 및 전문직의 증가, 여성근로자의 증가로 인해 조직 내부의 노동력 구성비가 변하고 있다.
>   - 조직규모의 확대 : 기업조직의 규모 확대와 더불어 인사관리의 기능분화가 발생한다.
>   - 가치관의 변화 : 조직중심에서 개인주의적인 성향이 우선시되는 방향으로 가치관이 변화하고 있다.
> - 외부환경 기출 23
>   - 경제여건의 변화 : 경기가 호황일 때 임금, 승진, 복지후생 등의 고용조건이 좋아지지만, 경기가 불황일 때 유휴인력, 실업, 정리해고 등의 문제가 발생한다.
>   - 정부개입의 증대 : 사회보장에 관한 관심의 증가로 인해 법적 제도를 바탕으로 정부개입도 증가하고 있다.
>   - 정보기술의 발전 : 사무자동화, 공장자동화, 경영정보 시스템 등의 정보기술의 발달로 인해 신인사체제 확립이 필요하다.
>   - 노동조합의 발전 : 근로자에 대한 노동조건의 향상과 더불어 경영참가 등 인사관리상의 참여도 요구되고 있다.

2 직무분석과 직무평가

(1) 직무분석 중요

① **직무분석의 의의**
   ㉠ 직무분석이란 직무의 성격·내용에 연관되는 각종 정보를 수집, 분석, 종합하는 활동을 말한다. 즉, 기업조직이 요구하는 일의 내용들을 정리·분석하는 과정을 의미한다.
   ㉡ 사람 중심의 관리가 아닌 일 중심의 인사관리를 하기 위해서 기본적으로 직무분석이 선행되어야 한다.

② **직무분석 방법** 중요
- ㉠ 관찰법 : 직무분석자가 직무수행을 하는 근로자의 행동을 관찰한 것을 토대로 직무를 판단하는 것을 말한다. 간단하게 실시할 수 있는 반면에 정신적 집중을 필요로 하는 업무 관찰 활용에는 다소 어려우며 피관찰자의 관찰을 의식한 직무수행 왜곡으로 인해 신뢰도의 문제점이 생길 수 있다.
- ㉡ 면접법 : 해당 직무를 수행하는 근로자와 직무분석자가 서로 대면해서 직무정보를 취득하는 방법으로서, 적용직무에 대한 제한은 없으나 이에 따른 면접자의 노련미가 요구되며, 피면접자가 정보제공을 기피할 수 있다는 문제점이 생길 수 있다.
- ㉢ 질문지법 : 질문지를 통해 근로자에 대한 직무정보를 취득하는 방법으로서, 이의 적용에는 제한이 없으며 그에 따르는 시간 및 비용의 절감 효과가 있는 반면에 질문지 작성이 어렵고 근로자들이 무성의한 답변을 할 여지가 있다.
- ㉣ 중요사건법 : 직무행동 중 중요하면서도 가치가 있는 것에 대한 정보를 수집하는 것을 의미한다. 대부분이 감독자에 의해 실행되고, 중요사건을 정한 후에 전체로서의 직무에 대한 난이도, 중요성, 빈도 또는 기여도를 평가한다.
- ㉤ 워크샘플링법 : 관찰법의 방식을 세련되게 만든 것으로서 이는 근로자의 전체 작업과정이 진행되는 동안에 무작위로 많은 관찰을 함으로써 직무행동에 대한 정보를 취득하는 것을 말한다. 근로자의 직무성과가 외형적일 때 잘 적용될 수 있는 방법이다.

③ **직무기술서(Job Description)** 중요 기출 25

기업에서는 여러 직무분석법 등을 통해 나타난 결과를 토대로 문서화시켜 **직무기술서(과업요건에 초점을 맞춤)**와 **직무명세서(인적요건에 초점을 맞춤)**를 작성한다.

■ 직무기술서 양식 예시

직무번호		직무명		소속	
직군	경영관리	직종		등급	
직무개요	기업에서 요구하는 고급인재상을 기초로 한 개인의 교육 Needs를 충분히 고려하여 등급별, 직능별 효과적인 교육 프로그램을 기획하고 진행하며 정확한 교육 평가를 통한 더욱 발전적인 사내·외 교육을 개발한다.				

■ 수행 요건 양식 예시

일반요건	남녀별적성		최적연령범위	30세~50세	
	기초학력	대졸 정도	특수자격		
	전공계열		전공학과		
	필요 숙련기간		전환 가능부서/직무		
	기타				
소요능력	지식	종류	세부 내용 및 소요 정도		
	학술적 지식				

■ 수행 업무 양식 예시

직무내용	직무절차 및 방법
교육 프로그램 기획	▶ 설문조사 및 직접 Interview를 통한 사원들의 교육 Needs를 정확히 조사한다. ▶ 교육 Needs를 최대한 충족할 수 있는 교육 프로그램 기획을 위하여 관련 자료를 수집하여 조사하고 분석한다. ▶ 사내·외 교육관련 담당자 및 전문가와의 직접 Interview를 통하여 최종 교육 프로그램 컨셉을 설정한다. ▶ 효율적인 교육성과를 위한 적정한 교재 및 강사를 선정하여 결정한다. ▶ 교육 프로그램의 일련의 과정을 최종 확정하여 해당 결재권자의 결재를 득한 후 시행한다.

㉠ 개념 : 근로자의 직무분석 결과를 토대로 직무수행과 관련된 각종 과업 및 직무행동 등을 일정한 양식에 따라 기술한 문서를 의미한다.

㉡ 직무기술서에 포함되는 내용
- 직무에 대한 명칭
- 직무에 따른 활동과 절차
- 실제 수행되는 과업 및 사용에 필요한 각종 원재료 및 기계
- 타 작업자들과의 공식적인 상호작용
- 감독의 범위와 성격
- 근로자들의 작업조건 및 소음도, 조명, 작업 장소, 위험한 조건과 더불어 물리적인 위치 등
- 근로자들의 고용조건, 작업시간과 임금구조 및 그들의 임금 형태와 부가적인 급부, 공식적인 기업조직에서의 직무 위치, 승진이나 이동의 기회 등

④ **직무명세서(Job Specification)** 중요 기출 25

직무분석의 결과를 토대로 특정한 목적의 관리절차를 구체화하는 데 있어 편리하도록 정리하는 것을 말한다. 각 직무수행에 필요한 근로자들의 행동이나 기능·능력·지식 등을 일정한 양식에 기록한 문서를 의미하며, 직무명세서는 특히 인적요건에 초점을 둔다.

■ 작성자 정보 양식 예시

성별		소속	
작성자		직책	
이메일		근무지 주소	
전화/팩스			

■ 직무명세 정보 양식 예시

직군 및 직렬	
직무	
직무개요	
고용형태	정규 / 파트파임 / 계약직 / 기타 중 택일하여 기록
현직무 개시일	
보고자	작성자가 직무에 대하여 보고를 해야하는 상급자를 기록

필요 교육조건	
필요 자격요건	
임무 및 책임	

> **체크 포인트**
>
> **직무기술서 및 직무명세서의 차이점** 중요
> - 직무기술서는 수행되어야 할 과업에 초점을 두며, 직무분석의 결과를 토대로 직무수행과 관련된 과업 그리고 직무행동을 일정한 양식에 기술한 문서를 의미한다.
> - 직무명세서는 인적 요건에 초점을 두며, 직무분석의 결과를 토대로 직무수행에 필요로 하는 작업자들의 적성이나 기능 또는 지식·능력 등을 일정한 양식에 기록한 문서를 의미한다.

(2) 직무평가 기출 24

① **개념**: 기업조직에서 각 직무의 숙련·노력·책임·작업조건 등을 분석 및 평가하여 다른 직무와 비교한 직무의 상대적 가치를 정하는 체계적인 방법을 의미한다.

② **직무급 도입의 기초**: 직무평가는 '동일노동 동일임금'을 기본원리로 하는 직무급 제도의 기초가 된다.

③ **직무평가의 방법**

비교기준 \ 비교대상	직무전반	구체적 직무요소
직무 대 직무	서열법 (Ranking Method)	요소비교법 (Factor Comparison Method)
직무 대 기준	분류법 (Job Classification Method)	점수법 (Point Rating Method)

㉠ 정성적 방법
- 서열법(Ranking Method): 직무평가의 방법 중에서 가장 간편한 방법으로, 이는 각 직무의 상대적 가치들을 전체적이면서 포괄적으로 파악한 후에, 순위를 정하는 방법이다.
- 분류법(Job Classification Method): 등급법이라고도 하는데 이는 서열법을 발전시킨 것으로 미리 규정된 등급 또는 어떠한 부류에 대해 평가하려는 직무를 배정함으로써 직무를 평가하는 방법이다.

㉡ 정량적 방법
- 점수법(Point Rating Method): 각 직무를 여러 가지 구성요소로 나누어서(숙련·책임·노력·작업조건 등) 중요도에 따라 각 요소에 점수를 부여한 후에, 각 요소에 부여한 점수를 합산해서 해당 직무에 대한 전체 점수를 산출해서 평가하는 방법이다.
- 요소비교법(Factor Comparison Method): 기업조직 내에서 가장 기준이 되는 기준직무를 선정하고, 그 다음으로 평가자가 평가하고자 하는 직무에 대한 평가요소를 기준직무의 평가요소와 비교해서 그 직무의 상대적 가치를 결정하는 것을 말한다.

3 인사관리의 주요활동

인사관리는 인적자원에 대한 '확보 → 개발 → 활용 → 보상 → 유지' 활동 등이 체계적으로 이루어져 가는 것을 나타내준다.

(1) 인적자원의 확보관리

① **확보관리의 순서** : 인적자원의 확보관리는 인적자원관리 과정에서 가장 먼저 이루어지는 과정이며, 기업조직의 목표를 달성함에 있어서 필요한 인력의 내용 및 수를 조직이 확보해 나가는 과정이다. 이 단계에서는 주로 인적자원의 (충원) 계획에 따른 모집이나 선발 및 배치관리가 주로 이루어진다.

② **인력계획의 특징** : 기업조직 내에서 해고, 퇴직, 승진, 이동 등에 따른 현재 및 미래 직무공백을 분석하고, 기업조직의 확장 또는 변경 등에 대비해서 조직의 인력흐름을 조절한다.

③ **모집, 선발 및 배치**
　㉠ 모집 : 외부노동시장으로부터 기업의 공석인 직무에 관심이 있고, 자격(능력)이 있는 사람들을 구별하고 유인하는 일련의 과정
　㉡ 선발 : 모집활동을 통해 획득한 지원자들을 대상으로 미래에 수행할 직무에 대해 가장 적합한 지원자를 선별하는 과정
　㉢ 배치 : 여러 직무와 여러 개인들의 관계를 잘 연결시켜, 이를 기업조직의 성과 내지 각개인의 만족도를 높이도록 해당 직무에 근로자들을 배속시키는 것

> **체크 포인트**
> **배치의 원칙** 중요
> 실력주의, 적재적소주의, 균형주의, 인재육성주의

(2) 인적자원의 개발관리

인적자원의 개발관리는 구성원에 대한 이동·승진관리와 직무순환 및 교육훈련 관리를 나타내는 인사관리의 주요활동이다.

① **인력개발** : 기업조직 내 인력자원을 타 자원(정보자원, 재무자원, 기타 물리적 자원)과 마찬가지로 기업의 장·단기전략, 목표를 달성하는 데 있어 주요 수단으로 여기고 조직전략 및 목표에 맞게 이를 개발하는 것이다. 그래서 타 인사기능과 효과적인 연관관계를 맺어 인력자원의 효율적인 활동을 통해 궁극적으로 기업조직의 유효성을 향상시키는 기능을 의미한다.

② **개인개발** : 구성원(근로자) 스스로가 종사하고 있는 직종에 연관된 신 지식 및 기술 등을 습득하고, 긍정적인 태도 및 행동양식을 보여줌으로써 업무향상을 꾀하도록 인력개발을 하는 것이다.

③ **경력개발** : 기업조직이 미래 사업에 배치할 인력개발을 목표로 미래 직무에 필요로 하는 기술을 개발하기 위해 개개인의 관심, 적성, 가치관, 활동 및 업무 등을 파악하는 개발과정이다.

④ **조직개발** : 조직구조 전체를 하나의 시스템으로 간주하고 인력자원에 관련한 여러 가지의 변수, 즉 조직구조·과정·문화·전략 등의 상호작용을 분석해서 그들 변수 및 업무에 대한 문제를 해결함으로써 기업 전 조직을 새롭고 창조적인 체제로 개선해 나가는 것이다.

(3) 인적자원의 활용관리

인적자원의 개발관리를 통해 개발된 인적자원을 효율적으로 활용하기 위해서는 조직의 특성 및 직무특성 등의 재설계 또는 건전한 조직풍토 및 기업문화의 정립이 요구된다. 이러한 인적자원의 활용을 위해서는 MBO, 소집단 활동, 프로젝트 팀 등의 활동이 활성화되어야 한다.

> **체크 포인트**
>
> **목표관리(MBO ; Management By Objectives)**
> 효율적인 경영관리체제를 실현하기 위한 경영관리의 기본 수법으로 조직의 목표와 개인의 목표를 명확하게 설정하고 조직의 목표달성을 위한 실행전략을 수립하여 구체적으로 추진하는 일련의 과정

(4) 인적자원의 보상관리

① 인적자원의 보상관리는 인적자원을 효율적으로 활용한 대가로 기업이 개인에게 주는 경제적 보상으로 임금과 복지후생이 있다.
② 복지후생은 기업조직이 종업원과 가족들의 생활수준을 높이기 위해 마련한 임금 이외의 제반급부를 말한다. 복지후생제도는 기업에서 노사 간의 관계에 안정, 공동체의 실현 및 종업원들의 생활안정과 문화향상 등의 필요에 의해 발전하고 있다.
③ 복지후생을 증진하는 주체는 통상적으로 기업 측이 맡고 있지만, 관리운영을 반드시 기업 측이 담당할 필요는 없다.

4 임금관리

(1) 임금관리의 내용

① **임금의 개념**
  ㉠ 임금은 근로자가 노동의 대가로 사용자에게 받는 보수이다. 급료, 봉급, 수당, 상여금 따위가 있으며 현물 급여도 포함된다.
  ㉡ 근로기준법에는 사용자가 근로의 대가로 근로자에게 지급하는 임금·봉급 기타 여하의 명칭으로든지 지급하는 일체의 금품으로 정의하고 있다.

(2) 임금관리의 체제 중요

① **임금의 수준** : 임금수준은 근로자에게 제공되는 임금의 크기와 관계가 있는 것으로, 가장 기본적이면서도 적정한 임금수준은 근로자의 생계비의 수준, 기업의 지불능력, 현 사회 일반의 임금수준 및 동종업계의 임금수준을 고려하면서 관리되어야 한다.
② **임금의 체계** : 임금체계는 근로자에게 총액을 분배하여 근로자 간의 임금격차를 가장 공정하게 설정함으로써 근로자가 이에 대해 이해하고 만족하며, 업무의 동기유발이 되도록 하는 데 의미가 있다.

③ **임금의 형태** : 임금형태는 임금 계산이나 그 지불방법에 대한 것으로, 근로자의 작업의욕 상승과 직접적으로 연관이 있으며, 이에 따른 합리성이 요구되는 것으로, 보통 시간급·성과급·특수 임금제의 형태로 나누어진다.

> **더 알아두기**
>
> **임금관리의 3요소** 중요
>
> | 임금관리 3요소 | 핵심 사항 | 분류(고려 대상) |
> |---|---|---|
> | 임금수준 | 적정성 | 생계비 수준, 기업의 지불 능력, 사회적 임금수준, 동종업계 임금수준 감안 |
> | 임금체계 | 공정성 | 연공급, 직능급, 성과급, 직무급 |
> | 임금형태 | 합리성 | 시간급제, 일급제, 월급제, 연봉제 |

(3) 임금의 결정요소 중요
① **생계비 수준** : 임금수준의 하한선에서 조정되는 것을 말한다. 생계비는 생활수준의 중요한 지표로서, 임금산정의 기초자료로 그 의미가 있다.
② **기업의 지불능력** : 임금수준의 상한선에서 조정이 된다.
③ **사회 일반적 임금수준** : 임금수준의 가운데에서 조정이 된다.

(4) 최저임금제 중요
① **개념** : 국가가 노·사간의 임금결정과정에 개입하여 임금의 최저수준을 정하고, 사용자에게 그 수준 이상의 임금을 지급하도록 법적으로 강제함으로써 저임금 근로자를 보호하는 제도다.
② **목적**
  ㉠ 경제정책적인 목적 : 저임금 근로자의 구매력을 증가시켜 불황기에 유효수요 축소의 방지, 부당한 임금절하에 의한 생산비 절하를 방지하는 데 있다.
  ㉡ 사회정책적인 목적 : 저임금 근로자의 빈곤 퇴치, 미숙련·비조직 근로자에 대한 노동력 착취 방지, 소득재분배에 있다.
  ㉢ 산업정책적인 목적 : 저임금 의존적 경쟁 지양, 기술개발 및 생산성 향상을 통한 공정한 경쟁의 유도, 노동쟁의 예방에 있다.
③ **우리나라의 최저임금제도**
  ㉠ 우리나라 최저임금을 정하는 방식은 임금심의회 방식을 채택하고 있다.
  ㉡ 최저임금은 근로자의 생계비, 유사 근로자의 임금, 노동생산성 및 소득분배율을 고려해서 사업의 종류별로 정하도록 되어 있다.

> **더 알아두기**
>
> **허즈버그(Herzberg)의 2요인이론(Dual Factor Theory)** 기출 25, 24, 22
> 1950년대 후반 허즈버그는 200명의 기술자와 회계사를 대상으로 실시한 연구를 통해 사람들에게 만족을 주는 직무요인과 불만족을 주는 직무요인은 별개라는 것을 알아내고, 만족을 주는 요인인 동기요인과 불만족요인인 위생요인을 구분한 동기-위생요인이론(2요인이론)을 제시했다. 그에 따르면 인간의 욕구에는 성장하고자 하는 욕구인 동기요인(Motivators)과 고통회피 욕구인 위생요인(Hygiene Factors)이라는 두 가지 요인이 있다고 한다. 2요인이론은 만족과 불만족이 별개의 차원이고, 각 차원에 작용하는 요인 역시 별개의 것이라고 가정하고 있다.

제2절 노사관계관리

1 노사관계관리의 개념

(1) 개요

노사관계는 노동시장에서 노동력을 제공해서 임금을 지급받는 노동자(근로자)와 노동력 수요자로서의 사용자 및 정부가 서로 간에 형성하는 관계를 말한다. 노동 정책 및 이와 관련된 경제·사회 정책 등을 협의하여 산업평화를 도모하고 국민 경제의 균형있는 발전에 이바지하는 것을 목적으로 한다.

(2) 목표 중요

노사관계관리의 기본목표는 노사관계의 공익성을 바탕으로 한 노사관계의 산업평화적 이념의 정립, 생산성 향상과 공정한 성과배분의 실현, 노사관계의 안정에 있다.

> **체크 포인트**
>
> **노사관계의 발전과정** 중요
> 노사관계는 그 발전과정에 있어 크게 전제적 노사관계, 온정적 노사관계, 근대적 노사관계, 민주적 노사관계 등 4가지로 구분돼서 발전되었다.

2 노동조합

(1) 노동조합의 개념

노동자가 주체가 되어 자주적으로 단결하여 근로조건의 유지 및 개선, 기타 노동자의 경제적·사회적인 지위의 향상을 도모하기 위한 목적으로 조직하는 단체 또는 그 연합단체를 의미한다.

(2) 노동조합의 기능 중요

① **기본 기능(조직 기능)** : 노동자들이 노동조합을 형성하기 위해서 비조합원인 근로자들을 조직하는 제1차적 기능과, 조직된 해당 노동조합을 유지하는 제2차적 기능으로 나누어진다.

② **집행 기능**
   ㉠ 단체교섭 기능 : 노동자와 사용자 간의 단체교섭을 통해서 근로조건 유지·개선 내용에 대해 노사 간에 일치점이 나타나게 되면 이를 단체협약으로 이행하는 것을 말한다.
   ㉡ 경제활동 기능 : 경제활동 기능은 크게 **공제적 기능과 협동적 기능**으로 구분된다. 공제적 기능은 노동조합의 자금원조 기능으로 볼 수 있는데, 이는 노동자들이 어떠한 질병이나 재해, 사망 또는 실업에 대비해서 노동조합이 사전에 공동기금을 준비하는 상호부조의 활동(상호보험)을 말한다. 협동적 기능은 노동자가 취득한 임금을 보호하기 위한 소비측면의 보호로서 생산자 협동조합이나 소비자 협동조합 및 신용조합, 노동은행의 활동 등을 의미한다. 기출 24
   ㉢ 정치활동 기능 : 노동자들이 자신들의 경제적인 목적을 달성하기 위해 부득이하게 정치적인 활동을 전개하는 것으로서, 노동관계법 등의 법률 제정이나 그에 대한 촉구와 반대 등의 정치적 발언권을 행사하며, 이를 위해서 어느 특정 정당을 지지하거나 반대하는 등의 정치활동을 전개하는 것을 말한다.

③ **참모 기능** : 보통 기본 기능과 집행 기능을 보조하거나 참모하는 역할을 수행하는 기능이다. 이는 노동자들이 만든 노동조합의 임원이나 조합원들에게 교육활동이나 각종 선전활동, 조사연구활동 및 사회봉사활동 등의 내용을 포함한다.

(3) 노동조합의 조직형태 중요

① **직업별 노동조합(Craft Union)** : 기계적인 생산방법이 도입되지 못하던 수공업 단계에서 산업이나 기계에 관련 없이 서로 동일한 직능(예 인쇄공이나 선반공 또는 목수 등)에 종사하는 숙련노동자들이 자신들의 직업적인 안정과 더불어 경제적인 부분에서의 이익을 확보하기 위해 만든 배타적인 노동조합이다.

② **산업별 노동조합(Industrial Union)** : 직종이나 계층 또는 기업에 상관없이 동일한 산업에 종사하는 모든 노동자가 하나의 노동조합을 결성하는 노동조합이다. 이들 산업별 노동조합은 노동시장에 대한 공급통제를 목적으로 숙련 또는 비숙련 노동자들을 불문하고 동종 산업의 모든 노동자들을 하나로 조직하는 노동조합이다.

③ **기업별 노동조합(Company Labor Union)** : 동일한 기업에 종사하는 노동자들이 해당직종 또는 직능에 대한 차이 및 숙련의 정도를 무시하고 조직하는 노동조합으로서 이는 개별기업을 존립의 기반으로 삼고 있는 것을 말한다.

④ **일반 노동조합**(General Labor Union) : 기업이나 직업, 산업에 상관없이 여러 개의 산업에 걸쳐서 각기 흩어져 있는 일정 지역 내의 노동자들을 규합하는 노동조합을 말한다. 어느 특정한 직종이나 산업 및 기업에 소속되지 않는 노동자들도 자유로이 가입할 수 있는 반면에, 조직으로서 갖추어야 하는 단결력이 약하므로 전반적인 이해관계에 대한 문제가 나타날 우려가 있다.

(4) 노동조합의 탈퇴 및 가입 중요

① **조합의 가입** : 우리나라 헌법 33조에서는 근로자들의 단결권을 인정하고 있으며, 노동조합 및 노동관계조정법 제5조에서는 '근로자는 자유로이 노동조합을 조직하거나 이에 가입할 수 있다'라고 규정하고 있다.

② **숍 제도** : 노동조합이 사용주와 체결하는 노동협약에 있어 종업원의 자격 및 조합원 자격의 관계를 규정한 조항을 삽입하여 노동조합의 유지 및 발전을 도모하려는 제도를 말한다. 기출 23

　㉠ 오픈 숍(Open Shop) : 사용자가 **노동조합에 가입한 조합원뿐만 아니라 비조합원도 자유롭게 채용**할 수 있도록 하는 제도를 말한다. 종업원의 노동조합에 대한 가입·비가입 등이 채용이나 해고조건에 전혀 영향력을 끼치지 못하는 것이라 할 수 있다. 그러므로 노동조합에 대한 가입 및 탈퇴에 대한 부분은 종업원들의 각자 자유에 맡기고, 사용자는 비조합원들도 자유롭게 채용할 수 있기 때문에, 조합원들의 사용자에 대한 교섭권은 약화된다.

　㉡ 클로즈드 숍(Closed Shop) : 기업의 **결원에 대한 보충이나, 신규채용 등에 있어 사용자가 조합원 중에서 채용을 하지 않으면 안 되는 것**을 말한다. 노동조합의 가입이 채용의 전제조건이 되므로 조합원의 확보방법으로서는 최상의 강력한 제도라 할 수 있다. 또한, 클로즈드 숍 하에서 노동조합이 노동의 공급 등을 통제가능하기 때문에 노동가격(임금)을 상승시킬 수 있다.

　㉢ 유니언 숍(Union Shop) : 사용자의 노동자에 대한 채용은 자유롭지만, 일단 **채용이 되고 나서부터는 노동자는 노동협약에 따라 반드시 노동조합에 가입해야만** 하는 제도를 말한다.

3 단체교섭과 단체협약

(1) 단체교섭의 의의 중요

① **개념** : 노동조합이 사용자 또는 사용자단체와 임금이나 근로시간, 기타 근로조건에 대한 협약체결을 위해서 단결력을 배경으로 교섭하는 것이다. 노사의 대표자가 노동자의 임금·근로시간 또는 제 조건에 대해서 협약의 체결을 위해서 평화적으로 **타협점을 찾아가는 절차**를 말한다.

② **단체교섭의 기능**

　㉠ 사용자측 : 근로자 전체 의사를 수렴한 노조와의 대화 채널이며, 더불어 노사관계의 안전장치로 생각할 수 있다.

　㉡ 근로자측 : 근로자 자신들의 근무조건을 유지 및 향상시키며 구체적인 노조활동의 자유를 사용자로부터 얻어 내기 위한 중요 수단이다.

③ 단체교섭 방식

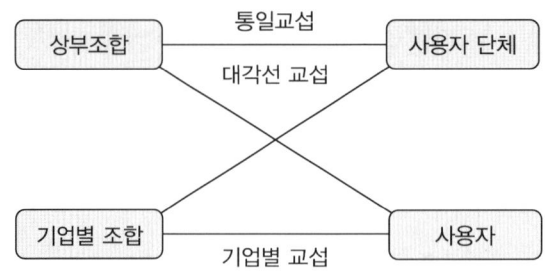

- ㉠ 기업별 교섭
  - 기업 내 조합원들을 교섭의 단위로 해서 기업단위노조와 사용자 간 단체교섭이 행해지는 것을 말한다.
  - 각 사업장의 특수성을 반영할 수 있는 반면에 개별사업을 존립기반으로 하므로 노동시장에 대한 지배력이 없으며 기업별, 사업장별 교섭 등에서 오는 제약이 따른다.
- ㉡ 집단교섭
  - 여러 개 단위노조와 사용자가 집단으로 연합전선을 구축해서 교섭하는 방식을 말한다.
  - **기업별 교섭과 산업별 통일교섭의 절충형태이다.**
- ㉢ 통일교섭
  - 전국에 걸친 산업별 노조 또는 하부단위노조로부터 교섭권을 위임받은 연합체 노조와 이에 대응하는 산업별 또는 지역별 사용자단체 간의 단체교섭을 말한다.
  - 해당 산업의 전반에 걸쳐 근로조건을 통일할 수 있는 반면에, 기업별 특수성을 반영하기 어렵다.
- ㉣ 대각선 교섭 : 단위노조가 소속된 상부단체가 각 단위노조에 대응하는 개별기업의 사용자 간에 행해지는 교섭방식을 말한다.
- ㉤ 공동교섭 : 기업별 노동조합 또는 지역-기업단위지부가 상부단위의 노조와 공동으로 참가해서 기업별 사용 측과 교섭하는 것을 말한다.

(2) 단체협약 중요

① 개념
  - ㉠ 노동자들이 사용자에 대해서 평화적인 교섭 또는 쟁의행위를 거쳐서 쟁취한 유리한 근로조건을 협약이라는 형태로 서면화한 것을 말한다.
  - ㉡ 단체교섭에 의해 노사 간의 입장의 합의를 보게 되었을 때 단체협약이 된다. 단체협약의 경우에 성립이 되고 나면, 그것이 법에 저촉되지 않는 한은 취업규칙 및 개별근로계약에 우선해서 획일적인 적용을 하게 되는 상당히 강력하게 작용하는 것으로써, 이는 협약서 작성에 있어 상당한 규제가 가해진다.

② **기능**
  ㉠ 근로조건 개선기능 : 개인근로자와 사용자 간 교섭에서는 기대할 수 없는 근로조건을 확보하는 것이다.
  ㉡ 산업평화 기능 : 유효기간 중 불필요한 분쟁을 피하고 산업평화를 유지할 수 있음을 말한다.
③ **단체협약의 유효기간** : 노·사 당사자가 2년의 범위 내에서 정할 수 있다. 만약 유효기간을 정하지 않거나 2년 이상을 초과하는 기간을 정한 경우에는 그 유효기간을 2년으로 한다(노동조합 및 노동관계조정법).

4 부당노동행위

우리나라의 경우 개별적인 근로자를 대상으로 한 부당노동행위와 노동조합을 대상으로 하는 부당 노동행위로 구별해서 다음과 같은 5가지 종류의 부당노동행위를 규정해서 이를 금지하고 있다.

(1) 노동조합의 조직, 가입, 활동 등에 관한 불이익 대우

(2) 황견계약의 체결

(3) 단체교섭의 거부

(4) 노동조합의 조직, 운영에 대한 지배, 개입과 경비원조

(5) 단체행동에의 참가, 기타 노동위원회와의 관계에 있어 행위에 관한 보복적 불이익 대우

> **체크 포인트**
> **부당노동행위제도**
> 노동 3권의 구체적인 보장을 위한 행정적인 구제제도

5 쟁의행위와 쟁의조정제도

(1) **노동쟁의(Labor Disputes)**
근로자들의 노동시간, 복지후생, 임금, 해고 등에 대해서 노사 간의 의견 불일치로 인해 발생하는 분쟁 상태를 말한다.

(2) 쟁의행위

① **개념**: 노동쟁의행위는 노동관계 당사자가 자신의 주장을 관철하기 위해 행하는 행위와 이에 대항하는 행위로서 업무의 정상적인 운영을 저해하는 행위를 말한다.

> **더 알아두기**
>
> **쟁의행위의 유형** 중요
>
> | 구분 | 유형 | 내용 |
> | --- | --- | --- |
> | 노동자 측면의 쟁의행위 | 파업(Strike) | 노동조합 안에서의 통일적 의사결정에 따라 근로계약상 노동자가 사용자에게 제공해야 할 의무가 있는 근로의 제공을 거부하는 쟁의수단을 의미한다. |
> | | 태업·사보타지(Sabotage) | • 태업은 노동조합이 형식적으로는 노동력을 제공하지만 의도적으로 불성실하게 노동을 제공함으로써 작업능률을 저하시키는 행위를 의미한다.
• 사보타지(Sabotage)는 태업에서 더 나아가 능동적으로 생산 및 사무를 방해하거나 원자재 또는 생산시설 등을 파괴하는 행위를 일컫는다. |
> | | 생산관리 | 노동조합이 직접적으로 사업장이나 공장 등을 점거하여 직접 나서서 기업경영을 하는 행위를 일컫는다. |
> | | 준법투쟁 | 노동조합이 법령·단체협약, 취업규칙 등의 내용을 정확하게 이행한다는 명분하에 업무의 능률 및 실적을 떨어뜨려 자신의 주장을 받아들이도록 사용자에게 압력을 가하는 집단행동을 의미한다.
예 일제휴가, 집단사표, 연장근무의 거부 등 |
> | | 불매동맹(Boycott) | 노동조합이 사용자나 사용자와 거래 관계에 있는 제3자가 제품구입 또는 시설 등을 이용하지 못하도록 하며 호소하는 행위를 말한다. |
> | | 피켓팅(Picketing) | 노조의 쟁의행위를 효과적으로 수행하기 위한 것으로서, 이는 비조합원들의 사업장 출입을 저지하고, 이들을 파업에 동조하도록 호소하여 사용자에게 더 큰 타격을 주기 위해 활용되는 것을 말한다. |
> | 사용자 측면의 쟁의행위 | 직장폐쇄(Lock Out) | 노동조합과 사용자간에 임금 및 기타 제 근로조건에 대해서 주장이 일치하지 아니하는 경우 사용자측이 자기의 주장을 관철하기 위해서 노동자가 제공하는 노동력의 제공을 거부하고, 노동자에게 경제적 타격을 입힘으로써 압력을 가하는 실력행위를 말한다. |

② 쟁의권 행사의 절차
　㉠ 쟁의의 신고: 노동쟁의가 발생하였을 시 쟁의 당사자 중 어느 한쪽이 지체 없이 이를 관할 행정관청 및 노동위원회에 신고하고, 상대측에 통고해야 한다.
　㉡ 냉각기간: 신고된 노동쟁의가 노동위원회의 적법판정을 받게 되었다 할지라도 **일반사업에 있어 10일, 공익사업에 있어 15일을 경과하지 않으면 최종수단인 쟁의행위를 할 수 없다.**

(3) 노동쟁의의 조정 중요

① **조정**: 관계당사자의 의견을 들어 조정안을 만들어 노사의 수락을 권고하는 형태이다. 이는 노동위원회에서 구성한 조정위원 3인으로 구성된 조정위원회에서 맡는다.

② **중재** : 조정과는 다르게 노사의 자주적인 해결의 원칙과는 거리가 먼 형태로 중개절차가 개시되면 냉각기간이 경과했더라도 그날로부터 15일 간 쟁의행위를 할 수 없고, 중재재정의 내용은 단체협약과 동일한 효력을 지닌다.
③ **긴급조정** : 쟁의행위가 국민경제 및 국민의 일상생활을 위태롭게 할 경우 당사자에게 의견을 묻지 않고 고용노동부장관의 직권으로 결정하는 것으로 이는 쟁의권에 대한 중대한 제약이다.

6 경영참가제도와 성과배분제도

(1) 경영참가제도 중요
① **개념** : 경영참가제도는 노동자 또는 노동조합이 사용자와 공동으로 기업의 경영관리기능을 담당 수행하는 것을 뜻한다.
② **경영참가의 종류** : 국가별, 지역별, 기업의 규모에 따라 각각 차이가 있지만 일반적으로 널리 사용되고 있는 경영참가의 기본유형으로는 **자본참가, 이익참가, 경영의사결정참가** 등의 세 가지로 나누어진다.

(2) 성과배분제도
① **개념**
  ㉠ 성과배분참가는 기업이 생산성 향상에 의해 얻어진 성과를 배분하는 제도를 말한다.
  ㉡ 분배하는 방법은 생산성이 높아져서 나타나는 많은 성과를 생산설비 확대에 대비해 회사 이윤에 넣어두거나, 동종업체 타사와의 경쟁에 이겨 소비자에게 서비스를 강화하기 위해 제품의 가격 인하에 활용하거나, 생산성 향상에 있어 직접적으로 기여한 종업원의 임금인상에 활용될 수 있다.
  ㉢ 생산성 향상을 위한 인센티브 제도라고 할 수 있다.
  ㉣ 생산성 향상의 성과가 뚜렷했을 때에만 성과배분제의 효과를 가질 수 있다.
② **성과배분제도의 종류**
  ㉠ 일반적 성과배분제도 : 상여금제, 이윤분배제, 종업원 지주제도 등
  ㉡ 공장단위 성과배분제도 : 스캔런플랜, 럭커플랜, 링컨플랜, 프랜치 시스템 등

> **더 알아두기**
>
> **스캔런플랜과 럭커플랜** 중요
> • **스캔런플랜** : 기업 생산성의 향상을 노사협조의 결과로 인식하고, 이를 총 매출액에 대한 노무비 절약분으로서의 이익을 인센티브 임금, 다시 말해 상여금으로써 모든 종업원들에게 나누어주는 방식을 말한다.
> • **럭커플랜** : 부가가치의 증대를 목표로 하여 이를 노사협력체제에 의하여 달성하고, 이에 따라 증가된 생산성 향상분을 그 기업의 안정적인 부가가치 분배율로 노사 간에 배분하는 성과배분제를 말한다.

7 사회보장제도

(1) 사회보장의 개요

사회보장이란 출산, 양육, 실업, 노령, 장애, 질병, 빈곤 및 사망 등의 사회적 위험으로부터 모든 국민을 보호하고 국민 삶의 질을 향상시키는 데 필요한 소득·서비스를 보장하는 사회보험, 공공부조, 사회서비스를 말한다. 사회보험은 국가의 책임으로 시행하고, 공공부조와 사회서비스는 국가와 지방자치단체의 책임으로 시행하는 것을 원칙으로 한다(사회보장기본법).

(2) 사회보험의 4대 지주

① **국민건강보험** : 국민의 질병·부상에 대한 예방·진단·치료·재활과 출산·사망 및 건강증진에 대하여 보험급여를 실시하는 제도로서, 의료보험은 1977년에 시작되었고, 1989년 7월부터 전국민 의료보장이 실현되었다.

② **국민연금** : 국민의 노령·장애 또는 사망에 대하여 연금급여를 실시한다. 1988년 1월부터 10인 이상 사업장의 근로자를 대상으로 시작하였으며, 1992년에 상시 근로자 5인 이상의 사업장으로 확대되었다.

③ **고용보험** : 국내 사회보험 중에서 고용보험이 가장 늦게 도입되었으며, 이는 1995년부터 시행되고 있다.

④ **산업재해보상보험** : 업무수행 중에 해당 업무로부터 기인해서 발생한 재해에 대한 보험을 의미한다.

> **더 알아두기**
>
> **고용보험 관련 내용** 중요
> - 노사의 보험료를 주요 재원으로 한다.
> - 강제 적용방식이다.
> - 임금노동자의 실업 중 생활안정을 목적으로 한다.
> - 구직급여의 수급기간은 통상적으로 1년 이내의 단기로 한다.
> - 일정기간 동안 갹출을 수급의 기본 조건으로 한다.
> - 구직급여를 받으려는 자는 직업안정기관의 장으로부터 구직급여의 수급 요건을 갖추었다는 사실의 인정을 받아야 한다.

8 ILO 가입과 노사관계

(1) 개요
① ILO는 근로조건을 개선하고 근로자들의 권익보호 및 복지증진을 통해 사회의 정의를 구현하고, 세계의 항구적 평화달성에 공헌하고자 설립된 노·사·정의 3자 협의기구이다.
② ILO에 가입한다는 것은 ILO 헌장상 모든 의무를 '공식으로 그리고 무조건적으로 수락한다'는 국가의 국제적 의사표시이다.

(2) ILO 가입의 기대효과
국가의 지위향상, 국내 노동 분야의 발전, 노동 분야의 국제협력확대, 민간차원의 노동외교 활성화, 국제노동계 동향 및 정보파악이 용이하다는 등의 효과가 있다.

(3) ILO 가입 후 의무 중요
① 분담금 납부의무
② ILO 협약의 비준 및 이행의무
③ 연차보고서 작성 및 보고의무

제 10 장 실전예상문제

01 인적자원관리는 조직의 목표를 이루기 위해 사람의 확보, 개발, 활용, 보상 및 유지를 하며, 이와 더불어 계획, 조직, 지휘, 통제 등의 관리체제를 이룬다.

01 다음의 내용이 의미하는 것으로 옳은 것은?

> 이것은 기업의 장래 인적자원의 수요를 예측하여, 기업전략의 실현에 필요한 인적자원을 확보하기 위해 실시하는 일련의 활동이다.

① 회계관리
② 마케팅관리
③ 물류관리
④ 인적자원관리

02 직무분석의 목적
- 인적자원관리 활동에 있어서의 합리적 기초를 제공한다.
- 업무개선에 있어서 기초가 된다.
- 채용관리의 기초자료를 제공해준다.
- 인사고과의 기초가 된다.
- 종업원들의 훈련이나 개발에 있어서 기준이 된다.
- 직무급의 도입을 위한 기초 작업이 된다.

02 직무분석의 목적에 해당되지 <u>않는</u> 것은 무엇인가?

① 기업조직 계획을 수립함에 있어 기초자료로서 활용된다.
② 직무급 도입을 위한 기초 작업이 된다.
③ 인사고과의 기초가 된다.
④ 조직 업무개선에 있어 기초가 된다.

03 직무분석의 방법
- 관찰법(Observation Method)
- 면접법(Interview Method)
- 질문지법(Questionnaire Method)
- 중요사건법 (Critical Incidents Method)
- 워크샘플링법 (Work Sampling Method)

03 다음 중 직무분석의 방법에 해당하지 <u>않는</u> 것은?

① 질문지법(Questionnaire Method)
② 요소비교법(Factor Comparison Method)
③ 워크샘플링법(Work Sampling Method)
④ 면접법(Interview Method)

정답 01 ④ 02 ① 03 ②

04 다음 내용이 설명하는 것은 무엇인가?

> 이것은 종업원의 전체 작업과정이 진행되는 동안에 무작위로 많은 관찰을 함으로써 직무행동에 대한 정보를 취득하는 것을 말한다.

① 워크샘플링법(Work Sampling Method)
② 중요사건법(Critical Incidents Method)
③ 면접법(Interview Method)
④ 관찰법(Observation Method)

05 다음 내용이 설명하는 것은 무엇인가?

> 직무분석자가 직무수행을 하는 종업원의 행동을 관찰한 것을 토대로 직무를 판단하는 방법이다.

① 질문지법(Questionnaire Method)
② 워크샘플링법(Work Sampling Method)
③ 중요사건법(Critical Incidents Method)
④ 관찰법(Observation Method)

06 임금의 구성내용(항목) 또는 기본급 산정에 있어서 그 원리를 통칭하는 임금관리의 영역은 무엇인가?

① 임금체계
② 임금형태
③ 임금교섭
④ 임금수준

---

04 워크샘플링법은 종업원이 수행하는 전체 작업의 과정 동안에 무작위적인 간격으로 종업원들에 대한 많은 관찰을 해서 그들의 직무행동에 대한 정보를 얻어내는 방법을 말한다.

05 관찰법(Observation Method)은 조직에서 기존의 잘 훈련된 직무분석자가 직무수행자를 직접 집중적으로 관찰함으로써 정보를 수집하는 방법을 말한다.

06 임금체계란, 보편적인 정의로는 임금의 구성내용(항목) 또는 전체 임금체계의 구성내용이 어떻게 형성되어 있는가를 이해하는 것을 의미한다.
- 임금형태 : 임금을 구성하는 각 항목의 금액계산과 지급방법을 의미한다.
- 임금수준 : 조직 구성원 개개인의 임금을 결정하는 기준을 의미한다.

정답 04① 05④ 06①

07 임금관리의 3요소로는 임금수준·임금체계·임금형태의 3가지가 있다.

07 다음 중 임금관리의 3요소에 해당하지 <u>않는</u> 것은 무엇인가?
① 임금형태
② 임금수준
③ 임금체계
④ 임금조정

08 조합원 자격에 의한 노동조합의 분류
- 기업별 노동조합(Company Labor Union)
- 산업별 노동조합(Industrial Union)
- 직업별 노동조합(Craft Union)
- 일반 노동조합(General Labor Union)

08 다음 중 조합원 자격에 의한 노동조합의 분류에 속하지 <u>않는</u> 것은?
① 기업별 노동조합
② 산업별 노동조합
③ 직업별 노동조합
④ 부서별 노동조합

09 일반적으로 민주적 노사관계에서는 고용관계의 결정에 있어 일단 대등한 지위에서 단체교섭을 할 수 있다.

09 다음 내용은 노사관계의 발전에서 어느 단계에 속하는가?

> 노동조합과 기업의 전문경영자 사이의 대등주의 입장에서 임금이나 작업 내지는 노동조건을 공동으로 결정하는 노사관계의 단계를 의미한다.

① 전제적 노사관계
② 근대적 노사관계
③ 민주적 노사관계
④ 온정적 노사관계

정답 07 ④ 08 ④ 09 ③

10 다음 설명에 해당하는 것은 무엇인가?

> 동일한 기업에 종사하는 노동자들이 해당 직종 또는 직능에 대한 차이 및 숙련의 정도를 무시하고 조직하는 노동조합으로서 이는 개별기업을 존립의 기반으로 삼고 있는 형태이다.

① 일반 노동조합(General Labor Union)
② 기업별 노동조합(Company Labor Union)
③ 직업별 노동조합(Craft Union)
④ 산업별 노동조합(Industrial Union)

10 기업별 노동조합(Company Labor Union)은 동일한 기업에 종사하는 노동자들에 의해 조직되는 노동조합을 의미한다.

11 다음 내용이 의미하는 숍 제도는?

> 결원에 대한 보충이나 신규채용 등에 있어 사용자가 조합원 중에서 채용을 하지 않으면 안 되는 숍제도이다.

① 오픈 숍(Open Shop)
② 유니언 숍(Union Shop)
③ 에이전시 숍(Agency Shop)
④ 클로즈드 숍(Closed Shop)

11 클로즈드 숍(Closed Shop)은 노동조합의 가입이 채용의 전제조건이 되므로 조합원의 확보방법으로서는 최상의 강력한 제도라 할 수 있다.

12 다음 설명에 해당하는 것은 무엇인가?

> 임금이나 근로시간, 기타 근로조건에 대한 협약체결을 위해서 노동조합이 단결력을 배경으로 사용자 또는 사용단체와 의논하고 절충하는 절차이다.

① 경영참가
② 노동쟁의
③ 단체협약
④ 단체교섭

12 단체교섭은 노사의 각 대표자가 노동자의 임금·근로시간 또는 제 조건에 대해서 협약의 체결을 위해서 평화적으로 타협점을 찾아가는 절차를 의미한다.

정답 10 ② 11 ④ 12 ④

13 단체협약은 단체교섭으로 인한 성과로 노사 간에 의견 일치를 보게 되었을 때 이를 문서화하는 것을 말한다.

13 다음 설명에 해당하는 것은?

> 노동자들이 사용자에 대해서 평화적인 교섭 또는 쟁의행위를 거쳐서 쟁취한 유리한 근로조건을 협약이라는 형태로 서면(문서)화한 것을 말한다.

① 단체협약
② 노동쟁의
③ 경영참가
④ 단체교섭

14 직장폐쇄(Lock Out)는 사용자 측의 쟁의행위에 해당한다.

14 다음 중 노동자 측의 쟁의행위에 해당되지 <u>않는</u> 것은?

① 파업(Strike)
② 불매동맹(Boycott)
③ 직장폐쇄(Lock Out)
④ 피켓팅(Picketing)

15 노조가입의 강제성의 정도에 따른 것이므로, 이에 대한 순서로는 클로즈드 숍 – 유니언 숍 – 오픈 숍의 순서로 이루어진다.

15 다음 중 숍 제도에서 기업에 대한 노동조합의 통제력이 강력한 순서대로 나열한 것은?

① 오픈 숍(Open Shop) – 클로즈드 숍(Closed Shop) – 유니언 숍(Union Shop)
② 클로즈드 숍(Closed Shop) – 오픈 숍(Open Shop) – 유니언 숍(Union Shop)
③ 유니언 숍(Union Shop) – 오픈 숍(Open Shop) – 클로즈드 숍(Closed Shop)
④ 클로즈드 숍(Closed Shop) – 유니언 숍(Union Shop) – 오픈 숍(Open Shop)

정답 13 ① 14 ③ 15 ④

16 다음 설명에 해당하는 것은?

> 노동자 및 노동조합이 사용자와 공동으로 기업의 경영관리 기능을 담당 수행하는 것을 말한다.

① 노동쟁의
② 경영참가
③ 단체교섭
④ 단체협약

16 경영참가는 종업원이나 종업원 대표가 기업의 의사결정에 참여하는 것을 의미한다.

17 직무기술서(Job Description)에 대한 설명으로 올바른 것은?

① 인적요건에 중점을 두고 기술한 것이다.
② 직무수행에 필요한 종업원들의 행동이나 기능·능력·지식 등을 일정한 양식에 기록한 문서를 의미한다.
③ 직무수행과는 아무런 관련성이 없다.
④ 종업원의 직무분석 결과를 토대로 직무수행과 관련된 각종 과업 및 직무행동 등을 일정한 양식에 따라 기술한 문서를 의미한다.

17 직무기술서는 근로자들의 직무분석 결과를 토대로 해서 직무수행과 관련된 각종 과업이나 직무행동 등을 일정한 양식에 의거해서 기술한 문서를 의미한다.

18 직무명세서(Job Specification)에 대한 설명으로 올바른 것은?

① 직무요건에 중점을 두고 기술한 것이다.
② 직무분석의 결과를 토대로 특정한 목적의 관리절차를 구체화하는 데 있어 편리하도록 정리하는 것을 말한다.
③ 물적 환경에 대해서 기술한다.
④ 근로자들의 행동이나 능력 등에 대해서는 크게 관련성이 없다.

18 직무명세서는 각 직무수행에 필요한 근로자들의 행동이나 기능·능력·지식 등을 일정한 양식에 기록한 문서를 의미한다.

정답 16 ② 17 ④ 18 ②

19 직무평가 방법
- 정성적 방법 : 서열법, 분류법
- 양적 방법 : 점수법, 요소비교법

19 다음 중 직무평가 방법에 있어서 양적 방법에 속하는 것으로 짝지어진 것은 무엇인가?

① 서열법, 점수법
② 분류법, 요소비교법
③ 서열법, 이분법
④ 점수법, 요소비교법

20 서열법은 직무평가의 방법 중에서 가장 오래되고, 간편한 방법이다.

20 다음 내용에 해당하는 것은?

> 각 직무의 상대적 가치들을 전체적이면서 포괄적으로 파악한 후에, 순위를 정하는 방법이다.

① 서열법(Ranking Method)
② 분류법(Job Classification Method)
③ 점수법(Point Rating Method)
④ 요소비교법(Factor Comparison Method)

정답 19 ④ 20 ①

제11장

생산관리

- **제1절** 생산관리의 개념
- **제2절** 생산 시스템
- **제3절** 제조전략
- **제4절** 생산계획·운영 및 통제
- **실전예상문제**

실패하는 게 두려운 게 아니라, 노력하지 않는 게 두렵다.

– 마이클 조던 –

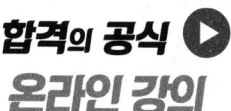 

보다 깊이 있는 학습을 원하는 수험생들을 위한
시대에듀의 동영상 강의가 준비되어 있습니다.
www.sdedu.co.kr ➜ 회원가입(로그인) ➜ 강의 살펴보기

제11장 생산관리

제1절 생산관리의 개념

1 생산관리의 생성 및 배경

(1) 생산관리의 생성 및 발전
① 생산관리는 생산과 생산 시스템을 연구의 대상으로 하고 있으며, 이는 제도적 공업경영 부분뿐만 아니라 모든 생산 활동의 운영 부분을 포함한 영역으로까지 확대하여 해석되고 있다.
② 이러한 생산 활동에 대한 이론은 스미스의 분업이론, 바비지의 시간연구 및 공정분석에 의한 분업 실천화 방안에 기초하고 있고, 테일러가 이들의 이론을 유지해서 표준시간 설정에 따른 과학적 관리 및 과업관리를 주창해서 현대생산관리가 나타나게 되었다.

(2) 생산관리이론의 발전 배경
SA(System Approach), OR(Operation Research), 컴퓨터 과학(Computer Science) 등 현대 과학기술의 발전으로 팽창되었다.

2 생산관리의 의의

(1) 생산은 '무엇인가를 만들어내는 것'으로 정의된다.

(2) 기술적 관점에서 보면 생산은 자연의 채취물을 원료로 해서 정제 및 가공작업을 거쳐 특정한 실물을 만들어내는 과정이다.

(3) 생산관리란 생산 활동을 계획 및 조직하며, 이를 통제하는 관리기능에 관한 학문이다.

(4) 기술적 관점의 특징
① 실물의 제품생산이다.
② 기본 요소인 3M(Man, Machine, Materials)의 기술적 결합과 전환과정이다.
③ 제조경영의 목적 하에 조직화되고 있는 생산 활동이다.

> **체크 포인트**
>
> **생산관리의 기능** 중요
> - 설계기능: 장기적인 문제와 연관되어 주로 전략적인 의사결정이 된다.
> - 계획 및 통제기능: 단기적인 문제와 연관되어 일상적·운영적인 의사결정이 된다.

제2절 생산 시스템

1 생산 시스템의 개요

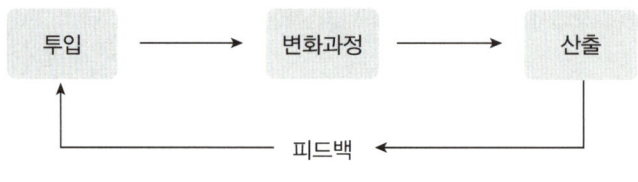

시스템의 기본 형태

(1) 시스템의 개념 중요

시스템은 하나의 전체를 이루도록 각각이 서로 유기적으로 관련된 형태이며, 이는 환경과도 연관되어 있으며 개체 간 관계로서 결합된 개체들의 집합이다.

(2) 생산 시스템 중요

① 생산 시스템은 일정한 개체들의 집합이다.
② 생산 시스템의 각 개체들은 각기 투입(Input), 과정(Process), 산출(Output) 등의 기능을 담당한다.
③ 단순하게 개체들을 모아놓은 것이 아닌 의미가 있는 하나의 전체이며, 어떠한 목적을 달성하는 데 기여할 수 있다.
④ 각각의 개체는 각자의 고유 기능을 갖지만 타 개체와의 관련을 통해서 비로소 전체의 목적에 기여할 수 있다.
⑤ 생산 시스템의 경계 외부에는 환경이 존재한다.

(3) 생산 시스템의 구조

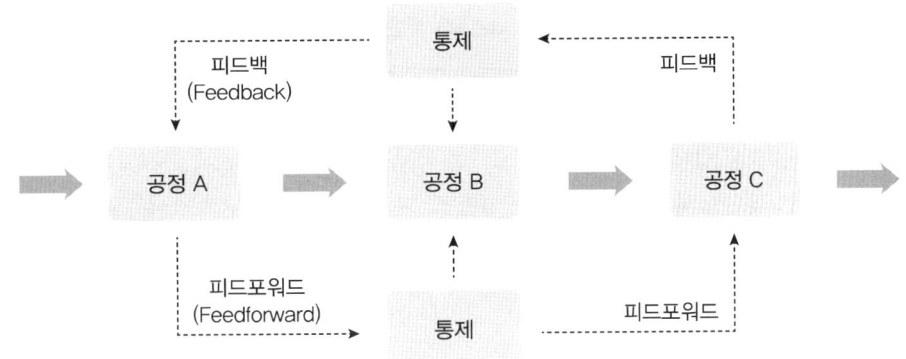

① **핵(Core)** : 투입 → 산출과정 및 피드백 통제를 반복하는 부분이다.
② 생산 시스템의 통제 가능범위는 개체에 따라 다르다.
③ 경계 및 핵 사이에는 갖가지 관리시스템이 있어서 환경의 충격을 완화하고 핵의 활동이 원활하게 수행되도록 조력한다.

2 생산 시스템의 유형

(1) 주문생산 시스템 및 예측생산 시스템

생산의 형태가 주문에 의한 것인지 또는 수요예측에 의한 재고를 통한 것인지에 따라 주문생산 또는 예측생산으로 분류된다.

(2) 다품종 소량생산 시스템과 소품종 다량생산 시스템

제품의 종류 또는 생산량에 따라 다품종 소량생산과 소품종 다량생산으로 분류된다.

(3) 연속생산 시스템과 단속생산 시스템 중요

① **연속생산 시스템** : 중단 없이 지속적으로 가동 생산되는 방식으로 화학, 정유, 시멘트 산업 등과 같은 화학적인 공정을 필요로 하는 산업들이 대표적이다.
② **단속생산 시스템** : 주문된 제품의 수량 및 납기 등에 맞추어 생산하는 방식이다.

3 진보적 생산 시스템

(1) JIT(Just In Time) 시스템(= 적시생산 시스템) 중요
① **개념** : 필요한 시기에 필요한 양만큼의 단위를 생산해내는 것을 말한다.
② **푸시 시스템** : 작업이 생산의 첫 단계에서 방출되고 차례로 재공품을 다음 단계로 밀어내어 최종 단계에서 완성품이 나온다.
③ **풀 시스템** : 필요한 시기에 필요로 하는 양만큼을 생산해 내는 시스템으로 이는 수요변동에 의한 영향을 감소시키고 분권화에 의해 작업관리의 수준을 높인다.
④ **JIT의 효과** 중요
  ㉠ 납기의 100% 달성
  ㉡ 고설계 적합성
  ㉢ 생산 리드타임의 단축
  ㉣ 수요변화의 신속한 대응
  ㉤ 낮은 수준의 재고를 통한 작업의 효율성
  ㉥ 작업 공간 사용의 개선
  ㉦ 분권화를 통한 관리의 증대
  ㉧ 재공품 재고변동의 최소화
  ㉨ 각 단계 간 수요변동의 증폭전달 방지
  ㉩ 불량 감소
  ㉪ 유연성

(2) 셀 제조 시스템(CMS)
① 다품종 소량생산에서 부품설계, 작업준비 및 가공 등을 체계적으로 하고 유사한 가공물을 집단으로 가공함으로써 생산효율을 높이는 기법을 말한다.
② **셀 제조 시스템의 효과**
  ㉠ 작업공간의 절감
  ㉡ 유연성의 개선
  ㉢ 도구사용의 감소
  ㉣ 작업준비시간의 단축
  ㉤ 로트 크기의 감소
  ㉥ 재공품 재고 감소

(3) 유연생산 시스템(FMS)
① **개념** : 특정 작업계획으로 여러 부품들을 생산하기 위해 컴퓨터에 의해 제어 및 조절되며 자재취급 시스템에 의해 연결되는 작업장들의 조합이다.
② **광의의 개념** : 보다 넓은 개념으로 보면 다품종 소량의 제품을 짧은 납기로 해서 수요변동에 대한 재고를 지니지 않고 대처하면서 생산효율의 향상 및 원가절감을 실현할 수 있는 생산 시스템이다.

(4) 동시생산 시스템 및 최적생산기법

① 최적생산기법은 일정한 계획에 대한 시뮬레이션 기업으로 세부적인 일정계획에 대한 모듈은 알려지지 않고 있지만 제품이 만들어지는 것을 보여주기 위해 '제품 네트워크'를 활용한다.
② 최적생산기법의 핵심은 **'병목자원의 관리(Bottleneck Resources)'**로서 병목은 시장수요에 미달되거나 같은 성능을 지닌 자원을 말한다.
③ 최적생산기법의 목표는 **효율의 증가, 재고의 감소 및 운영비용 절감** 등을 동시에 만족시키는 것이다.

(5) 컴퓨터통합생산 시스템(CIM)

① 제조기술 및 컴퓨터 기술의 발달로 인해 종합적이면서 광범위한 개념으로 발달되었다.
② 컴퓨터통합생산 시스템(CIM)은 제조활동을 중심으로 해서 기업의 전체 기능을 관리 및 통제하는 기술 등을 통합시킨 것이라 할 수 있다.
③ 공장자동화로서의 CIM는 과거 자동화 시스템보다 유연성을 얻을 수 있다.

제3절 제조전략

1 제조전략의 의의

(1) 개념

① 제조전략은 원가, 품질, 신뢰성 및 신축성 등을 달성하기 위해 수립하는 것이다.
② 기업조직의 경영전략 및 제조전략은 각각 별개의 개념으로 구분하는 것이 어려우며, 이는 기업 전체의 각 부문이 상호연관성 있게 추진 및 운영되어야 한다.

(2) 내용

① 제조전략은 '외부적 지원의 차원에서 기업경쟁력을 높일 수 있는 변수를 기업조직의 실정에 맞게 선택해서 경쟁에서의 우위를 점하기 위해 제조활동을 중심으로 최신식 기법, 기술 등을 활용하도록 하는 것'이라고 할 수 있다.
② **기대효과**: 제조활동 성과를 높이기 위한 제조전략의 개발은 기업조직의 경쟁력 향상에 중요한 구성요소이며, 이런 제조전략이 수행될 때 **생산성 향상, 품질향상, 원가절감, 소비자 욕구에 대해 신속하면서도 신축적인 대응** 등의 결과를 기대할 수 있다.

2 제조전략의 접근

(1) 제조전략의 접근
제조전략은 기업조직의 목표를 중심으로 해서 타 부문과의 협조를 통해 수립되어야 한다.

(2) 제조전략의 구성변수
① **제조전략의 기본변수** : 학자들은 제조전략에서의 원가, 품질, 신속성, 신축성 등의 4가지 변수를 중요하게 여기며 이들 변수에 대한 성과를 높이는 것을 강조한다.
② **제조전략에서의 내용변수 및 하위변수**
  ㉠ 원가 : 범위의 경제, 제품설계, 재고정책, 학습, 제조가능성, JIT
  ㉡ 품질 : 전사적 품질관리, 훈련, 기술, 자재, JIT
  ㉢ 신축성 : 범위의 경제, 기술, 생산준비시간, 정보시스템, JIT
  ㉣ 신속성 : 계획시스템, 재고통제, 일정계획 및 통제시스템, 능력계획, 하청회사관리

3 제조전략의 전략방향

(1) 전략적 접근 중요
① 통상적으로 제조전략은 경영전략에서 소외되거나 타 전략의 일부로서 수동적으로 수립되었다.
② **제조전략의 수립 및 발전방향** 중요
  ㉠ 마케팅 및 재무 부문과 상호관련되어 수립되어야 한다.
  ㉡ 마케팅 및 재무 부문에 고정되어 있는 비용구조를 제조, 배분, 공급 등과 동일한 분야에서 **경쟁력을 갖추도록** 개선해야 한다.
  ㉢ 사업정책 또는 기업정책의 수립 시에 **제조전략을 기반으로** 삼아야 한다.
  ㉣ 제조활동의 핵심 및 활동관점에 대해 재인식하며, 경쟁국들의 **상대적 성공에 관심을** 가져야 한다.
  ㉤ 제조전략의 전개를 위한 기업조직의 **재편성에** 노력해야 한다.
③ **제조전략 수립 시의 주의사항**
  ㉠ 제조전략은 단순하면서도 추진이 가능해야 하고, 더불어 추후 전망이 있어야 하며 커뮤니케이션이 용이해야 한다.
  ㉡ 디자인, 마케팅, 구매, 엔지니어링, 인사, 재무, 통상품질 등과 같은 부분과 상호관련되어야 한다.

(2) 시간 중심 제조전략
① 최근 들어 생산, 신제품의 개발, 판매 및 유통에서 선두적 역할을 수행하고 있는 회사는 시간을 유효하게 관리함으로써 경쟁력에서 우위를 점하고 있다.
② **세계시장을 석권 중인 제조회사의 특징**
  ㉠ 단기간 동안 다량의 새로운 모델을 개발
  ㉡ 단기속성계획으로 신제품 개발 및 제조가 이루어짐

ⓒ 전략적 요인상 시간이란 자본, 생산성, 품질 및 더 나아가 기술혁신과도 비슷한 개념으로 볼 수 있음
③ 전통적 제조과정과 시간 중심 제조과정의 비교

구분	전통적 제조과정	시간 중심 제조과정
생산시간	최대화 노력	최소화 노력
생산설비배치	하나의 공정 후에 다음 단계로 수행되어 시간낭비	제품 중심으로 각 부문의 움직임을 최소화해서 시간절약
일정계획	중앙집권적인 일정계획	국부적인 일정계획

(3) 기술적 접근
① 각각의 회사는 요구되는 상황에 따라 스스로의 목표 및 전략에 맞추어 제조기술과 도입 및 운영에 대한 프로젝트를 준비해야 한다.
② 제조전략은 원가, 품질, 신뢰성 및 신축성 등을 이루기 위해 수립하는 것이므로 제조전략에서의 설계에서는 이 4가지 성과 측정시스템을 고려해야 한다.
③ 신 시스템 도입 시의 고려사항 중요
  ㉠ 자동화 같은 제조기술을 도입하고 운영하는 계획은 하나의 프로젝트이므로 프로젝트 관리상의 도구, 개념 및 절차 등이 필요하다.
  ㉡ 현재 자신의 회사에서 만들어지는 제품 및 서비스에 대해 철저하게 파악해야 한다.
  ㉢ 장기 및 단기계획의 범주를 분류해야 한다.
  ㉣ 프로젝트의 추진에 있어 적정한 H/W 및 S/W의 선택도 중요하지만 시스템 통합이라는 관점과 조직적 관점을 간과해서는 안 된다.

제4절 생산계획·운영 및 통제

1 생산예측

(1) 생산예측의 개념
통상적으로 생산예측이란 미래의 시점에 있어 또는 미래의 시점에 다다르기까지의 해당 제품에 대한 수요를 과거 및 현재를 기반으로 일정한 조건 하에서 예상하는 것을 말한다.

(2) 생산예측의 방법

① 정성적 방법

㉠ 시장에 신제품이 처음으로 출시될 때처럼 새로운 제품에 대한 수요예측의 자료가 충분하지 못할 경우에 주로 활용되며, 더불어 논리적이고 선입견 없는 체계적인 방식으로 정보를 수집한다. 델파이법, 위원회에 의한 예측법, 시장조사법, 과거자료유추법 등이 있다.

㉡ 델파이법 기출 23
- 가능성 있는 미래기술개발 방향과 시기 등에 대한 정보를 취득하기 위한 방식이다.
- 델파이법은 회합 시에 발생하기 쉬운 심리적 편기의 배제가 가능하다.
- 델파이법은 회답자들에 따른 가중치를 부여하기 어렵다는 문제점이 있다.

② 정량적 방법 중요

㉠ 인과분석 방법
- 개념 : 과거 자료의 수집이 쉽고 예측하려는 요소 및 그 외의 사회경제적 요소와의 관련성을 비교적 명백하게 밝힐 수 있을 때 활용한다.
- 인과모형은 자료 작성 등에 있어 많은 기간의 준비가 필요한 반면에 미래 전환기를 예언하는 최선의 방식이다.
- 인과모형은 예측방법 중 가장 정교한 방식으로 관련된 인과관계를 수학적으로 표현하고 있다. 투입산출모형, 회귀모형, 경기지표법, 계량경제모형, 제품수명주기 분석법, 소비자 구매 경향 조사법 등이 있다.

㉡ 시계열분석 방법 중요
- 개념 : 제품 및 제품계열에 대한 수년간의 자료 등을 수집하기 용이하며, 변화하는 경향이 비교적 분명하며 안정적일 경우에 활용되는 통계적인 예측방법이다.
- 추세변동(경향변동) : 상승·하락적인 장기적 추세 및 방향을 나타내는 변동을 말한다. 이동평균법, 최소자승법, 목측법, 지수평활법 등이 해당된다.
- 계절변동
  - 주기가 1년 이내인 계절의 변화와 연관되어 발생하는 경제통계상의 변동을 말한다.
  - 각 해의 계절지수를 차례대로 산출해 가는 방법으로는 축차근사법이 있다.
  - 계절변동이 매년 고정적·안정적이라는 가정 하에 계절지수를 구하는 방식으로는 월별평균법, 단순평균법, 이동평균비율법, 순환비율법, 경향비율법 등이 있다.
- 순환변동
  - 일정 주기를 가지고 반복되는 변동으로 경향선상의 장기적 진동을 의미한다.
  - 주기성의 발견방법으로 코렐로그램법, 푸리에해석법, 자동상관분석법, 피리오드그램법 등이 있다.
- 불규칙변동 : 우연한 사건의 결과로 발생되는 변동을 의미한다.

2 생산능력계획

(1) 생산능력의 개념
① 생산능력은 기술적 개념으로 경영학에 도입되어 경영능력의 확정을 위해 주로 비용과의 관계에서 연구되었다.
② 능력개념은 한 기간에 있어 한 생산단위의 급부력이다.

(2) 생산능력에 대한 의사결정
① **생산품목에 관한 결정문제**
  ㉠ 시장수요의 동향에 있어 적응 가능한 생산능력을 고려해야 한다.
  ㉡ 제조활동은 산업 내 통합화 전망에서 어떠한 다각화 형태가 유망할 것인가에 관한 예측이다.
  ㉢ 제조품목을 현 제품에 한정시킬 것인지, 제품개발까지도 포함을 시킬 것인지에 관한 문제이다.
② **생산시기에 관한 결정**: 제품 품목결정에 따른 제조실행에 있어서의 타이밍에 대한 결정을 말한다.
③ **생산방법에 관한 결정문제**
  ㉠ 제품에 대한 전 품목을 자가생산할 것인가 또는 양산품만을 생산할 것인가?
  ㉡ 피크 시의 수요능력에 생산능력을 맞출 시 비수요기에 유휴생산을 어떻게 활용할 것인가?
  ㉢ 양산품만을 자가생산할 경우에 잔여의 중소 로트품의 생산은 무시할 것인가?
  ㉣ 수요가 수량·품종 등에 따라 분산이 클 경우 생산능력을 피크 때의 수요나 평균능력 중 어느 기준에 맞출 것인가?
  ㉤ 생산능력을 평균수요에 맞출 시에 피크 때의 수요에 대해 어떻게 대응할 것인가?

(3) 설비능력의 보전
① **생산 시스템의 신뢰성**
  ㉠ 생산조직 또는 특정 기계설비가 활용되면서부터 합리적으로 가동할 확률 또는 가능성이라고도 할 수 있다.
  ㉡ 설비의 보전은 생산 공정의 신뢰성을 결정하는 것을 말한다.
  ㉢ 설비보전의 대책
    • 예방보전의 실시
    • 설비보전능력의 증대
    • 재고수준의 관리
    • 시스템 구성부품 또는 기계의 개량
    • 예비기계의 보유
② **설비보전 시스템**
  ㉠ 설비보전: 최소의 비용으로 설비능력을 보전하기 위한 활동으로 수리, 예방보전, 전면정비 등을 들 수 있다.
  ㉡ 설비보전 활동들의 상호관계를 통합·조정함으로써 설비보전 관리의 목표를 성취해나가는 시스템을 설비보전 시스템이라고 한다.

3 총괄생산계획

(1) 총괄생산계획의 의의 기출 24

① 개요
  ㉠ 특정한 시간에 대해 예측수요량을 기반으로 제품 생산능력을 적절하게 할당 및 배분해서 생산시설을 효과적으로 운용하기 위한 기준이다.
  ㉡ 시설능력의 제약적 조건 하에서 단위기간별 수요를 충족시키기 위해 작업자의 증원, 잔업, 하청 또는 재고의 비축 등의 변수 등 어떠한 것을 활용할 것인지를 결정하는 것이다.

② 생산계획의 구분 중요
  ㉠ 장기계획 : 통상적으로 1년 이상의 계획기간을 대상으로 해서 매년 작성이 되며, 기업에서의 전략계획, 판매 및 시장계획, 재무계획, 사업계획, 자본·설비투자계획 등과 같은 내용을 포함한다.
  ㉡ 중기계획 : 대체로 6~8개월의 기간을 대상으로 해서 분기별 또는 월별로 계획을 작성하고, 계획기간 동안에 발생하는 총생산비용을 최소로 줄이기 위해 월별 재고수준, 노동력 규모 및 생산율 등을 결정하는 수요예측, 총괄생산계획, 대일정계획, 대일정계획에 의한 개괄적인 설비능력계획 등을 포함한다.
  ㉢ 단기계획 : 대체로 **주**별로 작성되며, 1일 내지 수주 간의 기간을 대상으로 한다.

> **체크 포인트**
>
> **총괄생산계획의 목적** 중요
> 총괄생산계획은 총생산비를 최소로 하는 생산율, 노동력 규모 및 재고수준의 최적의 조합을 찾는 것을 목적으로 하고 있다.

(2) 총괄생산계획의 내용

① 총괄생산계획의 생산전략
  ㉠ 생산율을 일정하게 고정시키면서 재고를 활용해서 수요에 대한 변화를 흡수한다.
  ㉡ 수요변화에 대응하기 위해 노동력의 규모를 변화시켜 생산율을 조절하며, 재고는 안전재고 수준만을 보유한다.
  ㉢ 노동력의 규모를 고정시키고 그 대신에 잔업 또는 단축노무 등으로 인한 생산시간 등을 조절해서 생산율을 변동시킴으로써 수용의 변화에 대응한다.

> **체크 포인트**
>
> **총괄생산계획의 결정변수** 중요
> • 생산율의 조정
> • 하도급
> • 노동인력의 조정
> • 재고수준

② **총괄생산계획에서의 비용요소** 중요
  ㉠ 기본 생산비 : 일정 기간 동안 정상적 생산 활동을 통해 일정량을 생산할 때 발생하는 공정비 및 공정생산비로 정규작업대금 및 기계준비비 등이 포함된다.
  ㉡ 생산율 변동비용 : 기존 생산율을 변동시킬 경우에 발생하는 비용으로 고용·해고비용, 하청비용, 잔업비용 등이 포함된다.
  ㉢ 재고비용
    • 재고유지비 : 보유 중인 재고유지를 위한 창고운영비, 세금, 보험금, 감가상각비 등이 포함된다.
    • 기회손실비 : 자본이 재고에 묶임으로 인해 상대적으로 취득할 수 있는 기회이익의 손실을 의미한다.
  ㉣ 재고부족비용 : 수요에 대응할 재고가 없을 경우에 발생하는 판매수익의 손실, 미납주문, 신뢰도 상실 등을 의미한다.

4 재고관리 및 통제

(1) 재고의 기능 중요

① **고객에 대한 서비스** : 많은 양의 재고를 보유하게 되면 수요의 불규칙적 변동에도 불구하고 품절 예방이 가능하며, 더불어 소비자가 요구하는 가용성도 지닐 수 있다.
② **생산의 안정화** : 재고량 조절을 통해 고용수준이나 조업시간 또는 설비가동률을 안정적으로 유지해 나갈 수 있다.
③ **부문 간 완충** : 수요나 생산능력이 급격하게 변동하더라도 구매·판매·제조·인사·재무 등의 여러 부문 간 활동들이 서로 충격을 주지 말아야 하는데, 이렇듯 충격을 완화하는 것을 재고의 완충기능이라고 한다.
④ **취급수량의 경제성** : 경제적 발주량의 실행으로 인해 대량취급의 이점을 얻을 수 있다.
⑤ 투자·투기의 목적으로 보유
⑥ 재고보유를 통한 판매촉진

> **더 알아두기**
>
> **재고의 기능** 중요
> • 고객에 대한 서비스
> • 생산의 안정화
> • 부문 간 완충
> • 취급수량의 경제성
> • 투자·투기의 목적으로 보유
> • 재고보유를 통한 판매촉진

> **재고의 목적** 중요
> - 재고는 생산 활동에 있어 평준화시키고 더불어 고용을 안정시키며, 인간 및 기계의 노력을 저장할 수 있게 해 줌으로써 노동관계를 향상시켜 준다.
> - 재고는 투입물을 보유해서 경제적 생산력을 보장해 줌으로써 연속적인 생산촉진을 가능하게 한다.
> - 재고는 경제적 로트의 크기 및 수량할인을 얻을 수 있도록 도와준다.

(2) 재고관리 시스템

① 전통적으로 재고관리는 통제 시스템의 개념에 의해서 설명되는데, '투입 → 공정 → 산출'로 연결되는 생산 시스템 내에는 원재료·재공품·공정소모품·완제품 등 갖가지 종류의 재고들이 포함되어 있다.

② 재고 시스템의 관리에서 핵심적인 의사결정은 발주시기 및 발주량, 다시 말해 '언제'와 '얼마나'를 결정하는 것이다.

③ 발주시기를 정기적으로 고정시키면 정기발주 시스템이 되고, 발주량을 일정하게 하면 정량발주 시스템이 된다.

> **더 알아두기**
>
> **정기발주 시스템과 정량발주 시스템** 중요
>
> | 정기발주 시스템 | 정량발주 시스템 |
> |---|---|
> | • 발주 간격을 정해서 정기적으로 발주하는 방식이다.
• 단가가 높은 상품에 적용된다.
• 발주할 때마다 발주량이 변하는 것이 특징이며, 발주량이 문제가 된다. | • 재고가 일정 수준의 주문점에 다다르면 정해진 주문량을 주문하는 시스템이다.
• 매회 주문량을 일정하게 하고 다만 소비의 변동에 따라 발주시기를 변동한다.
• 조달 기간 동안의 실제 수요량이 달라지나 주문량은 언제나 동일하므로 주문 사이의 기간이 매번 다르고, 최대 재고 수준도 조달 기간의 수요량에 따라 달라진다. |
> | 특징 | 특징 |
> | • 일정 기간별 발주 및 발주량 변동
• 운용자금의 절약
• 재고량의 발주 빈도 감소
• 고가품, 수요변동, 준비기간 장기
• 사무처리 수요 증가
• 수요예측제도의 향상
• 품목별 관리 | • 일정량을 발주하고 발주 시기는 비정기적
• 발주 비용이 저렴
• 계산이 편리해서 사무관리가 용이
• 저가품, 수요안정, 준비기간 단기
• 재고량의 증가 우려
• 정기적인 재고량 점검 |

(3) 재고 관련 비용 중요

① **재고유지비(Holding Cost)** : 재고 보유로 인해서 부담하게 되는 자본비용(금리), 위험비용(도난·파손·진부화), 저장비용(저장·설비·세금·보험·자재취급) 등을 말한다.

② **품절비(Stockout Cost)** : 재고보다도 수요가 많아 마이너스 재고가 될 시에 발생하는 비용으로 납기지연에 따른 배상, 이익의 기회손실, 기업신용의 피해, 긴급주문 및 특별수송비용 등이 포함된다.
③ **발주비(Ordering Cost)** : 제품에 대한 주문행위에 필요한 비용으로 통신, 사무 및 서류처리, 수송, 수입검사 등의 비용 및 공장에서의 새로운 주문으로 인한 작업준비의 비용을 포함한다.
④ **구매비(Purchase Cost)** : 재고품의 장부가액 또는 시장가액을 말한다.

5 공정관리

(1) 공정관리의 개념

① **ASME의 정의** : ASME(미국기계기사협회)에 따르면 '공정관리는 공장에서 원재료로부터 최종적인 제품에 다다르기까지 원재료나 부분품의 가공 및 조립의 흐름을 순서 있고, 능률적인 방식으로 계획을 하고, 순서를 정하며, 일정을 세워 작업을 할당해서 독촉하는 절차'라고 하고 있다.
② **일반적인 정의** : 일정 품질 및 수량의 제품을 적시에 생산이 가능하도록 인적 노력 및 기계설비 등의 생산자원을 합리적으로 활용할 것을 목적으로 공장 생산 활동을 전체적으로 통제하는 것을 말한다.

(2) 공정관리의 기능

공정관리의 기능에는 계획기능, 통제기능 크게 2가지가 있다. 계획기능에는 **절차계획, 공수계획, 일정계획** 등이 있으며, 통제기능에는 **작업할당, 진도관리** 등이 있다.

① **절차계획**
  ㉠ 절차는 수행하는 작업의 순서 및 방법을 말한다.
  ㉡ 절차계획은 작업개시 이전에 능률적이며, 경제적인 작업절차를 결정하기 위한 것이다. 이에는 작업방법 및 작업순서, 사용기계, 각 작업의 소요시간 등이 결정된다.
  ㉢ 절차계획에 있어서의 주요 결정사항 **중요**
    • 제품생산에 있어 필요로 하는 작업의 내용 및 방법
    • 각 작업의 실시장소 및 경로
    • 각 작업의 실시순서
    • 각 작업의 소요시간·표준시간
    • 경제적 제조 로트의 결정
    • 제품생산에 있어 필요로 하는 자재의 종류 및 수량
    • 각 작업에 사용할 기계 및 공구
② **공수계획**
  ㉠ 공수계획은 계획생산량 완성에 있어 필요로 하는 인원 또는 기계의 부하를 결정해서 이를 현유인원 및 기계의 능력 등과 비교해서 조정하는 것이다.
  ㉡ 통상적으로 작업량을 표현하는 방식으로 가장 많이 활용되는 기준은 작업시간으로서 **기계시간(Machine Hour)과 인시(Man Hour)**가 대표적이다.

③ 일정계획
  ㉠ 일정계획은 생산계획을 구체화하는 과정을 말한다.
  ㉡ 일정계획의 분류 : 일정계획은 기준일정 결정과 생산일정 결정으로 나누어진다.
    - 기준일정 결정은 각 작업을 시작해서 이를 완료할 때까지 걸리는 표준적인 일정, 다시 말해 각 작업의 생산기간에 대한 기준을 결정하는 것으로 이는 일정계획의 기초가 된다.
    - 생산일정 결정은 작업의 우선순위 및 기계의 부하량 등을 감안하여 작업의 시작 시기를 결정해야 한다.
  ㉢ 일정계획의 단계 : 통상적으로 **대일정계획, 중일정계획, 소일정계획**의 3단계로 분류된다.
④ **작업할당**
  ㉠ 절차계획에서 결정된 공정절차표 및 일정계획에서 수립된 일정표에 의해 실제 생산 활동을 시작하도록 허가하는 것을 말한다.
  ㉡ 작업할당은 작업순서에 따르지만 현장 실정을 감안하여 가장 유리한 작업순서를 정해서 작업을 명령 또는 지시하는 것으로서, 계획된 생산 활동을 실질적으로 추진하는 관리적 기능이다.
⑤ **진도관리**
  ㉠ 진행 중인 작업에 대해 첫 작업으로부터 완료되기까지의 진도상태를 관리하는 것을 말한다. 다시 말해, 작업이 계획대로 진행될 수 있도록 조정하는 것이다.
  ㉡ 진도조사 및 통제방법으로는 통상적으로 **간트 차트식의 진도표** 또는 **그래프식 진도표, 작업관리판** 등이 활용된다.

6 자재관리계획

(1) MRP(Material Requirement Planning)
  ① **개념** : 소요량에 의해 최초의 주문을 계획하는데, 자재소요의 양적·시간적인 변화에 맞춰 기주문을 재계획함으로써 정확한 자재의 수요를 계산해 나가는 방법이다.
  ② **내용**
    ㉠ 전산화된 정보시스템으로 많은 자료의 처리 등이 요구된다.
    ㉡ 종속수요품목의 재고관리시스템이다.
    ㉢ 발주 및 일정계획을 다루기 위해 설계된 것으로 이는 재고관리 및 일정계획법에 해당한다.
  ③ **MRP의 이론적 근거** : 완제품 생산수량 및 일정 등을 기반으로 해당 생산에 필요로 하는 원자재, 부분품 등의 소요량 및 소요시기를 역산하여 이를 주문계획으로 전환한다는 아이디어에 기초하고 있다.
  ④ **MRP의 특징** 중요
    ㉠ 설비가동능률의 증진
    ㉡ 적시 최소비용으로 공급
    ㉢ 소비자에 대한 서비스의 개선

    ㉣ 의사결정의 자동화에 기여
    ㉤ 생산계획의 효과적인 도구
⑤ **MRP 전제조건** 중요
    ㉠ 전체 재고품목들을 확인·구별할 수 있어야 한다.
    ㉡ 재고기록서에 기록된 자료들은 정확성 및 유용성이 높아야 한다.
    ㉢ 원자재, 가공조립품, 구입품 등을 표시할 수 있는 자재명세서가 준비되어야 한다.
    ㉣ 어떠한 제품이 언제, 얼만큼 필요한지를 나타내는 정확한 생산종합계획이 수립되어야 한다.

> **체크 포인트**
>
> **재고기록서의 구성**
> - 재고 상황 부문 : 순소요량, 총소요량, 보유재고, 계획입고, 계획발주
> - 주 품목자료 부문 : 품목특성, 품목종별, 계획요소, 안전재고
> - 보충자료 부문 : 세부발주사항, 현 진행기록사항, 계산요소

⑥ **MRP의 효율적 적용을 위한 가정** 중요
    ㉠ 제조공정이 독립적이어야 한다.
    ㉡ 전체 자료의 조달기간 파악이 가능해야 한다.
    ㉢ 재고기록서의 자료 및 자재명세서의 자료가 일치해야 한다.
    ㉣ 전체 조립구성품들은 조립착수 시점에서 활용이 가능해야 한다.
    ㉤ 전체 품목들은 저장이 가능해야 하며, 매출행위가 있어야 한다.
⑦ **MRP의 기본구조**
    ㉠ MRP 시스템은 제품구조 및 재고현황 등에 대한 정보를 얻어 각 부품의 주문계획 및 주문량을 파악하는 것이다.
    ㉡ 생산종합계획(MPS ; Master Production Schedule)은 일정한 기간 동안에 생산해야 하는 최종 제품의 수량을 기간별로 나타낸 생산계획이다.
    ㉢ 자재명세서(BOM ; Bill Of Materials)는 제품구조와 조립되는 공정순서 등이 기록된 서류를 말한다.
    ㉣ 재고기록서(Inventory Record File)는 각 부품에 대한 계획입고, 보유재고, 조달기간 등을 기록한 것으로서 이는 순소요량을 계산하기 위한 정보를 제공한다.

(2) MRP Ⅱ
① **개요** : 고전적 MRP 시스템에 생산계획 및 생산일정 등과 같은 계획기능, 구매활동 등과 같은 실행기능이 덧붙여진 시스템이다.
② **MRP Ⅱ 시스템 구축** 중요
    ㉠ 프로젝트 팀을 지정하고 높은 수준을 지닌 전문가를 선정해야 한다.
    ㉡ 프로젝트 팀에 모든 문제를 위임한다.
    ㉢ 필요로 하는 자원을 제공한다.
    ㉣ 충분한 사내교육을 실시한다.

ⓜ 실제 운영 이전의 예비수행계획을 준비한다.
ⓗ 각 부서로 하여금 리더십을 지니도록 한다.

7 품질관리

(1) 품질관리의 개념 및 특성

① 개요
  ㉠ 품질관리는 소비자들의 요구에 부응하는 품질의 제품 및 서비스를 경제적으로 생산 가능하도록 기업조직 내 여러 부문이 제품에 대한 품질을 유지·개선하는 관리적 활동의 체계를 의미한다.
  ㉡ 품질관리는 '예방의 원칙'을 기반으로 하며 객관적인 판단을 위해 통계적 고찰 또는 방법 등의 과학적인 수단을 사용하게 되었다.
  ㉢ 현대적인 품질관리는 전체적으로 품질관리를 추진해야 하는 입장을 취하는데 이런 측면을 강조하는 품질관리를 전사적 품질관리 또는 종합적 품질관리라고 한다.

② **품질관리의 목표 및 효과**
  ㉠ 품질관리의 구체적 목표 _{중요}
    • 제품시장에 일치시킴으로써 소비자들의 요구를 충족시킨다.
    • 다음 공정의 작업을 원활하게 한다.
    • 불량, 오작동의 재발을 방지한다.
    • 요구품질의 수준과 비교함으로써 공정을 관리한다.
    • 현 공정능력에 따른 제품의 적정품질수준을 검토해서 설계, 시방의 지침으로 한다.
    • 불량품 및 부적격 업무를 감소시킨다.
  ㉡ 품질관리의 실시효과 _{중요}
    • 불량품이 감소되어 제품품질의 균일화를 가져온다.
    • 제품원가가 감소되어 제품가격이 저렴하게 된다.
    • 생산량의 증가와 합리적 생산계획을 수립한다.
    • 기술부문과 제조현장 및 검사부문의 밀접한 협력관계가 이루어진다.
    • 작업자들의 제품품질에 대한 책임감 및 관심 등이 높아진다.
    • 통계적인 수법의 활용과 더불어 검사비용이 줄어든다.
    • 원자재 공급자 및 생산자와 소비자와의 거래가 공정하게 이루어진다.
    • 사내 각 부문의 종사자들이 좋은 인간관계를 지니게 되고, 사외 이해관계자들에게는 높은 신용을 지니게 한다.

③ **품질관리의 기능**
  ㉠ 관리의 기능은 Plan – Do – Check – Action, 다시 말해 PDCA 사이클의 관리과정에 따라 품질관리활동이 수행된다.
  ㉡ 품질관리에서 PDCA 기능은 품질관리 시스템을 구성하는 **제품품질의 설계, 공정관리, 품질보증, 품질조사** 등 4가지의 품질관리 기능이다.

(2) 종합적 품질경영(TQM ; Total Quality Management)

① **개념** : 종합적 품질경영은 경영자의 열의 및 리더십을 기반으로 지속된 교육 및 참여에 의해 능력이 개발된 조직의 구성원들이 합리적이면서 과학적인 관리방식을 활용해서 기업조직 내 절차를 표준화하며, 이를 지속적으로 개선해 나가는 과정에서 종업원의 니즈를 만족시키고 소비자 만족 및 기업조직의 장기적인 성장을 추구하는 관점에서의 경영시스템이다.

② **원리**
  ㉠ 소비자부터 시작
  ㉡ 제품품질을 측정, 자료를 정리
  ㉢ 문제발생 시 즉시 발생 근원에서 해결
  ㉣ 표준화는 올바른 처리방식을 유지시키고, 동일한 문제의 재발을 방지
  ㉤ 사전에 에러를 방지할 수 있도록 작업 및 작업환경을 설계

제11장 실전예상문제

01 다음 중 생산관리에 대한 설명으로 옳지 않은 것은?
① 메이요가 표준시간 설정에 따른 과학적 관리 및 과업관리를 주창해서 현대생산관리가 나타나게 되었다.
② 생산관리는 생산과 생산 시스템을 연구의 대상으로 하고 있다.
③ 생산 활동에 대한 이론은 스미스의 분업이론, 바비지의 시간연구 및 공정분석에 의한 분업 실천화 방안에 기초하고 있다.
④ 생산관리론은 SA(System Approach), OR(Operation Research), 컴퓨터 과학(Computer Science) 등 현대 과학기술의 발전으로 팽창되었다.

> 01 표준시간 설정에 따른 과학적 관리 및 과업관리를 주창한 사람은 테일러이다.

02 다음 중 생산관리에 대한 설명으로 바르지 않은 것은?
① 생산은 '무엇인가를 만들어내는 것'으로 정의된다.
② 생산관리를 기술적 관점에서 보면 생산은 자연의 채취물을 원료로 해서 정제 및 가공작업을 거쳐 특정한 실물을 만들어내는 과정이다.
③ 생산관리는 생산 활동을 계획 및 조직하며, 이를 통제하는 관리기능에 관한 학문이다.
④ 생산관리를 기술적 관점에서 보면 2M(Man, Machine)의 기술적 결합과 전환과정이다.

> 02 생산관리를 기술적 관점에서 보면 기본 요소인 3M(Man, Machine, Materials)의 기술적 결합과 전환과정이다.

정답 01 ① 02 ④

03 다음 중 생산 시스템에 대한 내용으로 옳지 않은 것은?
   ① 생산 시스템의 각 개체들은 각기 투입(Input), 선택(Select)의 기능을 담당한다.
   ② 생산 시스템은 일정한 개체들의 집합이다.
   ③ 생산 시스템은 단순한 개체들을 모아놓은 것이 아닌 의미가 있는 하나의 전체이다.
   ④ 각각의 개체는 각자의 고유 기능을 갖지만 타 개체와의 관련을 통해서 비로소 전체의 목적에 기여할 수 있다.

03 생산 시스템의 각 개체들은 각기 투입(Input), 과정(Process), 산출(Output) 등의 기능을 담당한다.

04 다음 중 JIT의 효과로 보기 어려운 것은?
   ① 납기의 100% 달성
   ② 높은 수준의 재고를 통한 작업의 정확성
   ③ 고설계 적합성
   ④ 생산 리드타임의 단축

04 JIT는 낮은 수준의 재고를 통한 작업의 효율성을 나타낸다.

05 다음 중 JIT의 효과로 보기 어려운 것은?
   ① 수요변화의 신속한 대응
   ② 재공품 재고변동의 최소화
   ③ 집중화를 통한 관리의 증대
   ④ 작업 공간 사용의 개선

05 JIT는 분권화를 통한 관리의 증대를 야기한다.

정답 03 ① 04 ② 05 ③

06 셀 제조 시스템은 도구사용을 감소시킨다.

06 다음 중 셀 제조 시스템의 효과로 보기 <u>어려운</u> 것은?
① 유연성의 개선
② 작업공간의 절감
③ 작업준비시간의 단축
④ 도구사용의 증가

07 유연생산 시스템(FMS)은 다품종 소량의 제품을 짧은 납기로 해서 수요 변동에 대한 재고를 지니지 않고 대처하면서 생산효율의 향상 및 원가 절감을 실현할 수 있는 생산 시스템이다.

07 특정 작업계획으로 여러 부품들을 생산하기 위해 컴퓨터에 의해 제어 및 조절되며 자재취급시스템에 의해 연결되는 작업장들의 조합은?
① 유연생산 시스템(FMS)
② 컴퓨터통합생산 시스템(CIM)
③ 적시생산 시스템(JIT)
④ 셀 제조 시스템(CMS)

08 컴퓨터통합생산 시스템(CIM)은 제조기술 및 컴퓨터 기술의 발달로 인해 종합적이면서 광범위한 개념으로 발달되었다.

08 제조활동을 중심으로 해서 기업의 전체 기능을 관리하고 통제하는 기술 등을 통합시킨 시스템은?
① 컴퓨터통합생산 시스템(CIM)
② 적시생산 시스템(JIT)
③ 최적생산기법(OPT)
④ 유연생산 시스템(FMS)

정답 06 ④　07 ①　08 ①

09 다음 중 제조전략 수행 시의 기대효과로 보기 어려운 것은?

① 생산성의 향상
② 품질의 향상
③ 소비자 욕구에 대한 신속한 대응
④ 원가 증대

> 09 제조전략의 수행 시 생산성 향상, 품질 향상, 원가 절감, 소비자 욕구에 대해 신속하면서도 신축적인 대응 등의 결과를 기대할 수 있다.

10 다음 중 신 시스템 도입의 고려사항으로 옳지 않은 것은?

① 현재 자신의 회사에서 만들어지는 제품 및 서비스에 대해 철저하게 파악해야 한다.
② 장기 및 단기계획의 범주를 분류해야 한다.
③ 자동화 같은 제조기술을 도입하고 운영하는 계획은 하나의 프로젝트이므로 프로젝트 관리상의 도구, 개념 및 절차 등은 필요하지 않다.
④ 프로젝트의 추진에 있어 적정한 H/W와 S/W의 선택도 중요하지만 시스템 통합이라는 관점과 조직적 관점을 간과해서는 안 된다.

> 10 자동화 같은 제조기술을 도입하고 운영하는 계획은 하나의 프로젝트이므로 프로젝트 관리상의 도구, 개념 및 절차 등이 필요하다.

11 가능성 있는 미래기술개발 방향과 시기 등에 대한 정보를 취득하기 위한 방식은?

① 시계열분석방법
② 델파이법
③ 브레인스토밍법
④ 마케팅조사방법

> 11 델파이법은 가능성 있는 미래기술개발 방향과 시기 등에 대한 정보를 취득하기 위한 방식으로 회합 시에 발생하기 쉬운 심리적 편기의 배제가 가능하다는 장점이 있는 반면에 회답자들에 따른 가중치를 부여하기 어렵다는 문제점이 있다.

정답 09 ④ 10 ③ 11 ②

12 인과모형은 예측방법 중 가장 정교한 방식으로 관련된 인과관계를 수학적으로 표현하고 있다.

12 자료 작성 등에 있어 많은 기간의 준비가 필요한 반면에 미래 전환기를 예언하는 최선의 방식은?

① 인과모형
② 브레인스토밍법
③ 델파이법
④ 시계열분석법

13 시계열분석법은 제품 및 제품계열에 대한 수년 간의 자료 등을 수집하기 용이하고, 변화하는 경향이 비교적 분명하며 안정적일 경우에 활용되는 통계적인 예측방법이다.

13 제품 및 제품계열에 대한 수년간의 자료 등을 수집하기 용이하고, 변화하는 경향이 비교적 분명하며 안정적일 경우에 활용되는 통계적인 예측방법은?

① 브레인스토밍법
② 시계열분석법
③ 인과모형
④ 델파이법

14 설비보전을 위해 예비기계를 보유해야 한다.

14 다음 중 설비보전의 대책으로 적절하지 않은 것은?

① 예방보전의 실시
② 설비보전능력의 증대
③ 예비기계의 미보유
④ 재고수준의 관리

정답 12 ① 13 ② 14 ③

15 생산계획에 대한 설명으로 옳지 <u>않은</u> 것은?

① 중기계획은 기업에서의 전략계획, 판매 및 시장계획, 재무계획, 사업계획, 자본·설비투자계획 등과 같은 내용을 포함한다.
② 장기계획은 통상적으로 1년 이상의 계획기간을 대상으로 해서 매년 작성된다.
③ 중기계획은 대체로 6~8개월의 기간을 대상으로 해서 분기별 또는 월별로 계획을 작성한다.
④ 단기계획은 대체로 주별로 작성되며, 1일 내지 수주간 기간을 대상으로 한다.

15 중기계획은 수요예측, 총괄생산계획, 대일정계획, 대일정계획에 의한 개괄적인 설비능력계획 등을 포함한다.

정답 15 ①

가장 큰 영광은 한 번도 실패하지 않음이 아니라 실패할 때마다 다시 일어서는 데에 있다.

– 공자 –

제12장

마케팅

제1절	마케팅의 본질
제2절	마케팅 관리체계
제3절	마케팅 환경(상황분석)
제4절	목표시장 선정
제5절	제품관리
제6절	가격관리
제7절	유통관리
제8절	마케팅 커뮤니케이션(촉진) 관리
제9절	전략의 실행 및 통제
실전예상문제	

어떤 것이 당신의 계획대로 되지 않는다고 해서 그것이 불필요한 것은 아니다.

− 토마스 에디슨 −

보다 깊이 있는 학습을 원하는 수험생들을 위한
시대에듀의 동영상 강의가 준비되어 있습니다.
www.sdedu.co.kr → 회원가입(로그인) → 강의 살펴보기

제12장 마케팅

제1절 마케팅의 본질

1 마케팅의 의의 및 특성

(1) 마케팅의 정의

① **미국 마케팅 학회의 정의**: 마케팅은 개인과 조직의 목표 달성을 위해 아이디어, 제품, 서비스에 관하여 제품화, 가격, 촉진, 유통을 계획하고 집행하는 과정이다.

② **코틀러(P. Kotler)의 정의**: 마케팅은 개인과 집단이 제품과 가치를 창출하고 교환함으로써 필요와 욕구를 충족시키는 사회적·관리적 과정이다. 마케팅 정의에서 핵심적인 것은 교환(Exchange)과 교환 관계(Exchange Relationship)라고 할 수 있다. 마케팅은 개인 소비자와 집단을 대상으로 한다. 개인 소비자를 대상으로 하는 마케팅은 소비자 마케팅(Consumer Marketing)이라고 하고 집단이나 조직을 대상으로 하는 마케팅은 산업재 마케팅(Industrial Marketing)이라고 한다. 여기서 소비자 마케팅이란 소비자의 구매를 유도하는 모든 활동뿐만 아니라 재화나 서비스의 획득, 소비, 처분에 관련된 기업의 포괄적인 활동으로 이해하는 것이 바람직하다.

③ **마케팅의 특징** 중요
  ㉠ 모든 기업조직의 활동들(예 생산, 재무, 판매 등)을 고객의 욕구에 부응하도록 통합한다.
  ㉡ 고객의 욕구를 충족시킴으로써 모든 목표, 즉 **금전적, 사회적, 개인적인 목표**를 달성할 수 있다는 점을 강조한다.
  ㉢ 고객의 욕구에 부응하는 데 있어 나타나는 **사회적 결과**에 관심을 가진다.
  ㉣ 제품, 서비스, 아이디어를 창출하고 이들의 가격을 결정하고 이들에 관한 정보를 제공하고 이들을 배포하여 개인 및 조직체의 목표를 만족시키는 교환을 성립하게 하는 일련의 인간 활동이다.
  ㉤ 단순히 영리를 목적으로 하는 기업뿐만 아니라 **비영리조직까지 적용**되고 있다.
  ㉥ 단순한 판매나 영업의 범위를 벗어난 고객을 위한 인간 활동이며, 눈에 보이는 유형의 상품뿐만 아니라 무형의 서비스까지도 마케팅 대상이 되고 있다.
  ㉦ 계획·실시·통제라는 **경영관리의 성격**을 지닌다.

(2) 마케팅의 본질 중요

① **개인 및 조직의 목표를 만족시키는 것**: 마케팅 활동은 단지 영리를 추구하는 기업조직만이 실행하는 것은 아니다.

② **교환을 성립하게 하는 것**: 기업조직은 소비자들에게 제품 및 서비스, 정보 등을 제공하며, 소비자들은 그에 대한 대가로 노력, 시간, 돈 등을 기업조직에 제공함으로써 서로 간의 교환이 이루어진다.

③ **일련의 인간 활동이라는 것**: 마케팅 요소 4P's를 혼합하는 활동을 말한다. 기출 25
  ㉠ 제품(Product): 제품 및 서비스, 아이디어 창출
  ㉡ 가격(Price): 가격을 결정
  ㉢ 유통(Place): 배포
  ㉣ 프로모션(Promotion): 정보 제공

> **체크 포인트**
>
> **마케팅 믹스 4P's → 4C's로의 전환** 중요 기출 24
> 4P's 모델은 기업 중심의 사고를 말하며, 소비자 중심의 모델인 4C's로 생각할 필요가 있다.
> - Product → Consumer : 제품이 아니라 소비자가 원하는 것
> - Price → Cost : 소비자들이 지불하는 노력 및 시간, 금전적·심리적인 부담 등의 모든 비용
> - Place → Convenience : 소비자들에게 구매의 편리성을 제공
> - Promotion → Communication : 일방적인 전달이 아닌 양방향적 커뮤니케이션

2 마케팅의 기본 요소 중요

(1) **필요(Needs)**: 가장 기본적 만족의 결핍을 인지하고 있는 상태를 말한다.

(2) **욕구(Wants)**: 필요를 충족시키기 위한 형태를 말한다. 즉, 교육·문화 또는 개인이 성장하는 단계에서 형상화된 필요의 표현을 말한다.

(3) **교환(Exchange)**: 기업의 가치 있는 제품이나 서비스에 대해서 대가를 지불하고 획득하는 것을 말한다.

(4) **시장(Market)**: 교환과 거래가 이루어지는 장소를 말한다.

(5) **제품(Product)**: 소비자의 욕구를 만족시켜주기 위하여 시장에 제공되는 것이다.

3 마케팅 개념의 발전 단계 중요

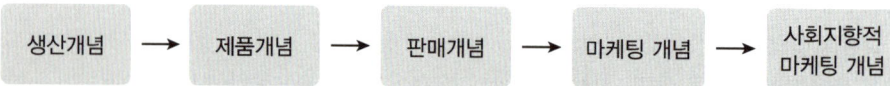

(1) 생산개념

① 생산지향성 시대는 무엇보다도 **저렴한 제품을 선호**한다는 가정에서 출발한다. 즉, 소비자는 제품 이용가능성과 저가격에만 관심이 있다고 할 수 있다. 그러므로 기업의 입장에서는 **대량생산과 유통을 통해 낮은 제품원가**를 실현하는 것이 목적이 된다.

② 제품의 수요에 비해서 공급이 부족하여 고객들이 제품구매에 어려움을 느끼기 때문에 고객들의 주된 관심이 '지불할 수 있는 가격으로 그 제품을 구매하는 것'일 때 나타나는 개념이다.

(2) 제품개념

① 소비자들이 **가장 우수한 품질이나 효용을 제공하는 제품을 선호**한다는 개념이다.

② 제품지향적인 기업은 다른 어떤 것보다도 보다 나은 양질의 제품을 생산하고 이를 개선하는 데 노력을 기울인다.

(3) 판매개념

① 기업이 소비자로 하여금 **경쟁회사 제품보다는 자사제품을 더 많이 구매하도록 설득**하여야 하며, 이를 위하여 이용 가능한 모든 효과적인 판매활동과 촉진도구를 활용하여야 한다고 보는 개념이다(판매를 위한 강력한 판매조직 형성이 필요하다).

② 생산능력의 증대로 제품공급의 과잉상태가 나타나게 된다.

③ 고압적인 마케팅 방식에 의존하여 광고, 유통 등에 많은 관심을 갖게 된다.

④ 소비자의 욕구보다는 판매방식이나 판매자 시장에 관심을 가진다(제품판촉에 열을 올린다).

(4) 마케팅 개념

① 고객중심적인 마케팅 관리이념으로서, 고객욕구를 파악하고 이에 부합되는 제품을 생산하여 고객욕구를 충족시키는 데 초점을 둔다.

② **고객지향**(Customer Orientation) : 소비자들의 욕구를 기업 관점이 아닌 소비자의 관점에서 정의하는 것을 말한다. 즉, 소비자의 욕구를 소비자 스스로가 기꺼이 지불할 수 있는 가격에 충족시키는 것을 말한다.

③ **전사적 노력** : 기업에는 기업 자체의 목적을 달성하기 위해 각기 다른 기능을 하는 여러 부서들이 있다. 연구개발, 인사, 재무, 생산부서 등 기업의 각 부서 중에서 직접적으로 소비자를 상대하는 부문은 마케팅 부서이다. 하지만 고객중심의 개념으로 비추어 보면 기업 내 전 부서의 공통된 노력이 요구된다. 즉, 기업의 전 부서 모두가 고객지향적일 때 올바른 고객욕구의 충족은 이루어질 수 있는 것이다.

④ **고객만족을 통한 이익의 실현** : 마케팅 개념은 기업 목적 지향적이어야 하며, 적정한 이익의 실현은 기업 목적달성을 위한 필수불가결한 요소다. 이러한 이익은 결국 고객만족 노력에 대한 결과이며 동시에 기업이 이익만을 추구할 경우에는 이러한 목적은 실현될 수 없음을 뜻한다.

(5) 사회지향적 마케팅

① 기업의 이윤을 창출할 수 있는 범위 안에서 타사에 비해 효율적으로 소비자의 욕구를 충족시키도록 노력하는 데 있어서는 마케팅 개념과 일치한다.
② 사회지향적 마케팅은 단기적인 소비자의 욕구충족이 장기적으로는 소비자는 물론 사회의 복지와 상충되어짐에 따라서 기업은 마케팅활동의 결과가 소비자는 물론 사회 전체에 어떤 영향을 미치게 될 것인가에 대한 관심을 가져야 하며 부정적 영향을 미치는 마케팅활동을 가급적 자제하여야 한다는 사고에서 등장한 개념이다.
③ 사회지향적 마케팅은 고객만족, 기업의 이익에 더불어서 사회 전체의 복지를 요구하는 개념이다.

4 현대 마케팅의 특징

(1) 소비자 지향성
기업조직의 마케팅 활동이 소비자의 관점에서 인지가 되고 그들의 이익이 향상될 수 있는 방향으로 전개되어야만 하는 것을 말한다.

(2) 기업목적 지향성
기업조직이 존속 및 지속적인 성장을 하기 위해서는 적정한 이윤이 확보되어야 한다. 그러므로 기업의 마케팅 활동은 기업의 목적인 이윤지향성을 지녀야 한다.

(3) 사회적 책임 지향성
기업 마케팅 활동은 사회 전반적으로 많은 영향을 끼치게 되므로 관련된 사회적 책임(문화적·경제적·법률적·사회봉사적·윤리적 책임 등)을 다해야 한다.

(4) 통합적 마케팅 지향성
전체적인 기능을 통합하고 조정해서 전사적 마케팅의 입장에서 실행된다.

제2절 마케팅 관리체계

1 상황분석

(1) 마케팅관리 과정에서 가장 먼저 해야 할 일은 자사의 제품이 당면하고 있는 환경 및 상황에 대한 명확한 분석이다.

(2) 마케팅계획 수립 전 시장 환경, 거시적 환경, 경쟁 환경, 구매자 환경 및 자사의 환경 등에 대한 분석이 필요하다.

2 목표시장 선정 전략의 수립 중요

목표시장 선정의 전략은 시장세분화 → 표적시장 → 포지셔닝의 3단계를 거쳐 이루어진다.

(1) **시장세분화(Market Segmentation)** 기출 22
가격이나 제품에 대한 반응에 따라 전체시장을 몇 개의 공통된 특성을 가지는 세분시장으로 나누어서 마케팅을 차별화시키는 것을 말한다.

(2) **표적시장(Market Targeting)**
세분시장이 확인되고 나면, 기업은 어떤 세분시장을 얼마나 표적으로 할 것인지를 결정해야 한다.

(3) **포지셔닝(Positioning)** 기출 23
자사 제품의 큰 경쟁우위를 찾아내어 이를 선정된 목표시장의 소비자들의 마음속에 자사의 상품을 자리 잡게 하는 것이다. 즉, 소비자들에게 경쟁제품과 비교하여 자사제품에 대한 차별화된 이미지를 심어주기 위한 계획적인 전략접근법이다.

3 마케팅 믹스 전략의 수립 중요

마케팅 믹스 전략은 기업조직이 표적시장에서 자사의 마케팅 목표를 이루기 위해 기업이 통제 가능한 요소인 제품, 가격, 유통, 판매촉진을 효율적으로 구사해서 혼합하는 것을 말한다.

(1) **제품** : 소비자들에게 필요하며 그들의 욕구를 만족시켜주는 재화 및 서비스, 아이디어 등

(2) **가격** : 소비자들이 제품을 소유하기 위해 지불하는 가치

(3) **유통** : 소비자들이 제품을 구매하는 장소

(4) **프로모션** : 소비자와 판매자 간 커뮤니케이션 수단

4 마케팅 활동의 조정과 통제

기업조직에서 마케팅 활동의 조정 및 통제를 하기 위해서는 해당 마케팅 계획을 실행할 수 있는 조직을 구축하고 이러한 마케팅 수행결과를 평가할 수 있는 통제 시스템의 구축이 필요하다.

5 마케팅 조사

(1) 마케팅 조사의 개요
① **개념** : 마케팅 조사는 마케팅 의사결정을 하기 위해 필요한 각종 정보를 제공하기 위해 자료를 수집·분석하는 과정이다.
② **역할** : 마케팅 조사는 서로 간의 관련이 있는 사실들을 찾아내고 분석하고, 가능한 조치를 제시함으로써 마케팅 의사결정을 돕는 것이다.

(2) 마케팅 조사의 절차과정 중요

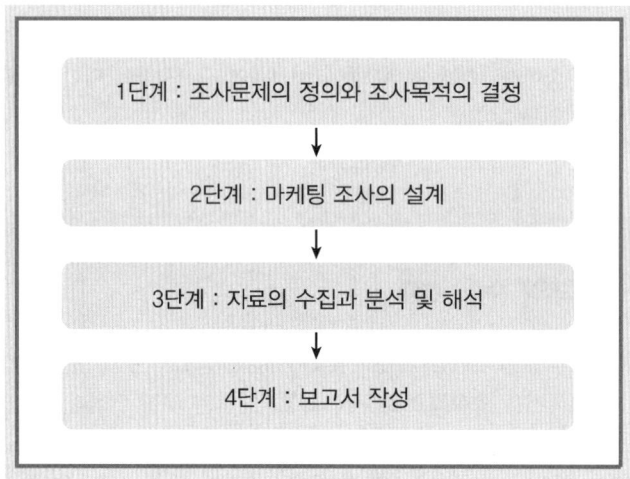

① **문제 정의** : 통상적으로 마케팅 조사를 수행하기 위해서는 먼저 조사문제를 정확하게 정의해야 한다. 마케팅 조사는 특정한 의사결정을 위해 수행되는 것이므로, 의사결정 문제에서부터 조사문제가 결정된다.
② **조사 설계** : 연구에 대한 구체적인 목적을 공식화하여, 조사를 수행하기 위한 순서와 책임을 구체화시켜야 한다. 보통, 연구조사의 주체, 대상, 시점, 장소 및 방법 등을 결정하는 단계이다.
③ **자료의 수집** : 자료의 수집방법, 설문지의 작성, 조사대상에 대한 선정 및 실사 등을 통해 자료를 수집한다.

④ **자료의 분석 및 해석** : 자료들을 분석하고 나온 결과에 대해 의미 있는 해석이 뒤따라야 한다.
⑤ **보고서의 작성** : 분석이 완료된 후에 마케팅 의사결정자의 의사결정에 도움이 되도록 조사결과와 결론에 대한 조사보고서를 작성해야 한다.

제3절 마케팅 환경(상황분석)

1 거시적 환경

(1) 거시적 환경요인의 개념
① 거시적 환경요인(Macro-Environmental Factors)은 특정 개별기업의 마케팅활동에 직접적으로 영향을 미치지 않고 간접적이며, 단기적으로는 잘 변하지 않는 환경요인을 의미한다.
② 해당 요인 : 사회, 문화, 정치, 경제, 법, 기술적 환경 등이 있다.

(2) 거시적 환경요인의 종류
① **인구통계적 환경요소** : 인구통계 관련 환경의 변화는 바로 소비자층의 변화를 의미하므로, 마케팅 활동에 직접적인 영향을 미치게 된다. 기업의 매출이나 이익에 영향을 미치는 가장 중요한 요인이 시장의 크기와 그 시장을 구성하고 있는 구매자의 특성이기 때문에 인구통계적 환경에 대한 연구 조사활동이 매우 중요하다.
② **경제적 환경요소** : 구매자의 구매력과 소비구조에 영향을 미치는 모든 요인을 말한다. 이때, 마케팅 관리자가 관심을 가지고 주시하여야 할 경제적 환경으로는 국민소득 증가율과 소비구조의 변화 및 가계수지 동향 등이 있다.
③ **기술적 환경요소** : 기술적 환경이란 기술을 창조하고 새로운 제품과 시장기회를 창조하는데 미치는 모든 영향력을 말한다. 진부화가 급격하게 일어나는 기술의 경우에는 제품수명 주기에 직접적으로 영향을 미치며 기업의 제품이나 판촉정책 수립에 영향을 미치게 된다.
④ **법적・정치적 환경요소** : 일반적으로 기업에 있어 법적・정치적 환경요소의 영향은 큰 의미를 지닌다. 법적・정치적 환경 내에서 규제활동은 제품개발부터 촉진에 이르기까지 마케팅의 전 측면에 영향을 미친다.
  예 금속을 만드는 공장을 운영하는 회사는 환경보호와 관련된 법률을 준수해야 한다.
⑤ **사회・문화적 환경요소** : 기업의 마케팅 활동에 영향을 미치는 사회・문화적 환경요소에는 연령, 인종, 성별, 종교, 관습, 가치관 등이 있다. 사회・문화적 환경은 소비자들의 구매나 소비행태에 많은 영향을 미치며, 결과적으로 소비자들을 대상으로 하는 기업의 활동을 결정하게 된다.

2 내부환경

내부환경은 기업조직의 마케팅 활동에 있어 조직 내부에 영향을 미치는 최고경영층 및 각 기능부서들을 의미한다.

(1) 최고경영층
① 기업조직의 마케팅 활동에서 가장 큰 영향을 미치는 요소로 주로 사장, 사업부장, 이사회, 집행위원회 등으로 이루어진다.
② 마케팅 활동에 있어 테두리 역할을 수행하는 기업조직의 사명, 전략 및 정책, 목표 등을 결정하며, 계획 및 수행에 대한 승인을 한다.

(2) 각 기능부서
① 기업조직의 생산, 영업, 재무, 연구개발, 구매, 인사, 회계 부문 등이다.
② 전반적인 과정에 걸쳐 기업조직의 마케팅 활동에 영향을 미치게 되므로 상호 간 유기적 관계를 유지해 나가야 한다.

3 과업 환경 중요

기업조직의 마케팅 활동에 있어 도움을 주는 역할을 실행하는 것들이다.

(1) **원료공급자**: 기업에서는 원재료를 공급받지 못한다면 제품을 생산해서 판매하는 것이 불가능하다. 그래서 제품과 서비스를 공급하는 사람과 조직이 마케팅 활동에 매우 중요한 역할을 수행한다. 동시에, 도매상이나 소매상에게도 제품을 공급하는 제조업자의 존재는 중요하다.

(2) **중개업자**: 기업과 시장 사이에서 제품과 서비스의 흐름을 직접적으로 지원하는 독립된 역할을 수행하는 사람을 중개업자라고 한다. 흔히 도매상, 소매상이 중간상과 판매자와 구매자 사이의 연결에 필요한 자금의 조달, 수송, 보관을 수행하는 조직으로 분류할 수 있다.

(3) **소비자**: 일반적으로 기업은 소비자들의 연령, 소득, 직업, 인종, 학력, 주거지 등의 소비자 특성에 대하여 적절히 대응하는 마케팅 전략을 수립할 수는 있어도 이러한 소비자 특성들을 통제할 수는 없다. 소비자가 상품을 구매할 때에는 소비자가 속한 기업의 문화, 가족, 친지, 관습, 종교 등에 의하여 주로 영향을 받는다. 소비자가 원하는 것이 무엇인지를 파악하고 그와 동시에 소비자가 아직 인식하고 있지 못한 니즈에는 어떠한 것이 있는가를 알아내어 그에 적합한 제품 및 서비스를 제공하는 것이 마케팅의 목표가 된다. 기업이 효과적인 마케팅 전략을 수립하고 전개하기 위해서는 무엇보다도 소비자 및 소비자가 속한 집단에 대한 충분한 이해가 있어야 한다.

4 제약 환경

기업조직의 마케팅 활동을 제약하는 것에는 경쟁업자, 공중 등이 있다.

5 소비자 환경

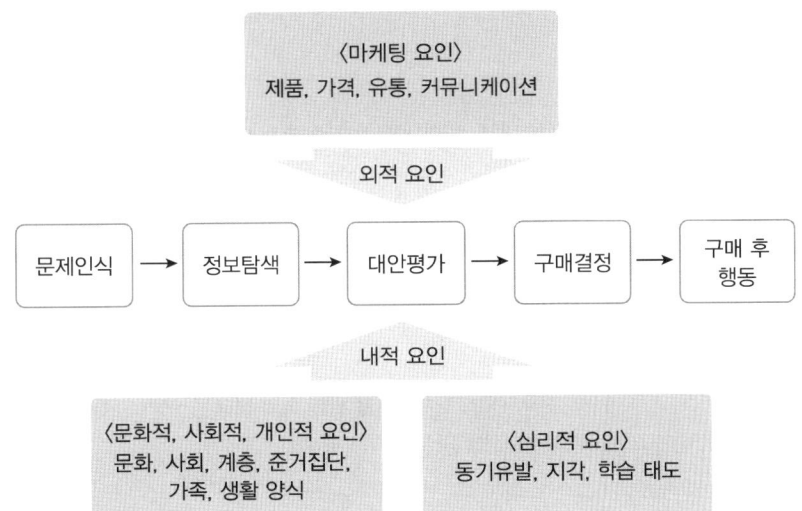

(1) 소비자 행동모델 및 영향요소 중요 기출 23

소비자들의 구매행위는 기업조직의 마케팅에 대한 자극뿐만이 아닌 사회적·문화적·심리적 요인 등에 의해 영향을 받는다.

① **사회적 요인**: 가족, 준거집단, 역할 및 지위
② **문화적 요인**: 소비자들 스스로가 속한 문화, 사회계층, 하위문화
③ **개인적 요인**: 연령, 직업, 경제상황, 생활주기, 개성 및 자아개념
④ **마케팅 요인**: 가격, 제품, 유통촉진 요인
⑤ **심리적 요인**: 지각, 동기, 학습, 신념 및 태도

(2) 소비자 구매의사결정과정 중요

문제의 인식 → 정보의 탐색 → 대안의 평가 → 구매 → 구매 후 행동

제4절　목표시장 선정

1 목표시장 선정 전략

(1) 개념

자사의 능력에 맞는 특정한 시장에서의 욕구 충족을 통해 차별적인 경쟁우위를 추구함에 따라 나타난 개념이다.

(2) 목표시장 선정 전략의 과정

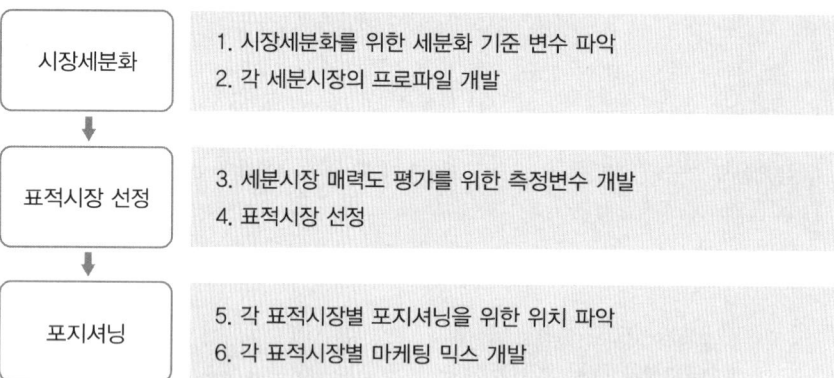

2 시장세분화

(1) 시장세분화의 의의 중요

전체시장을 하나의 시장으로 보지 않고, 소비자 특성의 차이 또는 기업의 마케팅 정책, 즉 가격이나 제품에 대한 반응에 따라 전체시장을 몇 개의 공통된 특성을 가지는 세분시장으로 나누어서 마케팅을 차별화시키는 것을 말한다.

> **체크 포인트**
>
> **시장세분화** 중요
> 전체시장을 비슷한 기호와 특성을 가진 차별화된 마케팅 프로그램을 원하는 집단별로 나누는 것

(2) 시장세분화의 이점 중요

① **새로운 마케팅 기회를 효과적으로 포착**: 마케터는 각 세분시장이 원하는 바와 경쟁자들의 제품을 검토함으로써 보다 효과적으로 소비자를 만족시키기 위한 방안을 결정할 수 있다.

② **마케팅 믹스를 정밀하게 조정** : 마케터는 모든 소비자들이 원하는 바의 차이를 고려하지 않고 하나의 마케팅 믹스를 제공하기보다는 원하는 바를 효과적으로 충족시키기 위해 세분시장별로 마케팅 믹스를 조정할 수 있다.

③ **각 세분시장의 반응특성에 따라 자원을 효율적으로 할당** : 마케터는 각 세분시장의 반응 특성을 근거로 하여 바람직한 목표를 효과적으로 달성할 수 있도록 마케팅 노력을 합리적으로 할당할 수 있다.

(3) 시장세분화의 요건 중요 기출 25

시장세분화의 주된 목적은 세분시장별로 상이한 마케팅 전략을 수립하여 이를 효과적으로 실행함으로써 기업의 마케팅목표를 효율적으로 달성하려는 데 있다. 따라서 시장세분화 전략이 효율적으로 실행되기 위해서는 적어도 4가지 요건들이 충족될 때에 가능하다.

① **측정가능성(Measurability)** : 마케팅관리자가 각 세분시장의 규모나 구매력 등을 측정할 수 있어야 한다는 것이다.
   예) 우리나라 인구 중 왼손잡이가 차지하는 비중이 높아지고 있지만 이러한 왼손잡이 소비자집단을 목표시장으로 하는 제품은 거의 전무한 실정이다. 이유는 통계청이나 심지어 조사전문기업에서조차도 이들에 관한 어떠한 통계도 발표하고 있지 않아 이들 세분시장의 소비자집단을 측정하거나 확인하기가 어렵기 때문이다.

② **유지가능성(Sustainability)** : 세분시장이 충분한 규모이거나 이익을 낼 수 있는 정도의 크기가 되어야 함을 의미한다. 즉, 각 세분시장 내에는 특정 마케팅 프로그램을 지속적으로 실행할 가치가 있을 만큼의 가능한 한 동질적인 수요자들이 존재해야 한다.
   예) 장애인들은 버튼조작만으로 운전할 수 있는 승용차를 원하고 있지만, 그러한 시장의 규모가 경제성을 보증하지 못한다면 세분시장의 가치가 적은 것이다.

③ **접근가능성(Accessibility)** : 적절한 마케팅 노력으로 세분시장에 효과적으로 접근하여 제품이나 서비스를 제공할 수 있는 적절한 수단이 있어야 한다는 것이다.
   예) 향수제조회사가 자사상품을 다량 사용하는 고객이 밤 늦게까지 밖에 있고, 매우 사교적인 생활을 하는 독신 여성들이라는 사실을 알고 있더라도 이들이 어떤 장소에 살고 있고, 또 어디에서 구매하며, 어떤 매체에 노출되는지를 알 수 없다면 이들에게 접근할 수는 없게 되는 것이다. 또한, 낙도나 산간지방에는 제품을 유통시키기 곤란하며, 문맹자들에게는 인쇄매체를 통한 접근이 불가능하다.

④ **실행가능성(Actionability)** : 각 세분시장에서 고객들에게 매력 있고, 이들의 욕구에 충분히 부응할 수 있는 효율적인 마케팅 프로그램을 계획하고 실행할 수 있는 정도를 의미한다. 다시 말해, 아무리 매력적인 세분시장이 존재한다고 할지라도 이들 시장에 적합한 별도의 마케팅 프로그램을 개발할 기업 내 능력이 결여된 경우에는 실행가능성이 사라지게 됨을 의미한다.

⑤ **내부적 동질성과 외부적 이질성** : 특정한 마케팅 믹스에 대한 반응이나 세분화 근거에 있어서 같은 세분시장의 구성원은 동질성을 보여야 하고, 다른 세분시장의 구성원과는 이질성을 보여야 함을 의미한다.

예 전체시장을 소득수준에 따라 세분할 때 같은 세분시장에 속하는 소비자들의 반응행동은 유사하고 다른 세분시장에 속하는 소비자들의 반응행동은 상이해야 한다.

더 알아두기

시장세분화 요건 중요

구분	개념
측정가능성	마케터는 각 세분시장에 속하는 구성원을 확인하고, 세분화 근거에 따라 그 규모나 구매력 등의 크기를 측정할 수 있어야 함
유지가능성	각 세분시장은 별도의 마케팅 노력을 할애받을 만큼 규모가 크고 수익성이 높아야 함
접근가능성	마케터는 각 세분시장에 기업이 별도의 상이한 마케팅 노력을 효과적으로 집중시킬 수 있어야 함
실행가능성	마케터는 각 세분시장에 적합한 마케팅 믹스를 실제로 개발할 수 있는 능력과 자원을 가지고 있어야 함
내부적 동질성과 외부적 이질성	특정한 마케팅 믹스에 대한 반응이나 세분화 근거에 있어서 같은 세분시장의 구성원은 동질성을 보여야 하고, 다른 세분시장의 구성원과는 이질성을 보여야 함

(4) 시장세분화 변수 중요

① **인구통계적 기준** : 인구통계적 시장세분화에서는 주로 고객의 나이, 성별, 소득수준, 직업, 가족 수 등 인구통계적 변수에 의해 시장이 나누어진다.
  ㉠ 고객의 연령에 의해 나눌 수 있다. 즉, 고객의 연령층에 따라 차별화된 제품과 마케팅 믹스가 제공된다.
    예 장난감이나 의류의 경우 연령층에 따라 차별화된 제품이 제공되는 경우이다. 또 햄버거 회사는 어린이용, 10대 청소년용, 어른용, 노인용에 따라 광고방법을 달리한다. 10대용 광고는 댄스음악을 효과음으로 넣고, 모험적인 광고장면이 빨리 바뀌는 형식을 취하며, 노인용 광고는 부드럽고 감상적인 광고를 하는 것이다.
  ㉡ 성별에 의해서도 나누어진다.
    예 담배시장의 경우가 대표적이다. 말보로 담배는 전통적으로 남성담배의 전형인 반면에 버지니어 슬림 또는 이브 등은 여성고객을 주된 대상으로 하는 담배제품이다. 미국에서 1, 2위를 서로 다투는 장난감 회사는 매텔사와 해즈브로사가 있다. 매텔사의 주요제품은 배추인형, 바비인형이고 이는 여자아이들이 좋아하는 인형을 대상으로 한다. 해즈브로사는 트랜스포머, 퍼비인형 등 남자아이들이 좋아하는 인형을 대상으로 하고 있다.
  ㉢ 가족 수에 의해서도 나누어진다. 가족 수에 따라서도 소비패턴은 달라진다.
    예 혼자 사는 여성들은 혼자 사는 남성들에 비해 병원출입이나 약의 사용, 건강보험을 위해 2배 정도 더 소비한다. 그리고 선물을 많이 사며, 자선단체에 남성들보다 3배 이상의 돈을 쓴다고 한다. 하지만 남성들은 여성들에 비해 외식횟수가 많으며, 그 비용도 2배 정도를 더 쓰며, 세탁 및 외부활동비용에 더 많이 소비한다.

② **지리적 세분화**: 고객이 살고 있는 거주 지역을 기준으로 시장을 세분화하는 방법이다.

　예) 학생 교복회사의 경우에 강남과 강북 학생 교복의 가격을 서로 다르게 책정하고 있어, 지역별 시장세분화 전략을 수행하는 사례가 있었다. Maxwell House 커피는 제품을 전국적으로 생산·판매하고 있으나, 맛을 지역적으로 다르게 하고 있다. 강한 커피를 좋아하는 서부 지역에는 진한 커피를 팔고, 동부지역에는 그보다 연한 커피를 판매하였다.

③ **심리행태의 세분화(생활양식)**: 심리행태에 의한 세분화(Psychographic Segmentation)는 소비자의 개인적 특성 가운데 심리적 행태에 따라 시장을 세분화하는 방법이다. 이 방법은 사후 시장세분화 형태를 따르고 있으며, 일반적으로 소비자의 행동(Activity), 관심(Interest), 의견(Opinion)에 대한 소비자 조사를 바탕으로 소비자 시장을 집단화하여 구분한다.

　㉠ 사회계층(Social Stratification): 사회계층에 따라 소비행태는 다양하게 나타난다. 특히, 자동차, 의류, 가전제품, 여가선용 등에서 계층 간의 소비는 그 격차가 크게 나타난다.

　㉡ 라이프스타일(Life Style): 라이프스타일은 개인의 욕구, 동기, 태도, 생각 등을 총망라한 결합체이다.

　　예) General Food의 카페인 없는 커피 Sanka는 라이프스타일을 이용해 카페인이 있는 커피와 차별화하여 새로운 커피시장을 차지하게 되었다. 리복 운동화는 건강하고 날렵한 몸매를 위해 에어로빅을 하는 여성에 초점을 맞추어 크게 성공한 사례가 있다.

④ **인지 및 행동적 세분화**: 인지 및 행동적 세분화 변수에 의한 시장세분화는 제품이나 서비스의 편익, 사용량, 사용경험, 상표충성도 등에 대한 소비자의 태도나 반응에 따라 시장을 구분하는 것이다.

　㉠ 편익(Benefit)이란 소비자들이 제품을 사용하면서 얻고자 하는 가치를 말한다.

　　예) 치약의 경우 소비자들은 충치 및 치주질환을 예방하는 기능을 추구하는 집단, 이를 하얗게 해주는 기능을 추구하는 집단, 양치질 후의 상쾌한 맛과 향기를 추구하는 집단 등으로 나눌 수 있고 샴푸의 경우 머릿결을 부드럽게 해주는 기능을 추구하는 집단, 비듬을 없애는 기능을 추구하는 집단, 머리에 영양을 주는 기능을 추구하는 집단, 샴푸와 린스의 효과를 동시에 주는 기능을 원하는 집단 등으로 나눌 수 있다.

　㉡ 사용경험은 소비자들이 제품을 사용하는 상황이나 경험을 말한다. 같은 제품이라도 소비자 자신이 사용하기도 하고 다른 사람에게 선물로 주기도 한다.

　㉢ 화장실용 휴지, 화장용 휴지, 휴대용 휴지 등 사용하는 상황에 따라서 제품이 달라지는 경우도 있다.

　㉣ 제품 사용량에 따라 대량소비자, 소량소비자 등으로 세분화하기도 한다.

　㉤ 자사 상표에 대한 호의적인 태도와 반복구매 정도를 나타내는 브랜드 충성도(Brand-Loyalty)에 따라 자사브랜드 선호 집단, 경쟁브랜드 선호 집단 등으로 세분화하기도 한다.

3 시장 표적화

(1) 개념
자사의 경쟁우위가 어느 세분시장에서 확보가 가능한지를 평가해서 상대적으로 경쟁우위가 있는 세분시장을 선택하는 것을 말한다.

(2) 목표시장 선정전략 중요
세분시장이 확인되고 나면, 기업은 얼마나 많은 그리고 어떤 세분시장을 표적으로 할 것인지를 결정해야 한다.

① **무차별적 마케팅 전략**
  ㉠ 개념 : 전체시장을 하나의 동일한 시장으로 간주하고, 하나의 제품을 제공하는 전략이다.
  ㉡ 장점 : 규모의 경제, 다시 말해 비용을 줄일 수 있다.
  ㉢ 단점 : 모든 계층의 소비자를 만족시킬 수 없으므로 경쟁사가 쉽게 틈새시장을 찾아 시장에 진입할 수 있다.
     ㉮ 코카콜라의 경우 전체 콜라시장을 하나의 시장으로 간주하고 똑같은 맛의 콜라를 똑같은 디자인의 병에 담아 전 세계 어디에서나 공급하는 방식, 필요한 정보를 찾기 위해 사용하는 검색엔진 등

② **차별적 마케팅 전략**
  ㉠ 개념 : 전체시장을 여러 개의 세분시장으로 나누고, 이들 모두를 목표시장으로 삼아 각기 다른 세분시장의 상이한 욕구에 부응할 수 있는 마케팅 믹스를 개발하여 적용함으로써 기업의 마케팅 목표를 달성하고자 하는 것이다.
  ㉡ 장점 : 전체시장의 매출은 증가한다.
  ㉢ 단점 : 각 세분시장에 차별화된 제품과 광고 판촉을 제공하기 위해 비용도 늘어난다.
  ㉣ 특징 : 주로 자원이 풍부한 대기업이 사용한다.
     ㉮ 현대자동차의 경우 소득수준에 따라 전체시장을 나누어 1,000cc 경차부터 4,500cc 대형 고급 승용차에 이르기까지 제품을 차별화하여 공급하고 있다.

③ **집중적 마케팅 전략**
  ㉠ 개념 : 전체 세분시장 중에서 특정 세분시장을 목표시장으로 삼아 집중 공략하는 전략이다.
  ㉡ 장점 : 해당 시장의 소비자 욕구를 보다 정확히 이해하여 그에 걸맞은 제품과 서비스를 제공함으로써 전문화의 명성을 얻을 수 있다. 동시에 생산·판매 및 촉진활동을 전문화함으로써 비용을 절감시킬 수 있다.
  ㉢ 단점 : 대상으로 하는 세분시장의 규모가 축소되거나 경쟁자가 해당 시장에 뛰어들 경우 위험이 크다.
  ㉣ 특징 : 자원이 한정된 중소기업이 사용한다.
     ㉮ 치약의 경우 값이 싼 치약, 충치예방용 치약, 하얀 이를 위한 치약을 따로따로 만들기 보다는 그중 하나를 선택하여 전문화하는 정책이다.

4 제품 포지셔닝

(1) 제품 포지셔닝의 개념 종요 기출 25
자사 제품의 큰 경쟁우위를 찾아내어 이를 선정된 목표시장의 소비자들의 마음속에 자사의 상품을 자리 잡게 하는 것, 즉 소비자들에게 경쟁제품과 비교하여 자사제품에 대한 차별화된 이미지를 심어주기 위한 계획적인 전략접근법이다.

(2) 재포지셔닝의 개념
소비자의 욕구 및 경쟁 환경의 변화에 따라 기존제품이 가지고 있던 포지션을 분석하여 새롭게 조정하는 활동이다.

(3) 포지셔닝 전략유형
① 제품속성에 의한 포지셔닝
  ㉠ 개념 : 자사제품에 의한 포지셔닝은 자사제품의 속성이 **경쟁제품에 비해 차별적 속성**을 지니고 있어서 그에 대한 혜택을 제공한다는 것을 소비자에게 인식시키는 전략이다. 가장 널리 사용되는 포지셔닝 전략방법이다.
  ㉡ 예시
    - 스웨덴의 'volvo'는 안정성을 강조하는 것으로 포지셔닝을 하였고, GM대우의 '마티즈'의 경우는 세금 및 저렴한 유지비를 강조하는 것으로 소비자들에게 포지셔닝한다. '레간자'의 경우, '소리없이 강하다'라는 문구로 '조용함'이라는 속성을 강조한다.
    - '파로돈탁스'는 타사 제품과는 달리 잇몸질환을 예방해 준다는 속성을 강조하여 소비자에게 포지셔닝한다.
    - 'Olympus 디지털카메라'의 경우 '당신의 디카는 비 앞에서 당당한가?'라는 문구로 자사의 제품이 생활방수기능이 된다는 속성을 강조하면서 포지셔닝한다.
    - '하우젠 세탁기'의 경우, '삶지 않아도 ~ 하우젠 드럼 세탁기'라는 문구로, 기존과는 달리 삶지 않아도 세탁과 동시에 살균이 된다는 속성을 강조하고 있다.

② 이미지 포지셔닝
  ㉠ 개념 : 제품이 지니고 있는 **추상적인 편익**을 강조하는 전략이다.
  ㉡ 예시
    - '맥심 커피'의 경우 '가슴이 따뜻한 사람과 만나고 싶다', '커피의 명작 맥심' 등의 광고 문구를 이용하여 소비자들에게 정서적, 사색적인 고급 이미지를 형성하기 위해 오랜 기간 어필하여 성공하였다.
    - '아시아나'의 경우 특히나 서비스가 중요시되는 항공사의 특성을 살려 '아름다운 사람, 그녀의 이름은 아시아나'라는 문구로 소비자들의 아시아나 항공사에 대해서 좋은 감정을 갖도록 포지셔닝하였다.

③ **경쟁제품에 의한 포지셔닝**
  ㉠ 개념 : 소비자가 인식하고 있는 기존의 경쟁제품과 비교함으로써 자사 제품의 편익을 강조하는 방법을 말한다.
  ㉡ 예시
   - 'sky'의 경우 'It's different'라는 광고 문안으로 타 업체와는 무언가가 다르다는 것을 소비자에게 포지셔닝한다.
   - '7-Up'의 경우 자사의 세븐업이 콜라와 유사한 제품이 아니며 사이다 제품의 대표적인 브랜드라는 것을 인식시킴으로써 Un-Cola라는 것을 강조한다.

④ **사용상황에 의한 포지셔닝**
  ㉠ 개념 : 자사 제품의 적절한 사용상황을 설정함으로써 타사 제품과 사용상황에 따라 차별적으로 다르다는 것을 소비자에게 인식시키는 전략이다.
  ㉡ 예시
   - '게토레이'는 일반음료와는 달리 운동 후 마시는 음료라는 상황을 강조한다.
   - '오뚜기 3분 요리'의 경우 갑작스런 상황에 요리를 어떻게 해야 할지 모를 때, 또는 시간이 없어서 급하게 요리를 해야 할 때 등의 상황을 강조한다.

⑤ **제품사용자에 의한 포지셔닝**
  ㉠ 개념 : 제품이 특정 사용자 계층에 적합하다고 소비자에게 강조해 포지셔닝하는 전략이다.
  ㉡ 예시
   - '도브'는 피부가 건조한 소비자층을 표적으로 이에 적합한 비누라는 것을 강조한다.
   - 샴푸와 린스를 따로 쓰지 않는 겸용샴푸 '하나로', '랑데뷰' 같은 제품은 아침시간에 바쁜 직장인, 맞벌이 부부에게 시간을 절약할 수 있는 제품으로 포지셔닝한다.

(4) **포지셔닝 맵**
  ① **개념** : 소비자의 마음속에 자리잡고 있는 자사의 제품과 경쟁 제품들의 위치를 2차원 또는 3차원의 도면으로 작성해 놓은 도표이다.
  ② **포지셔닝 맵의 작성 절차** : 차원의 수를 결정 → 차원의 이름을 결정 → 경쟁사 제품 및 자사 제품의 위치 확인 → 이상적인 포지션의 결정

제5절 제품관리

1 제품의 의의 및 유형

(1) 제품의 개념

제품은 일반적으로 소비자들의 기본적인 욕구와 욕망을 충족시켜 주기 위한 것으로, 시장에 출시되어 사람의 주의, 획득, 사용이나 소비의 대상이 되는 것을 말한다.

(2) 제품차원의 구성 중요

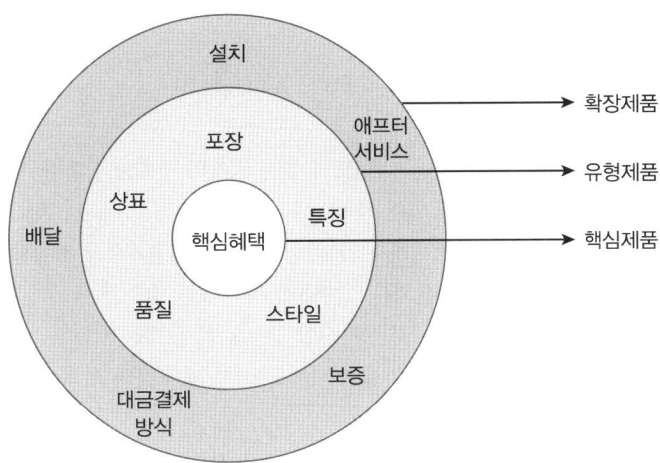

① **핵심제품** : 제품의 핵심적인 측면을 나타내는 것으로서, **제품이 본질적으로 수행하는 기능**, 다시 말해 소비자의 욕구충족이나 문제해결의 차원을 의미한다.

  예 화장품의 본질적 차원은 아름다워지려는 욕구충족 또는 아름다움에 대한 문제해결의 기능, 자동차의 핵심제품은 목적지까지 운전자를 이동시켜 주는 역할이라고 할 수 있다.

② **유형제품** : 제품의 유형적 측면을 나타내는 것으로서, 소비자가 **제품으로부터 추구하는 혜택을 구체적·물리적인 속성들의 집합으로 유형화시킨 것**을 의미한다. 즉, 우리가 일반적으로 말하는 유형의 제품은 여기에 속한다.

  예 포장, 상표, 특성, 품질, 스타일 등

③ **확장제품** : 전통적 제품의 개념이 고객서비스로 확대된 것으로 제품에 대한 사후보증, 애프터서비스, 배달, 설치, 대금지불방법 등의 고객서비스를 모두 포함하는 차원의 개념이다.

> **체크 포인트**
>
> **3가지 수준의 제품개념(Kotler 교수 정의)** 중요
> - 핵심제품 : 소비자가 상품을 소비함으로써 얻을 수 있는 핵심적인 효용을 의미
> - 유형제품(실제제품) : 눈으로 보고, 손으로도 만져볼 수 있도록 구체적으로 드러난 물리적인 속성차원의 상품
> - 확장제품 : 유형제품의 효용가치를 증가시키는 부가서비스 차원의 상품을 의미. 즉, 유형제품에 부가로 제공되는 서비스, 혜택을 포함한 개념

(3) 구매관습에 따른 소비재 분류 중요

통상적으로 마케팅 관리를 위해서 제품과 서비스를 분류하는 것은 효과적이다. 보통 제품은 구매자의 성격에 따라 소비재 및 산업재로 나누어진다.

① **소비재** : 구매자가 일반적으로 개인이 최종적으로 사용하거나 소비하는 것을 목적으로 구매하는 제품을 말한다.
  - ㉠ 편의품(Convenience Goods) : 구매빈도가 높은 저가의 제품을 말한다. 동시에 최소한의 노력과 습관적으로 구매하는 경향이 있는 제품이다. 예 치약, 비누, 세제, 껌, 신문, 잡지 등
  - ㉡ 선매품(Shopping Goods) : 소비자가 가격, 품질, 스타일이나 색상 면에서 경쟁제품을 비교한 후에 구매하는 제품이다. 예 패션의류, 승용차, 가구 등
  - ㉢ 전문품(Specialty Goods) : 소비자는 자신이 찾는 품목에 대해서 너무 잘 알고 있으며, 그것을 구입하기 위해서 특별한 노력을 기울이는 제품이다. 예 고가의 보석 디자이너가 만든 고가품의 의류 등

② **산업재** : 구매자가 개인이 아니라 기업 등의 조직으로 최종 소비가 목적이 아니라 다른 제품을 만들기 위하여 또는 제3자에게 판매할 목적으로 구매하는 제품을 말한다.
  - ㉠ 원자재의 구분
    - 원자재 : 제품의 제작에 필요한 모든 자연생산물을 의미한다.
    - 가공재 : 원료를 가공 처리하여 제조된 제품으로서 다른 제품의 부분으로 사용되는데, 다른 제품의 생산에 투입될 경우에 원형을 잃게 되는 제품을 말한다. 예 철강, 설탕 등
    - 부품 : 생산과정을 거쳐 제조되었지만, 그 자체로는 사용가치를 지니지 않는 완제품으로, 더 이상 변화 없이 최종 제품의 부분이 된다. 예 소형 모터, 타이어 등
  - ㉡ 자본재
    - 제품의 일부분을 구성하진 않지만 제품생산을 원활히 하기 위해 투입되는 것을 말한다.
    - 설비품이나 보조장비로 구분한다. 설비품은 건물, 전동기, 대형 컴퓨터 등 고정 장비이고, 보조장비는 지게차, 팩시밀리 등 이동장비나 사무실 집기를 말한다.
  - ㉢ 소모품 : 완제품 생산에 전혀 관여하지 않고 공장이나 회사의 운영을 위해 사용되는 제품을 말한다. 예 윤활유, 컴퓨터 용지, 볼펜, 잉크 등

> **더 알아두기**
>
> 제품계획에 따른 분류
>
> | 구분 | 편의품 | 선매품 | 전문품 |
> |---|---|---|---|
> | 구매 전 계획정도 | 거의 없음 | 있음 | 상당히 있음 |
> | 가격 | 저가 | 중, 고가 | 고가 |
> | 브랜드 충성도 | 거의 없음 | 있음 | 특정상표 선호 |
> | 고객쇼핑 노력 | 최소한 | 보통 | 최대한 |
> | 제품회전율 | 빠름 | 느림 | 느림 |

2 제품의 구성요소

(1) 제품기능

제품의 기능은 제품전략 설정 시에 가장 중요한 사안이 되는데 이는 제품의 특징, 품질 및 스타일 등으로 구성된다.

① **특징**: 타사의 제품과 차별되는 기본 요소 또는 구조적·기능적인 차이점과 더불어 소비자들에게 제공하는 이점 및 효과를 말한다.
② **품질**: 비슷한 제품과의 우위성을 나타내며, 이는 기술적 수준과 상업적인 질의 2가지 측면을 고려해야 한다.
③ **스타일**: 제품에 대해 선호 및 취향에 맞게 다양성을 부여하는 것을 말한다.

(2) 상표

① **상표**: 사업자가 자기가 취급하는 상품을 타사의 상품과 식별(이름, 표시, 도형 등을 총칭)하기 위하여 상품에 사용하는 표지를 말한다.
② **상표명**: 상표를 나타내는 구체적인 이름을 말한다.
③ **상표마크**: 상표에 드러난 심벌모형을 의미한다.
④ **구매자 입장에서 상표의 좋은 점**
  ㉠ 공급업자가 생산하는 제품의 질을 보증하는 역할을 수행한다.
  ㉡ 상품구매의 효율성을 높여준다. 구매자들은 특정 상품에 대한 충성도가 높으면 높을수록 해당 상품에 대한 식별을 용이하게 하여 구매할 수 있기 때문이다.
⑤ **회사 입장에서 상표의 좋은 점**
  ㉠ 상표를 사용함으로써 판매업자로 인한 주문 처리와 문제점 추적을 쉽게 할 수 있다.
  ㉡ 자사만의 제품특성을 법적으로 보호를 받음으로써, 타사가 모방할 수 없게 해준다.
  ㉢ 고객에 대한 기업의 이미지가 상승한다.

② 고객의 자사제품에 대한 신뢰도를 구축하여 꾸준하게 구매가능성이 높은 고객층을 확보하도록 해준다.

(3) 포장 중요

포장은 요즘 들어 제품전략의 중요한 역할을 차지하고 있다. 포장의 근본적인 목적은 절도, 파손 등의 각종 위험으로부터 제품을 보호하기 위한 것이다.

① **개념**: 물품을 수송·보관함에 있어서 이에 대한 가치나 상태 등을 보호하기 위하여 적절한 재료나 용기 등에 탑재하는 것을 말한다. 동시에, 상표에 대해 소비자로 하여금 바로 인지하게 하는 역할을 수행하게 하는 것이다.

② **목적** 중요
  ㉠ 제품의 보호성: 포장의 근본적인 목적임과 동시에, 제품이 공급자에서 소비자로 넘어가기까지 운송, 보관, 하역 또는 수·배송을 함에 있어서 발생할 수 있는 여러 위험요소로부터 제품을 보호하기 위함이다.
  ㉡ 제품의 경제성: 유통상의 총비용을 절감한다.
  ㉢ 제품의 편리성: 제품취급을 편리하게 해주는 것을 말한다. 제품이 공급자의 손을 떠나 운송, 보관, 하역 등 일련의 과정에서 편리를 제공하기 위해서이다.
  ㉣ 제품의 촉진성: 타사 제품과 차별화를 시키면서, 자사 제품 이미지의 상승효과를 기하여 소비자들로 하여금 구매충동을 일으키게 하는 것을 말한다.
  ㉤ 제품의 환경보호성: 공익성과 함께 환경 친화적인 포장을 추구해 나가는 것을 의미한다.

(4) 고객서비스

서비스 요소는 서비스의 종류를 의미하는데, 이는 소비자들이 중요하다고 여기는 요소의 중요도에 따라 충족시켜 주어야 하고, 서비스의 수준은 소비자들이 기대하는 수준 및 경쟁사의 수준 등을 고려해서 결정해야 한다.

3 제품전략

(1) 제품수명주기 및 제품전략 중요

① **제품수명주기** 기출 24

제품도 사람과 마찬가지로 처음 태어날 때부터 죽을 때까지 일련의 단계를 거치게 되는데, 이러한 과정을 제품수명주기(Product Life Cycle)라 한다. 통상적으로, 제품이 시장에 처음 출시되는 도입기 → 본격적으로 매출이 증가하는 성장기 → 매출액 증가율이 감소하기 시작하는 성숙기 → 매출액이 급격히 감소하여 더 이상의 제품으로 기능을 하지 못하는 쇠퇴기로 이루어진다.

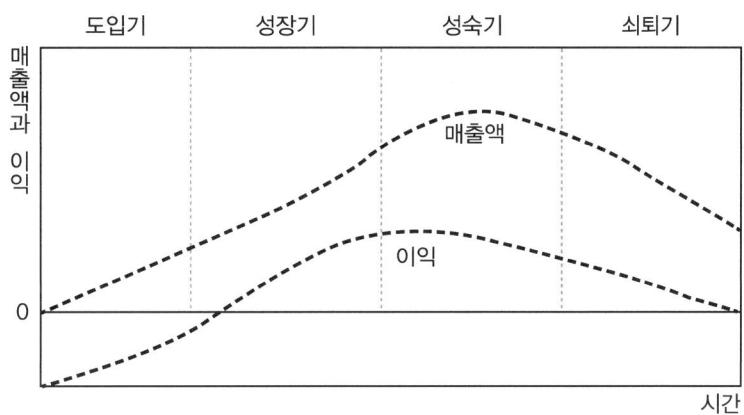

ⓐ 도입기의 특징
- 제품이 시장에 처음 소개된 시기, 즉 제품이 처음으로 출시되는 단계로서 제품에 대한 인지도나 수용도가 낮고, 판매성장률 또한 매우 낮다.
- 이익이 전혀 없거나, 혹은 마이너스이거나, 있다 해도 이익수준이 극히 낮다.
- 시장 진입 초기이므로, 과다한 유통·촉진비용이 투입된다.
- 경쟁자가 없거나 또는 소수에 불과하다.
- 제품수정이 이루어지지 않은 기본형 제품이 생산된다.
- 기업은 구매가능성이 가장 높은 고객에게 판매의 초점을 맞추고, 일반적으로 가격은 높게 책정되는 경향이 있다.

ⓑ 성장기의 특징
- 제품이 시장에 수용되어 정착되는 단계이다.
- 실질적인 이익이 창출되는 단계이다.
- 도입기에서 성장기에 들어서면 제품의 판매량은 빠르게 증가한다.
- 이윤도 증가하지만 유사품, 대체품을 생산하는 경쟁자도 늘어난다.
- 가격은 기존수준을 유지하거나 수요가 급격히 증가함에 따라 가격이 약간 떨어지기도 한다.

ⓒ 성숙기의 특징
- 경쟁제품이 출현해서 시장에 정착되는 성숙기에는 대부분의 잠재소비자가 신제품을 사용하게 됨으로써 판매 성장률은 둔화되기 시작한다.
- 경쟁심화를 유발시킨다.
- 많은 경쟁자들을 이기기 위해서 제품에 대한 마진을 줄이고, 가격을 평균생산비 수준까지 인하하게 된다.
- 기존과는 달리, 제품개선 및 주변제품개발을 위한 R&D 예산을 늘리게 된다.
- 강진 약퇴의 현상이 발생하게 된다.

ⓓ 쇠퇴기의 특징
- 제품이 개량품에 의해 대체되거나 제품라인으로부터 삭제되는 시기이다.
- 거의 모든 제품들의 판매가 감소하면서, 이익의 잠식을 초래하게 된다.

② **제품믹스 전략**
  ⓐ 제품믹스 : 일반적으로 기업이 다수의 소비자에게 제공하는 모든 형태의 제품 계열과 제품품목을 통합한 것을 말한다.
  ⓑ 제품계열 : 제품믹스 중에서 물리적·기술적 **특징이나 용도가 비슷하거나**, 동일한 고객집단에 의해 구매되는 제품의 집단을 의미한다. 즉, 특성이나 용도가 비슷한 제품들로 이루어진 집단이다.
  ⓒ 제품믹스의 폭(width) : 기업이 가지고 있는 **제품계열의 수**를 의미한다. 기출 24
  ⓓ 제품믹스의 깊이(depth) : 각 **제품계열 안에 있는 품목 수**를 의미한다.
  ⓔ 제품믹스의 길이(length) : 제품믹스 내의 모든 **제품품목의 수**를 의미한다.

4 신제품 관리

(1) 신제품 개발
① 신제품 개발 전략이란, 자사의 목표와 마케팅목표를 달성하는 데 있어 신제품이 수행해야 할 전략적 역할을 규명하는 것이다.
② 신제품 개발 계획을 입안하기 위해 마케팅 관리자는 신제품 개발과정에서 이루어져야 할 주요 의사결정영역을 미리 확인하고 각 영역별 의사결정요소들을 검토해야만 한다.

(2) 신제품 개발 과정 중요
① **아이디어 창출** : 제품개발의 첫 단계이며, 제일 좋은 아이디어는 소비자의 욕구를 충족시켜줄 수 있는 아이디어이다.
② **아이디어 선별(평가)** : 전반적인 자사의 목적에 맞지 않거나 또는 자사의 가용자원으로서 더 이상은 개발할 수 없는 아이디어들이 사라지는 단계라고 할 수 있다.
③ **제품개념 개발 및 테스트**
  ⓐ 제품개념 개발 : 제품의 아이디어를 고객이 사용하는 의미 있는 단어로서 구체화시킨 것을 말한다.
  ⓑ 제품개념 테스트 : 실제적인 소비자 조사를 통해서 제품개념의 적합성 여부를 확인하는 것이다.
④ **마케팅 전략 개발** : 신제품을 시장에 출시하기 위한 초기의 마케팅 전략이 개발되는 단계라 할 수 있다.
⑤ **사업성 분석** : 신제품의 매출이나 비용 또는 이익에 대해 예상되는 측정치를 계산하고, 실제 이익이 되는지를 가늠하는 단계이다.
⑥ **제품개발** : 이 단계에서는 엔지니어나 연구 개발자가 제품컨셉을 물리적인 형태를 지닌 제품으로 개발한다.
⑦ **시험마케팅** : 제품이 개발되어 기능 테스트와 소비자 테스트를 통과하게 되면, 제품은 시장에서 테스트를 받는 단계로 옮겨진다.
⑧ **상업화** : 경영자에게 신제품 출시에 대해 최종적인 의사결정을 내리게 하는 단계이다.

제6절 가격관리

1 가격의 의의 및 중요성

(1) 가격의 의의

가격은 보통 공급자로부터 제공받는 재화와 서비스에 대해 소비자가 이에 대한 대가로 지급하는 화폐의 양을 말한다. 경제학에서는 가격을 상품의 교환가치라고 정의하기도 한다.

(2) 가격의 중요성

① 가격은 제품 생산을 위해 투입되어야 하는 노동, 토지, 자본, 기업자 능력 등의 여러 가지 생산요소들의 결합 형태에 영향을 미친다.
② 가격은 제품의 시장수요 및 경쟁적 지위, 시장점유율 등에 직접적이면서 즉각적인 영향을 미치며 이는 곧 기업의 수익 및 이윤과 밀접하게 관련되어 있다.
③ 가격은 마케팅 믹스의 다른 요소(촉진, 유통, 제품)들로부터 영향을 받기도 하지만 동시에 다른 요소에도 영향을 미칠 수 있다.
④ 가격은 심리적 측면에서 보면 소비자들은 가격을 전통적인 교환비율이기보다는 품질의 지표로 이용할 수도 있으므로, 기업은 가격에 대한 소비자의 심리적 반응을 충분히 고려해야 한다.

(3) 가격의 역할

① 가격은 품질에 대한 정보제공의 기능을 갖는다.
② 타 마케팅 믹스 요소 중에서 **자사의 이익을 결정하는 유일한 변수** 역할을 한다.
③ 경쟁의 도구이다.

2 가격결정에 대한 영향 요인

(1) 내부요인

① **마케팅 목표**: 기업조직이 제품에 대한 가격을 결정하기 이전에 표적시장 및 특정한 고객집단을 명확하게 알고 있어야 한다.
② **마케팅 믹스 전략**: 가격은 마케팅 믹스의 한 요소로서 기업이 선택한 가격정책이 달성되기 위해서는 가격에 적합한 제품을 설계하고, 그에 따른 유통경로를 확보하며, 적합한 촉진 활동 등을 고려하여 마케팅 믹스 전략을 결정해야만 한다.
③ **원가**: 기업의 제품을 생산하기 위해 투입된 생산비뿐만 아니라 유통, 판촉비용 모두를 포함한 것으로 가격의 최하한선을 의미한다.

(2) 외부요인

① **시장과 수요** : 보통 가격의 하한선은 비용에 의해 결정되지만 가격의 상한선은 시장과 수요에 의해 결정된다. 소비자들은 시장가격 수준의 제품을 구입한 후 시장이 어떠한 성격을 지니고 있는지, 가격에 따른 소비자의 태도에 따라 가격은 영향을 받게 된다.

② **경쟁자** : 경쟁자는 경쟁제품의 가격수준과 경쟁사의 가격정책에 대해 이를 바라보는 소비자들의 반응을 조사함으로써 자사제품의 가격을 결정하는 데 있어서 큰 도움을 준다.

③ **기타 환경요인** : 소비자에게 인도시 유통부문에서 종사하는 중간상이 이윤을 가격에 가산 할 수 있도록 해서 중간상의 판매촉진을 자극할 수 있어야 하는 것을 말한다. 동시에 기업 활동에 대한 정부의 규제 및 인플레이션, 이자율도 가격결정에 영향을 미친다.

3 가격산정 방법

(1) 원가 가산법

① 제품의 원가에 적정한 이윤을 가산해서 가격을 결정하는 기본적인 가격산정 방법이다.
② 수요탄력성이 낮은 제품, 기업이 가격을 통제할 수 있는 경우에 효과적이다.
③ 가격 = 제품단위원가 + 표준이익 = $\dfrac{\text{단위원가}}{1 - \text{예상판매수익률}}$

(2) 목표수익률 가산법

① 기업조직이 투자에 대한 목표수익률을 정하고 이를 달성할 수 있도록 가격을 산정하는 방법이다.
② 일정 이익률을 확보하는 것이 중요한 자본집약적 산업, 공공사업 등에서 주로 활용된다.
③ 가격 = 단위원가 + $\dfrac{\text{투자액} \times \text{목표수익률}}{\text{예상판매량}}$

(3) 경쟁자 중심 가격결정

① 경쟁자들이 정하는 가격이 가격결정 기준이 된다.
② 선도기업의 가격을 기준으로 해서 자사의 제품 가격을 결정하는 후발업체 및 중소기업 등이 주로 활용하는 방식이다.

(4) 소비자 기대수준 가격산정법

이러한 방식을 활용하기 위해서는 소비자들의 지각수준을 파악하기 위한 마케팅 조사가 우선적으로 이루어져야 한다.

4 최종가격 선정 전략

(1) 제품믹스 가격전략

① **가격계열화(Product Line Pricing, Price Lining)**
   ㉠ 하나의 제품에 대해서 단일가격을 설정하는 것이 아닌, 제품의 품질이나 디자인의 차이에 따라 제품의 가격대를 설정하고, 그러한 가격대 안에서 개별 제품에 대한 구체적인 가격을 결정하는 가격정책을 의미한다.
   ㉡ 기업에서는 가격을 이용해서 여러 제품들 간의 품질 차이를 납득시킬 수 있는 것을 말한다.

② **2부제 가격 또는 이중요율(Captive – Product Pricing, Two – Part Price)** 중요
   ㉠ 제품의 가격체계를 기본가격과 사용가격으로 구분하여 2부제로 부가하는 가격 정책을 의미한다.
   ㉡ 이중요율을 실시하는 대표적인 예로서는 전기, 전화(기본요금 + 사용요금), 수도 등의 공공요금 및 택시요금, 놀이공원(입장료 + 시설이용료) 등이 있다.
   ㉢ 구매량과는 상관없이 기본가격과 단위가격이 적용되는 가격 시스템을 의미한다.

③ **부산품 전략**
   ㉠ 부산물은 주산물에 대하여 종속의 위치에 놓이는 입장이지만 생산과정에서 필연적으로 발생하는 작업 쓰레기와는 구별되며, 그 자체가 제품가치를 지니고 있어 그대로 또는 가공 후에 판매되거나 자가 소비된다.
   ㉡ 가치가 없던 것들을 재가공하여 또 다른 부가가치로 만드는 것을 말한다.

④ **묶음가격(Bundling Price)**
   ㉠ 두 가지 또는 그 이상의 제품 및 서비스 등을 결합해서 하나의 특별한 가격으로 판매하는 방식의 마케팅 전략으로서, 제품이나 서비스의 마케팅 등에서 종종 활용하는 기법이다.
   ㉡ 식료품의 묶음판매, 휴가상품 패키지, 패스트푸드점의 세트메뉴, 프로야구 시즌티켓 판매 등이 대표적인 예라 할 수 있다. 이러한 묶음판매를 하는 주요한 이유는 가격차별화를 통한 이익의 증대를 가져오기 위함이다.

(2) 심리적 가격결정방법 기출 24

① **단수가격(Odd Pricing)**
   ㉠ 시장에서 경쟁이 치열할 때 소비자들에게 심리적으로 값싸다는 느낌을 주어 판매량을 늘리려는 가격결정방법이다.
   ㉡ 제품의 가격을 100원, 1,000원 등과 같이 현 화폐단위에 맞게 책정하는 것이 아니라, 그보다 조금 낮은 95원, 970원, 990원 등과 같이 단수로 책정하는 방식이다.
   ㉢ 단수가격의 설정목적은 소비자의 입장에서는 가격이 상당히 낮은 것으로 느낄 수 있고, 정확한 계산에 의해 가격이 책정되었다는 느낌을 줄 수 있다.
      예 옷값을 10,000원 대신 9,900원으로 붙여놓으면 100원 밖에 차이나지 않지만, 소비자 입장에서는 할인된 가격이라는 느낌을 받는다.

② **관습가격(Customary Pricing)**
  ㉠ 일용품의 경우처럼 장기간에 걸친 소비자의 수요로 인해 관습적으로 형성되는 가격을 말한다.
  ㉡ 소매점에서 포장 과자류 등을 판매할 때, 생산원가가 변동되었다고 하더라도 품질이나 수량을 가감하여 종전가격을 그대로 유지하는 것을 의미한다.

③ **명성가격(Prestige Pricing)**
  ㉠ 자신의 명성이나 위신을 나타내는 제품의 경우에 일시적으로 가격이 높아짐에 따라 수요가 증가되는 경향을 보이기도 하는데, 이를 이용하여 고가격으로 가격을 설정하는 방법이다.
  ㉡ 제품의 가격과 품질의 상관관계가 높게 느껴지게 되는 제품의 경우에는 고가격을 유지하는 경우가 많다.

④ **준거가격(Reference Pricing)** : 구매자는 어떤 제품에 대해서 자기 나름대로의 기준이 되는 준거가격을 마음속에 지니고 있어서, 제품을 구매할 경우 그것과 비교해보고 제품 가격이 비싼지, 그렇지 않은지 여부를 결정하는 것을 말한다.
  ㉣ A 구매자가 B 백화점에서 청바지 가격이 대략 10만 원 정도라고 생각했는데, 15만 원의 청바지를 보면 비싸다고 느끼는 경우에, A 구매자에게 청바지의 준거가격은 10만원 정도가 된다.

(3) 지리적 가격조정

① **균일운송가격(Uniform Delivered Pricing)** : 지역에 상관없이 모든 고객에게 운임을 포함한 동일한 가격을 부과하는 가격정책으로, 운송비가 가격에서 차지하는 비율이 낮은 경우에 용이한 가격관리를 위한 방법이다.

② **FOB 가격(Free On Board Pricing)** : 균일운송가격과 반대로 제품의 생산지에서부터 소비자가 있는 곳까지의 운송비를 소비자가 부담하도록 하는 방법이다. 이 가격방법은 일반 소비재의 경우에는 현실적인 적용이 어렵고, 발생하는 건수가 많지 않은 산업재·제조업자와 중간상간의 거래에 많이 이용된다.

③ **구역가격(Zone Pricing)** : 하나의 전체시장을 몇몇의 지대로 구분하고, 각각의 지대에서는 소비자들에게 동일한 수송비를 부과하는 방법이다. 동시에 지역 간의 운송비 차이를 일정 정도 반영하면서 가격관리의 효율성도 같이 취할 수 있는 방법이다. FOB 가격과 균일운송가격의 중간 형태로 볼 수 있다.

④ **기점가격(Basing-Point Pricing)** : 공급자가 특정한 도시나 지역을 하나의 기준점으로 하여 제품이 운송되는 지역과 상관없이 모든 고객에게 동일한 운송비를 부과하는 방법을 말한다.

⑤ **운송비 흡수가격(Freight Absorption Pricing)** : 특정한 지역이나 고객을 대상으로 공급업자가 운송비를 흡수하는 방법이다. 이것은 사업 확대를 위하여 실제 운송비의 일부나 또는 전부를 제품가격에 부과하지 않고, 제조업자가 흡수한다. 이런 가격결정은 사업 확장, 시장침투, 또는 경쟁이 심한 시장에서의 유지를 위해 사용하는 방법이다.

5 가격조정 전략

(1) 가격인상전략

제품원가의 상승, 기능 및 속성 등의 개량으로 인한 재포지셔닝의 경우, 쇠퇴기의 경우에 있어 독점적인 지위를 누리는 경우에 활용하는 전략이다.

(2) 가격인하전략

① **수량할인**: 제품을 대량으로 구입할 경우에, 제품의 가격을 낮추어주는 것을 말한다.
② **현금할인**: 제품에 대한 대금결제를 신용이나 할부가 아닌 현금으로 할 경우에 일정액을 차감해주는 것을 말한다.
③ **계절할인**: 제품판매에서 계절성을 타는 경우에 비수기에 제품을 구입하는 소비자에게 할인혜택을 주는 것이다. 여행사의 경우, 소비자들을 대상으로 성수기와 비성수기의 요금을 차별적으로 정한 것도 계절할인의 한 예이다.
④ **기능할인(거래할인)**: 유통의 기능을 생산자 대신에 수행해주는 중간상, 즉 유통업체에 대한 보상성격의 할인을 의미한다.
⑤ **공제**: 가격의 일부를 삭감해 주는 것으로서, 크게 보상판매와 촉진공제로 나뉜다.

제7절 유통관리

1 유통경로의 의의 및 중요성

(1) 유통경로의 의의

① 기업이 소비자에게 전달하는 제품과 서비스는 다양한 경로를 거쳐 목표로 한 최종 소비자에게 보내지거나 소비하게 되는데, 이러한 경로를 유통경로라고 한다.
② 어떤 제품을 최종 소비자가 쉽게 구입할 수 있도록 해주는 과정이라 할 수 있다.
③ 유통경로는 마케팅 믹스 4P's 중 하나이다.

(2) 유통경로의 중요성 중요

① 제품, 가격, 지불조건 및 구입단위 등을 표준화시켜 상호 간 거래를 용이하게 한다.
② 총거래수를 최소화시키고, 상호 간 거래를 촉진함으로써 교환과정을 촉진한다.
③ 소품종 대량생산하는 생산자와 다품종 소량소비를 하는 소비자 간 제품 구색 차이를 연결시켜 준다.
④ 판매자에게 소비자 정보 및 잠재 소비자의 도달가능성을 높여주고, 소비자들에게는 탐색 비용을 낮춰줌으로써 생산자와 소비자를 연결시켜 준다.

⑤ 타 믹스요소와는 다르게 용이하게 변화시킬 수 없는 비탄력성을 지니며, 각국의 특성에 따른 고유 유통경로가 존재하는 유통경로의 특수성으로 인해 중요 전략적 위치를 차지한다.

2 유통경로 전략

(1) 유통경로 전략의 의의
소비자들의 서비스에 대한 기대수준 및 유통경로의 목표 등을 고려해서 결정된다.

(2) 경로 커버리지 결정 중요
경로 커버리지는 유통집중도라고 하는데, 이는 어느 특정지역에서 자사 제품을 취급하는 점포의 수를 의미한다. 여기에는 크게 3가지 전략으로 구분된다.

① **집약적 유통**
  ㉠ 가능한 한 많은 소매상들로 해서 자사의 제품을 취급하게 하도록 함으로써 포괄되는 시장의 범위를 확대시키려는 전략이다.
  ㉡ 집약적 유통에는 대체로 편의품이 속한다. 소비자는 제품구매를 위해 많은 노력을 기울이지 않기 때문이다.
  ㉢ 장점 : 충동구매의 증가 및 소비자에 대한 인지도의 확대, 편의성의 증가 등
  ㉣ 단점 : 낮은 순이익, 소량주문, 재고 및 주문관리 등의 어려움, 중간상 통제의 어려움 등

② **전속적 유통**
  ㉠ 각 판매지역별로 하나 또는 극소수의 중간상들에게 자사제품의 유통에 대한 독점권을 부여하는 방식의 전략을 말한다.
  ㉡ 이 방법의 경우, 소비자가 자신이 제품구매를 위해 적극적으로 정보탐색을 하고, 그러한 제품을 취급하는 점포까지 가서 기꺼이 쇼핑하는 노력도 감수하는 특성을 지닌 전문품에 적절한 전략이다.
  ㉢ 장점 : 중간상들에게 독점판매권과 함께 높은 이익을 제공함으로써, 그들의 적극적인 판매노력을 기대할 수 있고, 중간상의 판매가격 및 신용정책 등에 대한 강한 통제를 할 수 있다. 동시에, 자사의 제품 이미지에 적합한 중간상들을 선택함으로써 브랜드 이미지 강화를 꾀할 수 있다.
  ㉣ 단점 : 제한된 유통으로 인해 판매기회가 상실될 수 있다.

③ **선택적 유통**
  ㉠ 집약적 유통과 전속적 유통의 중간 형태에 해당하는 전략이다.
  ㉡ 판매지역별로 자사의 제품을 취급하기를 원하는 중간상들 중에서 일정 자격을 갖춘 하나 이상 또는 소수의 중간상들에게 판매를 허가하는 전략이다.
  ㉢ 소비자가 구매 전 상표 대안들을 비교·평가하는 특성을 지닌 선매품에 적절한 전략이다.
  ㉣ 특징 : 판매력이 있는 중간상들만 유통경로에 포함시키므로 만족스러운 매출과 이익을 기대할 수 있으며, 생산자는 선택된 중간상들과의 친밀한 거래관계의 구축을 통해 적극적인 판매노력을 기대할 수 있다.

(3) 유통경로 통합수준에 따른 유통경로 전략
① 기업의 유통 커버리지가 결정되면 기업은 수직적 통합에 관한 의사결정을 해야 한다.
② 수직적 통합은 대량판매체제의 필요성, 거래비용의 절감, 유통지배력, 안정된 가격 및 원료공급의 확보라는 이점을 지닌다.
③ 수직적 통합은 막대한 자금의 소요, 기업조직의 융통성 감소 및 전문화 상실 등의 문제점이 있다.

3 유통기구

(1) 소매상
소매상은 개인용으로 사용하려는 최종 소비자에게 직접 제품과 서비스를 제공하여 소매활동을 하는 유통기관을 말한다.
① **전문점(Specialty Store)** : 취급제품의 범위가 한정되고, 전문화되어 있다. 이들 전문점은 취급상품에 관한 전문적 지식과 전문적 기술을 갖춘 경영자나 종업원에 의해 가공수리도 하며, 품종의 선택, 고객의 기호, 유행의 변천 등 예민한 시대감각으로 독특한 서비스를 제공함으로써 합리적 경영을 실현하고 있다.
② **편의점(Convenience Store)** : 보통 접근이 용이한 지역에 위치하여 **24시간 연중무휴 영업**을 하며, 재고회전이 빠른 한정된 제품계열(예 식료품 및 편의품)을 취급한다.
③ **슈퍼마켓(Supermarket)** : 주로 식료품, 일용품 등을 취급하며, 염가판매, 셀프서비스를 특징으로 하는 소매 업태를 말한다.
④ **백화점(Department Store)** : 하나의 건물 안에 의식주에 관련된 여러 가지 상품을 부문별로 진열하고 이를 조직·판매하는 근대적 대규모 소매상을 의미한다.
⑤ **할인점(Discount Store)** : 셀프서비스에 의한 대량판매방식을 이용하여 시중가격보다 20~30% 낮은 가격으로 판매하는 유통업체를 의미한다.
⑥ **양판점(GMS ; General Merchandising Store)** : 보통 어느 정도 깊이의 구색을 갖춘 다양한 제품계열을 취급하는 점포를 말한다.
⑦ **회원제 도매클럽(MWC ; Membership Wholesale Club)** : 메이커로부터의 현금 일괄구매에 따른 저비용 제품을 구비해서, 회원제로 운영되는 창고형 도매상을 의미한다.

(2) 도매상
제품을 재판매하거나 산업용 또는 업무용으로 구입하려는 재판매업자(Reseller)나 기관구매자(Institutional Buyer)에게 제품이나 서비스를 제공하는 상인 또는 유통기구를 의미한다.
① **상인 도매상** : 제품의 소유권 취득을 전제로 해서, 제조업자로부터 제품을 구입하여 소매상에게 다시 판매하는 것을 말한다.
② **제조업자 도매상** : 제조업자가 직접적으로 소유 및 운영하는 도매상을 말한다.

③ **대리인 및 브로커** : 거래 제품에 따른 소유권이 존재하지 않으며 상품매매의 촉진 및 거래 성과의 대가로 판매가격의 일정 비율을 수수료로 받는 상인으로 브로커는 구매자와 판매자 사이의 중개기능을 수행하고 대리인은 판매자와 구매자 중 한쪽을 대표하며, 지속적인 관계를 유지한다.

4 물적 유통관리(PDM)

일반적으로 유통경로에서 제품이나 그에 따르는 서비스 등은 특정한 장소 및 시기에 적절한 품질로 중간상 및 소비자에 전달되어야 한다. 이렇듯 물류는 제품이나 서비스를 생산자에서부터 최종 소비자에게 이르기까지의 과정을 관리하는 것을 말한다.

(1) 물적 유통관리(PDM)의 개념

물적 유통은 조달, 생산, 판매활동 등에 수반되는 각종 물적 흐름을 효과적으로 관리하는 과정이라 할 수 있다.

(2) 물적 유통의 중요성

① 물류관리는 회사의 유통경로 활동 및 마케팅 등 단순한 물류에 국한된 문제만이 아닌 회사 전체의 맥락과 함께 고려해야 한다.
② 물류는 전략적인 도구로서의 역할을 하는 경우가 늘어나고 있는 추세이다.
③ 기술의 발전과 더불어 물류관리는 너무나 큰 연관이 있기 때문에 현대에 들어와서 정보처리 전산화 및 자동화된 물류설비의 발전 등은 개개의 기업 물류활동을 훨씬 더 원활하게 수행하게끔 하는 기반이 된다.
④ 물류관리에서 비용절감의 문제에서 벗어나 고객만족 차원에서의 물류관리가 더욱 중요시되고 있다.

제8절 마케팅 커뮤니케이션(촉진) 관리

1 촉진믹스의 본질

(1) 촉진의 개요

① **개념** : 어떤 특정한 기간 동안 자사가 기울이는 여러 가지 촉진적 노력들의 결합체를 의미한다.
② **목표** : 소비자들의 수요 자극, 제품에 대한 정보제공, 제품의 차별화 및 판매의 안정화

(2) 촉진믹스의 구성요소

촉진믹스(Promotion Mix)는 효율적인 촉진전략의 실행을 위한 도구로서 다음과 같이 4가지로 나누어진다.

① **광고활동(Advertising)**: 특정한 광고주가 기업의 제품 및 서비스 등에 대한 대가를 지불하게 되면서 비인적 매체를 통해 제시하고 촉진하는 것을 말한다. 소비자들에 대한 인지도를 구축함에 있어서 많은 영향을 미치는 매체로서 호소할 수는 있으나, 실질적으로 소비자들의 구매행동으로까지 연결시키기에는 그 힘이 너무나 약한 상태이다.

② **인적판매활동(Personal Selling)**: 한 명 또는 그 이상의 잠재소비자들과 직접 만나면서 커뮤니케이션을 통해 판매를 실현하는 방법을 말한다. 비용대비 효과를 반드시 고려해야 하는데 이는 여러 사람에 따라 그러한 효과의 차이가 너무나도 크기 때문이다.

③ **판매촉진활동(Sales Promotion)**: 소비자들에게 기업의 서비스 또는 제품의 판매 및 구매를 촉진시키기 위한 실질적인 수단으로서, 소비자들로 하여금 구매하도록 하는 요소이다.

④ **홍보활동(Public Relations)**: 좋은 기업이미지를 만들고, 비호감적인 소문 및 사건 등을 처리 및 제거함으로써 우호적인 관계를 조성하는 것이다. 많은 비용을 들이지 않고도 활용할 수 있는 매우 효율적인 수단이다.

(3) 촉진믹스의 결정요인 중요

① **제품·시장 유형**: 대상제품이 소비재인 경우에 광고 판촉활동이 인적 판매 및 PR보다 중요하며, 산업재인 경우에는 타 수단보다도 인적 판매가 중요한 위치를 차지하게 된다.

② **촉진전략의 방향**: 촉진전략은 푸시(Push)전략 및 풀(Pull)전략으로 구분된다.
   ㉠ 푸시전략
   - 제조업자가 소비자를 향해 제품을 밀어낸다는 의미로 **제조업자는 도매상에게, 도매상은 소매상에게, 소매상은 소비자에게 제품을 판매하게 만드는 전략**을 말한다.
   - 중간상들로 하여금 자사의 상품을 취급하도록 하고, 소비자들에게 적극 권유하도록 하는 데에 있다.
   - 푸시전략은 소비자들의 브랜드 애호도가 낮고, 브랜드 선택이 점포 안에서 이루어지며, 동시에 **충동구매가 잦은** 제품의 경우에 적합한 전략이다.
   ㉡ 풀전략
   - 제조업자 쪽으로 당긴다는 의미로 소비자를 상대로 적극적인 프로모션 활동을 하여 소비자들이 스스로 제품을 찾게 만들고 중간상들은 소비자가 원하기 때문에 제품을 취급할 수밖에 없게 만드는 전략을 말한다.
   - 광고와 홍보를 주로 사용하며, 또한 소비자들의 브랜드 애호도가 높고, 점포에 오기 전 브랜드 선택에 대해서 **관여도가 높은** 상품에 적합한 전략이다.

③ **제품수명주기단계**: 제품 도입기에서 제품에 대한 인지도를 높이기 위한 광고 및 PR 활동이 중요하게 작용하며, 성장기에서는 도입의 촉진활동을 유지하면서 경쟁자가 있는 경우에 경품 및 쿠폰의 제공 등 판촉활동이 점차적으로 중요해진다.

④ **구매의사결정단계**: 초기에는 해당 제품을 알리거나 정보를 제공해주는 광고 및 PR 등이 중요하며, 후반부로 갈수록 구매를 유도하는 판촉 및 인적 판매활동이 주를 이루게 된다.

2 촉진관리 과정(커뮤니케이션 과정)

(1) **표적청중의 확인**: 표적청중들에 따라 메시지의 내용, 매체, 전달시기 등이 달라진다.

(2) **목표의 설정**: 촉진목표는 통상적으로 정보의 제공, 제품의 차별화, 수요의 자극, 판매 안정화인데, 이는 상황에 따라 다양해진다.

(3) **메시지의 결정**: 대상과 목표 등이 명확해지면 효과적인 메시지를 작성해야 한다.

(4) **매체의 선정**: 자사의 촉진목표에 부합하는 경로를 선택하는 것이다.

(5) **촉진예산설정**: 매출액비율법, 가용자원법, 목표과업법, 경쟁자기준법 등이 있다.

(6) **촉진믹스결정**: 각각의 촉진믹스요인의 특징을 파악한 후에 그에 맞는 촉진수단을 선정한다.

(7) **촉진효과의 측정**: 매출액을 측정하는 방식과 표적고객의 인지도를 측정하는 방식 등이 있다.

3 판매촉진

(1) **개념**

판매촉진(Sales Promotion)은 자사의 제품이나 서비스의 판매를 촉진하기 위해서 단기적인 동기부여 수단을 사용하는 방법을 총망라한 것으로, 광고가 서비스의 구매이유에 대한 정보를 제공하고, 이에 따른 판매를 촉진시키는 방법을 말한다.

(2) **특징**

① **장점**: 즉각적인 반응의 유발, 단기간의 수급조절이 가능, 신제품 사용유도에 적합하다.
② **단점**: 브랜드충성도가 높은 소비자들에게는 효과가 떨어지며, 모방이 용이하다.

4 인적판매

(1) 개요
① 인적판매라는 것이 중요한지 아닌지의 여부는 부분적으로 제품에 의해 좌우되기도 한다. 즉, 신제품·기술적으로 복잡한 제품·고가격의 제품 등 이들의 촉진을 위해서는 인적판매가 필요한 것이다.
② 판매원은 제품정보를 소비자에게 대면하여 제공함으로써, 구매할 때 또는 사용 중에 발생할 수 있는 위험 등을 줄이는 역할을 하게 된다.
③ 판매원은 자사와 고객들 간의 지속적인 관계를 이어주는 창구역할을 한다고 할 수 있다.

(2) 특징 중요

장점	단점
• 타 촉진수단에 비해서 개인적이며, 또한 직접적인 접촉을 통해서 많은 양의 정보제공이 가능하다. • 각 소비자들의 니즈와 구매시점에서 반응이나 판매상황에 따라 상이한 제안을 할 수 있다. • 판매낭비를 최소화하고 실제 판매를 발생시킨다.	• 높은 비용을 발생시킨다. • 능력있는 판매원의 확보가 쉽지 않다. • 소비자들이 판매원에 대해 좋지 않은 이미지를 가지고 있다.

(3) 인적판매의 과정 중요

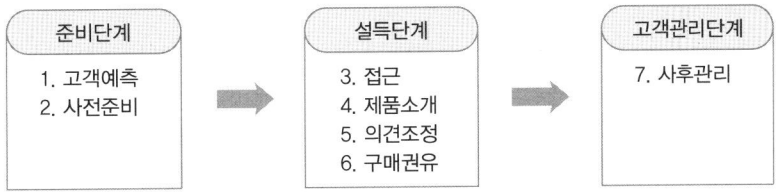

5 PR

(1) 개요
① 사람이 아닌 다른 매체를 통해서 제품이나 기업자체를 뉴스나 논설의 형식으로 널리 알리는 방식이다.
② 소비자들이 속해 있는 지역사회나 단체 등과 호의적인 관계를 형성하기 위해서 벌이는 여러 가지 활동 등을 의미한다.

③ 기업의 대표적인 PR(Public Relations) 수단

수단	내용
출판물	사보, 소책자, 연례 보고서, 신문이나 잡지 기고문
뉴스	회사 자체, 회사의 임직원 또는 제품 등에 대한 뉴스거리를 발굴하여 언론매체에 등재
이벤트	기자회견, 세미나, 전시회, 기념식, 행사 스폰서십
연설	최고경영자 또는 임원들이 각종 행사에 참석하여 연설
사회 봉사활동	지역사회나 각종 공익 단체에 기부금을 내거나 임직원들이 직접 사회봉사활동에 참여
기업 아이덴티티	고객 및 일반 대중들에게 통일된 시각적 이미지를 주기 위해 로고, 명함, 문구, 제복, 건물 등을 디자인하는 것

(2) 특징

비용이 거의 들지 않으며, 더불어 매체의 독립성으로 인한 효과가 높다.

6 광고

(1) 광고(Advertising)는 광고주가 비용을 지불하고 사람이 아닌 각종 매체를 통하여 자사의 제품을 널리 알리는 촉진활동이다.

(2) 특정 광고주가 아이디어, 상품 또는 서비스를 촉진하기 위해서 유료의 형태로 제시하는 비인적인 매체를 통한 촉진방법이다.

> **더 알아두기**
>
> **광고와 PR의 차이점** 중요
>
> | 광고 | PR |
> |---|---|
> | 매체에 대한 비용을 지불한다. | 매체에 대한 비용을 지불하지 않는다. |
> | 상대적으로 신뢰도가 낮다. | 상대적으로 신뢰도가 높다. |
> | 광고 내용, 위치, 일정 등의 통제가 가능하다. | 통제가 불가능하다. |
> | 신문광고, TV와 라디오 광고, 온라인 광고 등이 있다. | 출판물이나 이벤트, 연설 등이 있다. |

제9절 전략의 실행 및 통제

(1) 전략의 실행
마케팅 전략이 포함되는 계획이 수립되면 이에 따라 마케팅 활동이 실행된다.

(2) 전략의 통제
마케팅 활동을 통한 마케팅 목표의 설정도 중요하지만, 각각에 맞는 통제가 요구된다.

제12장 실전예상문제

01 마케팅 개념의 변천과정
생산개념 → 제품개념 → 판매개념 → 마케팅 개념 → 사회적 마케팅 개념

01 다음은 마케팅 개념의 변천과정을 도식화한 것이다. 괄호 안에 들어갈 용어로 옳은 것은?

> 생산개념 → (㉠) → 판매개념 → (㉡) → 사회적 마케팅 개념

	㉠	㉡
①	보관개념	배송개념
②	배송개념	보관개념
③	마케팅 개념	제품개념
④	제품개념	마케팅 개념

02 생산개념은 저렴한 제품을 선호한다는 가정에서 출발하게 된다. 다시 말하면, 소비자는 제품이용 가능성과 저가격에만 관심이 있다고 할 수 있다. 그러므로 기업의 입장에서는 대량생산 및 유통을 통해 낮은 제품원가를 실현하는 것이 목적이 되는 개념이다.

02 제품의 수요에 비해서 공급이 부족하여 고객들이 제품구매에 어려움을 느끼기 때문에 고객들의 주된 관심이 지불할 수 있는 가격으로 그 제품을 구매하는 것일 때 발생하게 되는 마케팅 개념은?

① 마케팅 개념
② 생산개념
③ 사회적 마케팅 개념
④ 제품개념

정답 01 ④ 02 ②

03 다음 중 마케팅에 관련한 내용으로 가장 거리가 먼 것은?

① 마케팅활동이란 기업과 소비자 간의 교환행위를 지속적으로 관리함으로써 소비자의 욕구만족이 실현되도록 노력하는 기업 활동이라 할 수 있다.
② 마케팅은 단순히 영리를 목적으로 하는 기업뿐만 아니라 비영리조직까지 적용되고 있다.
③ 마케팅은 단순한 판매나 영업의 범위를 벗어난 고객을 위한 인간 활동이며, 눈에 보이는 유형의 상품만을 마케팅 대상으로 하고 있다.
④ 마케팅은 개인 및 조직체의 목표를 만족시키는 교환을 성립하게 하는 일련의 인간 활동이라 정의할 수 있다.

03 마케팅은 단순한 판매나 영업의 범위를 벗어난 고객을 위한 인간 활동이며, 눈에 보이는 유형의 상품뿐만 아니라 무형의 서비스까지도 마케팅 대상이 되고 있다.

04 다음 설명 중 가장 옳지 않은 것은?

① 전체시장을 하나의 동일한 시장으로 간주하고, 하나의 제품을 제공하는 전략을 무차별적 마케팅 전략이라고 한다.
② 코카콜라의 경우처럼 전체 콜라시장을 하나의 시장으로 간주하고 똑같은 맛의 콜라를 똑같은 디자인의 병에 담아 전 세계 어디에서나 공급하는 방식은 무차별적 마케팅 전략의 전형적인 사례라 할 수 있다.
③ 차별적 마케팅 전략이란 전체시장을 여러 개의 세분시장으로 나누고, 이들 모두를 목표시장으로 삼아 각기 다른 세분시장의 상이한 욕구에 부응할 수 있는 마케팅 믹스를 개발하여 적용함으로써 기업의 마케팅 목표를 달성하고자 하는 것이다.
④ 집중적 마케팅 전략은 주로 자원이 풍부한 대기업이 사용하는 전략이다.

04 집중적 마케팅 전략은 전체 세분시장 중에서 특정 세분시장을 목표시장으로 삼아 집중 공략하는 전략으로, 자원이 한정된 중소기업이 많이 사용하는 전략이다.

정답 03 ③ 04 ④

05 마케팅 믹스 4P's
- Place(유통)
- Price(가격)
- Product(제품)
- Promotion(판매촉진)

05 다음 중 마케팅 믹스 4P's에 해당하지 <u>않는</u> 것은?
① Picture
② Place
③ Price
④ Promotion

06 마케팅의 기본 요소로는 제품, 교환, 시장, 수요, 필요 및 욕구 등이 있다.

06 다음 중 마케팅의 기본 요소로 보기 <u>어려운</u> 것은?
① 교환
② 제품
③ 필요 및 욕구
④ 생산자

07 시장세분화란 가격이나 제품에 대한 반응에 따라 전체시장을 몇 개의 공통된 특성을 가지는 세분시장으로 나누어서 마케팅을 차별화시키는 것이다.

07 다음 내용과 가장 관련이 깊은 것은?

> 과거 공급자 위주의 치약시장에서는 한 종류의 치약밖에 없었으나, 최근에는 소득수준이 높아지면서 치약에 대한 소비자들의 욕구가 다양해지고, 그에 따라 치약시장이 나누어지기 시작하였다. 그래서 지금의 치약시장은 가격에 민감한 시장, 구강건강이 주된 관심인 시장, 치아의 미백효과가 주된 관심인 시장, 유아용 치약시장, 심지어는 노인 및 환자를 주된 고객으로 하는 치약시장까지 개발되어 나누어져 있는 것을 알 수 있다.

① 목표시장 선정
② 시장세분화
③ 포지셔닝 전략
④ 마케팅 믹스 전략

정답 05 ① 06 ④ 07 ②

08 주로 자원이 한정된 중소기업이 많이 사용하는 전략은?

① 마케팅 믹스 전략
② 무차별적 마케팅 전략
③ 집중적 마케팅 전략
④ 차별적 마케팅 전략

08 집중적 마케팅 전략은 전체 세분시장 중에서 특정 세분시장을 목표시장으로 삼아 집중 공략하는 전략으로 해당 시장의 소비자 욕구를 보다 정확히 이해하여 그에 걸맞은 제품과 서비스를 제공함으로써 전문화의 명성을 얻을 수 있으며, 그로 인해 생산·판매 및 촉진활동을 전문화함으로써 비용을 절감시킬 수 있다.

09 소비자들에게 타사 제품과 비교하여 자사 제품에 대한 차별화된 이미지를 심어주기 위한 계획적인 전략접근법을 무엇이라고 하는가?

① 포지셔닝 전략
② 시장세분화 전략
③ 가격차별화 전략
④ 제품차별화 전략

09 포지셔닝 전략은 자사 제품의 큰 경쟁우위를 찾아내어 이를 선정된 목표시장의 소비자들의 마음속에 자사의 제품을 자리 잡게 하는 전략이다.

10 다음 중 포지셔닝 맵의 절차를 바르게 표현한 것은?

① 차원의 수 결정 → 경쟁사 제품 및 자사 제품의 위치 확인 → 차원의 이름 결정 → 이상적인 포지션의 결정
② 차원의 이름 결정 → 차원의 수 결정 → 경쟁사 제품 및 자사 제품의 위치 확인 → 이상적인 포지션의 결정
③ 차원의 이름 결정 → 경쟁사 제품 및 자사 제품의 위치 확인 → 차원의 수 결정 → 이상적인 포지션의 결정
④ 차원의 수 결정 → 차원의 이름 결정 → 경쟁사 제품 및 자사 제품의 위치 확인 → 이상적인 포지션의 결정

10 포지셔닝 맵의 작성절차
차원의 수를 결정 → 차원의 이름을 결정 → 경쟁사 제품 및 자사 제품의 위치 확인 → 이상적인 포지션의 결정

정답 08 ③ 09 ① 10 ④

11 확장제품은 유형제품의 효용가치를 증가시키는 부가서비스 차원의 상품을 의미하는데 다시 말해, 유형 제품에 부가로 제공되는 서비스, 혜택을 포함하는 제품개념이다.

11 다음은 Kotler 교수가 정의한 제품개념 중 무엇에 대한 예시인가?

> A/S, 배달, 설치 등

① 핵심제품
② 확장제품
③ 유형제품
④ 산업제품

12 가격은 수익과 이익의 원천이지만, 다른 면에서 볼 때는 소비자가 지불해야 하는 구입의 대가이므로 촉진의 한 수단이면서 경쟁도구로서의 역할을 수행하게 된다.

12 통상적으로 공급자로부터 제공받는 재화 및 서비스에 대해 소비자가 이에 대한 대가로 지급하는 화폐의 양을 무엇이라고 하는가?

① 유통
② 서비스
③ 제품
④ 가격

13 가격은 즉각적인 대응이 가능한 강력한 경쟁수단이다.

13 다음 중 가격에 대한 설명으로 가장 옳지 않은 것은?

① 즉각적인 대응이 곤란한 수단이다.
② 시장점유율 확보를 위한 중요한 도구이다.
③ 가격은 소비자가 제품을 구매할 시에 상당히 민감하게 고려하는 요소로서 시장수요와 밀접한 관련이 있다.
④ 마케팅 믹스 요인 중에서 유일한 수익창출 요소이다.

정답 11 ② 12 ④ 13 ①

14 다음 중 구매자의 지위를 강조하는 광고를 널리 사용하는 제품은 무엇인가?

① 자본재
② 편의품
③ 선매품
④ 전문품

14 전문품은 구매자의 지위와 연관이 깊은 매우 높은 가격대의 제품을 말한다.

15 소비자가 통상적으로 여러 제품을 비교·평가한 후에 구매하는 비교적 고가격대의 제품은 무엇인가?

① 편의품
② 선매품
③ 전문품
④ 비매품

15 선매품이란, 편의품에 비해 구매빈도는 더 낮으나 가격은 고가에 속하는 비교적 고관여의 제품이다. 선매품은 편의품처럼 습관적으로 구매하기보다는 여러 브랜드를 놓고 비교·구매하는 특성을 지닌다.

16 윤활유나 페인트 등은 어느 산업재에 속하는가?

① 소모품
② 부품
③ 설비
④ 가공재

16 소모품이란, 제품의 완성에는 필요하지만 실질적으로 최종 제품의 일부가 되지 않는 제품을 말한다.

정답 14 ④ 15 ② 16 ①

17 포장의 목적은 ②·③·④ 외에, 제품의 경제성, 제품의 환경보호성 등이 있다.

17 다음 중 포장의 목적에 해당하지 <u>않는</u> 것은?

① 제품의 소멸성
② 제품의 보호성
③ 제품의 편의성
④ 제품의 촉진성

18 제품수명주기(Product Life Cycle)는 도입기 → 성장기 → 성숙기 → 쇠퇴기의 순서로 진행된다.

18 다음 중 제품수명주기(Product Life Cycle)의 순서가 올바른 것은?

① 도입기 → 성숙기 → 성장기 → 쇠퇴기
② 도입기 → 성장기 → 성숙기 → 쇠퇴기
③ 쇠퇴기 → 도입기 → 성장기 → 성숙기
④ 쇠퇴기 → 성장기 → 성숙기 → 도입기

19 제품 도입단계(Introduction)는 다수의 소비자들을 대상으로 어떤 제품이 있다는 사실을 알고 있는 사람이 극소수에 불과한 시기이다.

19 다음은 제품수명주기(PLC)의 어느 단계에 해당하는 것인가?

> 이익이 전혀 없거나, 혹은 마이너스이거나, 있다 해도 이익 수준이 극히 낮으며, 시장 진입 초기에는 과다한 유통·촉진 비용이 투하된다. 또한, 경쟁자가 없거나 혹은 소수에 불과하다.

① 성숙기
② 도입기
③ 쇠퇴기
④ 성장기

정답 17 ① 18 ② 19 ②

20 제품의 가격을 100원, 1,000원 등과 같이 현 화폐단위에 맞게 책정하는 것이 아니라, 그보다 조금 낮은 95원, 990원 등과 같이 책정하는 방식으로 소비자들의 심리를 이용한 가격전략은 무엇인가?

① 단수가격
② 명성가격
③ 관습가격
④ 준거가격

20 단수가격이란 시장에서 경쟁이 치열할 때 소비자들에게 심리적으로 값싸다는 느낌을 주어 판매량을 늘리려는 가격결정방법이다.

21 다음 중 가격의 중요성에 해당되지 <u>않은</u> 것은?

① 제품 생산을 위해 투입되어야 하는 노동, 토지, 자본, 기업자 능력 등의 여러 가지 생산요소들의 결합 형태에 영향을 미친다.
② 마케팅 믹스의 다른 요소들로부터 영향을 받지만 동시에 다른 요소에 영향을 미치지 않는다.
③ 제품의 시장수요 및 경쟁적 지위, 시장점유율 등에 직접적이면서 즉각적인 영향을 미치며, 기업의 수익에 밀접하게 연관성을 가진다.
④ 심리적 측면에서 보면 소비자들은 가격을 전통적인 교환비율이기보다는 품질의 지표로 이용할 수도 있으므로, 기업은 가격에 대한 소비자의 심리적 반응을 충분히 고려해야 한다.

21 기업에서 신제품을 개발하거나 기존 제품의 품질을 개선하려는 제품에 대한 의사결정은 그러한 조치에 수반되는 비용을 소비자들이 기꺼이 부담해 줄 경우에나 수행 가능하므로 원가와 적정 이윤을 보상하려는 가격결정은 마케팅 믹스의 타요소들에 영향을 미친다.

22 소매점에서 과자 등을 판매할 때, 생산원가가 변동되었다고 하더라도 품질이나 수량을 가감하여 종전가격을 그대로 유지하는 것을 무엇이라 하는가?

① Odd Pricing
② Customary Pricing
③ Prestige Pricing
④ Reference Pricing

22 관습가격(Customary Pricing)은 일용품의 경우처럼 장기간에 걸친 소비자의 수요로 인해 관습적으로 형성되는 가격을 말한다.

정답 20 ① 21 ② 22 ②

23 2부제 가격(이중요율) 전략은 제품의 가격체계를 기본가격과 사용가격으로 구분하여 2부제로 부가하는 가격정책을 말한다. 다시 말해, 이 방식은 제품의 구매량과는 상관없이 기본가격과 단위가격이 적용되는 가격시스템을 의미한다.

24 회원제 도매클럽(MWC ; Membership Wholesale Club)은 메이커로부터의 현금 일괄 구매에 따른 저비용 제품들을 구비해서, 회원제로 운영되는 창고형 도매상을 의미한다.

25 집약적 유통은 포괄되는 시장의 범위를 확대시키려는 전략으로서, 소비자는 제품구매를 위해 많은 노력을 기울이지 않기 때문에 주로 편의품이 속한다.

23 다음 설명에 해당하는 것은 무엇인가?

> 이 전략의 대표적인 예로는 전기, 전화, 수도 등의 공공요금 및 택시요금, 놀이공원 등이 있다.

① 2부제 가격(이중요율) 전략
② 부산품 전략
③ 묶음가격
④ 가격계열화

24 다음 중 회원제 도매클럽에 대한 설명으로 틀린 것은?

① 일정한 회비를 정기적으로 내는 회원들에게만 물건을 구매할 수 있는 자격을 제공한다.
② 대표적인 무점포 소매 업태이다.
③ 주로 상자 및 묶음 단위로 판매한다.
④ 거대한 창고형의 점포에서 30~50% 정도의 할인된 가격으로 정상적인 상품을 판매한다.

25 주로 편의품의 경우에 많이 사용되는 유통경로 전략은?

① 집약적 유통
② 전속적 유통
③ 선택적 유통
④ 통합적 유통

정답 23 ① 24 ② 25 ①

26 유럽에서 대형화된 슈퍼마켓에 할인점을 접목시켜 식료품과 비식료품을 저렴하게 판매하는 소매 업태는 무엇인가?

① 대중 양판점
② 아울렛
③ 하이퍼마켓
④ 파워센터

26 하이퍼마켓은 유럽에서 발달한 대형 슈퍼마켓과 할인점을 절충한 업태이며, 보통 넓은 주차장 및 도시근교에 입지하는 특징을 가진다.

27 다음 중 무점포 소매상에 속하지 않는 것은?

① 텔레마케팅
② 다이렉트 메일 마케팅
③ TV 홈쇼핑
④ 백화점

27 무점포 소매상에 속하는 것으로는 텔레마케팅, 홈쇼핑, 카탈로그 마케팅, 다이렉트 메일 마케팅 등이 있다.

정답   26 ③   27 ④

절대로 고개를 떨구지 말라. 고개를 치켜들고 세상을 똑바로 바라보라.

– 헬렌 켈러 –

제13장

재무관리

- **제1절** 재무관리의 기능과 목표
- **제2절** 자금의 조달
- **제3절** 자본구조와 배당정책
- **제4절** 투자안 평가
- **제5절** 포트폴리오 이론 및 재무관리의 특수 문제들
- **제6절** 재무분석
- **실전예상문제**

사람은 행복하기로 마음먹은 만큼 행복하다.

– 에이브러햄 링컨 –

보다 깊이 있는 학습을 원하는 수험생들을 위한
시대에듀의 동영상 강의가 준비되어 있습니다.
www.sdedu.co.kr → 회원가입(로그인) → 강의 살펴보기

제13장 재무관리

제1절 재무관리의 기능과 목표

1 재무관리의 기능

(1) 재무관리(Financial Management)의 개념 기출 22
① 기업조직이 필요로 하는 **자금을 합리적으로 조달**하고, 이렇게 조달된 **자금을 효율적으로 운용**하는 것을 말한다.
② 재무관리의 분석대상은 기업이며, 기업재무에서 다루게 되는 재무의사결정으로는 기업조직의 투자의사결정, 자본조달 및 배당의사 결정, 기업조직의 지배구조 및 인수합병, 유동자산 또는 고정자산의 관리 등이다.

(2) 재무관리의 영역 중요
① **자금조달의 측면**
  ㉠ 자본비용 : 기업의 자금사용에 대한 대가를 의미하는 것으로, 부채의 경우에는 이자, 우선주나 보통주의 경우에는 배당이 자본비용에 속한다.
  ㉡ 자기자본 : 잉여금 또는 주식발행 등을 통한 자본조달을 의미한다.
  ㉢ 타인자본 : 기업이 은행으로부터 차입하거나 또는 자본시장에서 사채발행을 통한 자본조달을 의미한다.
② **자금운용의 측면**
  ㉠ 투자 대상 : 인적 자원에 대한 투자는 추상적이면서 계량화하기 어렵다는 문제로 인해 재무관리에서는 실물자산에 대한 투자만을 다룬다.
  ㉡ 투자결정 결과 : 기업조직의 사업방향이 정해지고, 그로 인해 자산의 규모 및 구성, 기업의 영업위험, 유동성 등이 결정된다.
③ **기타 영역의 측면** : 기업 영업성과를 평가하는 재무분석, 영업활동으로부터 발생한 순이익의 배분 및 관련된 배당정책, 국제금융, 기업합병, 기업 운영에 있어 필요한 운전자본의 관리, 국제재무에 관련한 문제 등이 있다.

> **체크 포인트**
> **재무관리의 기능** 중요
> 자본조달결정기능, 투자결정기능, 배당결정기능, 유동성관리기능, 재무분석 및 계획기능

2 재무관리의 목표 기출 25

(1) 재무관리 목표 기출 24
재무관리의 목표는 기업 가치를 극대화시키는 것이다. 통상적으로 기업조직의 목표는 이익의 극대화를 추구하는 것이지만, 재무관리에서의 이익은 단순한 회계적 이익이 아닌 경제적인 이익을 의미한다.

(2) 자금조달 측면에서의 기업 가치
① 기업 가치는 자금조달의 측면에서 **자기자본 가치 및 타인자본 가치의 합**으로 표기된다.
② 자기자본의 가치는 증권의 시장가격에 발행증권수를 곱해 구할 수 있다.
③ 타인자본의 가치는 사채가 증권시장에서 상장되어 있을 경우와 비슷한 방식으로 계산이 가능하다.

(3) 자금운용 측면에서의 기업 가치
이 측면에서의 기업 가치는 해당 기업조직이 실행하고 있는 사업의 수익성 및 위험도에 의해 결정되는 것이 통상적이다.

3 소유·경영의 분리와 대리인 문제

(1) 소유·경영의 분리
기업조직의 소유권은 주주들에게 분산되어 있으며, 경영의 경우에는 기업의 소유자인 주주의 대리인, 즉 경영자가 담당한다.

(2) 대리인 문제
주주들의 경우에는 경영자가 자신들의 이익을 위해서라도 최선을 다할 것으로 생각하지만, 경영자의 입장에서는 자신의 이익을 추구하려 하므로 **주주와 경영자 사이에 이해상충문제가 발생**하는데 이를 대리인 문제라고 한다.

(3) 주주 및 채권자 간 대리인 문제
① 주주와 경영자 간 대리인 문제에서는 경영자의 지분이 낮고 외부주주들의 지분이 많을수록 커지며 기업조직 내 조직구조를 변경 또는 경영자의 보수 계약을 실적과 관련지음으로써 어느 정도의 해결이 가능하다.
② 리스크가 큰 투자안을 선택할 시 채권자의 부는 감소하고, 주주의 부가 증가하는 부의 이전현상이 발생하게 된다.

제2절 자금의 조달

1 증권의 종류

(1) 사채

① **개념** : 발행기관이 계약에 의해 일정한 이자를 지급하면서 만기 시 원금을 상환하기로 한 일종의 증서로 회사가 대중으로부터 큰 규모의 자금을 오랜 기간 동안 집단적으로 조달하기 위해 발행하는 것을 말한다.

② **장점**
  ㉠ 비교적 저렴한 자본비용으로 기업지배권의 변동이 없이 자금 조달이 가능하다.
  ㉡ 일정기간마다 확정이자소득이 가능한 안전 투자대상이다.
  ㉢ 투자자의 입장으로서는 유통시장에서 자유롭게 사채의 매매가 가능하다.

③ **단점**
  ㉠ 주주와는 달리 의결권 행사가 불가능하다.
  ㉡ 통상적으로 인플레이션 발생 시에 실질가치가 하락한다.

④ **종류**
  ㉠ 이자지급 유무에 따른 분류 : 할인사채, 쿠폰부사채
  ㉡ 담보유무에 따른 분류 : 담보부사채, 무담보사채
  ㉢ 제3자의 보증유무에 따른 분류 : 무보증사채, 보증사채
  ㉣ 상환시기, 방법 등에 따른 분류 : 정시분할사채, 만기전액상환사채, 감채기금부사채, 수의상환사채, 연속상환사채 등

2 발행시장

(1) 개념

처음으로 증권이 발행되는 1차 시장으로 투자자들로부터 자금수용자에게로 자금을 이전시킨다.

(2) 발행 형태

자금수요자 및 자금공급자 간 증권회사와 같은 발행기관들의 개입여부에 의해 직접발행 및 간접발행으로 분류된다.

3 유통시장

(1) 개념

이미 발행된 증권이 공정한 가격으로 매매되는 시장을 말한다.

(2) 유통시장의 역할

유가증권의 공정한 가격의 형성, 유휴자금의 산업자금화, 새로운 증권 가격결정시의 지표, 기업 경영평가 기준의 제공 등

(3) 장외시장 및 거래소시장

① **장외시장**: 증권업자 및 투자자 사이에 비상장증권 또는 거래단위 미만의 상장증권이 개별적으로 거래가 이루어지는 시장이다.
② **거래소시장**: 일정한 조건을 지닌 상장증권의 거래가 이루어지는 조직화된 시장을 의미한다.

4 기업공개

(1) 개념

일정조건을 지닌 기업조직이 새로운 주식을 발행해서 일반투자자에게 균등한 조건으로 공모하거나 또는 이미 발행되어 소수의 대주주가 소유하고 있는 주식을 일부 매각해서 다수의 주주에게 주식이 널리 분산하도록 하는 것을 의미한다. 즉 기업이 외부투자자를 대상으로 자사 주식을 처음으로 공개 매도하는 것으로, 재원(財原)의 확보가 주목적이다.

(2) 장점 중요

① 기업 공신력이 제고되고 독점 및 소유 집중 현상의 개선이 가능하다.
② 주주들로부터 직접금융방식에 의해 대규모의 장기자본을 용이하게 조달할 수 있다.
③ 투자자들에게 재산운용수단을 제공하며, 공개기업 종업원의 사기를 진작시킬 수 있다.
④ 공개 후 증권거래소 상장 시에 경영활동 결과를 공시하고 이를 평가받아 경영합리화를 기할 수 있으며, 소유 및 경영의 분리가 가능하다.

5 종업원 지주제도 기출 22

(1) 개념

기업조직의 종업원들에게 우리사주조합을 결성하도록 해서 자사주를 취득하게 하는 제도를 말한다.

(2) 효과

① 종업원들의 재산형성을 촉진 및 장기안정 주주를 확보해서 주가의 안정성 유지에 기여하도록 한다.
② 노사협조, 생산성의 향상, 경영권 안정 및 종업원들의 이직방지가 이루어진다.

6 자본자유화 및 증권시장의 국제화

(1) 자본자유화

① **개념**: 유가증권의 매매, 국제 간 자본의 대차, 기타 채권·채무에 대한 거래 등 국제 간의 자금이동을 원활하게 하는 경제적 조치를 의미한다.
② **구조**: 국제 간 거래에 있어 간접투자 및 직접투자를 불문하고 외국으로부터의 자금유입 및 유출 등이 허용된다.

(2) 증권시장의 국제화

① **개념**: 증권투자를 목표로 한 자본이 국제 간 자유롭게 유입 및 유출될 수 있도록 제도적으로 보장된 상태를 의미한다.
② 증권시장의 개방은 자본시장 자유화의 마지막 단계를 의미한다.
③ **장점**: 다양하면서도 장기적인 직접금융에 의한 자금조달이 가능하다.

제3절 자본구조와 배당정책

1 자본구조와 기업의 가치

(1) 자본구조와 기업의 가치

① **MM의 자본구조이론**
  ㉠ 1958년 모딜리아니와 밀러가 자본구조 무관계론을 발표하면서 본격적으로 발전하였다.
  ㉡ 기업조직의 가치는 해당 기업이 하고 있는 사업의 수익성 및 위험도에 의해 결정될 뿐 투자에 있어 필요한 자금을 어떠한 방식으로 조달하였는가와는 무관하다.

② MM의 3가지 명제 중요
    ㉠ 기업 가치는 자본구조와는 무관하다.
    ㉡ 투자안 평가는 자본조달과는 관련이 없으며, 가중평균자본비용에 의한다.
    ㉢ 부채의 증가에 의해 재무위험이 증가하며, 재무위험의 증가는 기업 주인인 주주들이 부담하게 되므로 자기자본비용의 상승을 초래하게 된다.

(2) MM의 수정이론
부채에 대한 이자는 비용처리가 되므로 세금에 대한 절약효과가 발생하는 반면에 자기자본에 대한 배당은 비용처리가 되지 않으므로 부채를 많이 사용하면 할수록 기업의 가치가 증가하는 것을 말한다.

(3) 국내 기업 재무구조의 약화 원인 및 개선방안
① 환경적인 요인
    ㉠ 세제상 요인 : 지상배당제, 이자비용의 손비인정, 자산재평가세, 이자소득의 분리과세
    ㉡ 거시경제요인 : 성장 위주의 경제정책, 만성적인 인플레이션
    ㉢ 금융 및 정책상 요인 : 담보 위주 대출관행, 자본시장 취약성, 경직된 금리정책 및 정책금융, 주식의 액면가 발행제도 등
② 기업 내적 요인 : 기업조직의 방만한 투자정책, 계열사 간 주식의 상호보유, 부채의 레버리지 효과, 기업윤리의식의 부재, 무분별한 기업의 확장 등
③ 기업조직의 재무구조 개선방안
    ㉠ 자기자본조달을 우대하는 방법
    ㉡ 기업조직의 체질개선 및 경영합리화
    ㉢ 금융의 자율화, 특혜금융 및 정책금융의 폐지

2 배당정책과 기업의 가치

(1) 배당관계론
배당정책이 기업조직의 가치에 영향을 준다는 배당관계로는 재투자수익률 및 기업조직의 자본비용 간 관계를 고려해서 배당이나 또는 사내유보의 규모 및 비율 등을 결정해야 하는 것을 말한다.

(2) 배당무관계론
MM은 기업조직의 가치는 기본적으로 투자결정의 결과, 기업조직이 소유하고 있는 자산 수익력에 의해 결정되는 경향을 보이며, 기업가치 및 배당정책은 관련이 없음을 증명하였다.

제4절 투자안 평가

1 현금흐름의 추정 기출 25

(1) 현금흐름의 분류
① **현금유입** : 제품의 판매로 인한 수익, 잔존가치, 투자세액공제에 따른 혜택 등
② **현금유출** : 경상운영비, 최초 투자지출액, 운전자본의 증가 등

(2) 현금흐름 추정 시 고려사항 중요 기출 24
① 인플레이션을 반영해야 한다.
② 증분현금흐름을 반영해야 한다.
③ 세금효과를 고려해야 하며, 그중에서도 감가상각 등의 비현금지출비용 등에 각별히 유의해야 한다.
④ 그 외에도 매몰원가, 기회비용 등에 대한 명확한 조정을 필요로 한다.

2 투자안의 경제성 분석

(1) 회수기간법

기업에서 투자액을 회수하는 데 있어 소요되는 기간을 의미하는데, 특히 불확실성이 많은 상황에서 이러한 방식이 적용되며, 회수기간이 짧으면 짧을수록 유리하다고 판단한다.

(2) 회계적 이익률법

연평균순이익을 연평균투자액으로 나눈 것을 말하는데, 회계적 이익률이 높으면 높을수록 양호하다고 판단한다.

(3) 내부수익률

현금유입 및 유출의 현가를 동일하게 해주는 할인율이므로 이러한 방식에서는 순현재가치가 0이 되는 할인율을 찾는다.

(4) 순현재가치

투자안의 위험도에 상응하는 적정 할인율을 활용해서 계산한 현금유입 현가에서 현금유출 현가를 제한 것이 된다.

(5) 현재가치지수 또는 수익성 지수

현금유입 현가를 현금유출 현가로 나눈 값으로 투자안의 효율성을 표시한다. 또한 현재가치지수는 다른 말로 수익성 지수라고도 하는데 이 값이 1보다 크게 되면 해당 투자안을 선택하게 된다.

제5절 포트폴리오 이론 및 재무관리의 특수 문제들

1 포트폴리오 이론 및 자본시장의 균형이론

(1) 포트폴리오의 개념 중요
① 포트폴리오(Portfolio)는 둘 이상의 투자자산의 배합을 말한다.
② 포트폴리오의 구성 목적은 분산투자를 통해 투자에 따르는 리스크를 최소화시키는 데 있다.

(2) 포트폴리오 이론
① 마코위츠에 의해 포트폴리오 이론이 처음으로 정립되었으며, 그는 증권투자에서 리스크를 최소화하면서 기대수익률을 높이는 문제를 평균 및 분산기준에 의해 확립하였다.
② **자본시장선**(CML ; Capital Market Line)

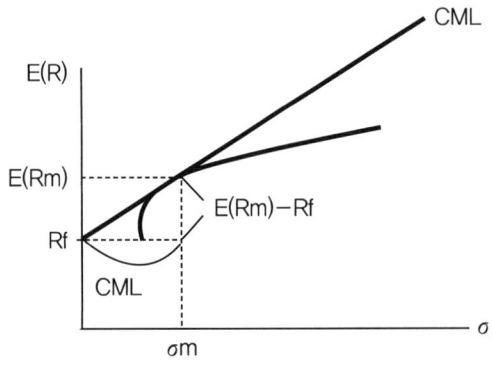

㉠ 무위험자산을 시장포트폴리오와 결합한 자본배분선이다.
㉡ 개인투자자들이 리스크가 포함되어 있는 주식뿐만 아니라 정기예금 또는 국공채 등과 같은 무위험자산도 투자대상에 포함시킬 때, 균형상태의 자본시장에서 효율적 포트폴리오의 기대수익과 리스크의 선형관계를 표현하는 것을 자본시장선이라고 한다.
③ **자본자산가격결정모형** : 자본시장선은 자본시장의 균형을 표현하기에는 다소 부족하기 때문에 자산의 균형수익률은 체계적 위험과 선형관계가 있음을 증권시장선으로 나타낸다.

2 옵션과 선물거래

(1) 옵션

① **개념** 기출 23
  ㉠ 옵션(Option)은 약정한 기간 동안 미리 정해진 가격으로 약정된 상품 및 증권을 사거나 또는 팔 수 있는 권리를 의미한다.
  ㉡ 이러한 권리를 매입하고 보유한 사람은 옵션매입자라 하며, 이때 지불되는 가격을 옵션가격 또는 옵션프리미엄이라고도 한다.

② **종류**
  ㉠ 콜 옵션(Call Option): 특정 증권 또는 상품 등을 살 수 있는 권리를 의미한다.
  ㉡ 풋 옵션(Put Option): 특정 증권 또는 상품 등을 팔 수 있는 권리를 의미한다.

③ **내용**: 옵션의 경우 결합 형태에 따라 기본포지션, 헤지포지션, 콤비네이션, 스프레드포지션 등으로 구분이 가능하며, 주식과의 결합을 통해 적은 금액으로 주식의 투자에 따른 리스크를 줄일 수 있는 수단으로서 주목되고 있다.

(2) 선물거래

① **개념**: 매매쌍방 간 미래의 일정시점에 약정된 제품을 기존에 정한 가격에 일정수량을 매매하기로 계약을 하고, 계약의 만기 이전에 반대매매를 수행하거나 만기일에 현물을 실제로 인수 및 인도함으로써 계약을 수행하는 것을 의미한다. 기출 23

② **내용**
  ㉠ 선물이 거래되는 공인 상설시장을 선물시장 또는 상품거래소라고 한다.
  ㉡ 선물계약을 매도하는 것은 해당 상품을 인도할 의무를 지는 것이 되며, 반대급부로 선물을 매입하게 되는 것은 해당 상품을 인수할 의무를 지게 되는 것을 말한다.

제6절 재무분석 기출 25

1 개요 기출 24

(1) 자본운영 및 자본조달이 효과적인지 기업조직의 상태를 인지하고 해당 문제점을 분석하는 것을 경영분석 또는 재무분석이라고 한다.

(2) 포괄손익계산서 또는 재무상태표 등의 자료를 활용해서 분석하므로 비율분석이라고 한다.

(3) 표준비율은 같은 산업에 속하는 기업조직들의 평균비율을 활용하거나 또는 분석 대상기업의 기존 평균비율을 활용하기도 한다.

2 재무비율의 종류 종요 기출 24, 22

(1) **레버리지 비율**: 기업이 조달한 자본이 어느 정도 타인자본에 의존하고 있는가를 나타내는 비율로서 부채의 원리금 상환능력을 측정한 것

(2) **유동성 비율**: 유동자산항목과 유동부채항목을 비율로 만들어 기업의 단기채무지급능력을 평가하는 비율

(3) **수익성 비율**: 기업이 투자한 자본으로 얼마만큼의 이익을 달성했는지를 측정하는 비율

(4) **활동성 비율**: 기업이 자산을 얼마나 효율적으로 활용하고 있는가를 나타내는 비율

(5) **시장가치 비율**: 투자자가 기업의 과거성과와 미래전망에 대해 어떻게 평가하고 있는지를 알 수 있게 하는 지표

3 재무비율분석의 특징 종요

(1) 비교적 용이하게 어떠한 기업의 경영성과 및 재무 상태를 살펴볼 수 있다.

(2) 기존의 회계정보에 의존하고 있다.

(3) 회계처리방법이 다른 타 기업들 간의 비교가 어렵다.

(4) 비교기준이 되는 표준비율에 대한 선정이 까다롭다.

(5) 종합적 분석이 어렵다.

> **체크 포인트**
> **재무비율분석의 단점보완 방법** 종요
> 기업 간 비교, 추세분석, 지수분석

제13장 실전예상문제

01 다음 중 재무관리에 대한 설명으로 바르지 <u>않은</u> 것은?
① 재무관리는 기업조직이 필요로 하는 자금을 합리적으로 조달한다.
② 재무관리의 분석대상은 최고경영자이다.
③ 재무관리는 조달된 자금을 효율적으로 운용하는 것을 말한다.
④ 기업재무에서 다루게 되는 재무의사결정으로는 기업조직의 투자의사결정, 자본조달 및 배당의사 결정, 기업조직의 지배구조 및 인수합병, 유동자산 또는 고정자산의 관리 등이다.

> 01 재무관리의 분석대상은 기업이다.

02 기업이 은행으로부터 차입하거나 또는 자본시장에서 사채발행을 통해 자본을 조달하는 것을 무엇이라고 하는가?
① 부채
② 자본비용
③ 타인자본
④ 자기자본

> 02 타인자본이란 기업이 은행으로부터 차입하거나 또는 자본시장에서 사채발행을 통해 자본을 조달하는 것을 의미한다.

03 다음 중 재무관리의 기능으로 옳지 <u>않은</u> 것은?
① 자본조달결정기능
② 활용결정기능
③ 투자결정기능
④ 배당결정기능

> 03 재무관리의 기능
> • 자본조달결정기능
> • 투자결정기능
> • 배당결정기능
> • 유동성관리기능
> • 재무 분석 및 계획기능

정답 01 ② 02 ③ 03 ②

04 ② 담보유무에 따른 분류
　　③ 제3자의 보증유무에 따른 분류
　　④ 상환시기, 방법 등에 따른 분류

04 사채에 대한 분류 중 이자지급 유무에 따른 분류로 바르게 짝지어진 것은?

① 할인사채, 쿠폰부사채
② 담보부사채, 무담보사채
③ 무보증사채, 보증사채
④ 정시분할사채, 만기전액상환사채

05 ① 제3자의 보증유무에 따른 분류
　　② 이자지급 유무에 따른 분류
　　④ 상환시기, 방법 등에 따른 분류

05 사채에 대한 분류 중 담보유무에 따른 분류로 바르게 짝지어진 것은?

① 무보증사채, 보증사채
② 할인사채, 쿠폰부사채
③ 담보부사채, 무담보사채
④ 감채기금부사채, 수의상환사채

06 ② 이자지급 유무에 따른 분류
　　③ 담보유무에 따른 분류
　　④ 상환시기, 방법 등에 따른 분류

06 사채에 대한 분류 중 제3자의 보증유무에 따른 분류로 바르게 짝지어진 것은?

① 무보증사채, 보증사채
② 할인사채, 쿠폰부사채
③ 담보부사채, 무담보사채
④ 수의상환사채, 연속상환사채

정답　04 ①　05 ③　06 ①

07 '정시분할사채, 만기전액상환사채'로 분류하는 기준은 무엇인가?

① 이자지급에 따른 분류
② 담보에 따른 분류
③ 상환시기, 방법 등에 따른 분류
④ 제3자의 보증에 따른 분류

07 상환시기, 방법 등에 따른 분류에는 정시분할사채, 만기전액상환사채, 감채기금부사채, 수의상환사채, 연속상환사채 등이 속한다.

08 다음 중 사채에 대한 내용으로 바르지 않은 것은?

① 주주와 동일하게 의결권의 행사가 가능하다.
② 저렴한 자본비용으로 기업지배권의 변동이 없이 자금 조달이 가능하다.
③ 투자자의 입장으로서는 유통시장에서 자유롭게 사채의 매매가 가능하다.
④ 일정기간 마다 확정이자소득이 가능한 안전 투자대상이다.

08 주주와는 달리 의결권의 행사가 불가능하다.

09 다음 중 사채에 대한 설명으로 옳지 않은 것은?

① 일정기간 마다 확정이자소득이 가능한 안전 투자대상이다.
② 통상적으로 인플레이션 발생 시에 실질가치가 증가한다.
③ 주주와는 달리 의결권 행사가 불가능하다.
④ 비교적 저렴한 자본비용으로 기업지배권의 변동이 없이 자금 조달이 가능하다.

09 통상적으로 인플레이션 발생 시에 실질가치가 하락한다.

정답 07 ③ 08 ① 09 ②

10 유통시장의 역할
- 유가증권의 공정한 가격의 형성
- 유휴자금의 산업자금화
- 새로운 증권 가격결정시의 지표
- 기업 경영평가 기준의 제공

10 다음 중 유통시장의 역할로 바르지 <u>않은</u> 것은?

① 유가증권의 공정한 가격의 형성
② 유휴자금의 산업자금화
③ 기업 경영평가 결과의 제공
④ 새로운 증권 가격결정시의 지표

11 주주들로부터 직접금융방식에 의해 대규모의 장기자본을 용이하게 조달할 수 있다.

11 다음 중 기업공개에 대한 내용으로 가장 옳지 <u>않은</u> 것은?

① 사내 직원들로부터 직접금융방식에 의해 대규모의 단기자본을 용이하게 조달할 수 있다.
② 기업의 공신력이 제고된다.
③ 독점 및 소유 집중 현상의 개선이 가능하다.
④ 투자자들에게 재산운용수단을 제공하며, 공개기업 종업원의 사기를 진작시킬 수 있다.

12 장기적인 직접금융에 의한 자금조달이 가능하다.

12 다음 중 증권시장의 국제화에 대한 설명으로 옳지 <u>않은</u> 것은?

① 증권투자를 목표로 한 자본이 국제 간 자유로이 유입 및 유출될 수 있도록 제도적으로 보장된 상태를 말한다.
② 단기적인 간접금융에 의한 자금조달이 가능하다.
③ 다양한 자금조달이 가능하다.
④ 증권시장의 개방은 자본시장 자유화의 마지막 단계를 의미한다.

정답 10 ③ 11 ① 12 ②

13 다음 중 MM의 명제에 대한 내용으로 바르지 <u>않은</u> 것은?

① 기업 가치는 자본구조와는 무관하다.
② 부채의 증가에 의해 재무위험이 증가하며, 재무위험의 증가는 기업 주인인 주주들이 부담하게 되므로 자기자본비용의 상승을 초래하게 된다.
③ 투자안 평가는 자본조달과 관련이 있다.
④ 투자안 평가는 가중평균자본비용에 의한다.

13 투자안 평가는 자본조달과는 관련이 없으며, 가중평균자본비용과 관련되어 있다.

14 다음 중 기업조직의 재무구조 개선방안으로 옳지 <u>않은</u> 것은?

① 자기자본조달을 우대하는 방법
② 기업조직의 체질개선 및 경영합리화
③ 특혜금융 및 정책금융의 폐지
④ 금융의 타율화

14 기업조직의 재무구조 개선을 위해서는 금융을 자율화해야 한다.

15 다음 중 현금흐름 추정 시 고려해야 할 사항으로 옳지 <u>않은</u> 것은?

① 세금효과를 고려해야 한다.
② 증분현금흐름을 반영시켜야 한다.
③ 디플레이션을 반영시켜야 한다.
④ 매몰원가, 기회비용 등에 대한 명확한 조정을 필요로 한다.

15 인플레이션을 반영시켜야 한다.

정답 13 ③　14 ④　15 ③

전력을 다해서 시간에 대항하라.

– 톨스토이 –

제14장

경영정보

- **제1절** 경영정보 시스템의 일반 개념
- **제2절** 경영정보 시스템의 기본 형태
- **제3절** 컴퓨터와 컴퓨터 시스템
- **제4절** 시스템 개발 과정
- **제5절** 정보 시스템의 활용
- **실전예상문제**

기운과 끈기는 모든 것을 이겨낸다.

— 벤자민 프랭클린 —

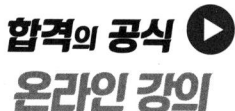

보다 깊이 있는 학습을 원하는 수험생들을 위한
시대에듀의 동영상 강의가 준비되어 있습니다.
www.sdedu.co.kr ➡ 회원가입(로그인) ➡ 강의 살펴보기

제 14 장 경영정보

제1절 경영정보 시스템의 일반 개념

1 경영정보 시스템의 정의 기출 25, 24

(1) 경영정보 시스템(MIS ; Management Information System)은 기업조직의 목표를 달성하기 위해 정보, 업무, 조직원 및 정보기술 등이 조직적으로 결합된 것을 말한다.

(2) 킨(P. Keen)은 경영정보 시스템을 '기업조직의 정보 시스템을 효율적으로 설계하고 설치 및 활용하는 것'이라고 하였다.

2 조직에서 정보 시스템의 역할 기출 25

(1) 계획
  ① 어떠한 작업(일)을 할 것이며, 언제 어떠한 결과가 산출되는가를 결정하는 과정이다.
  ② 목표 및 수단을 필요로 한다.

(2) 통제
  ① 업무가 계획했던 대로 순차적으로 진행되어 수립된 목표대로 달성이 가능하도록 실제 업무에서 발생했던 정보를 활용하는 과정이다.
  ② 통제의 구성요소
    ㉠ 목표 및 표준이 존재해야 한다.
    ㉡ 업무에 대한 측정치 또는 관찰치가 존재해야 한다.
    ㉢ 문제 발생 시 즉각적으로 이를 수정할 수 있는 해결책이 존재해야 한다.

(3) 조직
  조직은 계획 수립 후 해당 계획을 효과적으로 실행하기 위해 업무를 분화해서 각각의 분화된 업무가 목표달성이 가능하도록 조직화하는 과정이다.

3 조직 수준에 따른 정보 시스템

(1) 조직 수준의 정보 시스템
① 사이먼은 구조화된 정도에 의해 경영활동은 구조화된 활동, 반구조화된 활동, 비구조화된 활동의 3가지 활동으로 분류하였다.
② **구조화된 활동** : 판단 및 통찰력 등이 불필요하며, 대다수의 경우 의사결정과정이 자동화되어 있는 활동을 의미한다.
③ **비구조화된 활동** : 창조적 능력 및 판단 등을 필요로 하는 활동으로 의사결정과정을 자동화시키는 것이 상당히 어렵다.
④ **앤소니에 의한 경영활동의 분류**
  ㉠ 운영통제 : 세부적인 업무 등이 실행되도록 관리하는 과정이다.
  ㉡ 관리통제 : 관리자가 경영자원을 획득해서 이를 효율적으로 활용하도록 관리하는 과정이다.
  ㉢ 전략계획 : 기업조직의 목표설정 및 변경, 이러한 목표를 변경하기 위해 활용하는 경영자원의 획득과 연관된 의사결정을 하는 과정이다.
⑤ 고리와 모턴은 사이먼과 앤소니 등이 제시한 2가지 차원을 결합하여 경영정보 시스템의 틀을 제시하였다.

(2) 부서 수준의 정보 시스템
① 부서 수준의 정보시스템은 해당 부서의 생산성을 높임과 동시에 목표달성이 가능하도록 해야 한다.
② 부서 등은 기업조직의 내·외부로 제공하는 제품 등이 경쟁력을 지닐 수 있도록 지원이 가능해야 한다.

(3) 개인 수준의 정보 시스템
① 사용자가 하나뿐인 시스템이며, 주의해야 할 요소 및 자료의 양은 상당히 제한적이다.
② 개인 스스로가 창출하는 제품 및 서비스의 질을 높이는 것이 주요 목적이 된다.

4 정보 시스템의 구성 요소

(1) 정보 시스템의 역할
기업조직의 의사결정자는 의사결정과 연관된 지식의 확대를 통해 환경의 불확실성 등이 감소된 상태에서의 의사결정을 하기 위해 정보를 활용하게 된다.

(2) 정보 시스템의 구성
정보 시스템의 구성 요소로는 통상적으로 소프트웨어(프로그램), 하드웨어, 절차, 자료, 사람 등으로 구성된다.

5 정보

(1) 자료 중요

① **자료** : 어떠한 현상이 일어난 사건, 사실 등을 있는 그대로 기록한 것으로, 주로 기호·숫자·음성·문자·그림·비디오 등의 형태로 표현된다.

② **자료의 종류**
  ⊙ 1차 자료 : 조사자가 현재 수행 중인 조사목적을 달성하기 위해 **조사자가 직접 수집한 자료**를 말한다.
  ⓒ 2차 자료 : 현재의 조사목적에 도움을 줄 수 있는 **기존의 모든 자료**를 말한다.

(2) 정보 중요 기출 25

① **정보** : 개인 또는 조직이 효과적인 의사결정을 하는 데 있어 의미가 있으면서 **유용한 형태로 처리된 자료**들이다.

② **정보의 특징**
  ⊙ 정확성(Accuracy) : 정확성을 갖춘 정보는 실수 및 오류가 개입되지 않은 정보이다. 정보는 데이터의 의미를 명확히 하고, 정확하게 편견의 개입이나 왜곡 없이 전달해야 한다.
  ⓒ 완전성(Completion) : 중요한 정보가 충분히 내포되어 있을 때 비로소 완전한 정보라 할 수 있다.
  ⓒ 경제성(Economical) : 필요한 정보를 산출하기 위해서는 경제성이 있어야 한다.
  ② 신뢰성(Reliability) : 신뢰할 수 있는 정보는 그 원천자료 및 수집방법과 관련이 있다.
  ⓜ 관련성(Relevancy) : 양질의 정보를 취사선택하는 최적의 기준은 관련성이다. 관련성 있는 정보는 의사결정자에게 매우 중요하다.
  ⓑ 단순성(Simplicity) : 정보는 단순해야 하고 지나치게 복잡해서는 안 된다. 지나치게 정교하거나 자세한 내용은 경우에 따라 의사결정자에게 불필요할 수도 있다.
  ⊘ 적시성(Timeliness) : 양질의 정보라도 필요한 시간대에 사용자에게 전달되지 않으면 가치를 상실한다.
  ⓞ 입증가능성(Verifiability) : 정보는 검증이 가능해야 한다.
  ⓩ 통합성(Combination) : 개별적인 정보는 많은 관련 정보들과 통합됨으로써 재생산되는 등의 상승효과를 가져온다.
  ⓧ 적절성(Felicity) : 정보는 적절하게 사용되어야 유용한 정보로서의 가치를 가진다.
  ⓚ 누적가치성 : 정보는 여러 다른 정보와 합쳐지고 축적되는 과정에서 그 가치가 증대된다.
  ⓔ 매체의존성 : 정보의 전달을 위해서는 전달매체(신문, 방송, 컴퓨터 등)가 필요하다.
  ⓟ 결과지향성 : 정보는 결과를 지향한다.
  ⓗ 형태성 : 의사결정자의 요구에 정보가 얼마나 부합하는 형태로 제공되는지에 대한 정도를 의미한다.

6 시스템

(1) 개념
시스템(System)은 조직, 체계, 제도 등 요소들의 집합 또는 요소와 요소 간의 유기적인 집합을 말한다. 즉, 지정된 정보 처리 기능을 수행하기 위해 조직화되고 규칙적으로 상호작용하는 방법, 절차, 경우에 따라 인간도 포함하는 구성 요소들의 집합을 의미한다.

(2) 시스템의 구성 요소
통상적으로 시스템은 입력(Input), 처리(Process), 출력(Output)의 형태를 취하게 된다.

(3) 시스템의 특징 중요
① 개개요소가 아닌 하나의 전체로 인지되어야 한다.
② 상승효과를 동반한다.
③ 계층적 구조의 성격을 지닌다.
④ 통제되어야 한다.
⑤ 투입물을 입력받아서 처리과정을 거친 후에 그로 인한 출력물을 밖으로 내보낸다.

7 정보 시스템을 이용한 경영

(1) 운영의 수월성 확보
① 효율성이 향상되면서 이익이 증가하게 되었다.
② 정보시스템과 정보기술을 경영에 도입함으로써 효율성과 생산성 증대에 기여하게 되었다.

(2) 경쟁력 강화
① 새로운 제품과 서비스 등의 개발 활성화, 기업과 고객간의 친밀도 강화
② 더 우수한 제품을 합리적인 가격으로 소비자에게 제공함으로써 빠른 대응력을 갖추게 되고 경쟁에서 우위를 차지할 수 있게 된다.

(3) 의사결정능력의 향상
실시간 정보를 제공받아 그 데이터를 기반으로 의사결정을 하게 되어 보다 효과적인 의사결정이 가능하게 된다.

제2절 경영정보 시스템의 기본 형태

1 거래처리 시스템

(1) 개요

① **개념**: 거래처리 시스템은 기업조직에서 일상적이면서 반복적으로 수행되는 거래를 쉽게 기록·처리하는 정보 시스템으로서 **기업 활동의 가장 기본적인 역할을 지원하는 시스템**이다.

② **내용**
  ⊙ MIS의 하위 시스템으로는 컴퓨터를 활용해서 제품의 판매 및 구매와 예금의 입출금·급여계산·물품선적·항공예약과 같은 실생활에서 가장 일상적이면서 반복적인 기본적 업무를 효율적으로 신속·정확하게 처리해서 DB에 필요한 정보를 제공해 주는 역할을 한다.
  ⓒ **온라인 처리방식**(On-line Processing) 또는 **일괄처리방식**(Batch Processing)에 의해 거래데이터를 처리한다.

③ **목적**: 거래처리 시스템의 주목적으로는 다량의 데이터를 신속하고도 정확하게 처리하는 것이다.

④ **거래처리 시스템의 구조**

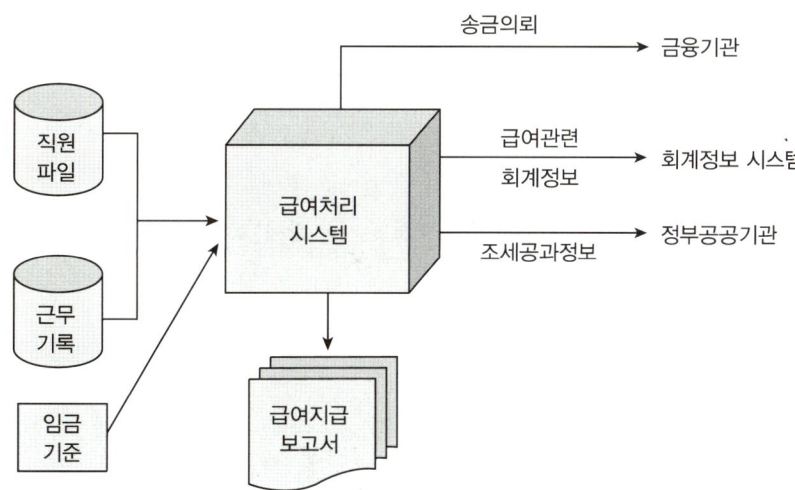

(2) 경영정보 시스템(MIS ; Management Information System)

① **광의의 개념**: 기업조직에서 활용하는 효율적인 정보시스템의 개발 및 사용을 의미한다.
② **협의의 개념**: 정규적으로 구조화되어 있으며, 요약된 보고서를 관리자에게 제공하는 정보시스템을 의미한다.
③ 경영정보 시스템은 기업조직에서 발생되는 경영활동의 실적 추적정보 및 조직 내 부서간의 업무협조를 공고히 하는 데 필요로 하는 정보를 생성해낸다.

(3) 의사결정지원 시스템(DSS ; Decision Support System) 중요

① **개념** : 의사결정지원 시스템은 반구조적 또는 비구조적 의사결정을 지원하기 위해 의사결정자가 데이터와 모델을 활용할 수 있게 해주는 대화식 시스템이다.

② **특성** 중요
  ㉠ 의사결정자 및 시스템 간의 대화식의 정보처리가 가능하도록 설계되어야 한다.
  ㉡ 그래픽을 활용해서 해당 정보처리 결과를 보여주고 출력하는 기능이 있어야 한다.
  ㉢ 여러 가지 원천으로부터 데이터를 획득해서 의사결정에 필요한 정보처리를 할 수 있도록 설계되어야 한다.
  ㉣ 의사결정이 이루어지는 과정 중에 발생 가능한 환경의 변화를 반영할 수 있도록 유연하게 설계되어야 한다.

(4) 사무자동화 시스템

① **개념** : 기업조직 내 일상의 업무소통 및 정보처리 업무 등을 지원하는 시스템을 의미한다.
② **내용** : 조직원 개인의 생산성 향상뿐만 아니라 구성원들의 사고 및 의사소통 등 새로운 방식의 업무 수행방법을 제시하는 역할도 수행한다.

(5) 최고경영자 정보 시스템

① **개념** : 조직의 최고 경영층에게 주요 성공요인과 관련된 내·외부정보를 손쉽게 접할 수 있도록 해주는 컴퓨터 기반의 시스템을 말한다.
② **내용**
  ㉠ 다량의 자료를 사용자가 원하는 방식으로 요약한 정보를 의미한다.
  ㉡ 사용자의 입장에서는 알고 싶어 하는 정보에 대한 상세함의 정도에 따라 갖가지 형식으로 그림 또는 표 등의 선택이 가능하다.

제3절 컴퓨터와 컴퓨터 시스템

1 하드웨어

(1) 중앙처리장치

중앙처리장치(CPU ; Central Processing Unit)는 기억장치에서 읽어 온 데이터에 대해서 연산처리, 비교처리, 데이터 전송, 편집, 변환, 테스트와 분기, 연산제어 등의 조작을 수행하고, 데이터 처리 순서를 표시하는 프로그램을 기억장치로부터 인출하여 여러 가지의 장치를 구동하면서 조작을 행한다.

① **제어장치**: 데이터 처리 시스템에서 하나 이상의 주변장치를 제어하는 기능 단위로서 기억장치에 저장되어 있는 프로그램 명령을 순차적으로 꺼내어 분석 및 해독해서 각 장치에 필요한 지령 신호를 주고, 장치 간의 정보 조작을 제어하는 역할을 수행한다.
② **연산 및 논리장치**: 컴퓨터의 처리가 이루어지는 곳으로 연산에 필요한 데이터를 입력받아 제어장치가 지시하는 순서에 따라 연산을 수행하는 장치이다.
③ **주기억장치**: 프로그램이 실행될 시에 보조기억장치로부터 프로그램 및 자료를 이동시켜 실행시킬 수 있는 기억장치를 말한다.

(2) 입력장치 중요
① **개념**: 컴퓨터 시스템에 데이터 입력을 위해 사용되는 장치를 말한다.
② **종류**: 마우스(Mouse), 키보드(Keyboard), 스캐너(Scanner), 터치스크린(Touch Screen), 라이트 펜(Light Pen) 등

(3) 출력장치 중요
① **개념**: 컴퓨터에서 정보를 처리한 후에 해당 결과를 기계로부터 인간이 인지할 수 있는 언어로 변환하는 장치를 말한다.
② **종류**: 모니터(Monitor), 스피커(Speaker), 프린터(Printer) 등

2 소프트웨어

(1) 응용 소프트웨어
① 개요
㉠ 개인 및 조직의 일에 대한 컴퓨터 활용 수단으로 특정 분야의 응용을 목적으로 개발되는 프로그램으로 사용자가 바라는 기능을 수행하기 위해 컴퓨터의 성능을 소비하는 것을 뜻하는 컴퓨터 소프트웨어에 속한다.
㉡ 실제 업무 처리를 위해 제작된 프로그램으로 프로그래머나 회사에서 제품으로 만들어진 프로그램이다.
㉢ 응용 소프트웨어는 일반 업무 지원을 위해 상품화되어 있는 패키지형 소프트웨어와 특정 사용자의 요구에 맞게 주문 제작된 주문형 소프트웨어로 분류할 수 있다.
② 응용패키지 프로그램
㉠ 패키지 소프트웨어는 여러 사용자 요구에 맞게 개발한 프로그램으로 표준화되고 특성화된 프로젝트로서 사용자들이 쉽게 활용하도록 소프트웨어 개발회사에서 제작된 프로그램이다.
㉡ 통상적으로 패키지 프로그램은 마이크로 컴퓨터에서 광범위하게 사용되며, 개인의 생산성을 높이는 도구로 사용된다.

예 스프레드시트, 워드프로세서, 데이터베이스 관리 소프트웨어, 그래픽 소프트웨어, 개인 정보 관리 소프트웨어, 압축 소프트웨어 등

(2) 시스템 소프트웨어

① **운영체제(OS ; Operating System)** : 사용자가 컴퓨터 자원을 효율적으로 관리할 수 있도록 편의를 제공하는 프로그램으로 사용자와 컴퓨터의 중간자적인 역할을 담당한다.

② **언어번역기**
  ㉠ 컴파일러(Compiler) : 고급언어로 쓰인 프로그램을 그와 의미적으로 동등하면서도 컴퓨터에서 즉시 실행이 가능한 형태의 목적 프로그램으로 바꾸어 주는 번역 프로그램을 말한다.
  ㉡ 인터프리터(Interpreter) : 소스 코드를 직접 실행하거나 소스 코드를 효율적인 다른 중간 코드로 변환하고 이를 바로 실행하는 방식이다.

③ **유틸리티 프로그램(Utility Program)** : 프로그램이나 데이터를 한 매체에서 다른 매체로 옮기거나, 데이터의 내용이나 배치 순서를 바꾸거나 또는 프로그램 개발 시 에러 등을 쉽게 찾아낼 수 있게 하는 등의 여러 프로그램을 집합적으로 일컫는 말이다.

3 컴퓨터의 유형

(1) 슈퍼 컴퓨터
① 가장 빠르고 크다.
② 주로 거래처리 및 보고서 작성보다도 긴 연산 등에 활용되는 것으로 가격 면에서 가장 고가이다.

(2) 메인 프레임
① 메인 프레임은 다량의 DB와 갖가지 주변 기기들의 지원이 가능하다.
② 많은 유저들의 요구사항을 한 번에 처리가 가능하므로 특히 대기업이 자료처리의 중심으로 많이 활용하고 있는 추세이다.

(3) 미니 컴퓨터
초창기에는 상당한 시장발전 가능성을 보였지만, 마이크로 컴퓨터의 등장으로 인해 현대의 컴퓨터 시장에서는 시장위치의 확보에 있어 상당한 어려움을 겪고 있다.

(4) 마이크로 컴퓨터
① 현재에도 수요가 증가하고 있는 기종으로 소프트웨어의 개발 및 판매에도 상당히 상승되고 있다.
② 유저들이 용이하게 운반을 하기 위해 점점 더 소형화되고 있는 추세이다.

제4절 시스템 개발 과정

1 정보요구사항 결정 단계

(1) **프로젝트 팀 구성** : 시스템 개발에 있어 우선시 되어야 할 일은 유저와 컴퓨터 전문가 등이 포함된 프로젝트 팀의 구성이다.

(2) **문제 정의** : 프로젝트 팀 구성 후에 하는 일은 문제의 정의를 내리는 것이다.

(3) **구체적인 정보요구사항의 결정** : 시스템을 활용할 유저의 참여가 중요하게 작용하는 단계이다.

(4) **타당성의 조사** : 문제정의 및 정보요구사항 등에 대한 결정 이후에 이루어지는 것이 통상적이다.

(5) **경영자의 승인 획득** : 이전 조사들에 대한 결과를 문서화해서 경영자에게 제출 후 프로젝트의 실행 여부를 결정하도록 하는 데 있다.

> **더 알아두기**
>
> **정보요구사항 결정 과정** 중요
> 프로젝트 팀 구성 → 문제의 정의 → 구체적인 정보요구사항의 결정 → 타당성의 조사 → 경영자의 승인 획득
>
> **시스템 개발 단계** 중요
> 정보요구 사항의 결정 → 선택안의 평가 → 설계 → 구현

2 선택안 평가

정보의 요구사항에 대한 결정이 있은 후에 정보시스템 구성요소에 대한 선택안의 제시 및 평가가 다음의 절차와 같이 이루어지게 된다.

선택안 파악	선택안 평가	
• H/W • 프로그램 • 자료 • 절차 • 사람	• 손익분석 • 주관적인 평가	경영자의 승인 획득

(화살표: 선택안 파악 → 선택안 평가 → 경영자의 승인 획득)

3 설계

(1) 설계는 시스템 개발단계 중 세 번째에 속하는 단계이다.

(2) 시스템의 설계 시 고려사항
① H/W에 대한 구체적인 사항
② **프로그램**: 구체적인 명시(외부로부터의 구입 시), 설계(기업 내부에서 작성 시)
③ **자료**: 파일의 형태, 자료의 형태, 보고서의 형태
④ **절차**: 사용자 절차(정상처리, 오류수정), 운영절차(정상처리, 오류수정)
⑤ **사람**: 직무기술, 조직구조, 교육과정
⑥ 경영자의 승인 획득

4 구현

구축	검사	선택안 평가
• H/W 설치 • 프로그램 설치 • 파일의 구축 • 절차의 문서화 • 운영요원 선발 및 교육	• 구성요소의 개별 검사 • 시스템의 검사	• 일시 설치 • 병행 설치 • 파일럿 설치 • 단계적 설치

→   →

제5절 정보 시스템의 활용

1 통신 기출 23

(1) EDI(Electronic Data Interchange) 중요

전자문서교환이라고도 하며, 기업 사이에 컴퓨터를 통해서 표준화된 양식의 문서를 전자적으로 교환하는 정보전달방식이다.

(2) 전자우편

PC통신의 전자우편과 비슷한 개념으로 전 세계를 대상으로 편지를 보낼 수 있는 서비스를 말한다.

(3) 화상회의
지역적으로 거리가 먼 임원들이 서로 한 자리에 모여 회의를 해야 할 필요가 없기 때문에 비용 절감이 가능하다.

2 의사결정

(1) 기업조직이 해결해야 할 문제의 구조화 등에 따라 의사결정의 질을 높이는데 있어서 정보 시스템의 역할이 달라짐을 말한다.

(2) 최종 사용자 S/W 또는 정보통신네트워크 등은 의사결정의 질을 높이는 데 있어서 상당히 중요한 역할을 수행하는 S/W이다.

3 전문가 시스템의 활용

(1) **전문가 시스템의 개념** : 능력진단과 같은 운영업무를 위해 전문가의 조언을 제공하거나 관리적인 의사결정을 위한 전문가의 조언을 제공하는 시스템을 말한다.

(2) **전문가 시스템의 특성** 중요
   ① 연역적인 추론방식
   ② 실용성
   ③ 전문가의 지식으로 이루어진 지식베이스의 사용

(3) **전문가 시스템의 주요 구성요소**
   지식베이스, 추론기관, 설명기관, 사용자 인터페이스, 블랙보드 등

4 기업활동

(1) **경쟁우위 달성을 위한 정보 시스템의 활용**
   ① **핵심역량의 강화** : 정보시스템의 활용으로 정보 공유가 촉진되어 기업의 역량이 강화될 수 있다.
   ② **네트워크 기반전략의 구축** : 과거의 조직적 경계나 물리적 위치의 제한 등에서 벗어나 다른 기업과의 협력을 통해 상품을 개발하여 배송하는 네트워크를 형성할 수 있다.

(2) 품질과 디자인의 경쟁에 정보 시스템 활용
　① 생산과정의 단순화
　② 고객의 요구를 반영한 제품과 서비스 개선
　③ 컴퓨터를 이용한 생산과정의 자동화로 상품의 정밀성 개선

5 제품

정보 시스템은 제품에 대한 서비스의 질을 향상시키고 제품정보에 대한 질도 높인다. 또한 소비자에 대해 파악하고 요구에 맞는 적절한 제품을 개발하기 위해 소비자들의 요구사항 및 제품의 특성을 비교하는 데 있어 활용이 가능하다.

제14장 실전예상문제

01 다음 중 정보의 특성으로 옳지 않은 것은?

① 복잡성
② 적시성
③ 정확성
④ 결과지향성

> **01** 정보는 단순해야 하고 지나치게 복잡해서는 안 된다. 복잡할 경우에는 오히려 의사결정자에게 불필요할 수도 있기 때문이다.

02 다음 중 시스템의 특징에 대한 설명으로 옳지 않은 것은?

① 시너지 효과를 동반한다.
② 하나의 전체가 아닌 개개의 요소로 인식되어야 한다.
③ 통제 가능해야 한다.
④ 투입요소의 입력과 프로세싱 과정을 거친 후 만들어진 출력물을 생성한다.

> **02** 시스템은 개개요소가 아닌 하나의 전체로 인지되어야 한다.

03 다음 중 많은 사용자들에게 의미 있는 형태로 가공되어 제공되는 것을 무엇이라고 하는가?

① 자료
② 지식
③ 숫자
④ 정보

> **03** 정보란 어떠한 사물이나 상태 등과 관련되는 것들에 대해 수신자에게 의미 있는 형태로 전달되어 불확실성을 감소시켜 주는 역할을 한다. 이를 통해 수신자가 의식적인 행위 등을 취하기 위한 의사결정을 가능하게 하여 선택의 목적에 효과적으로 사용될 수 있도록 하는 데이터의 집합이다.

정답 01① 02② 03④

04 정보는 단순해야 하고 지나치게 복잡해서는 안 된다.

04 다음 중 정보의 특성을 설명한 것으로 옳지 않은 것은?
① 정확성은 데이터의 의미를 명확히 하고 편견과 왜곡 없이 전달되어야 한다.
② 정보는 정확해야 하므로 정보의 내용은 복잡하게 구성되어야 한다.
③ 필요한 정보는 적시에 제공되어야 한다.
④ 정보에서 말하는 누적가치성은 생산·축적될수록 그 가치가 커짐을 의미한다.

05 출력장치로는 프린터, 모니터, 스피커 등이 있다.

05 다음 중 출력장치에 속하지 않는 것은?
① 마우스
② 모니터
③ 스피커
④ 프린터

06 스피커는 출력장치에 속한다.

06 다음 중 입력장치에 해당하지 않는 것은?
① 라이트 펜
② 스피커
③ 스캐너
④ 터치스크린

정답 04 ② 05 ① 06 ②

07 다음 내용이 설명하는 것으로 옳은 것은?

> 전문가가 가지고 있는 노하우 또는 지식 등을 컴퓨터에 넣어 전문가와 같은 추론 및 판단을 컴퓨터가 행하도록 하는 것이다.

① 경영정보 시스템
② 의사결정 시스템
③ 전문가 시스템
④ 인공지능

07 전문가 시스템은 전문가의 경험 및 지식을 컴퓨터에 저장시켜 컴퓨터를 통해서 전문가의 능력을 빌릴 수 있도록 만든 시스템이다.

08 다음 중 많은 컴퓨터 네트워크를 연결시키는 네트워크를 지칭하는 것은?

① 엑스트라넷
② 인터넷
③ 이메일
④ 인트라넷

08 인터넷(Internet)은 많은 컴퓨터 네트워크를 연결시키는 네트워크이며, 군사적인 용도로 구축되었지만 프로토콜로 TCP/IP를 채택하면서 일반인을 위한 아르파네트와 군용의 MILNET으로 분리되어 현재의 인터넷 환경의 기반을 갖추게 되었다.

09 다음 중 기업 간 거래에 관한 데이터와 문서를 표준화해서 컴퓨터 통신망으로 거래 당사자가 직접 전송·수신하는 정보전달 방식을 무엇이라고 하는가?

① CRM
② SCM
③ CALS
④ EDI

09 EDI(Electronic Data Interchange)는 전자문서교환이라고 하며, 기업 사이에 컴퓨터를 통해 표준화된 양식의 문서를 전자적으로 교환하는 정보전달방식이다.

정답 07 ③　08 ②　09 ④

| 10 | 실수 및 오류가 개입되지 않은 정보는 정보의 정확성을 말하는 것으로, 이는 데이터의 의미를 명확히 하고, 편견의 개입 또는 왜곡 없이 정보를 전달해야 한다는 것이다. |

10 '실수 및 오류가 개입되지 않은 정보'는 정보의 특성 중 무엇에 대한 것인가?

① 입증가능성
② 형태성
③ 정확성
④ 적시성

| 11 | ㉠, ㉡, ㉢은 각각 입력(Input), 처리(Process), 출력(Output)의 개념을 설명한 것이다. |

11 다음 설명에서 괄호에 들어갈 말로 가장 적절한 것은?

(㉠)은(는) 기계적 또는 전기적인 에너지를 발생하거나 변환하는 기계에 어떠한 시간 내에 들어온 에너지의 양이나 정보, 신호 등을 의미한다. (㉡)은(는) 일정한 결과를 얻기 위해 진행중인 과정을 나타낸다. (㉢)은(는) 일정한 입력이 기계적으로 처리되어 정보로서 나타나는 일, 또는 처리되어 나타난 정보를 말한다.

	㉠	㉡	㉢
①	입력	처리	출력
②	처리	입력	출력
③	출력	처리	입력
④	처리	출력	입력

| 12 | 정보 시스템을 경영에 도입함으로써 실시간 정보를 제공받아 그 데이터를 기반으로 의사결정을 하게 되어 보다 효과적인 의사결정이 가능하게 되었다. |

12 정보 시스템을 이용한 경영의 필요성에 대한 설명으로 옳지 않은 것은?

① 기업과 고객 간의 친밀도 강화
② 효율성 향상에 따른 이익의 증가
③ 잘못된 의사결정을 할 가능성 증가
④ 새로운 제품과 서비스 등의 개발 활성화

정답 10 ③ 11 ① 12 ③

13 거래처리 시스템에 대한 설명으로 옳지 <u>않은</u> 것은?

① 기업 활동의 가장 기본적인 역할을 지원하는 시스템이다.
② 거래처리 시스템은 온라인 처리방식 또는 일괄처리방식에 의한 거래데이터의 처리 방식이다.
③ 거래처리 시스템이 잘 구축되었을 시에는 상위 경영활동에 속하는 관리통제・운영통제 및 전략계획 등을 지원하는 타 시스템도 제대로 구축・운영이 될 수 있다.
④ 거래처리 시스템은 주로 중간관리층의 의사결정을 지원한다.

13 거래처리 시스템은 실무자 계층이며, 중간관리층이 의사결정을 지원하는 것은 관리통제 시스템이다.

14 다음 중 거래처리 시스템의 특징으로 옳지 <u>않은</u> 것은?

① 다른 유형의 정보 시스템을 위한 데이터를 제공한다.
② 예약정보 시스템, 은행거래처리 시스템이 대표적이라 할 수 있다.
③ 반복되는 일상적인 거래를 처리한다.
④ 소량의 자세한 데이터를 처리한다.

14 거래처리 시스템은 다량의 데이터를 신속하고 정확하게 처리하는 것이다.

15 다음 중 의사결정지원 시스템에 대한 설명으로 옳지 <u>않은</u> 것은?

① 여러 대안들을 비교적 긴 시간에 최대한의 노력으로 비교 및 분석한다.
② 데이터의 타당성을 용이하게 검토한다.
③ 모델의 타당성을 용이하게 검토한다.
④ 시간 및 노력의 절감으로 의사결정의 질을 향상시킨다.

15 의사결정지원 시스템은 여러 대안들을 비교적 짧은 시간에 최소한의 노력으로 비교 및 분석하면서 의사결정의 질을 향상시킨다.

정답 13 ④ 14 ④ 15 ①

16 거래처리 시스템은 실무자 계층으로 일상업무영역에 해당한다.

16 다음 그림을 보고 추론 가능한 내용 중 올바르지 <u>않은</u> 것은?

전략계획 시스템
관리통제 시스템
운영통제 시스템
거래처리 시스템

① 전략계획 시스템에서 의사결정을 지원하는 부문은 최고관리층이다.
② 관리통제 시스템에서는 중간관리자가 의사결정을 지원한다.
③ 거래처리 시스템은 경영업무영역에 속한다고 할 수 있다.
④ 운영통제 시스템의 업무는 대부분이 정형화된 업무이다.

17 워드프로세서는 응용패키지 프로그램에 속한다.

17 다음 중 사용자 프로그램으로 가장 거리가 <u>먼</u> 것은?

① 워드프로세서
② 인사관리
③ 재고관리
④ 회계관리

정답 16 ③ 17 ①

제15장

회계학

- **제1절** 회계정보의 기초 개념
- **제2절** 계정과목
- **제3절** 수익 및 비용
- **제4절** 회계순환과정
- **실전예상문제**

가장 어두운 밤도 끝날 것이다. 그리고 태양은 떠오를 것이다.

– 빈센트 반 고흐 –

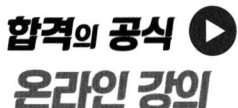  보다 깊이 있는 학습을 원하는 수험생들을 위한
시대에듀의 동영상 강의가 준비되어 있습니다.
www.sdedu.co.kr → 회원가입(로그인) → 강의 살펴보기

제15장 회계학

제1절 회계정보의 기초 개념

1 재무회계와 재무보고

(1) 회계의 의의
① 경제적 실체에 대한 유용한 재무적인 정보를 제공하는 일련의 서비스 활동이다.
② 경영자를 포함해서 채권자, 주주 등 기업 전반에 이해관계를 지닌 사람들에게 기업조직의 경제적인 활동에 대한 정보를 제공해야 한다.

(2) 재무회계의 개념
① 기업조직의 재무상태 및 경영성과, 현금흐름 등에 대한 정보제공을 한다.
② 외부보고 목적을 지닌다.

2 재무회계의 이론적 구조

(1) 재무회계와 관리회계 비교 중요 기출 23

구분	재무회계	관리회계
의의	외부보고 목적, 기업의 재무상태 및 경영성과, 현금흐름에 대한 정보 제공	내부보고 목적 및 경영의사결정을 위한 정보 제공
목적	정보이용자의 경제적 의사결정에 유용한 정보제공(투자 및 신용결정)	경영자의 의사결정에 적합한 정보 제공(경영계획 및 통제)
보고 대상	불특정다수인 외부이해관계자	경영자 외 내부이해관계자
정보 성격	과거에 대한 정보가 많음	미래에 대한 예측정보가 많음
보고 양식	재무제표	일정한 양식이 없음
법적 규제	일반적으로 인정된 회계원칙(GAAP, 기업회계기준, 외부감사 등)	없음

(2) 회계의 구성 가정 중요
① **계속기업의 가정** : 해당 기업조직은 현재 실행 중인 활동 및 계획 등이 마무리될 때까지는 존속할 것이라는 가정을 말한다.

② **경제실체의 가정** : 하나의 경제단위로 경영활동이 하나의 회계시스템에서 기록·보고되는 단위를 말한다.
③ **화폐적 측정 가정** : 기업조직에서 나타나는 경제적 사건을 추정하기 위해 갖가지 기준이 필요함을 의미한다.
④ **기간성 가정** : 지속되는 기업조직의 성과 또는 수탁책임 등을 기업조직이 청산된 이후에 보고할 경우 계속기업의 가정에 의해 영원히 보고되지 않을 수 있다.

(3) 재무제표 기출 25, 24
① **개념** : 일정 기간 동안 기업의 경영 성적 및 재정 상태 등을 이해관계자에게 보고하기 위해 정기적으로 작성하는 회계 보고서를 말한다.
② **재무제표의 질적 특성**
  ㉠ 신뢰성 : 회계정보가 유용한 정보로 활용되기 위해서 회계의 기록들은 신뢰 가능한 증거에 기반해서 이루어져야 함을 의미한다.
  ㉡ 중요성 : 정보 등이 제공하는 금액이 정보의 성격 및 상대적 비중 등에 의해서 결정됨을 말한다.
  ㉢ 목적적합성 : 회계정보가 유용한 정보로 활용되기 위해서 사용자들의 의사결정에 있어 목적에 적합해야 한다는 것을 의미한다.
  ㉣ 이해가능성 : 사용자들이 해당 정보 등을 용이하게 이해할 수 있어야 함을 의미한다.
  ㉤ 비교가능성 : 기업조직의 재무상태, 경영성과와 재무상태 변화의 기간별 추세 및 기업조직 간 상대적인 평가를 위해 재무제표는 기간별로 또는 기업 간 비교가 가능해야 함을 의미한다.
③ **구성요소**
  ㉠ 자산 : 기업조직이 소유하고 있는 건물, 토지, 채권, 기계 등의 경제적 자원을 말한다.
  ㉡ 자본 : 자산의 총액에서 부채를 차감한 순 자산액을 의미한다.
  ㉢ 부채 : 기업조직이 미래 어떤 시점에서 현금 또는 기타의 재화를 지급해야 할 의무를 의미한다.
  ㉣ 비용 : 수익창출을 위해 자산이 활용되거나 유출되는 것을 의미한다.
  ㉤ 수익 : 영업활동을 통해 자본 증가를 가져오는 것을 말한다.

> **더 알아두기**
>
> **재무제표 관련 내용** 중요 기출 25, 24
> - 대차대조표(재무상태표) : 일정 시점에 있어서 기업의 재무 상태를 나타내는 정태 보고서
> - 손익계산서 : 일정 기간의 기업의 경영성과를 나타내는 동태 보고서
> - 이익잉여금 처분계산서 : 기업의 이익잉여금의 처분사항을 명확히 보고하기 위하여 이월 이익잉여금의 총 변동사항을 표시한 재무제표
> - 현금흐름표 : 한 회계기간 중의 현금의 유입과 유출에 관한 정보를 제공하는 재무보고서
> - 자본변동표 : 자본의 크기와 그 변동에 관한 정보를 제공하는 재무보고서

3 복식부기 제도

(1) 거래의 본질
① 회계상 거래는 반드시 자산, 부채, 자본의 증가 및 감소와 수익의 비용발생 대립이라는 관계로 나타난다.
② 대립하게 되는 두 거래는 동일한 금액으로 양쪽에 기록되는데, 왼쪽은 차변, 오른쪽은 대변이라고 한다.
③ 거래에 있어 양쪽이 동일한 금액으로 변동되는 것을 거래의 이중성이라고 한다.

(2) 거래의 결합
거래의 경우에는 자산, 부채, 자본의 증감, 수익 및 비용의 증감에 따라 아래 그림과 같이 나타난다.

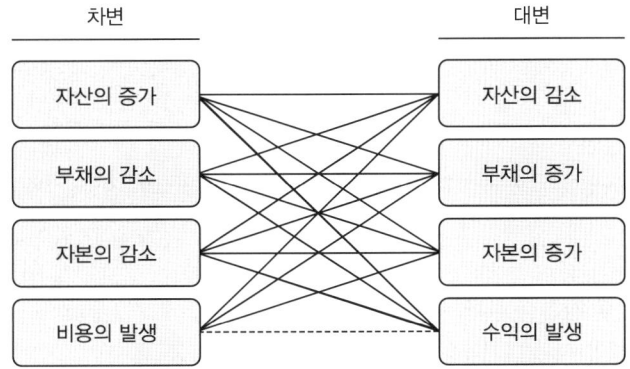

(3) 분개와 기장
① **분개**: 거래를 파악하며, 이를 각각의 계정과목별로 분류하는 작업이다.
② **기장**: 각각의 계정과목에 기입하게 되는 작업이다.

제2절 계정과목 기출 25

1 자산 중요

(1) 기업조직이 소유하고 있는 자신의 경제활동에 대해 유용한 경제적인 자원 및 미래 경제적인 효익 혹은 용역잠재력을 의미한다.

(2) 유동자산과 비유동자산 기출 25, 22

① **유동자산(Current Assets)**: 재무상태표로부터 1년 내 현금화되는 자산
  ㉠ 당좌자산: 단기금융상품, 현금 및 현금성 자산, 매출채권, 유가증권 등
  ㉡ 재고자산: 기업이 소유한 상품, 반제품, 원재료, 재공품, 저장품 등
  ㉢ 기타 유동자산: 선급비용, 선급금 등

② **비유동자산(Non-Current Assets)**: 현금화되는 기간이 1년 이상인 것을 말하며, 경제활동에 있어 활용할 목적으로 오랜 기간 동안 보유하는 자산 기출 25
  ㉠ 투자자산: 투자유가증권, 장기금융상품, 장기대여금, 투자부동산 등
  ㉡ 유형자산: 건물, 토지, 차량운반구, 기계장치 등 기출 23
  ㉢ 무형자산: 저작권, 개발비, 산업재산권, 라이선스 및 프랜차이즈 등
  ㉣ 기타 비유동자산: 장기미수금, 장기매출채권, 임차보증금 등

2 부채 중요

부채는 기업조직이 타인에게 현금의 지급 또는 각종 재화 및 서비스의 지급을 제공해야 하는 의무를 의미한다.

(1) 유동부채: 1년 내 상환할 부채
  예 매입채무, 단기금융부채, 단기차입금, 미지급금 등

(2) 비유동부채: 1년 이후에 상환하는 부채 기출 23
  예 장기성 매입채무, 장기금융부채, 이연법인세대 등

3 자본

(1) 개념: 기업조직의 자산 중 소유주의 몫인 금액을 말하며 소유주 지분이라고 한다.

(2) 종류: 납입자본, 기타 자본요소 및 이익잉여금 등으로 나뉜다. 기출 23

제3절 수익 및 비용

1 수익거래

(1) 수익은 고객들에게 상품 또는 용역 등을 판매하는 거래를 통해 발생한다.

(2) 일정한 기간 동안 기업조직의 지속적인 영업활동의 결과로 나타난 현금 또는 기타의 자산 유입을 의미한다. 즉 매출 외에 다른 수익인 영업의 수익이 포함된다.

2 비용인식

(1) 비용이란 수익을 얻는 중에 소모된 자산 또는 활용된 용역의 원가를 의미한다.

(2) 비용은 자본을 감소시키면서 실제 현금유입 또는 예상되는 현금유입을 포함한다.

(3) **종류** : 매출원가, 판매비와 관리비, 영업외 비용 등

제4절 회계순환과정

1 회계거래의 기록

(1) 회계순환과정의 개념은 기업조직이 재무보고를 위해 선택하고 있는 일련의 회계처리과정을 의미한다.

(2) **회계순환과정** : 회계상 거래 → 분개 → 전기 → 시산표 → 결산조정분개와 전기 → 재무제표의 작성

2 결산수정분개

(1) 계정잔액 중에서 일부의 금액은 기간 중에 나타난 일부의 거래는 반영되어 있지 않다.

(2) 기업조직에서는 보고기간 말에 거래들을 모두 파악해서 수정분개를 해야 하며, 보고기간의 자산 및 부채 측정과 손익계산 등이 적절하게 이루어지는 것이다.

(3) 기말시점에서 수정분개를 하는 이유는 당해 기간의 수익 및 비용, 기말시점의 자산, 부채 및 자본의 크기를 마지막으로 확인해서 보고기간의 재무성과 및 회계기말의 재무상태 등을 명확하게 파악하는 데 있다.

3 재무제표의 작성

(1) **포괄손익계산서** : 일정기간의 경영성과를 표현하는 동태적 보고서이며, 손익계정을 기반으로 만들어진다.

(2) **재무상태표** : 일정시점에서의 재무상태를 표현하는 정태적 보고서이며, 이월시산표를 기반으로 만들어진다.

(3) **현금흐름표** : 기업조직이 일정기간 현금흐름의 변동을 알기 위해 만드는 동태적 보고서이다.

(4) **자본변동표** : 자본의 크기 및 자본을 구성하는 전체 항목의 변동 등에 대한 정보를 제공해주는 재무보고서를 말한다.

(5) **주석** : 유의적 회계정책 상의 요약 및 그 외의 내용으로 구성된다.

제15장 실전예상문제

01 다음 중 재무회계에 대한 설명으로 바르지 않은 것은?

① 기업의 재무상태 및 경영성과, 현금흐름에 대한 정보제공을 한다.
② 미래에 대한 예측정보가 많다.
③ 정보이용자의 경제적 의사결정에 유용한 정보 제공을 목적으로 한다.
④ 보고 대상자는 불특정다수인 외부이해관계자이다.

> **01** ②는 관리회계에 대한 내용이다.

02 다음 중 관리회계에 대한 내용으로 옳지 않은 것은?

① 내부보고 목적 및 경영의사결정을 위한 정보제공을 한다.
② 경영자의 의사결정에 적합한 정보 제공을 목적으로 한다.
③ 불특정다수인 외부이해관계자를 보고의 대상으로 한다.
④ 정해진 별도의 보고 양식이 없다.

> **02** ③은 재무회계에 대한 내용이다.

03 다음 중 회계의 구성 가정으로 보기 어려운 것은?

① 중단기업의 가정
② 경제실체의 가정
③ 화폐적 측정 가정
④ 기간성 가정

> **03** 회계의 구성 가정으로 계속기업의 가정, 경제실체의 가정, 화폐적 측정 가정, 기간성 가정 등이 있다.

정답 01 ② 02 ③ 03 ①

04 경제실체의 가정은 하나의 경제단위로 경영활동이 하나의 회계시스템에서 기록 및 보고되는 단위를 의미한다.

04 하나의 경제단위로 경영활동이 하나의 회계시스템에서 기록·보고되는 단위는 회계의 구성 가정 중 무엇인가?
① 기간성 가정
② 경제실체의 가정
③ 계속기업의 가정
④ 화폐적 측정 가정

05 계속기업의 가정이란 기업조직은 현재 실행중인 활동 및 계획 등이 마무리될 때까지는 존속할 것이라는 가정을 의미한다.

05 기업조직은 현재 실행중인 활동 및 계획 등이 마무리될 때까지는 존속할 것이라는 가정은 회계의 구성 가정 중 무엇인가?
① 기간성 가정
② 화폐적 측정 가정
③ 계속기업의 가정
④ 경제실체의 가정

06 ②·③·④ 외에도 목적적합성, 이해가능성 등이 있다.

06 다음 중 재무제표의 질적인 특성에 해당하지 않는 것은?
① 변형가능성
② 신뢰성
③ 중요성
④ 비교가능성

정답 04 ② 05 ③ 06 ①

07 다음 중 재무제표의 구성요소에 속하지 <u>않는</u> 것은?
① 자산
② 투자자 명단
③ 자본
④ 부채

07 재무제표의 구성요소에는 ①·③·④ 외에도 비용, 수익 등이 있다.

08 다음에 제시된 자산 중에서 성격이 <u>다른</u> 하나는?
① 단기금융상품
② 기업이 소유한 상품
③ 산업재산권
④ 선급비용

08 ①·②·④는 유동자산에 해당하며, ③은 비유동자산에 해당한다.

09 다음 중 자산의 종류가 <u>다른</u> 하나는?
① 단기금융상품
② 현금 및 현금성 자산
③ 반제품
④ 매출채권

09 ①·②·④는 당좌자산, ③은 재고자산에 속한다.

정답 07 ② 08 ③ 09 ③

10 ①은 무형자산에 속하며, ②·③·④는 투자자산에 속한다.

10 다음에 제시된 자산 중에 소속이 <u>다른</u> 하나는?

① 저작권
② 장기대여금
③ 장기금융상품
④ 투자유가증권

11 회계순환과정이란 매 회계기간마다 거래를 인식, 기록, 요약하여 재무제표를 작성하는 순환적 과정을 의미하며, '회계상 거래 → 분개 → 전기 → 시산표 → 결산조정분개와 전기 → 재무제표의 작성'의 순서로 진행된다.

11 다음 중 회계순환과정을 바르게 표현한 것은?

① 회계상 거래 → 전기 → 분개 → 시산표 → 결산조정분개와 전기 → 재무제표의 작성
② 회계상 거래 → 분개 → 시산표 → 전기 → 결산조정분개와 전기 → 재무제표의 작성
③ 회계상 거래 → 시산표 → 전기 → 분개 → 결산조정분개와 전기 → 재무제표의 작성
④ 회계상 거래 → 분개 → 전기 → 시산표 → 결산조정분개와 전기 → 재무제표의 작성

정답 10 ① 11 ④

12 재무제표와 관련된 설명으로 옳지 않은 것은?

① 재무상태표는 일정 시점에 있어서 기업의 재무 상태를 나타내는 정태적인 보고서이다.
② 손익계산서는 일정 기간 기업의 경영성과를 나타내는 동태적인 보고서이다.
③ 현금흐름표는 자본의 크기와 그 변동에 관한 정보를 제공하는 재무보고서이다.
④ 이익잉여금 처분계산서는 기업 이익잉여금의 처분사항을 명확히 보고하기 위해 이월이익잉여금의 총 변동사항을 표시한 재무제표이다.

12 현금흐름표는 한 회계기간 중의 현금의 유입 및 유출에 대한 정보를 제공하는 재무보고서이다.

13 다음 중 용어에 대한 설명이 잘못된 것은?

① 회계는 경제적 실체에 대한 유용한 재무적인 정보를 제공하는 일련의 서비스 활동이다.
② 기장은 기업조직이 소유하고 있는 자신의 경제활동에 대해 유용한 경제적인 자원 및 미래 경제적인 효익 혹은 용역잠재력이다.
③ 재무제표는 일정 기간 동안 기업의 경영 성적 및 재정 상태 등을 이해관계자에게 보고하기 위해 정기적으로 작성하는 회계 보고서이다.
④ 분개는 거래를 파악하며, 각각의 계정과목별로 분류하는 작업이다.

13 기장이란 각각의 계정과목에 기입하게 되는 작업이다.

정답 12 ③ 13 ②

많이 보고 많이 겪고 많이 공부하는 것은 배움의 세 기둥이다.

− 벤자민 디즈라엘리 −

부록

최종모의고사

최종모의고사 제1회
최종모의고사 제2회
정답 및 해설

우리는 자신을 이김으로써 스스로를 향상시킨다.
(자신과의) 싸움은 반드시 존재하고, 거기에서 이겨야 한다.

– 에드워드 기번 –

보다 깊이 있는 학습을 원하는 수험생들을 위한
시대에듀의 동영상 강의가 준비되어 있습니다.
www.sdedu.co.kr ➜ 회원가입(로그인) ➜ 강의 살펴보기

제1회 최종모의고사 | 경영학개론

제한시간: 50분 | 시작 ___시 ___분 – 종료 ___시 ___분

정답 및 해설 337p

01 다음 중 실증 경영학에 대한 설명으로 바르지 <u>않은</u> 것은?

① 현실사회에 존재하는 경영원리의 해명을 목적으로 하는 실증이론이다.
② 경영의 현상을 있는 사실 그대로 기술하고 분석한 결과를 얻은 일련의 체계적인 지식이다.
③ 특정 윤리적, 규범적 판단과는 상관 없이 경영현상에서 발생되는 어떠한 변화가 가져오는 결과를 정확히 예측하려고 할 때에 필요한 일반적인 원리를 도출하려는 것이다.
④ 여러 경영현상을 비교해서 어느 것이 사회적 견지에서 바람직한지를 평가하며, 이의 판단기준 설정에 관한 이론이다.

02 다음 중 테일러의 과학적 관리론과 관련성이 <u>적은</u> 것은?

① 비공식조직의 중시
② 직능식 제도와 직장 제도
③ 시간·동작연구
④ 성과급제

03 다음 중 페이욜의 관리 5요소에 속하지 <u>않는</u> 것은?

① 계획
② 조직
③ 명령
④ 결과

04 막스 베버의 관료제 특성에 대한 내용으로 바르지 <u>않은</u> 것은?

① 안정적이면서 명확한 권한계층
② 과업전문화에 기반한 체계적인 노동의 분화
③ 문서로 된 규칙, 의사결정, 광범위한 파일
④ 태도 및 대인관계의 개인성

05 기업조직의 자원 중 나머지 셋과 성격이 <u>다른</u> 하나는?

① 공장입지
② 전문인력
③ 우수한 공장설비
④ 원자재의 확보

06 국제기업환경의 영역 중 나머지 셋과 다른 하나는?

① 정치적 이념
② 정치적 안정성
③ 경제에 대한 정부의 규제
④ 국제분규의 관할권

07 공동출자사업 형태 중 콤멘다에 대한 내용으로 가장 거리가 먼 것은?

① 10세기 유럽 남부의 해상무역과정에서 발전된 공동출자사업이다.
② 중세의 혈연공동체 또는 가족공동체와 같은 강력한 상호 신뢰 관계를 바탕으로 형성되었다.
③ 현대에 들어와서 합자회사의 기원이 되었다.
④ 판매위탁으로 화주인 콤멘데이터가 해상기업가인 트랙터에게 제품의 수송과 타 도시에서의 판매를 위임하는 형식이다.

08 자본주의 기업에 대한 설명으로 옳지 않은 것은?

① 자본주의 기업은 이윤을 목표로 재화와 그에 따르는 서비스를 생산, 공급하는 단위이다.
② 사적소유권을 지닌 자본가가 소유하는 사적인 경제단위이다.
③ 시장에서의 과점경쟁을 가정하고 있다.
④ 자본을 투자해서 가능한 한 자본의 가치를 증대시키려고 노력한다.

09 블랜차드와 필은 개인 및 조직을 위한 원칙을 5P로 분류하였다. 다음 중 5P에 속하지 않는 것은?

① Pride
② Place
③ Purpose
④ Persistence

10 기업윤리의 강화 방법으로 바르지 않은 것은?

① 과정의 측정
② 최고경영자가 윤리경영에 대한 몰입을 강조
③ 기업윤리에 대한 강령의 작성 및 발표
④ 순응 메커니즘의 수립

11 경영목표 형성의 차원에 속하지 않는 것은?

① 경영목표의 내용
② 경영목표의 범위
③ 경영목표의 비용
④ 경영목표의 실현 기간

12 다음 설명 중 옳지 않은 것은?

① 경영이념은 경영신조, 경영신념, 경영이상 등으로 표현된다.
② 경영목표는 기업조직의 규모·형태·조직의 차이에 따라 달라지지 않는다.
③ 경영이념은 경영철학의 규범적인 가치체계이다.
④ 경영이념은 경영의 목표형성 및 경영활동 등에 영향을 미치지만 기업제도가 발전함에 따라 변화되어 왔다.

13 다음 중 경영계획에 대한 내용으로 옳지 않은 것은?
① 경영계획은 생산적이거나 또는 경제적인 노력을 배제함으로써 경제성 및 효율성을 높일 수 있다.
② 경영계획은 미래의 불확실성 및 변화에 대처하기 위해 필요하다.
③ 경영계획은 경영자가 경영목표에 주의 및 관심을 집중하도록 한다.
④ 경영계획은 통제에 있어서 필수 불가결하다.

14 경영계획의 원칙에 해당하지 않는 것은?
① 특수성의 원칙
② 계획우선의 원칙
③ 효율성의 원칙
④ 합목적성의 원칙

15 앤소프 전략의 구성요소에 해당하지 않는 것은?
① 제품·시장 분야
② 자원전개
③ 성장벡터
④ 경쟁상의 이점

16 다음 중 스타이너의 전략계획의 특징으로 바르지 않은 것은?
① 전략계획은 의사결정의 미래성을 다룬다.
② 전략계획은 하나의 철학이다.
③ 총괄적인 전사적 계획은 계획의 구조로 정의되기도 한다.
④ 전략계획은 결과이다.

17 로빈스의 조직구조에 대한 구성요소에 속하지 않는 것은?
① 분권화
② 집권화
③ 공식화
④ 복잡성

18 다음 중 비공식조직의 특징으로 바르지 않은 것은?
① 별도의 비공식적인 가치관, 규범, 기대 및 목표를 가지고 있지 않다.
② 자연발생적으로 생겨난 조직으로 소집단의 성질을 띤다.
③ 조직 구성원은 밀접한 관계를 형성한다.
④ 비공식집단의 구성원은 감정적 관계 및 개인적 접촉이다.

19 인사관리의 환경 중 나머지 셋과 다른 하나는?
① 경제여건의 변화
② 조직규모의 확대
③ 노동력 구성비의 변화
④ 가치관의 변화

20 종업원의 직무분석 결과를 토대로 직무 수행과 관련된 각종 과업 및 직무행동 등을 일정한 양식에 따라 기술한 문서를 무엇이라고 하는가?
① 직무평가
② 직무기술서
③ 직무명세서
④ 직무분석

21 직종이나 계층 또는 기업에 상관없이 동일한 산업에 종사하는 모든 노동자가 하나의 노동조합을 결성하는 형태에 해당하는 것은?

① 기업별 노동조합
② 산업별 노동조합
③ 일반 노동조합
④ 직업별 노동조합

22 다음의 내용과 가장 밀접한 관련성을 지닌 것은?

- 납기의 100% 달성
- 수요변화의 신속한 대응
- 생산 리드타임의 단축

① QR(Quick Response)
② TQM(Total Quality Management)
③ JIT(Just In Time)
④ MRP(Material Requirement Planning)

23 정기발주 시스템에 대한 내용으로 옳지 않은 것은?

① 정기발주 시스템은 단가가 낮은 상품에 적용된다.
② 정기발주 시스템은 발주 간격을 정해서 정기적으로 발주하는 방식이다.
③ 정기발주 시스템은 운용자금이 절약된다.
④ 정기발주 시스템은 발주할 때마다 발주량이 변하는 것이 특징이다.

24 다음 중 재고의사결정에 연관되는 비용요소에 해당하지 않는 것은?

① 재고유지비
② 발주비
③ 품절비
④ 수리비

25 시장세분화의 요건에 해당하지 않는 것은?

① 측정가능성
② 비용가능성
③ 유지가능성
④ 접근가능성

26 재무비율분석의 단점을 보완하는 방법으로 보기 어려운 것은?

① 기업 간 비교
② 추세분석
③ 델파이법
④ 지수분석

27 다음 내용에서 (ㄱ)과 (ㄴ)에 들어갈 말을 바르게 연결한 것은?

테일러 이론은 기업조직에 있어 기획과 실행의 분리를 기본으로 하는 이론이다. 기계적 · (ㄱ) 조직관 및 경제적 인간관이라는 가정을 기반으로 하며, 인간의 신체를 기계처럼 생각하고 취급하는 철저한 (ㄴ) 위주의 관리 이론이다. 이는 포드에 의해서 더욱 구체화 되었다.

	(ㄱ)	(ㄴ)
①	개방적	능률
②	폐쇄적	자본
③	개방적	물질
④	폐쇄적	능률

28 기업조직의 자원의 종류 중 다음의 설명과 관계 깊은 것은?

> - 예산편성의 과정, 수익성이 가장 높은 부문에 재무적인 자원을 배분하고 있는지의 여부
> - 컴퓨터에 의한 재무구조 모델의 활용
> - 유보이익, 주식의 발행

① 인력자원
② 물적자원
③ 재무자원
④ 정보자원

29 다음 중 포드 시스템에 대한 내용에 해당하지 않는 것은?

① 동시관리
② 대량생산
③ 인간에게 기계의 보조역할 요구
④ 차별성과급 도입

30 다음 중 사회주의 기업의 단점을 모두 고른 것은?

> ㄱ. 개인의 선택자유의 제약
> ㄴ. 경제 불안정
> ㄷ. 비효율적인 자원의 배분
> ㄹ. 독재정권의 출현
> ㅁ. 공익과 사익의 괴리

① ㄱ, ㄴ, ㄷ
② ㄱ, ㄷ, ㄹ
③ ㄱ, ㄴ, ㅁ
④ ㄱ, ㄹ, ㅁ

31 데이비스가 제시한 사회적 책임의 긍정론 주요 논거에 해당하는 것을 모두 고른 것은?

> ㄱ. 이윤극대화
> ㄴ. 정부에 의한 규제의 회피
> ㄷ. 사회관심을 구하는 시스템의 상호 의존성
> ㄹ. 기업에 대한 공공기대의 변화

① ㄱ, ㄴ
② ㄴ, ㄷ
③ ㄱ, ㄷ, ㄹ
④ ㄴ, ㄷ, ㄹ

32 경영계획의 필요성에 대한 내용으로 옳지 않은 것은?

① 통제는 최소화하고, 자율화해야 한다.
② 경영자가 경영목표에 주의 및 관심을 집중하도록 한다.
③ 미래의 불확실성 및 변화에 대처하기 위해 필요하다.
④ 비생산적이거나 비경제적인 노력을 배제함으로써 경제성 및 효율성을 높일 수 있다.

33 다음 내용은 경제계획의 단계 중 어디에 해당하는가?

> 계획의 필요성을 인지하고 목표설정 후에 계획 설정에 있어 기반이 되는 미래 상황에 대한 예측자료, 기본정책, 기존 계획안 등을 수집 및 정리해서 각 관련자들에게 전달하고, 그들의 동의를 구해야 한다.

① 문제의 인식
② 파생계획의 수립
③ 계획의 전제 수립
④ 예산에 의한 계획의 수량화

34 쿤츠가 제시한 계획 체계 중 다음 설명에 해당하는 것은?

> 미래 시점에서 발생하는 활동의 관습적인 처리방법을 설정하는 것이며 이는 업무수행에 있어서 기본이 되는 계획이다. 그리고 표준화를 달성하는 주요 수단이기도 하다. 반면에 방침은 미래 판단의 기준이 되는 계획이다.

① 스케줄
② 프로그램
③ 예산
④ 절차

35 경영계획 보편성의 원칙에 대한 설명에 해당하는 것은?

① 계획은 기업조직 내 어느 특정한 계층에서만 수행되는 활동이 아닌 전 계층에서 수행되어야 하는 관리활동이다.
② 모든 계획에 있어서의 기본적인 목적은 기업조직의 목표를 용이하게 달성하도록 공헌하는 데 있다는 것을 말한다.
③ 계획이 목적을 달성하기 위한 활동코스를 제시하는 것에서 모든 관리활동에 우선해야 한다는 것을 말한다.
④ 계획은 주어진 비용으로 최대의 산출을 발생시킬 수 있어야 한다는 것을 말한다.

36 다음 내용은 민츠버그가 제시한 경영조직의 구조 분류 중 어디에 해당하는가?

> 임시조직 또는 특별조직이라고 할 수 있으며, 평상시에는 조직이 일정한 형태로 움직이다가 특별한 사건이 발생하면 조직을 재빨리 구성하여 업무 처리가 이루어지는 형태이다.

① 기계적 관료제
② 전문적 관료제
③ 사업부제
④ 애드호크라시

37 다음 중 숄츠가 제시한 조직문화 제3유형의 문화적 특성에 해당하지 않는 것은?

① 안정적 문화
② 반응적 문화
③ 예측적 문화
④ 유행적 문화

38 임금관리의 3요소 중 공정성을 핵심사항으로 하며 성과급, 직무급, 직능급 등으로 분류하는 것은?

① 임금체계
② 임금수준
③ 임금형태
④ 임금구조

39 다음 중 셀 제조시스템(CMS)의 효과를 모두 고른 것은?

> ㄱ. 작업공간의 절감
> ㄴ. 도구사용의 증가
> ㄷ. 로트 크기의 증가
> ㄹ. 작업준비시간의 단축
> ㅁ. 유연성의 개선

① ㄱ, ㄴ, ㄷ
② ㄱ, ㄷ, ㄹ
③ ㄱ, ㄴ, ㅁ
④ ㄱ, ㄹ, ㅁ

40 다음 중 회계의 구성 가정에 해당하지 않는 것은?

① 영속성 가정
② 계속기업의 가정
③ 경제실체의 가정
④ 화폐적 측정 가정

제 2 회 최종모의고사 | 경영학개론

제한시간: 50분 | 시작 ___시 ___분 – 종료 ___시 ___분

> 정답 및 해설 341p

01 기업 경영자에게 요구되는 자질로 보기 어려운 것은?

① 보편적 기술
② 인간관계 기술
③ 개념통합 기술
④ 스킬믹스

02 개별 경제 형태에 대한 내용 중 옳지 않은 것은?

① 기업경영 – 각 사업체로서의 영리적인 단위 경제
② 재정경영 – 국가, 지방자치제의 단위 경제
③ 기타경영 – 기업, 재정, 가정을 포함한 기타의 각 개별 경제
④ 가정경영 – 가정이 중심이 되는 단위 경제

03 다음 중 테일러의 이론과 거리가 먼 것은?

① 기업조직에 있어 기획과 실행의 분리를 기본으로 한다.
② 기계적·폐쇄적 조직관 및 경제적 인간관이라는 가정을 기반으로 한다.
③ 인간의 신체를 기계처럼 생각하고 취급하는 철저한 능률 위주의 관리이론이다.
④ 테일러 이론은 메이요에 의해서 더욱 구체화되었다.

04 다음 중 포드의 3S에 속하지 않는 것은?

① 제품의 단순화
② 기술의 초기화
③ 작업의 전문화
④ 부품의 표준화

05 기업조직의 자원 중 나머지 셋과 성격이 다른 하나는?

① 원자재의 확보
② 재무적 자원의 통제 능력
③ 자금조달 능력
④ 재무적 자원의 배분 능력

06 국제기업환경의 영역에서 의미가 다른 하나는?

① 물질 문명
② 갖추어야 할 법률 지식
③ 국제상사분규의 중재
④ 국제분규의 관할권

07 다음 중 사회주의 기업에 대한 설명으로 적절하지 <u>않은</u> 것은?
① 사회적인 조직체 및 사회적 제품생산을 위한 조직체로 사회적인 제품의 생산을 위한 조직체이다.
② 지속적인 제품생산의 조직체이다.
③ 비영구적인 존속체이다.
④ 사회주의적 생산 및 사회적 이익을 목적으로 한다.

08 다음 중 합명회사에 대한 내용으로 바르지 <u>않은</u> 것은?
① 2인 이상의 사원이 공동으로 출자해서 회사의 경영에 대해 무한책임을 지며, 직접 경영에 참여하는 방식이다.
② 가족 내에서 친척 간, 또는 이해관계가 깊은 사람으로 구성된다.
③ 유한책임 형태로 구성되어 있어서 출자자를 폭넓게 모집할 수 있다.
④ 지분양도 시에는 사원총회의 승인을 받아야 한다.

09 다음 중 데이비스에 의한 긍정론의 주요 논거로 보기 <u>어려운</u> 것은?
① 사회문제는 이윤이 될 수 없다.
② 기업에 대한 공공기대의 변화에 부응한다.
③ 정부에 의한 규제를 회피한다.
④ 기업은 자원을 보유하고 있다.

10 다음 중 데이비스에 의한 부정론의 주요 논거로 보기 <u>어려운</u> 것은?
① 사회관여의 기업 비용
② 이윤극대화
③ 사회적 책임의 사회 비용
④ 사회문화규범

11 다음은 수정된 대표적 기업모형을 연결한 것이다. 바르게 연결되지 <u>않은</u> 것은?
① 매리스(R. Marris) – 성장균형 모형
② 보몰(W. Baumol) – 판매수입극대화 모형
③ 윌리엄슨(O. E. Williamson) – 수익 범위 모형
④ 쿠퍼(W. W. Cooper) – 유동성 모형

12 다음 중 의사결정의 주요 요소에 속하지 <u>않는</u> 것은?
① 대상
② 환경
③ 비용
④ 의사 담당자

13 경영통제의 과정을 순서대로 바르게 나열한 것은?
① 편차의 수정 → 표준의 설정 → 실제성과의 측정
② 편차의 수정 → 실제성과의 측정 → 표준의 설정
③ 표준의 설정 → 실제성과의 측정 → 편차의 수정
④ 실제성과의 측정 → 편차의 수정 → 표준의 설정

14 다음 설명에 해당하는 경영계획의 원칙은?

> 경영계획의 수립은 조직 목표를 달성하는 데 초점을 맞춰야 한다. 따라서 모든 계획이나 이와 관련된 부수적인 계획은 조직 전체의 목표를 달성하는데 기여해야 한다.

① 보편성의 원칙
② 합목적성의 원칙
③ 계획우선의 원칙
④ 효율성의 원칙

15 다음 중 호퍼와 센델의 전략 구성요소로 보기 어려운 것은?

① 제품·시장분야
② 영역
③ 경쟁우위성
④ 자원전개

16 버파(Buffa)가 제시한 제조전략의 기초로 옳지 않은 것은?

① 생산 시스템의 포지셔닝
② 공급자의 수평적 계열화
③ 작업력과 작업설계
④ 제품과 공정기술

17 조직구조 분석을 위한 구성요소에 해당하지 않는 것은?

① 통합
② 비용 시스템
③ 권한 시스템
④ 분화

18 다음 설명 중 옳지 않은 것은?

① 분업구조는 조직의 목표를 세분화한 것으로 이는 조직단위의 연결 또는 네트워크로 생각할 수 있다.
② 대표적인 집권화 조직은 베버가 제시하는 관료제 특성에서 찾아볼 수 있다.
③ 수직적 분화는 계층의 형성을 의미하며, 수평적 분화는 부문화의 형성을 의미한다.
④ 분업은 전문화에 의한 업무의 분화이며, 이는 분산을 전제로 하는 것이다.

19 인사관리의 환경 중 나머지 셋과 다른 하나는?

① 조직규모의 확대
② 정보기술의 발전
③ 정부개입의 증대
④ 노동조합의 발전

20 인사관리의 주요활동을 순서대로 바르게 나타낸 것은?

① 확보 → 활용 → 개발 → 보상 → 유지
② 확보 → 보상 → 개발 → 활용 → 유지
③ 확보 → 개발 → 활용 → 보상 → 유지
④ 확보 → 유지 → 개발 → 활용 → 보상

21 기업에서 결원에 대한 보충이나 신규채용 등에 있어 사용자가 조합원 중에서 채용을 하지 않으면 안 되는 것은?

① 유니언 숍
② 클로즈드 숍
③ 오픈 숍
④ 산업별 노동조합

22. 다음 중 총괄생산계획의 결정변수에 해당하지 않는 것은?

① 생산율의 조정
② 비용의 조정
③ 재고수준
④ 노동인력의 조정

23. 정량발주 시스템에 대한 설명으로 옳지 않은 것은?

① 재고가 일정 수준의 주문점에 다다르면 정해진 주문량을 주문하는 시스템이다.
② 조달 기간 동안의 실제 수요량이 달라지나 주문량은 언제나 동일하므로 주문 사이의 기간이 매번 다르고, 최대 재고 수준도 조달 기간의 수요량에 따라 달라진다.
③ 매회 주문량을 일정하게 하지 않고 다만, 소비의 변동에 따라 발주시기를 유지한다.
④ 발주 비용이 저렴하다.

24. 다음 중 마케팅 개념의 발전단계를 차례대로 나열한 것은?

① 생산개념 → 판매개념 → 제품개념 → 마케팅 개념 → 사회 지향적 마케팅 개념
② 생산개념 → 마케팅 개념 → 제품개념 → 판매개념 → 사회 지향적 마케팅 개념
③ 생산개념 → 마케팅 개념 → 판매개념 → 제품개념 → 사회 지향적 마케팅 개념
④ 생산개념 → 제품개념 → 판매개념 → 마케팅 개념 → 사회 지향적 마케팅 개념

25. 다음 내용과 가장 연관성이 높은 것은?

- 규모의 경제를 이룰 수 있다.
- 모든 계층의 소비자를 만족시킬 수 없으므로 경쟁사가 쉽게 틈새시장을 찾아 시장에 진입할 수 있다.

① 무차별적 마케팅 전략
② 차별적 마케팅 전략
③ 집중적 마케팅 전략
④ 포지셔닝 전략

26. 다음 중 출력장치에 해당하지 않는 것은?

① 모니터
② 스피커
③ 마우스
④ 프린터

27. 호손실험에 대한 설명으로 옳지 않은 것은?

① 1차 실험은 조명도 실험으로 이루어졌다.
② 민주적 리더십을 강조하였다.
③ 공식 조직을 강조하였다.
④ 의사소통의 경로개발이 중요시되며, 참여가 제시되었다.

28 페이욜의 관리일반원칙에 해당하는 것을 모두 고르면?

```
ㄱ. 권한과 책임
ㄴ. 통제의 일원화
ㄷ. 명령의 일원화
ㄹ. 단결심
ㅁ. 계층의 연쇄
```

① ㄱ, ㄴ
② ㄱ, ㄴ, ㄷ
③ ㄱ, ㄷ, ㄹ, ㅁ
④ ㄱ, ㄴ, ㄷ, ㄹ

29 다음 설명에 해당하는 주식회사의 기관은 무엇인가?

- 이사의 업무집행을 감시하게 되는 필요 상설기관이다.
- 주주총회에서 선임되고, 이러한 선임 결의는 보통 결의의 방법에 따른다.

① 감사
② 주주
③ 이사회 및 대표이사
④ 검사인

30 기업윤리의 강화 방법에 해당하지 않는 것은?

① 순응 매커니즘의 수립
② 기업윤리에 대한 강령의 작성 및 발표
③ 내부고발의 원천 봉쇄
④ 최고경영자가 윤리경영에 대한 몰입을 강조

31 개인기업의 단점에 해당하지 않는 것은?

① 타인자본조달의 곤란
② 대규모 경영에 불리
③ 자본규모의 약소
④ 대외신용의 강세

32 사이먼이 제시한 비정형적 의사결정의 내용과 거리가 먼 것은?

① 전략적인 의사결정
② 주로 하위층이 의사결정
③ 해결안은 문제가 정의된 다음에 창의적으로 결정
④ 전통적 기법으로는 직관, 판단, 경험법칙, 창조성 이용

33 다음은 수익률을 구하는 공식이다. 괄호 안에 들어갈 알맞은 말은?

$$수익률(\%) = \frac{이익}{(\quad)} \times 100$$

① 총매출
② 자본
③ 인건비
④ 총판매가격

34 다음 중 기업 다각화의 종류로 옳지 않은 것은?

① 수직적 다각화
② 집중적 다각화
③ 복합적 다각화
④ 분산적 다각화

35 경영계획의 종류 중 기능별, 경영요소 또는 문제별로 세분화된 계획에 해당하는 것은?

① 종합계획
② 단기계획
③ 개별계획
④ 부문계획

36 다음 설명에 해당하는 것은 무엇인가?

> 앤소프가 제시한 경영의 관리 영역 5단계에 해당하는 것으로서, 비관리적인 성격을 지니고 있다. 또한 병참적 활동이나 생산적 활동이라 불리며, 자원의 조달·변환·유통 등의 복잡한 단계를 포함한다.

① 경쟁적 관리
② 로지스틱스 과정
③ 경영적 관리
④ 기업가적 관리

37 마일스와 스노가 말하는 전략-구조 유형에 대한 설명으로 옳지 않은 것은?

① 탐사형 전략은 분권화된 통제 및 단순한 수평적 정보시스템이다.
② 분석형 전략은 극도로 복잡하면서 고비용의 조정매커니즘을 가지고 있다.
③ 방어형 전략은 유연한 조직구조를 유지하면서 낮은 공식화 수준을 가지고 있다.
④ 탐사형 전략은 분업의 정도가 낮으며, 공식화의 정도가 낮은 제품별 조직구조를 취하는 경향이 있다.

38 다음 중 재무비율분석의 특징으로 옳지 않은 것은?

① 비교적 용이하게 어떠한 기업의 경영성과 및 재무상태를 살펴볼 수 있다.
② 기존의 회계 정보에 의존하고 있다.
③ 회계처리방법이 다른 타 기업들 간의 비교가 어렵다.
④ 종합적 분석이 쉽다.

39 다음 중 재무회계의 특징에 대한 내용으로 옳지 않은 것은?

① 정보이용자의 경제적 의사결정에 유용한 정보를 제공하는 것이 목적이다.
② 일정한 보고 양식이 없다.
③ 과거에 대한 정보가 많다.
④ 불특정다수인의 외부이해관계자가 보고 대상이다.

40 다음 설명에 해당하는 것은 무엇인가?

> 기업의 재무상태나 경영성과 등을 적절히 나타내기 위하여 계정의 기말 잔액을 결산 시점에서 조정(수정)하는 것이다.

① 재무상태표
② 결산조정분개
③ 회계거래의 기록
④ 포괄손익계산서

제1회 정답 및 해설 | 경영학개론

01	02	03	04	05	06	07	08	09	10	11	12	13	14	15	16	17	18	19	20
④	①	④	④	②	④	②	③	②	①	③	②	①	①	②	④	①	①	①	②
21	22	23	24	25	26	27	28	29	30	31	32	33	34	35	36	37	38	39	40
②	③	①	④	②	④	③	④	③	②	④	①	③	④	①	④	④	②	④	①

01 정답 ④
규범 경영학에 대한 내용이다.

02 정답 ①
테일러는 공식조직의 중요성을 강조하였다.

03 정답 ④
페이욜의 관리 5요소
- 계획
- 조직
- 명령
- 조정
- 통제

04 정답 ④
태도 및 대인관계의 비개인성이 관료제의 특징이라고 할 수 있다.

05 정답 ②
①·③·④는 기업조직의 자원 중 물적 자원에 해당하며, ②는 기업조직의 자원 중 인적 자원에 해당한다.

06 정답 ④
①·②·③은 정치적 환경, ④는 법률적 환경에 해당한다.

07 정답 ②
소키에타스에 대한 설명이다.

08 정답 ③
자본주의 기업은 시장에서의 완전경쟁을 가정하고 있다.

09 정답 ②
개인 및 조직을 위한 원칙 5P
자긍심(Pride), 목적(Purpose), 일관성(Persistence), 인내(Patience), 전망(Perspective)

10 정답 ①
기업의 경영윤리를 강화하기 위해서는 과정이 아닌 결과를 측정해야 한다. 즉 윤리기준을 갖고 지속적으로 이를 감사 및 조사하고 개선방향을 토론해야 한다.

11 정답 ③
경영목표 형성의 3가지 차원
- 경영목표의 내용
- 경영목표의 범위
- 경영목표의 실현 기간

12 정답 ②
경영목표는 기업조직의 규모·형태·조직의 차이에 의해 달라질 수 있지만 근본적으로는 경영활동 영역의 한계 및 특성 등을 명시하게 된다.

13 정답 ①
경영계획은 비생산적이거나 또는 비경제적인 노력을 배제함으로써 경제성 및 효율성을 높일 수 있다.

14 정답 ①
경영계획의 원칙
- 합목적성의 원칙
- 계획우선의 원칙
- 보편성의 원칙
- 효율성의 원칙

15 정답 ②
호퍼와 센델의 전략 구성요소이다.

16 정답 ④
전략계획은 과정이다.

17 정답 ①
로빈스의 조직구조에 대한 구성요소
- 복잡성
- 공식화
- 집권화

18 정답 ①
비공식적인 가치관, 규범, 기대 및 목표를 가지고 있으며, 조직의 목표달성에 큰 영향을 미친다.

19 정답 ①
①은 인사관리 환경 중 외부환경, ②·③·④는 인사관리 환경 중 내부환경에 속하는 내용이다.

20 정답 ②
직무기술서(Job Description)는 종업원의 직무분석 결과를 토대로 직무수행과 관련된 각종 과업 및 직무행동 등을 일정한 양식에 따라 기술한 문서를 말한다.

21 정답 ②
산업별 노동조합(Industrial Labor Union)은 노동시장에 대한 공급통제를 목적으로 숙련 또는 비숙련 노동자들을 불문하고 동종 산업의 모든 노동자들을 하나로 해서 조직하는 노동조합을 말한다.

22 정답 ③
JIT(Just In Time) 시스템은 필요한 시기에 필요한 양만큼의 단위를 생산해내는 시스템을 말한다.

23 정답 ①
정기발주 시스템은 단가가 높은 상품에 적용된다.

24 정답 ④
재고의사결정에 연관되는 비용 요소
- 재고유지비
- 발주비
- 품절비
- 구매비

25 정답 ②
시장세분화의 요건
- 측정가능성(Measurability)
- 유지가능성(Sustainability)
- 접근가능성(Accessibility)
- 실행가능성(Actionability)
- 내부적 동질성과 외부적 이질성

26 정답 ③
재무비율분석의 단점을 보완하는 방법
- 기업 간 비교
- 추세분석
- 지수분석

27 정답 ④
테일러의 이론은 기계적·폐쇄적 조직관 및 경제적 인간관이라는 가정을 기반으로 하며, 능률 위주의 관리 이론이다.

28 정답 ③
재무자원
- 재무자원의 배분능력: 예산편성의 과정, 수익성이 가장 높은 부문에 재무적인 자원을 배분하고 있는지의 여부
- 재무자원의 통제능력: 컴퓨터에 의한 재무구조 모델의 활용
- 자금조달능력: 유보이익, 주식의 발행

29 정답 ④
테일러 시스템에 해당하는 내용이다.

30 정답 ②
사회주의 기업의 단점
개인이 선택할 수 있는 자유의 제약, 비효율적인 자원의 배분, 계획의 비신축성으로 오류의 자동적 수정의 불가능, 독재정권의 출현

31 정답 ④
ㄱ. 데이비스가 제시한 사회적 책임의 부정론 논거 9가지에 해당하는 내용이다.

32 정답 ①
경영계획의 필요성과 관련하여 통제는 필수 불가결한 것이다.

33 정답 ③
계획의 단계
문제의 인식 – 목표의 설정 – 계획의 전제 수립 – 대안의 모색 및 검토 – 대안의 평가 – 대안의 선택 – 파생계획의 수립 – 예산에 의한 계획의 수량화

34 정답 ④
① 기업조직의 목표달성을 위해 어떤 일을 어떤 순서대로 연속적으로 수행해야 하는지에 대한 시간적인 순서를 말한다.
② 목표달성을 위해 필요하고 연결되어 있는 제반활동이나 연속되는 행동시스템을 말한다. 즉, 프로그램은 어떤 일정 행동방침을 실행하기 위해 필요로 하는 요소들의 복합체이다.
③ 계획기능 중의 하나인 통제를 위한 불가결한 수단임과 동시에 예산편성은 기업조직의 제반 계획을 통합하기 위한 중요 수단이다.

35 정답 ①
보편성의 원칙
계획은 기업조직 내 어느 특정한 계층에서만 수행되는 활동이 아닌 전 계층에서 수행되어야 하는 관리활동이다. 또한 경영계획은 최고경영층으로부터 하위관리자에 이르기까지 모두 수행해야 하는 관리기능이고, 이를 보편성의 원칙이라고 한다.

36 정답 ④
애드호크라시(Adhocracy)
임시조직 또는 특별조직이라고 할 수 있으며, 평상시에는 조직이 일정한 형태로 움직이다가 특별한 일이나 사건이 발생하면 그것을 담당할 수 있도록 조직을 재빨리 구성하여 업무 처리가 이루어지는 형태이다. 또한, 업무처리가 완성되면 나머지 부문은 다시 사라지고 원래의 형태로 되돌아가는 조직으로 변화에 대한 적응성이 높은 것이 특징이다. 대표적인 예로는 재해대책본부를 들 수 있다.

37 정답 ④
조직문화 제3유형 문화적 특성
안정적 문화, 반응적 문화, 예측적 문화, 탐험적 문화, 창조적 문화

38 정답 ①
임금관리의 3요소
임금수준, 임금체계, 임금형태

39 정답 ④
셀 제조 시스템의 효과
작업공간의 절감, 유연성의 개선, 도구사용의 감소, 작업준비시간의 단축, 로트 크기의 감소, 재공품 재고 감소

40 정답 ①
회계의 구성 가정
계속기업의 가정, 경제실체의 가정, 화폐적 측정 가정, 기간성 가정

제 2 회 정답 및 해설 | 경영학개론

01	02	03	04	05	06	07	08	09	10	11	12	13	14	15	16	17	18	19	20
①	③	④	②	①	①	③	③	①	④	③	③	③	②	①	②	②	④	①	③
21	22	23	24	25	26	27	28	29	30	31	32	33	34	35	36	37	38	39	40
②	②	③	④	①	③	③	③	①	③	④	②	②	④	④	②	③	④	②	②

01 정답 ①
기업 경영자에게 요구되는 자질
- 인간관계 기술
- 스킬믹스
- 전문적 기술
- 개념통합 기술

02 정답 ③
기타경영은 기업, 재정, 가정을 제외한 기타의 개별 경제를 말한다.

03 정답 ④
테일러의 이론은 포드에 의해서 더욱 구체화되었다.

04 정답 ②
포드의 3S
- 부품의 표준화(Standardization)
- 제품의 단순화(Simplification)
- 작업의 전문화(Specialization)

05 정답 ①
②·③·④는 기업조직의 자원 중 재무적 자원, ①은 물적 자원에 속하는 내용이다.

06 정답 ①
①은 문화적 환경, ②·③·④는 법률적 환경에 속하는 내용이다.

07 정답 ③
사회주의 기업은 영구적인 존속체이다.

08 정답 ③
합명회사는 무한책임 형태로 구성되어 있어서 출자자를 폭넓게 모집할 수 없다.

09 정답 ①
사회문제는 이윤이 될 수 있다.

10 정답 ④
데이비스의 긍정론의 주요 논거 중 하나이다.

11 정답 ③
윌리엄슨(O. E. Williamson)은 경영자재량극대화 모형과 연결된다.

12 정답 ③
의사결정의 주요 요소
- 환경
- 대상
- 의사 담당자

13 정답 ③
경영통제의 과정
표준의 설정 → 실제성과의 측정 → 편차의 수정

14 정답 ②
경영계획의 원칙에는 합목적성의 원칙, 계획우선의 원칙, 보편성의 원칙, 효율성의 원칙이 있다. 그중 합목적성의 원칙은 경영계획을 수립할 때 조직 목표를 달성하는 데 초점을 맞춰야 한다는 것이다.

15 정답 ①
앤소프의 전략 구성요소에 속한다.

16 정답 ②
공급자의 수직적 계열화이다.

17 정답 ②
조직구조 분석을 위한 구성요소
- 분화
- 통합
- 권한 시스템
- 관리 시스템

18 정답 ④
분업은 전문화에 의한 업무의 분화이지만, 통합을 전제로 하는 것이다.

19 정답 ①
①은 인사관리 환경 중 내부환경, ②·③·④는 인사관리 환경 중 외부환경에 각각 속하는 내용이다.

20 정답 ③
인사관리의 주요활동
인적자원에 대한 확보 → 개발 → 활용 → 보상 → 유지 활동

21 정답 ②
클로즈드 숍(Closed Shop)은 노동조합의 가입이 채용의 전제조건이 되므로 조합원의 확보방법으로서는 최상의 강력한 제도라 할 수 있다.

22 정답 ②
총괄생산계획의 결정변수
- 생산율의 조정
- 하도급
- 노동인력의 조정
- 재고수준

23 정답 ③
매회 주문량을 일정하게 하고 다만, 소비의 변동에 따라 발주시기를 변동한다.

24 정답 ④
마케팅 개념의 발전단계
생산개념 → 제품개념 → 판매개념 → 마케팅 개념 → 사회 지향적 마케팅 개념

25 정답 ①
무차별적 마케팅 전략은 전체시장을 하나의 동일한 시장으로 간주하고, 하나의 제품을 제공하는 전략이다.

26 정답 ③
입력장치에 속한다.

27 정답 ③
호손실험에서는 비공식조직을 강조하였다.

28 정답 ③
페이욜의 관리일반원칙
분업, 권한과 책임, 규율, 명령의 일원화, 지휘의 일원화, 전체의 이익을 위한 개인의 복종, 보수, 집권화, 계층의 연쇄, 질서, 공정성, 직장의 안정성, 주도권, 단결심

29 정답 ①
주식회사의 기관
주주총회, 감사, 이사회 및 대표이사, 검사인

30 정답 ③
기업윤리의 강화 방법
- 최고경영자가 윤리경영에 대한 몰입을 강조
- 기업윤리에 대한 강령의 작성 및 발표
- 순응 매커니즘의 수립
- 결과의 측정
- 기업조직의 잘못을 보고하려는 종업원들의 활동을 보장한다.

31 정답 ④
개인기업의 단점
타인자본조달의 곤란, 자본규모의 약소, 대외신용의 열세, 자본축적원천의 협소, 개인의 지배관리능력의 한계, 대규모 경영에 불리

32 정답 ②
정형적 의사결정에 대한 내용이다.

33 정답 ②
- 수익성 = $\dfrac{이익}{자본}$
- 수익률(%) = $\dfrac{이익}{자본} \times 100$

34 정답 ④
기업 다각화의 종류
- 수직적 다각화 : 기업이 자신의 분야에 포함된 분야로 사업영역을 확장하는 것을 말한다.
- 수평적 다각화 : 자신의 분야와 동등한 수준의 분야로 다각화하는 것을 말한다.
- 집중적 다각화 : 핵심기술 한 가지에 집중해서 판매하는 것 또는 다른 관점에서 바라보면 경영합리화의 목적, 시장통제의 목적, 금융상 이점 등을 목적으로 상호 간 협정 또는 제휴를 통해 과다경쟁으로 인한 폐해를 없애고 기업 조직의 안정 및 시장지배를 목적으로 하는 것을 말한다.
- 복합적 다각화 : 해당 사업이 연계한 동종업종의 것일 수도 있으며, 전혀 자신들의 업종과는 다른 양상의 분야로 확장해서 운영하는 것을 말한다.

35 정답 ④
경영계획의 종류
- 종합계획 : 최고경영층 또는 전반관리층 등이 책임을 짐
- 단기계획 : 1년 이내의 계획을 의미
- 개별계획 : 각 프로젝트마다 계획을 세움
- 부문계획 : 기능별, 경영요소 또는 문제별로 세분화됨

36 정답 ②
앤소프가 제시한 경영의 관리 영역 5단계
사회적(정치적) 관리, 기업가적 관리, 경쟁적 관리, 경영적 관리, 로지스틱스 과정

37 정답 ③
탐사형 전략에 대한 내용이다.

38 정답 ④
종합적 분석이 어렵다.

39 정답 ②
관리회계에 대한 내용이다.

40 정답 ②
결산조정분개는 기말정리분개, 결산정리분개, 기말수정분개라고도 한다.

독학학위제 1단계 교양과정인정시험 답안지(객관식)

컴퓨터용 사인펜만 사용

★ 수험생은 수험번호와 응시과목 코드번호를 표기(마킹)한 후 일치여부를 반드시 확인할 것.

전공분야

성명

수험번호

(1) 응시과목란에는 응시과목명을 한글로 기재할 것.

(2)

※ 감독관 확인란

관리번호
(연번)
(응시자수)

답안지 [작성시 유의사항]

1. 답안지는 반드시 컴퓨터용 사인펜을 사용하여 다음 보기와 같이 표기할 것.
   보기) 잘된 표기: ●   잘못된 표기: ⊗ ⊙ ◐ ○
2. 수험번호 (1)에는 아라비아 숫자로 쓰고, (2)에는 "●"와 같이 표기할 것.
3. 과목코드는 뒷면 "과목코드번호"를 보고 해당과목의 코드번호를 찾아 표기하고, 응시과목란에는 응시과목명을 한글로 기재할 것.
4. 교시코드는 문제지 전면의 교시를 해당란에 "●"와 같이 표기할 것.
5. 한번 표기한 답은 긁거나 수정액 및 스티커 등 어떠한 방법으로도 고쳐서는 아니되며, 고친 문항은 "0"점 처리함.

[이 답안지는 마킹연습용 모의답안지입니다.]

독학학위제 1단계 교양과정인정시험 답안지(객관식)

컴퓨터용 사인펜만 사용

★ 수험생은 수험번호와 응시과목 코드번호를 표기(마킹)한 후 일치여부를 반드시 확인할 것.

답안지 작성시 유의사항

1. 답안지는 반드시 컴퓨터용 사인펜을 사용하여 다음 보기와 같이 표기할 것.
   보기) 잘 된 표기: ● 잘못된 표기: ⊘ ⊗ ⦸ ◐ ○ ◎
2. 수험번호 (1)에는 아라비아 숫자로 쓰고, (2)에는 "●"과 같이 표기할 것.
3. 과목코드는 뒷면 "과목코드번호"를 보고 해당과목의 코드번호를 찾아 표기하고, 응시과목란에는 응시과목명을 한글로 기재할 것.
4. 교시코드는 문제지 전면 의 교시를 해당란에 "●"과 같이 표기할 것.
5. 한번 표기한 답은 긁거나 수정액 및 스티커 등 어떠한 방법으로도 고쳐서는 아니되고, 고친 문항은 "0"점 처리됨.

[이 답안지는 마킹연습용 모의답안지입니다.]

독학학위제 1단계 교양과정인정시험 답안지(객관식)

컴퓨터용 사인펜만 사용

* 수험생은 수험번호와 응시과목 코드번호를 표기(마킹)한 후 일치여부를 반드시 확인할 것.

전공분야

성명

답안지 작성시 유의사항

1. 답안지는 컴퓨터용 사인펜을 사용하여 다음 보기와 같이 표기할 것.
   보기 잘 된 표기: ●
   잘못된 표기: ⊙ ⊗ ◐ ○ ◑
2. 수험번호 (1)에는 숫자로 쓰고, (2)에는 "●"와 같이 표기할 것.
3. 과목코드는 뒷면 "과목코드번호"를 보고 해당과목의 코드번호를 찾아 표기하고, 응시과목란에는 응시과목명을 한글로 기재할 것.
4. 교시코드는 문제지 전면의 교시를 해당란에 "●"와 같이 표기할 것.
5. 한번 표기한 답은 긁거나 수정액 및 스티커 등 어떠한 방법으로도 고쳐서는 아니되고, 고친 문항은 "0"점 처리함.

※ 감독관 확인란

(인)

관리번호란
(연번)
(응시자수)

[이 답안지는 마킹연습용 모의답안지입니다.]

독학학위제 1단계 교양과정인정시험 답안지(객관식)

컴퓨터용 사인펜만 사용

★ 수험생은 수험번호와 응시과목 코드번호를 표기(마킹)한 후 일치여부를 반드시 확인할 것.

전공분야

성명

수험번호

| 교시코드 | ① ② ③ ④ |

답안지 작성시 유의사항

1. 답안지는 반드시 컴퓨터용 사인펜을 사용하여 다음 *보기*와 같이 표기할 것.
   보기 잘 된 표기: ● 잘못된 표기: ⊗ ⊙ ⊙ ○ ●
2. 수험번호 (1)에는 아라비아 숫자로 쓰고, (2)에는 "●"와 같이 표기할 것.
3. 과목코드는 뒷면 "과목코드번호"를 보고 해당과목의 코드번호를 찾아 표기하고, 응시과목란에는 응시과목명을 한글로 기재할 것.
4. 교시코드는 문제지 전면의 교시를 해당란에 "●"와 같이 표기할 것.
5. 한번 표기한 답은 긁거나 수정액 및 스티커 등 어떠한 방법으로도 고쳐서는 아니되고, 고친 문항은 "0"점 처리됨.

[이 답안지는 마킹연습용 모의답안지입니다.]

※ 감독관 확인란

관리번호	(응시자수)
(연번)	

독학학위제 1단계 교양과정인정시험 답안지(객관식)

컴퓨터용 사인펜만 사용

★ 수험생은 수험번호와 응시과목 코드번호를 표기(마킹)한 후 일치여부를 반드시 확인할 것.

전공분야

성 명

(1)	수 험 번 호

(2) ① ② ③ ④

※ 감독관 확인란

관리번호
(응시자수)
(연번)

답안지 작성시 유의사항

1. 답안지는 반드시 컴퓨터용 사인펜을 사용하여 다음 보기와 같이 표기할 것.
   보기) 잘된표기: ● 잘못된표기: ⊗ ⊙ ⊙ ○ ●
2. 수험번호 (1)에는 아라비아 숫자로 쓰고, (2)에는 "●"와 같이 표기할 것.
3. 과목코드는 뒷면 "과목코드번호"를 보고 해당과목의 코드번호를 찾아 표기하고,
   응시과목란에는 응시과목명을 한글로 기재할 것.
4. 교시코드는 문제지 전면 의 교시를 해당란에 "●"와 같이 표기할 것.
5. 한번 표기한 답은 긁거나 수정액 및 스티커 등 어떠한 방법으로도 고쳐서는
   아니되고, 고친 문항은 "0"점 처리함.

[이 답안지는 마킹연습용 모의답안지입니다.]

독학학위제 1단계 교양과정인정시험 답안지(객관식)

[이 답안지는 마킹연습용 모의답안지입니다.]

답안지 작성시 유의사항

1. 답안지는 반드시 컴퓨터용 사인펜을 사용하여 다음 보기와 같이 표기할 것.
   보기 잘 된 표기: ●
   잘못된 표기: ⊘ⓧ◐●○○
2. 수험번호 (1)에는 아라비아 숫자로 쓰고, (2)에는 "●"와 같이 표기할 것.
3. 과목코드는 뒷면 "과목코드번호"를 보고 해당과목의 코드번호를 찾아 표기하고, 응시과목란에는 응시과목명을 한글로 기재할 것.
4. 교시코드는 문제지 전면 의 교시를 해당란에 "●"와 같이 표기할 것.
5. 한번 표기한 답은 긁거나 수정액 및 스티커 등 어떠한 방법으로도 고쳐서는 아니되고, 고친 문항은 "0"점 처리함.

★ 수험생은 수험번호와 응시과목 코드번호를 표기(마킹)한 후 일치여부를 반드시 확인할 것.

컴퓨터용 사인펜만 사용

전공분야

성 명

※ 감독관 확인란

(인)

관리번호 (응시자수) (연번)

절취선

2026 시대에듀 A+ 독학사 1단계 교양과정 경영학개론 한권합격

개정13판1쇄 발행	2026년 01월 05일 (인쇄 2025년 09월 25일)
초 판 발 행	2013년 02월 15일 (인쇄 2012년 12월 11일)
발 행 인	박영일
책 임 편 집	이해욱
편 저	독학학위연구소
편 집 진 행	천다솜 · 김다련
표지디자인	박종우
편집디자인	차성미 · 이다희
발 행 처	(주)시대고시기획
출 판 등 록	제10-1521호
주 소	서울시 마포구 큰우물로 75 [도화동 538 성지 B/D] 9F
전 화	1600-3600
팩 스	02-701-8823
홈 페 이 지	www.sdedu.co.kr
I S B N	979-11-434-0004-8 (13320)
정 가	25,000원

※ 이 책은 저작권법의 보호를 받는 저작물이므로 동영상 제작 및 무단전재와 배포를 금합니다.
※ 잘못된 책은 구입하신 서점에서 바꾸어 드립니다.